Ingrid Scheiber

Ergotherapie in der Psychiatrie

2. Auflage

Bestellnummer 8138

Bildungsverlag EINS - Stam

Unveränderter Nachdruck der 2. Auflage 1996.

www.bildungsverlag1.de

Gehlen, Kieser und Stam sind unter dem Dach des Bildungsverlages EINS zusammengeführt.

Bildungsverlag EINS
Sieglarer Str. 2 · 53842 Troisdorf

ISBN 3-8237-**8138**-3

© Copyright 2004: Bildungsverlag EINS GmbH, Troisdorf
Das Werk und seine Teile sind urheberrechtlich geschützt. Jede Nutzung in anderen als den gesetzlich zugelassenen Fällen bedarf der vorherigen schriftlichen Einwilligung des Verlages.
Hinweis zu § 52a UrhG: Weder das Werk noch seine Teile dürfen ohne eine solche Einwilligung eingescannt und in ein Netzwerk eingestellt werden. Dies gilt auch für Intranets von Schulen und sonstigen Bildungseinrichtungen.

Vorwort

Psychiatrie ist ein Arbeitsfeld, in dem Erschrecken und Faszination nahe beieinander liegen: „bunt" und extrem erscheint es dem Außenstehenden, notwendig und doch problematisch von Grund auf. Medizinisches Krankheitsmodell und die Deutung des Abweichenden als sozial bedingt stoßen hier hart aufeinander. Zugleich kommt der Disziplin Psychiatrie nicht selten die Doppelfunktion zu, einerseits die Allgemeinheit vor den als krank Bezeichneten zu schützen und sie von jedem Umgang mit jenen zu entlasten, andererseits die psychisch Kranken möglichst zu rehabilitieren. Ein weiteres Kennzeichen psychiatrischer Arbeit ist es, daß der Therapeut – stärker als in jedem anderen Fach – selbst zum Instrument wird, daß sein Verhalten ebenso Gegenstand der Reflexion und Diskussion ist wie das Verhalten des Patienten. Schließlich wird auch das eigentlich Krankhafte, ausgeformt durch den persönlichen Hintergrund und durch soziale Kräfte, manchmal nur schwer faßbar.

Schon diese knappe Skizzierung zeigt, wie schwer überschaubar das Gebiet der Psychiatrie ist. Eine Unschärfe der Kategorien scheint das geradezu Typische zu sein, und – damit einhergehend – eine dauerhafte innere Diskussion, in die immer noch neue Aspekte einfließen können und die von daher der Tendenz Vorschub leistet, Entscheidungen aufzuschieben, sich möglichst lange nicht festzulegen.

Wer daran geht, die Arbeitsmöglichkeiten dieses Bereiches darzustellen, unterliegt seinerseits ganz typischen Gefahren. Einmal besteht die Gefahr, sich in starre Kategorien zu flüchten, die (scheinbar) Halt geben, wo das Fundament im Alltagshandeln nicht tragen will. Die zweite Gefahr besteht in der Neigung, wesentliche Aspekte auszuklammern zugunsten einer geschönten, in sich stimmigen Darstellung.

Ingrid Scheiber ist beiden Gefahren nicht erlegen: weder glättet sie Widersprüche, wo diese bestehen, noch erstellt sie ein diagnostisches Schubladensystem, dem im zweiten Schritt Therapieansätze zugeordnet würden. Vielmehr hat die Autorin aus einer wie selbstverständlich erscheinenden Haltung der Interdisziplinarität heraus das Handlungsfeld Psychiatrie in seiner ganzen Vielfalt beschrieben – mit all seinen Möglichkeiten, aber auch mit den Grenzen, die sich als Folge innerer Widersprüche des Systems der Versorgung psychisch Kranker oder des noch unzulänglichen Wissens von der menschlichen Psyche ergeben. Dem Leser wird vertraut, unter welchen Rahmenbedingungen ein Therapieangebot stabilisiert, dem „Normalen" mehr Raum gibt, den Verzicht auf blindes Ausagieren und psychotische Symptomatik ermöglicht.

Der Umgang des psychiatrisch Tätigen mit dem unter psychiatrischer Kuratel Stehenden beschränkt sich nicht auf zwei Stunden im Werkraum der Klinik. Auch deshalb enthält dieses Buch eher Handlungs- als Behandlungsansätze.

Diese Perspektive für Handlungsansätze – statt des Blicks auf kleine, isolierte Einzelschritte – ist das eine, die Konkretion das andere, was das vorliegende Buch auszeichnet. Gerade Tätigkeit in der Psychiatrie wurde (und wird noch immer) als wenig strukturiert bezeichnet. Hier ist das Verdienst der Autorin, daß sie sich festlegt – das therapeutisch Sinnvolle scharfrandig markiert, statt Möglichkeiten blaß nur anzudeuten. Schon die zugehörigen Begründungen und der Rahmen, in den die therapeutischen Möglichkeiten gestellt sind, verhindern, daß solches Festlegen in Form holzschnittartiger Verkürzung geschieht.

Theorie beginnt mit Systematik, mit der Reflexion über das Sinnhafte des eigenen Handelns. Insofern enthalten die 38 Kapitel dieses Buches Bausteine zu einer ergotherapeutischen Theorie des Umgangs mit psychisch Kranken. Zugleich ist der vorliegende Band ein Kompendium ergotherapeutischer Handlungsmöglichkeiten für den psychiatrischen Alltag, das sich durch größtmögliche Praxisnähe auszeichnet.

Dr. Manfred Marquardt   Dr. Klaus Tschirner

Vorwort zur 2. Auflage

Die zahlreichen Rückmeldungen und Anregungen aus der schulischen und beruflichen Praxis haben zu einer überarbeiteten und erweiterten 2. Auflage geführt.

Ergänzungen werden beispielsweise durch das besondere politische Ereignis der deutschen Wiedervereinigung (damit gewinnt die psychiatrische Versorgung in der ehemaligen DDR an Bedeutung) oder auch durch gesetzliche Veränderungen (das neue Betreuungsgesetz) notwendig.

Aus der ergotherapeutischen Praxis ergab sich der Bedarf, die therapeutische Beziehung und die Borderline-Persönlichkeitsstörung als eigenständiges Kapitel neu aufzunehmen. Die umfangreichste Überarbeitung wurde im speziellen ergotherapeutischen Teil notwendig. Befunderhebung, Zielsetzung und vor allem die Methoden wurden konkretisiert und in eine noch anschaulichere, mit Hinweisen und Beispielen versehene Fassung gebracht.

Um die notwendige Theoriebildung in diesem Fachbereich der Ergotherapie voranzutreiben, wurden zwei spezielle theoretische Ansätze (Objektbeziehungs- und Handlungstheorie) mit aufgenommen und in Beziehung zu den ergotherapeutischen Schwerpunkten und Methoden gebracht.

Insgesamt ist die Neuauflage damit noch fundierter und verständlicher geworden. Aufgrund des weiter gewachsenen Umfanges ist auch in der 2. Auflage auf die Aufnahme des arbeitsrehabilitiven Schwerpunktes der Ergotherapie verzichtet worden.

Dr. Manfred Marquardt

Inhaltsverzeichnis

Bedeutung der Ergotherapie 10

A Das Arbeitsfeld der Ergotherapeutin

1	**Begriffsbestimmungen und Erklärungsmodelle**	11
1.1	Die gesellschaftlichen Normen und deren Bedeutung für die Psychiatrie	11
1.2	Gesundheit/Krankheit	12
1.3	Die wichtigsten Erklärungsmodelle	13
2	**Die Entwicklung der Psychiatrie**	16
2.1	Phase 1 – Die Anfänge	16
2.2	Phase 2 – Entstehung der institutionellen Psychiatrie	16
2.3	Phase 3 – Die Psychiatrie wird Wissenschaft	17
3	**Die Entwicklung der Sozialpsychiatrie**	20
3.1	Die Anfänge	20
3.2	Die Situation in Italien	20
3.3	Die Entwicklung der Sozialpsychiatrie in der BRD	21
3.4	Zur Lage der Psychiatrie in der ehemaligen DDR	23
3.5	Die Situation der Psychiatrie heute	24
4	**Die Praxis der Sozialpsychiatrie**	26
4.1	Die „therapeutische Gemeinschaft"	26
4.2	Soziotherapie	27
4.3	Therapeutische Angebote	27
5	**Gewalt und Zwang in der Psychiatrie**	28
5.1	Definition von Gewalt/Zwang/Zwangsmaßnahmen	28
5.2	Bedeutung von Gewalt für Patienten	29
5.3	Bedeutung von Gewalt für Therapeuten	29
6	**Für die Psychiatrie relevante Gesetze**	31
6.1	Niedersächsisches Gesetz über Hilfen für psychisch Kranke und Schutzmaßnahmen	31
6.2	Betreuungsgesetz	32
7	**Suizid**	34
7.1	Verbreitung und Ursachen	34
7.2	Vor einem Suizid	35
7.3	Das Kommunikationsverhalten	35
7.4	Handlungsmöglichkeiten bei Patienten mit Suizidabsichten	36
7.5	Suizidrisiko	36
7.6	Nach einem Suizidversuch – Krisenintervention und „Erste Hilfe"	37

B Grundvoraussetzungen der therapeutischen Arbeit

8   Die Ergotherapeutin als Helferin ... 39
8.1   Die „gute" Therapeutin ... 39
8.2   Das Helfer-Syndrom ... 39

9   Das therapeutische Team ... 41
9.1   Zusammensetzung und Bedeutung ... 41
9.2   Voraussetzungen für Teamarbeit ... 42
9.3   Kennzeichen eines funktionierenden Teams ... 42
9.4   Die Rolle der Ergotherapeutin im Team ... 42

10   Grundhaltung in der Psychiatrie ... 44
10.1 Von der Notwendigkeit und Bedeutung einer gemeinsamen Grundhaltung ... 44
10.2 Das Menschenbild der humanistischen Psychologie ... 44
10.3 Grenzen und Kritik ... 45

11   Die therapeutische Beziehung ... 46
11.1 Die sozialen Rollen von Patient und Therapeut ... 46
11.2 Bestandteile der therapeutischen Beziehung ... 47
11.3 Übertragung/Gegenübertragung ... 48
11.4 Therapeutisches Bündnis ... 48

12   Gesprächshaltung und Gesprächsführung in der Psychiatrie ... 50
12.1 Günstige Verhaltensweisen und Einstellungen der nondirektiven Gesprächshaltung ... 50
12.2 Allgemein ungünstige Verhaltensweisen und Einstellungen ... 51
12.3 Sprachliche Ausdrucksformen ... 52
12.4 Feedback ... 56

13   Grundlagen der therapeutischen Gruppenarbeit ... 58
13.1 Allgemeine Gründe für Gruppentherapie ... 58
13.2 Gruppenbildung und Merkmale von Gruppen ... 59
13.3 Zur Dynamik in Gruppen ... 60
13.4 Phasen in der Entwicklung von Gruppen ... 61
13.5 Gruppenregeln der „Themenzentrierten Interaktion" von R. Cohn ... 63
13.6 Funktionen und Aufgaben von Gruppenleitern ... 64
13.7 Konflikte und Konfliktlösung in Gruppen ... 67
13.8 Bedeutung der Gruppenarbeit in der psychiatrischen Praxis ... 68

C Psychologische Grundlagen

14   Die Struktur der menschlichen Psyche ... 72
14.1 Bedeutung und Funktion des „Affektiven" und „Kognitiven" ... 72
14.2 Affekt und Intellekt, Körper und Geist ... 74
14.3 Dynamik der Affektlogik ... 74

15   Die psychische Entwicklung des Menschen ... 75
15.1 Des erste Lebensjahr ... 75
15.2 Das zweite und dritte Lebensjahr ... 76
15.3 Das vierte und fünfte Lebensjahr ... 77
15.4 Das sechste bis elfte Lebensjahr ... 78
15.5 Das zwölfte bis sechzehnte/achtzehnte Lebensjahr ... 78

16	**Konflikte**	80
16.1	Überblick und Definition	80
16.2	Die primären Konflikte	81
16.3	Neurotische Konfliktverarbeitung – die sekundären Konflikte	83
16.4	Abwehrmechanismen	84
17	**Streß**	86
17.1	Definition	86
17.2	Beruflicher Streß	86
17.3	Streßbewältigung	87
18	**Personenwahrnehmung**	88
18.1	Prinzipien der Personenwahrnehmung	88
18.2	Aspekte der Personenwahrnehmung	88
19	**Die menschlichen Motive**	91
19.1	Definition	91
19.2	Allgemein motivationsfördernde Bedingungen	91
19.3	Einteilung der Motive	92
19.4	Motivationsfördernde Bedingungen in der Ergotherapie	93
19.5	Motivation und konstruktive Frustration	93
20	**Kreativität**	95
20.1	Definition	95
20.2	Begründung für die Erweiterung des kreativen Potentials	96
20.3	Kreativität und Kommunikation	96
20.4	Kreativität und Konflikt	96
20.5	Kreativität, Kunst und Therapie	96
20.6	Ergotherapie und Kreativität	97
21	**Kommunikation und Kommunikationsstörungen**	99
21.1	Definition des kommunikativen Verhaltens und die Axiome von Watzlawick	99
21.2	Die Definition einer Beziehung	101
21.3	Die Kontrolle über die Beziehung	102
21.4	Vorteile von verdeckten Appellen	103
21.5	Double-bind-Kommunikation	104
D	**Spezielle Ergotherapie**	
22	**Grundsätzliche Überlegungen zu Planung und Organisation von Therapie und Therapiekonzepten**	107
22.1	Die Rahmenbedingungen	107
22.2	Das therapeutische Vorgehen – Interventionstechniken	111
22.3	Die Patientengruppe	112
23	**Individuell ausgerichtete Therapieplanung**	114
23.1	Bedeutung und Stellenwert der psychiatrischen Diagnose	114
23.2	Ergotherapeutische Befunderhebung	115
23.3	Ergotherapeutische Zielsetzung	123
24	**Spezielle theoretische Grundlagen für die Ergotherapie in der Psychiatrie und Psychosomatik**	127
24.1	Merkmale der Ergotherapie in der Psychiatrie und Psychosomatik	127
24.2	Schwerpunkte der Ergotherapie	128
24.3	Versuch einer theoretischen Zuordnung	129
24.4	Handlungstheoretische Ansätze als Basis für den ergebnisorientierten Schwerpunkt der Ergotherapie	129

24.5	Objektbeziehungstheorie als Basis für den prozeßorientierten Schwerpunkt der Ergotherapie	133
24.6	Zusammenhang zwischen den Schwerpunkten der Ergotherapie, den Methoden und den beiden theoretischen Modellen an zwei Beispielen	138

25	**Vorbereitung, Durchführung und Nachbereitung von Gruppen- und Einzeltherapie**	**141**
25.1	Vorbereitung von Gruppentherapie	141
25.2	Durchführung von Gruppentherapie	142
25.3	Nachbereitung von Gruppentherapie	149
25.4	Aufgaben in der Einzeltherapie (Einzelbetreuung)	149

26	**Die Therapiemittel (Medien) der Ergotherapie**	**151**
26.1	Überblick	151
26.2	Wirkungsweise und Bedeutung von Materialien (Werkstoffen)	151
26.3	Begründung für den Einsatz von Medien	152
26.4	Themen und Konflikte der Entwicklungsphasen und ihr Bezug zu therapeutisch eingesetzten Materialien	153
26.5	Die Bedeutung von Materialien am Beispiel Ton	154
26.6	Deutung von Objekten und Bildern	156
26.7	Wesen und Wirkung von Farben	160
26.8	Sozialpsychologische Wirkung von Medien	161

27	**Methoden und Therapieformen der Ergotherapie**	**163**
27.1	Definition und Überblick	163
27.2	Methoden der Ergotherapie	163
27.3	Einsatzmöglichkeiten der Methoden in den verschiedenen Therapieformen	166

28	**Variationsmöglichkeiten in der Ergotherapie**	**174**
28.1	Variationsmöglichkeiten bezüglich Aufgabenstellung und Vorgehensweise	174
28.2	Variationsmöglichkeiten bezüglich des Themas	175
28.3	Variationsmöglichkeiten bezüglich des Materials und der Technik	177
28.4	Variationsmöglichkeiten bezüglich der Sozialform	179

29	**Anwendung von Therapiemitteln**	**181**
29.1	Einsatzmöglichkeiten des Materials Ton	181
29.2	Einsatzmöglichkeiten von gestalterischen Materialien und Verfahren (Techniken)	185
29.3	Einsatzmöglichkeiten von Literatur und Bildmaterial	187
29.4	Einsatzmöglichkeiten von Spielen	189

E   Die psychiatrischen Krankheitsbilder

30	**Allgemeines**	**193**
30.1	Überblick über die psychiatrischen Krankheitsbilder	193
30.2	Unterschied zwischen Neurose und Psychose	194

31	**Schizophrene Psychose**	**196**
31.1	Erklärungsversuche und -modelle der Schizophrenie	196
31.2	Entstehung und Entwicklung der akuten und chronischen Symptomatik .	197
31.3	Die Basisstörungen	200
31.4	Selbsthilfepotential und Bewältigungsversuche von schizophrenen Patienten	201
31.5	Therapie von schizophren Kranken	202

32	**Depression und Manie**	208
32.1	Depression: Überblick und Vorbemerkungen	208
32.2	Das klinische Bild des depressiven Syndroms	209
32.3	Psychodynamische Aspekte der schweren Depression (depressive Psychose)	210
32.4	Psychodynamische Aspekte der milden Depression	215
32.5	Therapie von depressiv Kranken	215
32.6	Das klinische Bild der Manie	218
32.7	Psychodynamische Aspekte der Manie	219
32.8	Therapie von manisch Kranken	219
33	**Borderline-Persönlichkeitsstörungen**	222
33.1	Das klinische Bild der Borderline-Persönlichkeitsstörungen	222
33.2	Erklärungsversuche der Borderline-Persönlichkeitsstörungen	223
33.3	Therapie von Borderline-Patienten	224
34	**Psychoneurosen**	229
34.1	Die verschiedenen Formen neurotischen Handels	229
34.2	Therapie von neurotisch Kranken	231
35	**Psychosomatische Erkrankungen**	234
35.1	Überblick und Vorbemerkungen	234
35.2	Ursachen, Entstehung und Entwicklung von psychosomatischen Erkrankungen	234
35.3	Erklärungsmodelle	235
35.4	Die Disposition zur psychosomatischen Erkrankung	238
35.5	Therapie von psychosomatisch Kranken	241
36	**Suchterkrankungen**	245
36.1	Überblick, Vorbemerkungen, psychische und psychosoziale Mechanismen	245
36.2	Ursachen für Alkoholabhängigkeit	247
36.3	Verlauf der Abhängigkeit	247
36.4	Folgen des Alkoholismus	248
36.5	Voraussetzung für die Therapie	249
36.6	Einrichtungen für Alkoholabhängige – Ort der Therapie	249
36.7	Verhaltensweisen und Symptome	250
36.8	Umgang mit Alkoholabhängigen	252
36.9	Therapie von Alkoholabhängigen	252
36.10	Medikamentensucht	255
37	**Der psychisch beeinträchtigte junge Mensch**	257
37.1	Vorbemerkungen	257
37.2	Störungen und Symptome	257
37.3	Therapie von psychisch beeinträchtigten Kindern und Jugendlichen	258
38	**Der psychisch beeinträchtigte alte Mensch**	261
38.1	Vorbemerkungen	261
38.2	Störungen und Erkrankungen	261
38.3	Therapie von psychisch beeinträchtigten alten Menschen	262
Quellenverzeichnis		265
Sachwortverzeichnis		270

Bedeutung der Ergotherapie

Die Ergotherapie ist im Laufe der letzten Jahre nicht nur zunehmend aus den Kellern, in denen sie meist untergebracht war, hervorgekommen – sie ist auch ein fester Bestandteil der sozialpsychiatrischen Versorgung geworden. Unbestritten gibt es noch Ergotherapeutinnen[1] (ETs), die darunter leiden, daß ihre Arbeit vorschnell als Ablenkung und Zeitvertreib angesehen und mit Basteln, Etwas-Schönes-Tun, gleichgesetzt wird.

Wenn wir ETs nicht ablenken wollen, so müssen wir uns von DÖRNER und PLOG[1] die Frage stellen lassen, wohin wir den Patienten lenken wollen. Wenn es also nicht um den „schönen Korb" geht, worum geht es dann?

Die Aufgaben von Ergotherapeutinnen sind vielfältig und schon deshalb manchmal nicht klar von denen anderer Berufsgruppen zu trennen. Gerade deshalb ist es wichtig, dort, wo sie sinnvoll und notwendig erscheint, diese Trennung durchzuführen.

Arbeiten oder sich beschäftigen ist Bestandteil der Selbstverwirklichung. ETs lenken die Selbstwahrnehmung auf das Tun, auf die Aktivität, auf das, was jemand kann und nicht kann, aber auch auf die Art und Weise, wie jemand etwas macht. Im Rahmen der Ergotherapie kann ich demnach erfahren und spüren, wie ich mich anstrenge, konzentriere, durchhalte und wie ich mit Fehlern umgehe. Ich kann lernen, verlorengegangene Bedürfnisse und Wünsche wahrzunehmen und zum Ausdruck zu bringen, und ich kann lernen, mich mit Mitmenschen auseinanderzusetzen – mich einzulassen und abzugrenzen.

ETs müssen sich wie die anderen psychiatrisch Tätigen mit einer Vielzahl von Fragen und Problemstellungen auseinandersetzen, die über das Wissen vom Einsatz der eigenen, ganz speziellen Therapiemethoden und -mittel hinausgehen. Das bedeutet, daß die Ergotherapeutinnen sich mit dem Arbeitsfeld Psychiatrie sowie mit theoretischen Grundlagen aus anderen Fachbereichen (Medizin, Psychologie, Pädagogik usw.) vertraut machen müssen. Dies ist zum einen Voraussetzung, um den Patienten in seiner Vielschichtigkeit und Ganzheit zu verstehen, zum anderen, um mögliche ungünstige Bedingungen für die Therapie gezielt verändern zu können.

---

[1] Zugunsten der besseren Lesbarkeit wird in diesem Buch auf die doppelte Anrede verzichtet und nur die männliche Form verwendet. Eine Ausnahme wird bei der „Ergotherapeutin" gemacht, da die Zahl der Frauen in dieser Berufsgruppe eindeutig überwiegt.
Das Quellenverzeichnis befindet sich – nach den Abschnitten A – E geordnet – als Anhang am Ende des Buches.

A Das Arbeitsfeld der Ergotherapeutin

1 Begriffsbestimmungen und Erklärungsmodelle

Ziele

In diesem Abschnitt soll deutlich gemacht werden, daß es keine verbindlichen Vorstellungen und Maßstäbe dafür gibt, was in einer Gesellschaft als normal bzw. als abnorm bezeichnet wird. Der Leser soll verschiedene Normbegriffe kennenlernen und ihren Stellenwert für die Psychiatrie verstehen. Er soll sich mit den Begriffen Gesundheit/Krankheit differenziert auseinandersetzen und den Zusammenhang zu verschiedenen Krankheitsmodellen herstellen. Am Ende des Kapitels sind die wichtigsten Krankheitsmodelle angeführt; es wird auf deren Bedeutung für die psychiatrische Praxis hingewiesen.

1.1 Die gesellschaftlichen Normen und deren Bedeutung für die Psychiatrie

Es ist für uns selbstverständlich, daß wir bestimmte Dinge, Verhaltensweisen oder Situationen als normal, andere als abnorm bezeichnen.
Alle, die in der Psychiatrie arbeiten, haben mit Menschen zu tun, deren Erleben und Verhalten als abnorm, krank und somit als behandlungsbedürftig bezeichnet worden ist.
Von dieser Tatsache ausgehend wird es uns psychiatrisch Tätigen trotz unseres Bemühens nie ganz gelingen, das gesamte Erleben und Verhalten derjenigen, die wir zu betreuen haben, unvoreingenommen zu erfassen.

Unbestritten ist, daß **keine verbindlichen Vorstellungen** und Begriffe darüber, was als psychisch krank bzw. „normal" gilt, existieren. Der Maßstab der Normalität schwankt erheblich zwischen den sozialen Gruppen, Gesellschaftssystemen und verschiedenen Völkergruppen.

Verhalten wird um so stärker registriert, je stärker es von den sozialen Erwartungen abweicht und je stärker es mit zentralen Normen und Zielvorstellungen kollidiert.
„Jede Gesellschaft erwartet, daß ihre Mitglieder mit ihrer sozialen Umgebung so interagieren und die Realität so auffassen, wie es ihre Normen vorschreiben."[2]

Die gesellschaftlichen Normen beinhalten Widersprüche und sind Schwankungen und Veränderungen unterworfen. Widersprüche, die zumeist durch starke Abweichungen der Rand- und Untergruppen von der Norm deutlich werden, führen zu vielfältigen sozialen und individuellen Konflikten und Unsicherheiten. Das ist der Grund, weshalb jeder Wandel an soziokulturellen Normen mehr abnormes Verhalten hervorbringt.

Normen sind unumgänglich, sie dienen der Schaffung und Aufrechterhaltung von sozialen Strukturen und sind zum Überleben der Mitglieder der Gesellschaft nötig. Sie bringen dem Individuum Schutz und Sicherheit, schränken es aber auch ein.[3]
Es gehört zu unserer Lebensbewältigung, Normen zu erkennen und auch Normen zu setzen.

Die Art, wie ein Mensch mit den gegebenen Normen umgeht (beispielsweise Abwehr, Protest, innerer oder äußerer Rückzug oder freiwillige Übernahme), spiegelt den Grad seiner Autonomie und Reife wider.

Normbegriffe[4]

Mit dem Begriff **Durchschnittsnorm** wird das in einer Kultur für eine definierte Situation akzeptierte Muß-, Soll-, Kann- und Darfverhalten beschrieben.

Normal im Sinne der Durchschnittsnorm ist demnach global das Verhalten, das die Mehrzahl der Menschen eines bestimmten Geschlechtes und bestimmter Altersgruppen innerhalb eines bestimmten soziokulturellen Bereiches in bestimmten Situationen zeigt. Die Durchschnittsnorm ist von Gewohnheiten, Sitten und Bräuchen bestimmt, und sie wird für die Einschätzung von psychisch Kranken häufig genutzt.

Dieser Vorstellung gegenüber enthält **der statistische Normbegriff** weniger Wertungen, engt zugleich aber stärker ein, weil alle, die von dieser Norm abweichen, als abnorm = psychisch krank klassifiziert werden. Daneben gibt es eine Ideal- und die Individualnorm.

Der Begriff der **Idealnorm** geht von der Idee der optimalen Daseinserfüllung, Selbstverwirklichung, Lusterlebnisfähigkeit beziehungsweise einer Orientierung an moralischen Maßstäben aus. Er ist, so SCHARFETTER, am ehesten für die Psychotherapie geeignet.
Die Idealnorm kann von einzelnen Personen oder bestimmten Gruppen als Legitimation für das eigene Tun mißbraucht werden. Dies trifft dann zu, wenn Ansprüche nach Selbstverwirklichung und moralische Maßstäbe von beispielsweise religiösen oder politischen Ideologien geleitet werden, wie dies bei bestimmten Sekten oder rechtsextremistischen Gruppierungen besonders deutlich wird.

Für die Psychiatrie, das heißt für die Klinik, ist es am hilfreichsten, von der **Individualnorm** auszugehen. Diese fragt, ob „das zur Untersuchung führende, vom Klienten selbst oder von seiner Umgebung berichtete Erleben und Verhalten von seiner sonstigen Wesensart abweicht."
An dieser Norm orientiert können Ziele für den einzelnen besser formuliert und angestrebt werden.

Abnormitäten haben zunächst noch nichts mit Krankheit zu tun. Gerade im wissenschaftlichen und künstlerischen Bereich sind viele Beispiele für positive Abweichungen bekannt. Jemand kann auch im positiven und negativen Sinn zugleich abnorm sein (z.B. schizophrene Maler).

1.2 Gesundheit/Krankheit

Wird ein abnormes Verhalten als krank bezeichnet, so muß nach einer akzeptierten Definition von Krankheit und Gesundheit gefragt werden, da die Verwendung eines bestimmten Krankheitsbegriffes zwangsläufig – reflektiert oder unreflektiert – bestimmte Konzepte und Modellvorstellungen beinhaltet.

A Das Arbeitsfeld der Ergotherapeutin

SCHARFETTER[5] beschreibt Gesundheit und Krankheit wie folgt:
„Gesund ist der Mensch, dem – unter Umständen auch trotz des Leidensdruckes einer Körperkrankheit und/oder gegen den Normendruck seiner Gesellschaft –
- sein Leben gelingt (Selbstverwirklichung)
- der den Forderungen seines Wesens (Echtheit)
- und der Welt entsprechen und ihre Aufgaben bestehen kann (Adaption, Coping)
- einer, der sich im Leben bewährt."

Damit ist deutlich, daß Gesundheit mehr als nur das Nichtvorhandensein von Krankheit beinhaltet. Gesund sein heißt vielmehr, an sich ein Leben lang zu arbeiten.

Wesentliches Ziel von Therapie wäre somit, den Patienten zu lehren,
a) wie das geht (mit sich und seinen Problemen umzugehen, freier, beziehungsfähiger, freudvoller zu werden) und
b) daß es geht, weil jeder Mensch grundsätzlich die Fähigkeit besitzt, mit seiner psychischen Situation fertig zu werden, so die humanistische Psychologie (s. a. Kap. 10.2).

Für die Definition von Krankheit erachtet SCHARFETTER die drei Aspekte Leiden, Versagen und gestörte Beziehung als wesentlich:

„Krank ist, im Selbstverständnis des ‚Patienten' und im Urteil seiner Umwelt aus welchem Grund immer,
wer an sich und an der Welt über das landes- und gruppenübliche Ausmaß hinaus qualitativ und/oder quantitativ leidet (Leidensaspekt), wer mit den gegebenen, nicht allzu extremen Verhältnissen bis zu einem lebensbeeinträchtigenden Maß nicht zurechtkommt, wer in der Lebens- und Weltbewährung versagt (Versagungsaspekt),
wer infolge seines hochgradigen Andersseins nicht in lebendige Verbindung zu anderen Menschen treten kann (Beziehungsaspekt)."

Im selben Zusammenhang heißt es: „Krank in diesem weiteren Sinn ist das nicht vorhersehbare ‚Verrückte', manches (nicht jedes!) Uneinfühlbare und Befremdliche, aus der mitmenschlichen Realität heraus Gerückte!"

CIOMPI verwendet diese Definition SCHARFETTERS für den schizophrenen Menschen, der in der Akutphase aus seinem normalen (gewohnten) Bezugssystem in ein anderes verrückt ist.

1.3 Die wichtigsten Erklärungsmodelle[6]

Das **medizinische** (somatische) **Modell** stellt Krankheit als eine morphologische Abweichung mit linearer Entwicklung (Ursache – Entstehung – Verlauf – Ausgang) dar.
Für die Psychiatrie kann dieses Modell nicht einmal für Hirnkrankheiten (organische Psychosen, amnestisches Psychosyndrom) ausschließlich verwendet werden, weil entwicklungspsychologische und sozialinteraktionelle Gesichtspunkte außer acht gelassen sind.

Beim **soziologischen Modell** steht die Beziehung Heilsuchender – Therapeut im Zentrum der Aufmerksamkeit und damit bestimmte Rollenerwartungen mit ihren Verpflichtungen und Privilegien.

Das **psychologische Modell** geht davon aus, daß Lebenserfahrungen als Entwicklungseinflüsse zur Verletzlichkeit, Disposition und schließlich zum Krankheitsereignis von Neurose oder Psychose führen. Je nach psychologischer Richtung gibt es hier unterschiedliche Modelle.

a) Das *psychoanalytische Modell* beschreibt Neurose als die Manifestation eines innerpsychischen Konfliktes zwischen Über-Ich und Es. Psychose hingegen wird als Krise des Ich-Selbst mit der Umwelt verstanden. Sichtbar werden die „sekundären" Erscheinungen, die Bemühungen der betroffenen Person, die Krise zu bestehen, zu überwinden, abzuwehren, das Ich wieder zu etablieren.
Die Psychoanalyse stellt also den dahinterliegenden, verborgenen Konflikt in den Mittelpunkt der Behandlung und nicht die vordergründigen Symptome.

b) Der *kommunikationspsychologische Ansatz,* das Familiendelegations- und systemische Familienmodell
deuten psychische Störungen als Folge von gestörten Kommunikationsmodi, ursprünglich zwischen Mutter und späterem Patienten oder Patientin („schizophrenogene Mutter"), dann zwischen den Familienmitgliedern und wichtigen Bezugspersonen überhaupt. Von der ausschließlichen Betrachtung des Einzelindividuums erweitert dieses Konzept den Blickwinkel auf die ganze Familie (im weiteren Sinn).

c) Das *behavioristische Modell* geht davon aus, daß „krankhaftes" Verhalten erlernt ist. Der Mensch versucht, unangenehmen Erfahrungen auszuweichen und entwickelt verschiedene Symptome und Verhaltensweisen wie sozialen Rückzug, Autismus, verwirrtes Reden u.ä. Diese Symptome stehen dann auch im Mittelpunkt der Behandlung. GOFFMANN, WING und BROWN[7] haben dieses Modell als Erklärung für das Entstehen von Sekundärschäden, Hospitalismus usw. verwendet und daraus therapeutische Konsequenzen gezogen.

d) Das *integrativ psycho-biologische Modell*[8]
Es ist heutzutage unbestritten, daß jedes Modell allein verwendet die Entstehung und Entwicklung von psychischen Erkrankungen nur unzureichend beschreibt. Viele Untersuchungen der letzten Jahre haben gezeigt, daß neben biologischen und innerpsychischen Faktoren kommunikative, soziokulturelle und ökonomische Bedingungen Einfluß haben.
Dies hat zur Folge, daß der Krankheitsbegriff als Störung der Beziehung zwischen Individuum und seiner sozialen Umwelt im Sinne von psychosozialen Wechselwirkungen definiert werden muß (s.a. Kap. 31).

A Das Arbeitsfeld der Ergotherapeutin

Zusammenfassung

Jede Gesellschaft hat ihre Normen, auf deren Einhaltung sie achtet. Verhaltensweisen und Störungen von psychisch Kranken werden in unserer Gesellschaft als abnorm bezeichnet. Dies macht die Auseinandersetzung mit diesem Thema für jeden psychiatrisch Tätigen unumgänglich.

Wir können uns an unterschiedlichen Normbegriffen (Durchschnittsnorm, statistische Norm, Ideal- und Individualnorm) orientieren. Für die Psychiatrie ist es hilfreich, von der Individualnorm auszugehen.

Auch Krankheit und Gesundheit können unterschiedlich definiert werden. Die Verwendung eines bestimmten Krankheitsbegriffes beinhaltet zwangsläufig ein bestimmtes Erklärungsmodell.

Die wichtigsten Erklärungsmodelle sind das medizinische, das soziologische und das psychologische. Das psychologische Modell läßt sich noch weiter differenzieren in das psychoanalytische, das kommunikationspsychologische, das behavioristische und das integrativ psycho-biologische Konzept.

Weiterführende Literatur:
Scharfetter, Christian: Allgemeine Psychopathologie. Thieme Verlag 1985
Schmerl, Christiane: Sozialisation und Persönlichkeit. Enke Verlag 1978
Zimbardo, Philip G: Psychologie. Springer Verlag 1983

2 Die Entwicklung der Psychiatrie[9]

Ziele

Im folgenden Text soll deutlich gemacht werden, daß die Versorgung und Behandlung psychisch Kranker im Lauf der Geschichte zahlreiche Wandlungen durchgemacht haben. Dies brachte mit sich, daß auch das Berufsbild der Ergotherapeutin immer wieder Veränderungen unterworfen war.
In den siebziger Jahren hat eine neue Arbeitsrichtung innerhalb der Psychiatrie (die sogenannte Sozialpsychiatrie) soziale Methoden zur Vorbeugung und Beeinflussung von psychischen Störungen beschrieben, die teils schon zuvor Schwerpunkte der Ergotherapie waren.
Tätigsein, Arbeit und Milieu wurden als wichtig erkannt, ebenso die Teamarbeit, die die Ergotherapie vielfach aus der Isolation holte.
Der Leser soll erfahren, welche Zusammenhänge zwischen der psychiatrischen Versorgung (Art und Größe der Einrichtung, Therapiekonzept usw.) einerseits und politischen und ökonomischen Bedingungen und Strömungen andererseits bestehen. Viele dieser Zusammenhänge zeigen sich, wenn wir die geschichtliche Entwicklung betrachten.

Die Geschichte der Psychiatrie läßt sich in drei Phasen unterteilen.

2.1 Phase 1 – die Anfänge

Im Altertum lösten Verhaltensstörungen und Handlungen, die heute als psychisch krank bezeichnet werden, Verehrung und/oder Entsetzen aus. Man sah die Ursachen im Befall von Dämonen oder in einer Unordnung des Säftegleichgewichts und versuchte dem mittels Aderlaß, Auspeitschen, Zaubertränken oder Tempelschlaf abzuhelfen.
Einige der heute bekannten Krankheitsbilder wie Manie, Depression oder Wochenbettpsychose wurden zum ersten Mal von den Griechen (HIPPOKRATES, um 400 v. Chr.) beschrieben.

Im **Mittelalter** (insbesondere im 12./13. Jhd.) wurden die psychisch Kranken von Ordensgemeinschaften betreut oder blieben in den Familien. Später wurden sie als Hexen und Besessene gefoltert.
Zur Zeit der Renaissance (15./16. Jhd.) wurden psychisch Auffällige meist zusammen mit anderen Randgruppen (Landstreichern, rothaarigen Frauen, Kriminellen und Schwachsinnigen) ausgesondert.

2.2 Phase 2 – Entstehung der institutionellen Psychiatrie

Im 18. Jhd. wurde die Psychiatrie eigenständige Disziplin mit sozialen Institutionen. Wahnsinn wurde zur Geisteskrankheit und fiel damit in die Kompetenz der Ärzte.

Wie kam es dazu?

Erklärung 1: Der Wahnsinn war schon immer da. Jetzt endlich, im Zeitalter der Aufklärung, beschlossen einige Ärzte, die Wahnsinnigen von ihren Ketten zu befreien (PINEL in

Frankreich), die Irrenanstalten zu reformieren. Neue Behandlungsmethoden wurden entwickelt, ihre Wirkung wissenschaftlich geprüft – es sind dies die wesentlichen Wurzeln, aus denen sich unser heutiges System der Versorgung und Behandlung entwickelt hat.

Erklärung 2: Ein anderes Erklärungsmodell versucht die Entstehungsgeschichte in der Wechselwirkung historischer und gesellschaftspolitischer Veränderungen zu sehen. Die Anfänge der institutionellen Psychiatrie reichen in den gleichen Zeitraum zurück wie die industrielle Revolution; und beide gingen von England aus. Die Veränderungen betrafen die Familie, die ländliche Gesellschaft (die allmählich zerbrach) und die Entwicklung der Städte.
Die neue Industrie benötigte leistungsfähige Arbeiter, die sich trotz monotoner Arbeit nicht beschweren, verläßlich, diszipliniert und anspruchslos sind. Und so mußten unproduktive Menschen aussortiert und in entlegenen Einrichtungen untergebracht werden.
Die frühen Irrenanstalten waren privatwirtschaftliche, kommerziell betriebene Einrichtungen und wurden von Ärzten, Lehrern, Priestern, Chemikern, Rechtsanwälten, Philosophen oder Soldaten geleitet.
Komplizierte Kuren wurden entwickelt, die Geist und Körper heilen sollten. Diese Kuren dienten zur Stabilisierung (Stärkungsmittel), zur Reinigung (Blutreinigung, Aderlaß, Essig, Abführmittel), zur Einschüchterung (plötzliches Abfeuern eines Gewehres, vorgetäuschtes Ertränken), als Katharsis (Musik und Theater sollten helfen, überschüssige Energien abzuleiten) und Exorzismus (Drehstuhl, Anwendungen von Magie).
Die Ärzte fühlten sich zunehmend kompetenter, da sie Spontanheilungen und Verbesserungen auf ihre Mittelchen und Kuren zurückführten. Bücher wurden veröffentlicht, aus vagen Begriffen wurden wissenschaftlich faßbare Krankheitsbilder: Geist und Seele waren jetzt auf das Gehirn reduziert.

In England – später auch in Frankreich und Deutschland – begannen sich **Reformer** mit den Behandlungsmethoden und den vielen Zwängen auseinanderzusetzen. Sie errichteten Alternativheime mit verhaltenstherapeutischen und sozialen Behandlungsverfahren: Eine freundliche Umgebung und der Umgang mit den Patienten nach dem Gebot der Humanität sollte diesen die Fähigkeit zur Selbstkontrolle zurückgeben (sogenannte „moralische Behandlung").

2.3 Phase 3 – Die Psychiatrie wird Wissenschaft

Mitte des 19. Jhd. wurde das **Irrenwesen gesetzlich geregelt** und es entstanden viele Nervenheilanstalten. Die moralische Behandlung verschwand wieder, Zucht und Ordnung wurden oberstes Gebot. Die Anstalten waren jetzt Verwahr- und Überwachungseinrichtungen im großen Stil mit bis zu 3 000 Betten.

Die Zahl der registrierten geisteskranken Menschen stieg. Bisher unentdeckte Kranke wurden aufgegriffen, den Belastungen der Industrialisierung fielen viele zum Opfer. Die Irrenanstalten wurden Abladeplatz für alle möglichen unbequemen Menschen; die Toleranzgrenze sank, weil die Familienstrukturen sich auflösten und ein bequemes Loswerden der Geisteskranken möglich war.

Die Wissenschaftler hatten ausreichend „Beobachtungsmaterial" und suchten, um mit den anderen medizinischen Fachrichtungen mithalten zu können, verstärkt nach physischen Ursachen. Mit der Entdeckung des Syphiliserregers machte man einen hoffnungsvollen Anfang. So wurden die Geisteskranken zunehmend als Fälle interessant.

EUGEN BLEULER (1857-1939) war der erste bedeutende Vertreter einer psychologisch orientierten Psychiatrie. Er schuf erstmalig ein noch bis heute gültiges System der psychischen Krankheiten und prägte den Terminus Schizophrenie.

Exkurs: Entstehung und Entwicklung der Beschäftigungs- und Arbeitstherapie

In den 20er Jahren bekam die Arbeitstherapie durch HERMANN SIMON zunehmend Bedeutung: Die psychisch Kranken sollten in differenzierten Schritten allmählich von der völligen Inaktivität hin zu nützlichen Tätigkeiten geführt werden. Damit hatte sich einerseits die Auffassung vom unzurechnungsfähigen und sozial unbrauchbaren Kranken geändert, andererseits zielte diese Richtung der Arbeitstherapie und die zahlreicher Nachfolger in der heutigen Psychiatrie in erster Linie darauf ab, handwerkliche (vorindustrielle) und landwirtschaftliche Arbeiten verrichten zu lassen.
Vielfach wurden die Patienten so zu unentbehrlichen Mitgliedern der Kliniken; eine Möglichkeit zur Rehabilitation in das reale Arbeitsleben war ihnen nicht gegeben.
Parallel zur deutschen Arbeitstherapie entstanden in den USA Beschäftigungstherapieschulen, deren Ziel es nicht war, verwertbare Arbeiten für Patienten anzubieten, sondern ihre schöpferischen und musischen Bereiche anzusprechen.
Während die frühen Formen von industrieller Arbeitstherapie heute noch häufig im Langzeitbereich zu finden sind, gelangen Akutkranke eher in den Genuß beschäftigungstherapeutischer und neuerer arbeitstherapeutischer Aktivitäten.

Während des 2. Weltkrieges war der Umgang mit psychisch Kranken in vielen deutschen Institutionen gekennzeichnet durch die Menschenverachtung der herrschenden Rassenideologie. Etwa 200 000 psychisch Kranke fielen der Euthanasie zum Opfer; Landeskrankenhäuser wurden Ort der Verwahrung, der völligen Entprivatisierung.
Nach Ende des Krieges füllten sich die Anstalten innerhalb kurzer Zeit wieder; die psychiatrische Versorgung war katastrophal.

Folgende Faktoren der Unterbringung in den Anstalten wirkten sich besonders negativ aus:[10]

1. Fehlender Kontakt zur Außenwelt (als gravierendster Faktor)
2. Erzwungene Untätigkeit (Arbeitstherapie war wenigen vorbehalten)
3. Autoritäres Verhalten von Ärzten und Pflegepersonal
4. Verlust von Freunden, persönlichem Besitz und Privatleben
5. Medikamentierung
6. Anstaltsatmosphäre
7. Geringe Zukunftsperspektive außerhalb der Anstalt

Diese Bedingungen zu verändern hat sich die Sozialpsychiatrie zur Aufgabe gemacht.

A Das Arbeitsfeld der Ergotherapeutin

> **Zusammenfassung**
>
> Die Anfänge der Geschichte der Psychiatrie reichen ins Altertum zurück. Psychisch Kranke wurden verehrt, gefürchtet, umsorgt, aber auch ausgegrenzt und abgesondert. Wie sie behandelt wurden, stand immer im Zusammenhang mit gesellschaftspolitischen und ökonomischen Bedingungen. Im 18. Jahrhundert, im Zeitalter der industriellen Revolution, entstand die institutionelle Psychiatrie mit neuen Behandlungsmethoden. Die psychisch Kranken zählten meist nicht zu den leistungsfähigen Arbeitern, die die neue Industrie benötigte, und so wurden sie in Anstalten, die weit außerhalb der Städte lagen, abgeschoben.
>
> Reformbewegungen brachten vorübergehende Verbesserungen, die in vielerlei Hinsicht mit der heutigen sozialpsychiatrischen Versorgung vergleichbar sind.
>
> Mitte des 19. Jahrhunderts veränderte sich die psychiatrische Versorgung wiederum drastisch: Die Patienten wurden verwahrt, viele neue Anstalten im großen Stil errichtet. Die Psychiatrie wurde zur Wissenschaft, die Ärzte suchten verstärkt nach physischen Ursachen.
>
> In den 20er Jahren entstand in Deutschland unter H. Simon die Arbeitstherapie, parallel dazu wurde in den USA die erste Beschäftigungstherapieschule gegründet.
>
> Die Situation während des 2. Weltkrieges war gekennzeichnet durch Menschenverachtung, viele psychisch Kranke wurden getötet. Nach dem Krieg war die Versorgung zunächst katastrophal. Faktoren, die sich besonders negativ auswirkten, waren der fehlende Kontakt der Patienten zur Außenwelt und die erzwungene Untätigkeit.

Weiterführende Literatur:
Blasius, D.: Der verwaltete Wahnsinn. Fischer Verlag 1980
Dorner, K.: Bürger und Irre. EVA-Syndikat Verlag 1984
Dörner/Plog: Irren ist menschlich. Psychiatrie Verlag 1986
Herzog, G.: Krankheitsurteile. Psychiatrie Verlag 1984

3 Die Entwicklung der Sozialpsychiatrie

> **Ziele**
>
> Der Leser soll erfahren, daß die Reformbewegungen der Sozialpsychiatrie mit dem vorrangigen Ziel, die bestehenden Strukturen psychiatrischer Versorgung zu verändern, von England ausgingen. Am Beispiel Italien sollen die Zusammenhänge zwischen ökonomischen und politischen Bedingungen und Strömungen einerseits, und der Verwirklichung der neuen Ideen andererseits, aufgezeigt werden. Die wichtigen Schritte der Veränderungen in der BRD und die Aufgaben der Sozialpsychiatrie werden dargestellt. Anhand einiger Thesen sollen dem Leser die Bedingungen, unter denen Reformen möglich wurden, verdeutlicht und der Bezug zur heutigen Situation hergestellt werden.

3.1 Die Anfänge

Zunächst in England und Frankreich, Anfang der sechziger Jahre auch in anderen Ländern, so auch in Italien und der Bundesrepublik Deutschland, begannen erneut **Reformbewegungen,** die durch die Einführung der Psychopharmaka (um 1950) erleichtert wurden.

Diese „neue" Psychiatrierichtung hat sich zur Aufgabe gesetzt, die gesellschaftsfern gelegenen psychiatrischen Großkrankenhäuser überschaubar zu gliedern und das System der Versorgung durch vorwiegend „extramurale" Behandlungsangebote zu ergänzen. Ein Prinzip lautete, die Probleme am Ort ihrer Entstehung – also in der Familie, in der Fabrik, im Wohnbezirk, in der Gemeinde – zu lösen.
Damit sollte der Hauptakzent auf die Erhaltung bzw. Wiederherstellung der Beziehung des psychisch Kranken zum gesellschaftlichen Leben gelegt werden.

Zur Erreichung dieser Ziele wurden verschiedene Wege eingeschlagen. Der eine Weg, der in Italien versucht wurde, lag in der Überwindung der alten Strukturen durch deren „Austrocknung" und sollte zur sofortigen Auflösung der Großkrankenhäuser führen. Den anderen Weg sah man in der Überwindung der alten Strukturen durch Verbesserung derselben mit dem Ziel, sie langfristig überflüssig zu machen. Die Reformbewegungen in der BRD lassen sich mit diesem zweiten Weg beschreiben.

3.2 Die Situation in Italien[11]

Zu Beginn der sechziger Jahre – parallel zur Zeit des Wirtschaftsbooms – konnten sich neue Strömungen in der italienischen Psychiatrie durchsetzen. So begann FRANCO BASAGLIA 1962/63 in Görz, die antiautoritären und liberalisierenden Prinzipien der aus Großbritannien stammenden „therapeutischen Gemeinschaft" anzuwenden. Alle physischen Zwangsmaßnahmen wie Gitter, Zwangsjacken oder Elektroschocks wurden abgeschafft, die Abteilungen geöffnet und in späterer Folge die erste **therapeutische Gemeinschaft** zwischen Patienten, Pflegepersonal und Ärzten gegründet, sowie in Selbstverwaltung der Patienten ein Café eröffnet. Der Kommunikation innerhalb der therapeutischen Gemeinschaft diente die Vollversammlung, die in fast täglichem Rhythmus stattfand.

A Das Arbeitsfeld der Ergotherapeutin

1965–66 entstand in der Provinz Perugia der erste Versuch von „gemeindenaher Psychiatrie", d. h. von psychiatrischer Versorgung außerhalb der Anstaltsmauern.

1968 kam es im Rahmen gesellschaftspolitischer Reformbewegungen und einer Aufweichung bisher gültiger Normen zur **Politisierung der Psychiatrie.** Einerseits übte die antiautoritäre Bewegung der Jugend auf die Arbeiterkämpfe (1969) einen starken Einfluß aus und ging als Massenbewegung, die sich aktiv mit dem Irrenanstaltsproblem beschäftigte, weiter. Andererseits knüpften fortschrittlich eingestellte Psychiater – unterstützt von den lokalen linken Verwaltungsbehörden und der KPI – politisch an die Forderungen der Gewerkschaften, der Arbeiter- und Studentenbewegung an.

Eine Folge war die **Auflösung der Krankenanstalten,** das Bemühen, neuen Wohnraum und Arbeit für die ehemaligen Insassen zu finden. Es wurden Wohngemeinschaften gegründet, Firmen und Kooperativen; ein Teil der Patienten wurde wieder in ihre Familien geschickt.
1978 wurde das neue italienische Psychiatriegesetz verabschiedet, nach dem psychiatrische Behandlung nur noch aufgrund medizinischer Indikation und ambulant oder an Abteilungen von Allgemeinkrankenhäusern erfolgen darf; Zwangsmaßnahmen sollte es nur in Ausnahmefällen geben.
In psychiatrischen Anstalten dürfen nur Patienten aufgenommen werden, die früher einmal in dieser Einrichtung waren und dies ausdrücklich wünschen.
Da die Reform aus politischen und wirtschaftlichen Gründen in den verschiedenen Regionen sehr unterschiedlich verlief, fehlten vielerorts gemeindenahe Einrichtungen und im besonderen Maße Arbeitsmöglichkeiten.
Kritik wurde auch an der Tatsache laut, daß für die „Reichen" wiederum andere, in der Regel bessere Bedingungen bestanden, da Privatkliniken von dem neuen Gesetz ausgeschlossen waren.

3.3 Die Entwicklung der Sozialpsychiatrie in der Bundesrepublik Deutschland (alte Bundesländer)[12]

In der BRD gingen die Reformbewegungen von Mannheim aus. 1969 wurde die Mannheimer Gemeindepsychiatrie, 1970 der Mannheimer Kreis gegründet, aus dem 1971 die Deutsche Gesellschaft für soziale Psychiatrie (DGSP) hervorging.

Die DGSP ist eine berufsübergreifende Gesellschaft, die auch heute noch die Aufgabe übernimmt, die psychosoziale Versorgung in der Bundesrepublik den Bedürfnissen der Bevölkerung entsprechend weiterzuentwickeln.
Sie führt Fortbildungsveranstaltungen durch, unterstützt und gründet Vor- und Nachsorgeeinrichtungen zum Ausbau der Gemeindepsychiatrie, berät Teams, Institutionen und Entscheidungsträger in Politik und Verwaltung sowie Verbände aller Art; daneben leistet die DGSP Öffentlichkeitsarbeit.

1970 befaßte sich – unter dem zunehmenden Druck seitens der in der Psychiatrie Tätigen und der Öffentlichkeit – der Deutsche Bundestag mit der Situation der Psychiatrie.

Eine Kommission erstellte von 1971–1975 eine **„Enquête über die Lage der Psychiatrie"**, also eine systematische Bestandsaufnahme mit Empfehlungen zur Neugliederung.

Die wesentlichen Forderungen:
1. Psychiatrische Versorgung muß gemeindenah sein.
2. Ambulante Dienste sollen der stationären Versorgung angegliedert werden.
3. Notwendig ist die Errichtung von teilstationären und flankierenden Einrichtungen.
4. Multidisziplinäre Zusammenarbeit aller Berufsgruppen soll angestrebt werden; Fort-, Aus- und Weiterbildungen müssen gefördert werden.
5. Eine Gleichstellung von psychisch und körperlich Kranken ist zu gewährleisten.

Trotz einiger positiver Veränderungen, etwa durch die Errichtung von Modelleinrichtungen, regte sich sehr bald **Kritik,** die zum Teil noch nicht verstummt ist. Sie bezog sich im wesentlichen auf folgende Punkte.

1. Die Bestandsaufnahme beruht auf Daten aus dem Zeitraum 1971-75, die Bundesregierung veröffentlichte aber ihre Stellungnahme erst 1979.
2. Die Psychiatrie-Enquête hat nur einen empfehlenden Charakter, dient also nur als Orientierungsrahmen und Berufungsinstanz.
3. Die Frage der Finanzierung und somit einer Realisierung des Reformwerks wurde erst drei Jahre später von einer privaten Firma geprüft. Die errechneten Kosten waren gigantisch und unbezahlbar, die Zustimmung der Bundesregierung wenig verbindlich. Hinweise auf die angespannte Lage der Kostenträger, Hin- und Herschieben der Kompetenz zwischen Bund, Ländern und Gemeinden dienten als Argumente gegen eine umfassende Realisierung des Reformwerks.
4. Die Bundesregierung verzichtete auf eine Analyse der gesellschaftlichen Ursachen der Versorgungssituation; der Kranke blieb und bleibt der isolierte einzelne, das gestörte Individuum.

Aufgaben der Sozialpsychiatrie:

Die Sozialpsychiatrie versteht sich als Arbeits- und Forschungsrichtung innerhalb der Psychiatrie. Sie will

1. die Bedeutung sozialer Faktoren für Entstehung, Ausprägung und Verlauf psychischer Störungen untersuchen und
2. soziale Methoden zur Prävention psychischer Krankheiten entwickeln.

Die Entwicklung der Psychiatriereform anhand einiger Thesen:

These 1: Psychiatrische Reformen sind abhängig von ökonomischen und gesellschaftspolitischen Verhältnissen bzw. Entwicklungen und werden durch diese mitbestimmt.[13]

In der Phase intensiven Wachstums (1960–70), verbunden mit der wissenschaftlich-technischen Revolutionierung des Produktionsbereiches, stieg der Bedarf an qualifizierten Arbeitskräften, der nicht mehr wie vor dem Mauerbau aus dem anderen Teil Deutschlands abgedeckt werden konnte. Damit rückten diejenigen Bereiche gesellschaftlichen Lebens ins Zentrum der Diskussion, die den Fortgang wissenschaftlicher Entwicklung zu sichern hatten, darunter das Gesundheits- und Bildungswesen.

A Das Arbeitsfeld der Ergotherapeutin

These 2: Psychiatrische Reformen sind abhängig von der Zahl der behandlungsbedürftigen psychisch Kranken.[14]
In den sechziger Jahren stieg die Zahl der Patienten, die zur Aufnahme in die psychiatrischen Kliniken kamen, so stark an, daß die Einrichtungen chronisch überfüllt waren. Zugleich bestand akuter Personalmangel. Angesichts des steigenden Aufnahmedrucks gingen die Krankenhäuser zu einer Strategie der Frühentlassung über, die durch die Einführung der Psychopharmaka, Ende der fünfziger Jahre, möglich geworden war. Diese Strategie konnte aber allenfalls den totalen Zusammenbruch des psychiatrischen Versorgungssystems verhindern.

These 3: Psychiatrische Reformen stehen auch im Zusammenhang mit der Schichtzugehörigkeit der psychisch Kranken.[15]
Durch Veränderungen im Produktionsprozeß, durch Technisierungs-, Rationalisierungs- und Automatisierungsprozesse kommt es zu neuen Anforderungen wie Flexibilität, Mobilität usw., die das Risiko häufiger Dequalifizierung, insbesondere für mittelqualifizierte Arbeitskräfte, mit sich bringt bzw. erhöht. Damit verbunden ist auch ein erhöhtes Krankheitsrisiko. Diese Gruppen verfügen aber, im Gegensatz zu einfachen Arbeitern, über eine bessere Organisations- und Artikulationsfähigkeit, um ihren Reformen politischen Nachdruck verleihen zu können.

These 4: Psychiatrische Reformen liegen im Interesse des Staates, müssen von diesem durchgeführt und finanziert werden.[16]
Aber: Staatliches Handeln unterliegt Restriktionen und Selektionsmechanismen, die darüber bestimmen, welche Materialien und Sachverhalte überhaupt zum Gegenstand staatlicher Politikinhalte werden.

3.4 Zur Lage der Psychatrie in der ehemaligen DDR[17]

Im November 1990, kurz nach dem Einigungsvertrag, nahm eine Expertengruppe aus den neuen und alten Bundesländern ihre Arbeit auf, um auch für die Länder der ehemaligen DDR eine Bestandsaufnahme der psychiatischen Versorgung mit Empfehlungen zur Neugliederung zu erstellen. In der Bestandsaufnahme werden vor allem für die **stationäre Versorgung** viele Defizite und zum Teil katastrophale und menschenunwürdige Verhältnisse beschrieben, die an die Situation zu Beginn der Psychiatriereform in den 60er und 70er Jahren erinnern: schlechte Bausubstanz, Schlafräume mit zehn und mehr Betten, unzureichende Personalausstattung, sehr hohe Fehlplazierungsquote (chronisch Kranke blieben in den Anstalten). Die **ambulante Versorgung** wurde hauptsächlich von den Abteilungen für Neuropsychiatrie, den sogenannten Polikliniken, erbracht. Diese waren multiprofessionell besetzt, die Mitarbeiterzahl schwankte jedoch zwischen 1 und 23. Neben den Polikliniken betrieben die psychiatrischen Krankenhäuser und Abteilungen Spezialambulanzen für spezielle Zielgruppen. Sowohl die Polikliniken als auch die Spezialambulanzen sind laut Einigungsvertrag bis Ende 1995 zugelassen. Bis dahin müssen sie in freie Arztniederlassungen oder in Gesundheits- und Sozialdienste umgewandelt werden. Ein großer Mangel zeigte sich bezüglich der **komplementären Versor-**

gung. Es gab kaum qualifizierte Wohnangebote für chronisch Kranke und behinderte Menschen. Die Situation bei den geschützten Arbeitsplätzen war durch die Rechtslage in der ehemaligen DDR (Recht auf Arbeit) hingegen recht gut. Aufgrund der schlechten Arbeitsmarktlage ist diese soziale Absicherung für die meisten psychisch Kranken mit der Wende verloren gegangen.

3.5 Die Situation der Psychiatrie heute

Die Psychiatriereform hat ohne Zweifel die psychiatrische Versorgung in den alten Ländern der Bundesrepublik verändert. Bausubstanz und Ausstattung vieler Einrichtungen wurden wesentlich verbessert; Städte und Gemeinden wurden **sektorisiert**, das heißt, in Zuständigkeitsbereiche gegliedert. Damit ist festgelegt, daß die im jeweiligen Sektor liegende psychiatrische Klinik bzw. Abteilung die psychiatrische Versorgung zu übernehmen hat. Um dem Anspruch gemeindenaher Versorgung nachkommen zu können, wurden viele teilstationäre (Tages- und Nachtkliniken) und flankierende Einrichtungen (Wohnheime, Beratungsstellen und Werkstätten) geschaffen.

Trotz dieser positiven Entwicklung ist die Psychiatriereform (auch in den alten Bundesländern) noch lange nicht beendet. Das Modellprogramm, das 1988 dem Bundesministerium zur Stellungnahme vorgelegt wurde, bildete und bildet immer noch die Voraussetzung für den weiteren konsequenten Ausbau der psychiatrischen Versorgung in Ost und West, insbesondere in folgenden Punkten[18]:

– Ausbau flächendeckender Versorgungsnetze mit teilstationären, ambulanten und komplementären Angeboten auf der Achse Arbeit – Wohnen – Freizeit
– weitgehende Enthospitalisierung und weitere Verweildauerverkürzung bei gleichzeitiger Erhöhung und Qualifizierung des Personals (die Situation von den ca. 500 000 chronisch psychisch Kranken hat sich z. B. noch nicht wesentlich verbessert).
– Übernahme der politischen Verantwortung durch die kommunalen Gebietskörperschaften
– Errichtung von gemeindepsychiatrischen Verbunde, um die Koordination und Vernetzung der verschiedenen Angebote zu gewährleisten.

Im 1990 verabschiedeten Gesetz zur Strukturreform im Gesundheitswesen (Gesundheits-Reformgesetz – GRG) wurde berücksichtigt, daß den besonderen Bedürfnissen psychisch Kranker und Behinderter insbesondere bei der Versorgung mit Heilmitteln und bei der medizinischen Rehabilitation sowie Belastungserprobung und Arbeitstherapie Rechnung getragen werden muß. Aufgrund der immer stärker anwachsenden Zahl von Arbeitslosen und der allgemeinen Rezension stellt die berufliche Rehabilitation vielerorts ein Hauptproblem dar.
Die Verankerung des Leistungsspektrums psychosozialer Hilfen innerhalb des gegliederten Systems der sozialen Sicherung ist aufgrund der noch offenstehenden Verantwortungs- und Finanzierungszuständigkeiten nicht gelungen.

A Das Arbeitsfeld der Ergotherapeutin

Zusammenfassung

Die Reformbewegungen gingen von England aus und griffen um 1970 auf die BRD über. Vorrangiges Ziel war, die psychisch Kranken nicht weiterhin abgesondert zu lassen, sondern ihre Probleme in der Familie, am Arbeitsplatz, in der Gemeinde zu lösen.

Insbesondere in Italien kam es zur Politisierung der Psychiatrie und es wurde ein Weg gesucht, der zur sofortigen Auflösung der Großkrankenhäuser führen sollte. Die therapeutische Gemeinschaft wurde eingeführt, neue Wohn- und Arbeitsmöglichkeiten wurden geschaffen, die medizinische Behandlung sollte künftig ambulant oder an Abteilungen der Allgemeinkrankenhäuser erfolgen.

In der BRD wurden 1969 die Mannheimer Gemeindepsychiatrie und der Mannheimer Kreis gegründet, aus dem die DGSP hervorging.

1971-1975 erstellte eine Kommission des Bundestages für die alten Bundesländer, 1991 auch für die ehemalige DDR, eine „Enquête über die Lage der Psychiatrie" mit Empfehlungen zur Neugliederung der psychiatrischen Versorgung. Trotz positiver Veränderungen gibt es einige Kritik an Mißständen, die zum Teil immer noch bestehen.

Die Sozialpsychiatrie hat es sich zur Aufgabe gemacht, die Bedeutung sozialer Faktoren für Entstehung, Ausprägung und Verlauf von psychischen Störungen zu untersuchen und soziale Methoden zur Prävention von psychischen Krankheiten zu entwickeln.

Psychiatrische Reformen
- sind abhängig und werden mitbestimmt von ökonomischen und gesellschaftspolitischen Verhältnissen und Entwicklungen
- sind abhängig von der Zahl der behandlungsbedürftigen psychisch Kranken
- stehen im Zusammenhang mit der Schichtzugehörigkeit von psychisch Kranken
- liegen im Interesse des Staates.

Auch wenn die Versorgung von psychisch Kranken durch die Forderungen der Sozialpsychiatrie verbessert wurde, sind noch viele Anstrengungen notwendig, um ihnen ein gleichberechtigtes, menschenwürdiges Dasein zu ermöglichen.

Weiterführende Literatur:
Basaglia, F: Die negierte Institution. Suhrkamp Verlag 1973
Dörner u.a.: Gemeindepsychiatrie Kohlhammer Studienbuch 1979
Jervis, G.: Die offene Institution. Syndikat Verlag 1979
Rebell, Ch.: Sozialpsychiatrie in der Industriegesellschaft. Campus Verlag 1976
Deutscher Bundestag, 11. Wahlperiode: Stellungnahme der Bundesregierung zu dem Bericht „Empfehlungen der Expertenkommission der Bundesregierung zur Reform der Versorgung im psychiatrischen und psychotherapeutisch/psychosomatischen Bereich" – auf der Grundlage des Modellprogramms „Psychiatrie" der Bundesregierung. Drucksache 11/8494. Bonn 1990
Bundesministerium für Gesundheit: Zur Lage der Psychiatrie in der ehemaligen DDR – Bestandsaufnahme und Empfehlungen –. Aktion psychisch Kranke, Bonn 1991

4 Die Praxis der Sozialpsychiatrie

> **Ziele**
>
> In diesem Kapitel sollen die Grundsätze der therapeutischen Gemeinschaft und ihre Auswirkungen auf die Beziehung zwischen Patient und Therapeut deutlich werden. Der Leser soll die Soziotherapie als Basis therapeutischen Handelns begreifen und eine Einteilung der verschiedenen therapeutischen Angebote kennenlernen.

4.1 Die „therapeutische Gemeinschaft"

Seit den sechziger Jahren hat mit der Gründung der „therapeutischen Gemeinschaft" die Bildung von Gruppen immer mehr an Bedeutung gewonnen. Grundsatz der therapeutischen Gemeinschaft, die aus Patienten und Teammitgliedern besteht, ist, sämtliche Situationen des Abteilungs- oder Stationslebens so auszunutzen,

- daß krankhaftes Verhalten des einzelnen durch die Rückmeldung aus der Gruppe deutlich wird,
- daß die Gruppe und der einzelne sich bemühen, dieses krankhafte Verhalten zu verstehen,
- daß diejenigen Situationen gefördert werden, die korrigierende Erfahrungen ermöglichen, und
- daß die gesunden Seiten der Persönlichkeit durch die Gruppe anerkannt und durch adäquate Rollen entwickelt werden.[19]

Die Realisierung der therapeutischen Gemeinschaft bedeutete eine **Neugestaltung der Beziehung** zwischen dem Kranken und den Mitarbeitern des Krankenhauses einerseits und unter den therapeutischen Mitarbeitern andererseits. Um Ausgrenzung zu verhindern und Verantwortung nicht nur beim Kranken und bei der Institution zu lassen, forderte sie darüber hinaus eine möglichst weitgehende Einbeziehung breiter Anteile der Öffentlichkeit.[20]

Der Kranke soll in der therapeutischen Gemeinschaft nicht mehr die Rolle des passiv Empfangenden spielen, sondern als aktiver Partner an dem Behandlungsplan beteiligt sein.

Das heißt: Die Kontrolle der therapeutischen Gemeinschaft soll nicht durch eine einzige Autoritätsfigur repräsentiert werden, sondern diese Gemeinschaft reguliert sich selbst. Die Kranken werden mit Aufgaben und Erwartungen ihres eigentlichen Lebensraumes konfrontiert, sie lernen, sich mit Problemen und Konflikten der Außenwelt unter beschützenden Bedingungen auseinanderzusetzen. Damit dies gelingt, müssen die bestehenden gesellschaftlichen Normen und Erwartungen deutlich gemacht und an den Patienten herangetragen werden. Innerhalb eines realitätsbetonten institutionellen Milieus wird neurotisches und psychotisches Agieren im Sinne einer stufenweise ablaufenden Sozialisierung modifiziert.

A   Das Arbeitsfeld der Ergotherapeutin

4.2 Soziotherapie

Die Basis therapeutischen Handelns in sozialpsychiatrischen Einrichtungen ist nach DÖRNER[21] die Soziotherapie. Nur was sie nicht leisten kann, fällt an die Psycho- und Somatotherapie.
Soziotherapie soll die normalen, regelhaften, alltäglichen, gesunden, nicht an Krankheit gebundenen, d. h. freien Anteile eines Individuums fördern. Dies beinhaltet, daß der Patient beispielsweise selbst wählen kann, neben wem er beim Mittagstisch sitzt oder mit wem er einen Spaziergang macht und daß er Wünsche äußern kann, die ihm versagt oder erfüllt werden.
Das setzt voraus, daß **Regeln in einem therapeutischen Rahmen** auch für den Patienten wahrnehmbar werden, daß Alltag und Normales wieder machbar ist.
„Sich befreien von Zwängen kann der Mensch nur, wenn er sich mit ihnen auseinandersetzen kann, d. h. wenn sie da sind. Der Kranke kann durch die Therapie (Psychotherapie, Gruppentherapie) ich-stärker, angstfreier usw. werden, er braucht aber auch Kenntnis vom Umgang mit Menschen, und zwar mit Menschen am Arbeitsplatz, in der Kneipe, in der Familie, Straßenbahn usw."[22]
Jedes Krankwerden oder Sich-Krankmachen sondert den Menschen ab, unterscheidet ihn von den anderen. Dies um so stärker, je länger und vollständiger er aus seinen jeweiligen Alltags- und Bezugsgruppen herausfällt.

4.3   Therapeutische Angebote

Die Soziotherapie legt den Schwerpunkt auf gemeinschaftsorientierte therapeutische Aktivitäten, die in Gruppen stattfinden. Die verschiedenen Gruppenangebote lassen sich einteilen in:
a) verbalorientierte Gruppen (Morgenrunde oder Stationsversammlung, Gesprächsgruppen, Reflexionsgruppen)
b) handlungsorientierte Gruppen (Interaktionsgruppe, Freizeitgruppen, Außenaktivität, Sozialtraining und verschiedene Angebote der Ergotherapie)
c) körperorientierte Gruppen (Sport, Wanderungen, Schwimmen, Frühgymnastik)

Wichtig ist, daß der Wochenplan ein ausgewogenes Angebot dieser unterschiedlichen Gruppen enthält.

Zusammenfassung

Die therapeutische Gemeinschaft besteht aus Patienten und Teammitgliedern; sie will ganz allgemein, daß durch die Auseinandersetzung in der Gruppe ungünstiges (krankhaftes) Verhalten abgebaut und die gesunden Anteile der Gruppenmitglieder gefördert werden. Dafür ist es notwendig, daß der Kranke aktiv an der Therapie beteiligt ist, und daß auf hierarchische Strukturen weitgehend verzichtet wird. Basis therapeutischen Handelns ist die Soziotherapie. Die therapeutischen Angebote umfassen verbal-, handlungs- und körperorientierte Gruppen, die im Wochenplan in einem ausgewogenen Verhältnis zueinander stehen sollen.

Weiterführende Literatur:
Ernst, K.: Praktische Klinikpsychiatrie. Springer Verlag 1981
Rave-Schwank, M./Winter-Lersner, C.: Psychiatrische Krankenpflege. Fischer Verlag 1976
Schädle-Deininger, H. (Hrsg.): Den psychisch Kranken im Alltag begleiten. Psychiatrie Verlag 1981

5 Gewalt und Zwang in der Psychiatrie

Ziele

Der Leser soll erkennen, daß Gewalt und Zwang auch innerhalb der Institution existent sind und Helfer von ihrer Rolle her Gewalt ausüben. Er soll begreifen, daß Zwangsmaßnahmen Reaktionen auf unterschiedliches Verhalten sind und deren Berechtigung nicht nur vom Therapeuten, sondern auch von Gesetzen, Institutionen und Behörden bestimmt wird.
Des weiteren soll der Leser nachempfinden, welche Bedeutung Gewalt für den Patienten und welche Auswirkungen das eigene Verhalten hat. Ergotherapeutinnen sollen herausfinden, in welchen Situationen sie Zwang ausüben und welche Möglichkeiten sie haben, dies zu verhindern.

5.1 Definition von Gewalt/Zwang/Zwangsmaßnahmen

„Gewalt" ist gerade im Zusammenhang mit Helfen und Heilen ein brutal wirkendes Wort. Vielfach wird die Existenz von Gewalt in der Psychiatrie geleugnet oder verschleiert und in die Vergangenheit, in die früheren Landeskrankenhäuser verwiesen.

Gewalt wird definiert als „Macht und Befugnis, über jemanden zu bestimmen."[23] Helfer sind schon von ihrer Rolle und/oder Funktion innerhalb einer Hierarchie Machtträger – und damit Personen, die Gewalt ausüben.
Aus diesem Grunde ist es wichtig zu erkennen, welche Formen der Gewalt es gibt, wo und in welchen Situationen ich selbst Gewalt ausübe und welche Bedeutung dies für mich hat.
Darüber hinaus muß ich wissen, welche Folgen Gewaltanwendung – Zwang also – für den anderen hat.

„**Zwang** ist die gebieterische Notwendigkeit, die jemanden veranlaßt, so zu handeln oder sich zu verhalten, wie er es nicht aus freier Entscheidung täte."[24]

Was sind nun Verhaltensweisen, die uns veranlassen, Zwang auszuüben?

Wir können feststellen, daß Zwangsmaßnahmen Reaktionen sind auf:

1. Aggressionen, die Patienten durch die Erkrankung, durch die Bedingungen der Institution usw. gegen sich oder gegen andere richten
2. zuviel oder zuwenig Distanz (Depressiven müssen wir uns aufdrängen, manische Patienten auf Abstand halten)
3. zuviel oder zuwenig Aktivität (Manische, Depressive).
4. Infragestellung unserer Person, der Institution, der Gesellschaft
5. Störung der Ordnung (Institution, Gesellschaft).

Zwangsmaßnahmen können sein:
1. Körperliche Zwangsmaßnahmen (Fixierung, Verabreichung von Medikamenten, Injektionen gegen das Einverständnis der Patienten, Isolation, Zwangsernährung)

A Das Arbeitsfeld der Ergotherapeutin

2. willensbeeinflussende (psychische) Zwangsmaßnahmen durch Aufdrängung, Überredung, Zwang, Manipulation, Einschränkung des Freiraumes, Wegnahme von persönlichem Eigentum, geschlossene Abteilung, zwangsweise Unterbringung, starre Strukturen und Regeln.

Ob Zwangsmaßnahmen ihre Berechtigung haben, wird bestimmt von:
1. den Therapeuten – sie unterscheiden, was falsch und richtig ist, orientieren sich am eigenen Gewissen, an eigenen Moralvorstellungen, an eigenen Erfahrungen
2. den Gesetzen – landesrechtliche Unterbringungsgesetze und Gesetze über Hilfen und Schutzmaßnahmen bei psychischen Krankheiten (PsychKG), Betreuungsgesetz
3. den Institutionen selbst – Regeln, Ordnung, bestimmte Tagesstruktur
4. Behörden und Ämtern.

Regeln und Gesetze sollen dazu dienen, Gewalttätigkeiten zu verhindern. Dies ist in der Realität nicht möglich, da sich beide – institutionelle Gewalt als Teil der Staatsgewalt und Gewalttätigkeiten an sich gegenseitig bedingen. Es ist unbestritten, daß Gewalt wieder Gewalt erzeugt. Gewalt und Zwang sind nun aber existent und – wir müssen auch zwingen und drängen können.

5.2 Bedeutung von Gewalt für Patienten

Patienten sind zunächst immer die Schwächeren und durch ihre Definition als solche verpflichtet, **Hilfe in Anspruch** zu nehmen. Sie sind dieser Verpflichtung ausgeliefert und können sich nur schlecht entziehen, sind somit abhängig. Wissen sie um diese Abhängigkeit, weil ich als Helfender in der Lage bin, Offenheit und Klarheit bezüglich meines Handelns herzustellen, so werden meist Vereinbarungen ausreichen und die Patienten können Verantwortung mitübernehmen. Dies führt in der Regel auch zu einer Abnahme von Gewaltäußerungen und Zwangsmaßnahmen, macht sie meist überflüssig.

Lassen wir die Patienten hingegen im unklaren über das, was mit ihnen passiert, so können als Folge entweder Abstumpfung und Anpassung, die Suche nach Ersatzzuwendung oder aber Auflehnung und Kampf auftreten. Gerade das letztere zieht meist noch weitere Zwangsmaßnahmen nach sich.

5.3 Bedeutung von Gewalt für Therapeuten

Psychiatrisch Tätige stehen unter dem Zwang, zugleich für die Gesellschaft und für das Individuum zu arbeiten, sind somit verpflichtet, sich den Kranken aufzudrängen.

Wir haben schon gesagt, daß wir zwingen und drängen können müssen. Wenn ich keinen Zwang ausübe, können Grenzen und Strukturen nicht eindeutig werden. **Jeder Mensch braucht Grenzen** für seine eigene Identitätsfindung und Autonomie und braucht Strukturen, um in der Gemeinschaft mit anderen leben zu können.

Wesentlich ist, daß ich merke, wie ich zwinge! Und, daß ich lerne zwischen notwendigen Zwangsmaßnahmen und persönlicher Rache für Kränkungen, Infragegestellt werden, eigener Hilflosigkeit und Verunsicherung zu unterscheiden.

Des weiteren ist notwendig, daß ich in meinem Handeln insbesondere dann **eindeutig** bin, wenn der Patient aus Unsicherheit und Angst aggressiv ist. Die Praxis zeigt es immer wieder: Wenn z. B. ein hochgradig psychotischer Patient fixiert werden muß, sind knappe und sachlich vorgetragene Informationen über das, was passieren wird und rasches, entschlossenes Vorgehen von ausreichend vielen Personen für alle Beteiligten noch am leichtesten zu verkraften.

ETs gehören zu den Berufsgruppen, die seltener mit der Anwendung und Ausübung von körperlichen Zwangsmaßnahmen konfrontiert sind. Dafür sollen die Patienten in der Ergotherapie aktiv sein. Merkmal ihrer Arbeit ist zweifelsohne ein gewisser **Zwang zum Tätigsein.**
Es ist wichtig, sich die Frage zu stellen, ob Patienten in der ET immer etwas tun müssen oder ob wir es zulassen können, daß einzelne nur einfach dasitzen oder herumgehen. Und wenn ja, wie lange sie dies dürfen und ob wir allen dies zugestehen würden. Wir können Druck und Zwang reduzieren, wenn Patienten freiwillig kommen. Wir können aber auch mit den Patienten immer wieder Vereinbarungen treffen, um ihnen dadurch mehr Handlungsspielraum zu lassen.

Zusammenfassung

Die Auseinandersetzung mit dem Thema „Gewalt" ist für jeden psychiatrisch Tätigen notwendig. Körperliche und willensbeeinflussende Zwangsmaßnahmen sind Reaktionen auf sehr unterschiedliche Verhaltensweisen. Ob sie Berechtigung haben, wird bestimmt von den Therapeuten, den Gesetzen, den Regeln der Institution und von Behörden und Ämtern. Patienten sind aufgrund ihrer Rolle verpflichtet, Hilfe anzunehmen; damit sind sie in vielerlei Hinsicht Abhängige. Der in der Psychiatrie Tätige muß wissen, wie er zwingt, und er muß lernen, zwischen notwendigen Zwangsmaßnahmen und persönlicher Rache zu unterscheiden. In der Ergotherapie können Patienten unter dem Zwang stehen, etwas tun zu müssen. Durch freiwillige Teilnahme an der Therapie oder Aushandeln von gemeinsamen Vereinbarungen kann dem entgegengewirkt werden.

A Das Arbeitsfeld der Ergotherapeutin

6 Für die Psychiatrie relevante Gesetze

Ziele

Der Leser soll wissen, daß das Unterbringungsgesetz und das Gesetz über Hilfen für psychisch Kranke und Schutzmaßnahmen Ländersache ist. Im Laufe der letzten Jahre fand eine weitgehende Angleichung der Gesetze der einzelnen Länder statt. Am Beispiel des niedersächsischen Gesetzes sollen die wesentlichen Inhalte und Merkmale derartiger Regelungen aufgezeigt werden.
Außerdem soll der Leser das neue Betreuungsgesetz, das das bisherige Recht der Vormundschaft und Pflegschaft ablöst, kennenlernen. Er soll erfahren, welche Regelungen darin enthalten sind, und für welchen Personenkreis es anwendbar ist.

6.1 Niedersächsisches Gesetz über Hilfen für psychisch Kranke und Schutzmaßnahmen (Nds. PsychKG)[25]

§ 1 des Nds. PsychKG von 1993 (noch nicht verabschiedeter Entwurf) regelt

1. Hilfen für Personen, die an einer Psychose, einer Suchtkrankheit, einer anderen seelischen oder geistigen Behinderung leiden oder gelitten haben oder bei denen Anzeichen einer solchen Krankheit, Störung oder Behinderung vorliegen;

2. Schutzmaßnahmen einschließlich der Unterbringung und des gerichtlichen Verfahrens zur Unterbringung für Personen, die an einer Krankheit, Störung oder Behinderung im Sinne des Absatz 1 leiden.

Dieses relativ neue Gesetz
- rückt die Hilfen in den Vordergrund
- stellt den Anspruch auf vorausgehende (präventive) und nachfolgende (rehabilitative) Hilfen
- schreibt diese Aufgaben in der Regel den Gesundheitsämtern zu, die dadurch zu gemeindepsychiatrischen Diensten entwickelt werden
- sucht die Zwangseinweisung als Schutzmaßnahme in den Zusammenhang dieser Hilfen zu stellen, um sie entweder zu erübrigen oder humaner auszugestalten
- bemüht sich um die Sicherung der Rechte untergebrachter Patienten und
- betont ganz allgemein das Recht psychisch Kranker, ein menschenwürdiges Leben in der Gemeinschaft zu führen.

Voraussetzung der Unterbringung ist die Gefahr einer Selbst- oder Fremdgefährdung, wenn diese Gefahr auf andere Weise nicht abgewendet werden kann.

§ 13 Antragserfordernis
Das Vormundschaftsgericht entscheidet über die Unterbringung nach § 10 (Unterbringung gegen den Willen des Betroffenen und ohne Zustimmung des Personensorgeberechtigten oder des Betreuers) auf Antrag der Verwaltungsbehörde.

Der frühere § 15 (6-Wochen-Beschluß) wurde gestrichen. Damit gibt es keine zeitliche Festlegung für die Dauer der Unterbringung mehr. Der Patient muß entlassen werden, wenn der Grund der Unterbringung weggefallen ist.

§ 16 Vorläufige Einweisung
Dauer: 24 Stunden, wenn die Voraussetzungen nach § 12 gegeben sind, danach freiwillige Aufnahme oder Unterbringung nach § 13.

6.2 Betreuungsgesetz[26]

Seit Januar 1992 ist das Betreuungsgesetz in Kraft, das das bisherige Recht der Vormundschaft und Pflegschaft für Volljährige abgelöst hat. Es ist im Bundesgesetzblatt (§ 1896 BGB) verankert.

Voraussetzungen für eine Betreuung

Eine Betreuung kann nur angeordnet werden, wenn bei der betroffenen Person eine Hilfsbedürftigkeit aufgrund von psychischen Krankheiten, geistigen, seelischen oder körperlichen Behinderungen besteht. Von wesentlicher Bedeutung ist der Grundsatz der Erforderlichkeit, der beinhaltet, daß die Notwendigkeit, der Umfang, die zu erwartenden Auswirkungen und die Dauer genau geprüft werden müssen. Kann eine Person ihre Angelegenheiten (Vermögens-, Renten- oder Wohnungsprobleme, Gesundheitsfürsorge, Aufenthaltsfrage) ganz oder teilweise nicht mehr besorgen und hat eine Überprüfung ergeben, daß andere Hilfsmöglichkeiten nicht bestehen oder ausreichen, so wird ein Betreuer bestellt. Den Wünschen des Betreuten ist zu entsprechen, soweit dies dem Wohle des Betreuten nicht zuwiderläuft und dem Betreuer zuzumuten ist.

Auswirkungen der Betreuung

Das Betreuungsrecht hat grundsätzlich keinen Einfluß auf die rechtliche Handlungsfähigkeit, es sei denn, das Gericht hat für einzelne Aufgabenkreise einen Einwilligungsvorbehalt angeordnet, weil der Betreute sich selbst oder sein Vermögen schädigen würde. Ist der Betreute nicht geschäftsunfähig*, so kann er heiraten, ein Testament errichten und sein Wahlrecht in Anspruch nehmen.
Spätestens nach 5 Jahren muß entschieden werden, ob die Betreuung verlängert werden muß oder aufgehoben werden kann.

Auswahl des Betreuers

Nach Möglichkeit soll eine einzelne Person vom Vormundschaftsgericht bestellt werden. Dies kann u. a. eine dem Betroffenen nahestehende Person, das Mitglied eines Betreuungsvereins oder eine sonst ehrenamtlich tätige Person sein. Den Wünschen des Betroffenen soll nachgekommen werden, es sei denn, dies läuft dem Wohle des Betreuten zuwider. Es wird erwartet, daß von seiten des Betreuers alles getan wird, damit sich zwischen ihm und dem Betreuten ein Vertrauensverhältnis entwickelt.

---

* Geschäftsfähig ist nach § 104 BGB, wer sich in einem die freie Willensbestimmung ausschließenden Zustand krankhafter Störung der Geistestätigkeit befindet, sofern nicht der Zustand seiner Natur nach ein vorübergehender ist.

Aufgaben des Betreuers

Der Betreuer hat die Aufgabe, den Betreuten in dem ihm übertragenen Wirkungskreis persönlich zu betreuen und ihn gerichtlich und außergerichtlich zu vertreten. Post- und Fernmeldeverkehr darf der Betreuer nur dann kontrollieren, wenn das Gericht ihm diesen Aufgabenkreis ausdrücklich zugewiesen hat. Der Betreuer verpflichtet sich, Sorge zu tragen, daß die dem Betreuten verbliebenen Fähigkeiten gefördert und Rehabilitationschancen genutzt werden. Mindestens einmal jährlich muß der Betreuer dem Vormundschaftsgericht schriftlich oder mündlich berichten.

Besserer Schutz in persönlichen Angelegenheiten

Die Aufgaben der Personenfürsorge umfassen in der Regel die Gesundheitsfürsorge (Untersuchung des Gesundheitszustandes, Heilbehandlung, ärztlicher Eingriff – auch Sterilisation –) und die Aufenthaltsbestimmung (Unterbringung oder unterbringungsähnliche Maßnahmen, wie z. B. Festbinden am Bett). Ist der Betreute nicht einwilligungsfähig, so können Maßnahmen auch gegen seinen Willen durchgeführt werden. Ohne Genehmigung des Vormundschaftsgerichtes darf dies nur bei begründeter Gefahr geschehen. Einwilligungsfähig ist jemand, wenn er Art, Bedeutung und Tragweite der beabsichtigten Maßnahme und seinen Willen hiernach bestimmen kann. Gefährdet der Betreute Dritte, so muß die Unterbringung nach den Psychiatrischen Krankengesetzen erfolgen.

Zusammenfassung

Ein Gesetz über Hilfen für psychisch Kranke und Schutzmaßnahmen (PsychKG), das bundesweit gilt, gibt es nicht; derartige Regelungen sind Ländersache. Das Niedersächsische PsychKG regelt Hilfen und Schutzmaßnahmen für Personen, die an einer seelischen oder geistigen Behinderung leiden oder Anzeichen dafür zeigen. Voraussetzung für eine Unterbringung ist die Gefahr der Selbst- oder Fremdgefährdung. Für die psychiatrische Praxis sind § 12 und § 13 (Voraussetzung und Antragserfordernis) sowie § 16 (vorläufige Einweisung für 24 Stunden) besonders relevant. 1992 ist ein neues Gesetz in Kraft getreten, das die Betreuung von Menschen regelt, die aufgrund von seelischen, geistigen oder körperlichen Krankheiten/Behinderungen Hilfe benötigen. Es löst das alte Recht der Vormundschaft und Pflegschaft ab und berücksichtigt stärker die Wünsche und die Individualität der Betroffenen.

Weiterführende Literatur:
Bernsmann, K.: Grundrechtswahrnehmung in staatlichen Verwaltungsverhältnissen, in: Edelpsychiatrie oder Arme-Leute-Psychiatrie. 34. Gütersloher Fortbildungswoche 1982 (Hrsg.: Dörner, K). Psychiatrie Verlag 1982
Bundesministerium für Justiz (Hrsg: Das neue Betreuungsrecht. Referat f. Presse- und Öffentlichkeitsarbeit, Bonn 1993)
Schell, Werner: „Betreuungs- und Unterbringungsrecht für die Angehörigen der Gesundheitsberufe". Kunz Verlag 1992

7 Suizid

> **Ziele**
>
> In diesem Kapitel soll sich der Leser mit dem Problem des Suizids und dessen Ursachen auseinandersetzen. Es ist bekannt, daß sich fast jeder Suizid über einen längeren Zeitraum ankündigt. Der Leser soll sensibel werden für diese mehr oder weniger versteckten Zeichen, die der Suizidgefährdete zeigt, und er soll auf die verschiedenen Motive für den Suizid aufmerksam werden. Des weiteren soll der Leser das Kommunikationsverhalten des suizidalen Menschen erkennen und Handlungsmöglichkeiten bei Suizidgefährdung erfahren. Das Kapitel will auch darüber informieren, welche Faktoren das Suizidrisiko erhöhen und welche Personengruppen in besonderem Maße suizidgefährdet sind. Die wichtigsten Schritte der Krisenintervention werden abschließend aufgezeigt.

7.1 Verbreitung und Ursachen[27]

In der BRD gibt es jährlich etwa 13 000–14 000 Suizidtote; 250 000 bis 750 000 Menschen versuchen sich das Leben zu nehmen.
Suizidalität ist das Ergebnis innerseelischer Auseinandersetzungen, ist Ausdruck einer Krise, in der der Mensch keine anderen Lösungsmöglichkeiten mehr sieht, als sich das Leben zu nehmen.

Der suizidale Mensch empfindet seine Situation als unerträglich. Alle bisherigen Abwehr- und Bewältigungsstrategien haben versagt und so kommt es zur Zuspitzung, Verkrampfung oder zum radikalen Loslassen der bisherigen Gewohnheiten.

Krisen, die im Suizid enden, stehen im Zusammenhang mit dramatischen Erlebnissen und Änderungen der bisherigen Lebensumstände (z. B. Rollenwechsel durch Arbeitslosigkeit), mit Partnerkonflikten und Verlusten, mit Suchtverhalten, Alter, somatischen und psychischen Erkrankungen.

Die Frage, ob Suizid und Suizidversuch direkt Symptome einer psychischen Erkrankung (Depression z. B.) sind oder ein Privileg des Menschen, von dem man nicht geheilt werden muß wie von den Masern (AMÉRY), ist für uns psychiatrisch Tätigen von nicht unerheblicher Bedeutung.

Suizid ist nicht nur ein individuelles Problem (Unfähigkeit, Aggressionen zu äußern, welche dann gegen die eigene Person gerichtet werden, ambivalente Gefühle wie Liebe und Haß bestimmten Menschen gegenüber u. a.), sondern wird mitbedingt durch **ökonomische und soziokulturelle Faktoren**. So spielen finanzielle Probleme, das Leben in anonymen Ballungszentren, das Fehlen von psychosozialen Bindungen, die moralische Bewertung des Suizids durch die Kirche usw. eine nicht unbedeutende Rolle.
Es ist leicht nachzuvollziehen, daß Menschen, die in ein soziales Netz eingebettet sind und von vertrauten Personen umgeben und unterstützt werden, Krisen leichter überwinden.

7.2 Vor einem Suizid

WELZ u. a.[28] betonen, daß fast jeder Suizid sich über einen längeren Zeitraum ankündigt.
Einer Phase des Erwägens, ob Suizid als Lösung in Frage kommt, folgt ein Stadium der Ambivalenz und Unentschlossenheit mit Suizidankündigungen. Als letztes folgt die Zeit des Entschlusses, häufig einhergehend mit einer plötzlich eintretenden Ruhe und inneren Abgeklärtheit.

RINGEL[29] bezeichnet dieses Verhalten als präsuizidales Syndrom mit typischen Merkmalen:
1. Einengung der Wahrnehmung und der Gefühle, Rückzug auf sich selbst, Gefühl der Vereinsamung, der Sinn- und Ausweglosigkeit.
2. Ohnmächtige Aggressionen und Vorwürfe gegen andere, schmerzliche Resignation, Ankündigung der Suizidabsicht.
3. Flucht in die Phantasie – zunächst mit Vorstellungen, tot zu sein und den Reaktionen der Angehörigen und Freunde darauf, später bis zu Selbsttötungsmethoden, die in allen Einzelheiten durchdacht werden. Je konkreter diese Gedanken sind und je stärker das Gefühl der Hoffnungslosigkeit, desto größer ist die Gefahr.

Die **Bedeutung** einer suizidalen Handlung oder Absicht kann unterschiedlich sein, kann sowohl den Wunsch zu überleben als auch den Wunsch zu sterben ausdrücken. Ebenso differieren die Motive wie folgt:
- Wunsch nach einem Gottesurteil (nicht leben und nicht sterben wollen/können)
- Wunsch nach Betäubung und Rückzug, nach einer Unterbrechung (Suche nach Ruhe und Geborgenheit infolge der Spannungsgefühle)
- Suizid als Aufkündigung aller Beziehungen (Verweigerung von Kommunikation aufgrund von Kränkungen)
- Gefühl der Hilflosigkeit (Hilferuf, Hilfeappell)
- Erpressungsmotiv (Manipulation der sozialen Umwelt)
- Rachemotiv (Bestrafung der Konfliktpartner aufgrund der Aggressionsgefühle)
- Konfliktpartner sollen erkennen, was sie an dem Suizidanten gehabt haben (Selbstwertrettung, Selbstwerterhöhung)
- Bilanzsuizid (aktive und freie Handlung des Menschen).

7.3 Das Kommunikationsverhalten

Speziell der suizidal-depressive Mensch richtet an andere – meist durch Anklagen, Jammern, Weinen oder auch Schweigen – den **Appell**, ihm zu helfen. Dabei wird der Zwang zur Hilfestellung, d. h. zur Zuwendung desto größer, je deutlicher die Hilflosigkeit gezeigt wird.

Dieses hilflose Verhalten löst in der Regel bei uns Helfern Gefühle wie Angst, Aufregung, Unsicherheit aus, aber auch Ärger, Unwillen und Ablehnung. Diese Gefühle werden häufig noch verstärkt, wenn jemand einen Suizidversuch hinter sich hat. Es tauchen dann bei den Therapeuten wie bei den Angehörigen Fragen auf, wie z. B., ob dies ihnen angetan wurde oder ob sie es hätten verhindern können. Absolute Allmachts-, aber auch Ohnmachtsgefühle und damit verbundene Schuldgefühle oder Rationalisierungen können aufkommen. Der suizidale Mensch weiß, daß er in anderen diese Gefühle auslöst. So liegt darin auch eine mögliche Absicht, ein verdeckter Appell im Sinne von: Du darfst mich nicht verlassen.

Therapeuten (Helfern) gegenüber zeigt der suizidale Mensch unter Umständen Ablehnung und Feindseligkeit – als sekundäre Folge der Frustration, da narzißtische Bedürfnisse und Abhängigkeitswünsche enttäuscht werden mußten. Es ist daher besonders wichtig, diese versteckten Feindseligkeiten zu verstehen und nicht als persönlich gemeinte Kränkung aufzufassen.

7.4 Handlungsmöglichkeiten bei Patienten mit Suizidabsichten

Einige Grundregeln:
- Jede Suizidäußerung ist ernst zu nehmen; man sollte nach Absichten fragen, offen darüber sprechen.
- Die häufig versteckten Signale gilt es wahrzunehmen: verschlüsselte Mitteilungen, Rückzug oder auch plötzliches Aktivwerden mit positiver Bewertung des Lebens – ohne daß sich etwas geändert hat.
- Dichter Kontakt und Nähe sind notwendig, Vertrauensbasis schaffen, evtl. Vertrag abschließen, keine Ermutigungen und Tröstungen aussprechen (Verspottung), nach anderen Lösungsmöglichkeiten suchen, sich nicht erpressen lassen.
- Gemeinsam mit dem Patienten die Situation klären, die Ambivalenzen (Anteile, die leben, von solchen, die sterben wollen) deutlich herausarbeiten.

Hinweise für Ergotherapeutinnen:
Unter Umständen hat die ET den engsten Kontakt zu den Patienten, da sie diese regelmäßig und über einen längeren Zeitraum sieht. Sie nimmt die Patienten außerdem wahr, wie sie beispielsweise mit Leistungen und Frustrationen umgehen oder wie sie sich unter Druck setzen.
Aus diesen Gründen ist es wichtig, daß die Ergotherapeutin ausreichend **Informationen** über den psychischen Zustand und Suizidabsichten der Patienten erhält. Bei der Weitergabe eigener Beobachtungen muß sie insbesondere auf Veränderungen (Rückzug, stärker werdende Hoffnungslosigkeit) hinweisen.

Die Ergotherapeutin muß Sicherheitsvorschriften einhalten, muß etwa auf den Umgang mit spitzen Gegenständen oder brennbaren Stoffen besonders achten.
Aber: Besser als Kontrolle und Überängstlichkeit ist ein vertrauensvolles Klima, in dem Vermutungen und Beobachtungen offen angesprochen werden können.

7.5 Suizidrisiko

Wir haben festgestellt, daß es unterschiedliche Motive für den Suizid gibt und daß Umweltfaktoren eine nicht unerhebliche Rolle spielen.
Diese Faktoren wirken sich bei psychiatrischen Patienten mit wesentlich geringeren Chancen, Konflikte zu bewältigen, besonders stark aus. Hinzu kommt, daß in den Kliniken zwei positive Veränderungen der Sozialpsychiatrie ein Ansteigen der Suizidraten bewirkten:

A   Das Arbeitsfeld der Ergotherapeutin

1. Die Öffnung der Abteilungen mit mehr Ausgang und Urlaub.
2. Die frühzeitige Rehabilitierung vor allem länger hospitalisierter Patienten. Besondere Gefahr besteht bei dieser Gruppe kurz vor der Entlassung.

Wer ist nun im besonderen Maße suizidgefährdet?

FINZEN beschreibt als **Basissuizidalität** einige Merkmale, die jenseits der aktuellen klinisch faßbaren Suizidalität mit einem erhöhten Suizidrisiko einhergehen[30]:

- frühere Suizidversuche
- die Diagnose einer Psychose aus dem schizophrenen Formenkreis oder einer endogenen Depression
- suizidales Verhalten im Zusammenhang mit der jetzigen Erkrankungsphase (Suizidversuche während des Aufenthaltes oder vor der Aufnahme, Suizidgedanken und Suizidphantasien, auch wenn sie aktuell nicht mehr vorhanden sind)
- vermehrte Wiederaufnahmen innerhalb kurzer Zeit (insbesondere von der dritten Aufnahme an)
- Wiederaufnahmen innerhalb von weniger als drei Monaten nach der letzten Entlassung
- ein schleppender Behandlungsverlauf bei Kranken mit schizophrenen Psychosen, die dennoch keine typischen Langzeitpatienten sind (Verweildauer von mehr als 90 Tagen, aber weniger als einem Jahr).

„Als weiterer Risokofaktor", so FINZEN, „ist die *Hoffnungslosigkeit* im Hinblick auf die aktuelle Situation und die Lebensperspektive zu betrachten, die der Kranke erlebt und/oder die die Therapeuten als Reaktion auf die Situation empfinden."

Neben den beiden oben genannten Krankheitsgruppen können auch Süchtige (Alkoholiker im Zusammenhang mit Schulden), alte Menschen bei Pensionierung, Partnerverlust, Isolation und allgemein Menschen in Lebenskrisen, beispielsweise nach einem Verlust, suizidgefährdet sein.

7.6   Nach einem Suizidversuch – Krisenintervention und „Erste Hilfe"

WALZ [31] gibt zehn **Empfehlungen** zur psychotherapeutischen Krisenintervention bei Suizidpatienten.
1. Sofortiges Eingreifen – Beginn der Krisenintervention sofort nach Beseitigung des akut lebensbedrohlichen Zustandes
2. Patientenbeurteilung/Problembeurteilung – Ermittlung der körperlichen, emotionalen und sozialen Situation
3. Beurteilung der Suizidalität – Erkundigung nach Suizidgedanken, Realisation, Zukunftsplanung und sozialem Umfeld (Frage nach Isolation, Perspektiven)
4. Emotionale Annahme des Patienten/Herstellung einer Beziehung – Vermittlung von Vertrauen, Abbau von Angst, Akzeptieren des Patienten in seinem Fühlen, Denken, Handeln bezüglich des Suizidversuchs
5. Emotionale Stützung des Patienten – Ermutigung und Förderung von Selbstwertgefühl, Bewältigungsstrategien und Eigeninitiative

6. Konfrontation des Patienten mit Ursachen und Konsequenzen der Krise – direktes Ansprechen der Ursachen, verborgener Motive und Gefühle
7. Einbeziehung der Sozialpartner in die Behandlung – Verabredung zu gemeinsamen Gesprächen mit den Konfliktpartnern (aus Ehe, Familie, Arbeitsplatz)
8. Aktivierende Therapie – gemeinsames Erstellen von Tagesprogrammen, Erteilen konkreter Anweisungen und Treffen fester Vereinbarungen (Prinzip der kleinen Schritte)
9. Einsatz von Psychopharmaka – bei ausgeprägten Angstzuständen Tranquilizer (Benzodiazepine); evtl. schwache Neuroleptika
10. Beendigung der Krisenintervention – Vorbereitung der Lösung vom Ersatz-Bezugspartner (Arzt); erklären, daß der Patient selbst die Krise überwunden hat, Zusammenfassen des Gelernten und Bewußtmachen möglicher Probleme und ihrer Lösungen; Treffen fester Vereinbarungen für Nachbetreuungsgespräche, sonst Überweisung in eine Ehe-, Familien- oder Lebensberatungsstelle bzw. an einen niedergelassenen Psychotherapeuten.

Zusammenfassung

Suizidalität kann als Ausdruck einer Krise verstanden werden, in der alle bisherigen Abwehr- und Bewältigungsstrategien versagt haben. Ursachen dafür, daß keine anderen Lösungsmöglichkeiten als der Suizid mehr gesehen werden, können im Individuum, aber auch in bestimmten ökonomischen und soziokulturellen Bedingungen liegen. RINGEL bezeichnet Verhaltensweisen wie Rückzug, Vorwurf, Ankündigung von Suizidabsichten und Flucht in die Phantasie als präsuizidales Syndrom. Eine suizidale Handlung oder Absicht kann Unterschiedliches bedeuten und aus verschiedenen Motiven heraus erfolgen.

Das hilflose Verhalten mancher suizidaler Menschen kann bei Therapeuten und Angehörigen absolute Allmachts- oder Ohnmachtsgefühle auslösen. Dies zu wissen ist wichtig, um Handlungsmöglichkeiten zu behalten. Patienten mit Suizidabsichten müssen immer ernstgenommen werden, sie brauchen Nähe, Offenheit und Unterstützung bei der Klärung der Situation. Für die Ergotherapeutin sind Informationen über die Suizidalität eines Patienten wichtig, weil sie unter Umständen den engsten Kontakt zu ihm hat.

Durch die Öffnung der Abteilung mit der Möglichkeit von Ausgang und Urlaub und die frühzeitige Rehabilitierung ist für manche Patienten das Suizidrisiko gestiegen. Darüber hinaus sind Menschen mit psychischen Erkrankungen, aber auch solche, die gerade in einer Lebenskrise sind und die von Suizidgedanken bedrängt werden, besonders suizidgefährdet. WALZ gibt zehn Empfehlungen zur psychotherapeutischen Krisenintervention. Er weist darauf hin, daß das sofortige Eingreifen häufig entscheidend für den weiteren Verlauf ist.

Weiterführende Literatur:
Durkheim, E.: Der Selbstmord. Luchterhand Verlag 1973
Finzen, A.: Der Patientensuizid. Psychiatrie Verlag 1988
Finzen, A.: Suizidprophylaxe bei psychischen Störungen. Psychiatrie Verlag 1989
Ringel, E. (Hrsg.): Selbstmordverhütung. Fachbuchhandlung für Psychologie GmbH, Verlagsabteilung 1981

B Grundvoraussetzungen der therapeutischen Arbeit

8 Die Ergotherapeutin als Helferin

> **Ziele**
>
> Der Leser soll erkennen, daß sich die „gute" Therapeutin zwar für den Patienten engagiert, deshalb aber nicht unter einem sogenannten Helfer-Syndrom leiden muß. Er soll erfahren, daß bei Helfern mit einem Helfer-Syndrom ein tiefgreifender Widerspruch zwischen Handlungs- und Erlebensebene besteht, und daß bei dessen Entstehung sowohl persönliche als auch in der Tätigkeit liegende Faktoren eine Rolle spielen.

8.1 Die „gute" Therapeutin

Fragt man nach den **Merkmalen** der guten Therapeutin, so werden meist Verhaltensweisen und Eigenschaften wie folgt genannt:

Die gute Therapeutin geht auf die Probleme und Bedürfnisse des Patienten ein, fördert seine Autonomie, nimmt ihn ernst, tröstet, unterstützt, ermutigt und schützt ihn, gibt ihm das Gefühl des Angenommen- und Aufgehobenseins und läßt ihn Freude und Trauer erleben. Die gute Therapeutin ist demnach eine Person, die stets offen, flexibel und engagiert ist.

Es könnte sein, daß bei einigen Lesern nun das Bild von der sich aufopfernden, stets gebenden, selbstlosen Helferin auftaucht, die irgendwann – erschöpft und ausgebrannt – selbst zur Hilfesuchenden geworden ist.

Muß die gute Therapeutin zwangsläufig zur hilflosen Helferin werden?

8.2 Das Helfer-Syndrom

Definition

SCHMIDBAUER[1] prägte den Begriff des Helfer-Syndroms und meint damit, daß bei einigen Helfern ein tiefgreifender **Widerspruch zwischen Handlungs- und Erlebensebene** besteht. Während auf der Handlungsebene ein engagiertes Bemühen um die Patienten vorherrscht, breiten sich auf der Erlebensebene Selbstzweifel und Ohnmachtsgefühle aus. Die Arbeit scheint sinn- und erfolglos. Die Helfer sind zwischen Idealanspruch und Selbstzweifel hin- und hergerissen. Folge dieses Gefühlszustandes kann Abwehr in Form von Rückzug auf bürokratisch-formales Denken und Handeln sein – nur mehr das Notwendigste wird gemacht. Gerät ein ganzes Team in einen solchen Zustand, so ist das Klima gekennzeichnet durch Desinteresse, Formalismus und wenig Offenheit.

Durch die Tätigkeit begründete Ursachen des Helfer-Syndroms[2]

a) Helfer haben in der Regel zu Beginn der Ausbildung noch ein sehr **ideales Selbstkonzept**. Im Laufe der beruflichen Praxis müssen sie dann feststellen, daß zwischen Alltagsrealität und Idealkonzept eine große Kluft besteht.

b) Alle Helfer haben mit Menschen zu tun, die sich in einer Krisensituation befinden, in die sie selbst auch einmal geraten können. Dies kann zu **Selbstverunsicherung** führen. Des weiteren gehen Helfer und insbesondere psychiatrisch Tätige in ihrem Berufsalltag immer Beziehungen zu den Patienten ein. Sie verwenden nicht nur Fachwissen, sondern bringen sich auf ganz persönliche Art und Weise in die Beziehungen ein.

c) Einige helfende Tätigkeiten verdanken ihre Existenz gesellschaftlichen **Krisenentwicklungen**, die aufgrund politischer Entscheidungen zustandegekommen sind oder zumindest verstärkt wurden. So wurden z.B. in der letzten Zeit neue Stellen für Arbeitstherapeuten geschaffen oder Selbsthilfefirmen unterstützt, da – bedingt durch die Arbeitslosigkeit – die Zahl der psychisch Kranken ohne Arbeit ständig größer wurde.

d) Andererseits müssen aufgrund der Sparpolitik der vergangenen Jahre zunehmend mehr Angehörige helfender Berufe einige ihrer Tätigkeiten (Spaziergänge mit Patienten oder Museumsbesuche) rechtfertigen.

Persönliche Ursachen

Die Art und Weise, wie nun Helfer mit den strukturellen und gesellschaftlichen Schwierigkeiten umgehen, hängt sicher mit ihren eher persönlichen, lebensgeschichtlichen Erfahrungen und den Beweggründen zum Helfen zusammen.

Helfer, die an einem Helfer-Syndrom leiden, haben meist ein hohes, **starres Ich-Ideal** und müssen die eigene Schwäche und Hilfsbedürftigkeit verleugnen, um die Grenze zwischen sich und den Patienten aufrechtzuerhalten. Wünsche werden häufig nicht geäußert, sondern eher gesammelt und dann als Vorwürfe gegen die Umwelt (Was habe ich nicht alles getan und so wird es mir gedankt!) ausgesprochen. Oder aber es überwiegen indirekte Wunschäußerungen (z. B. durch eigene Suchtproblematik, psychosomatische Erkrankungen) als selbstzerstörerischer Appell an andere, um deren Zuwendung und Hilfe zu erlangen.

Aufgabe aller Helfer ist es, sich damit auseinanderzusetzen. Sie sollten dies aber nicht nur für sich alleine tun, sondern gemeinsam mit den Kollegen und Kolleginnen. Supervisions- oder Balintgruppen leisten da wertvolle Dienste.

Zusammenfassung

Es gibt eine Reihe von Verhaltensweisen und Eigenschaften, die eine gute Therapeutin kennzeichnen. Besteht bei einem Helfer ein tiefgreifender Widerspruch zwischen der Handlungsebene (engagiertes Bemühen) und der Erlebensebene (Selbstzweifel, Ohnmachtsgefühle), so spricht man von einem Helfer-Syndrom. Folge dieses Zustandes können Resignation und Rückzug sein. Die Ursachen für das Helfer-Syndrom liegen zum einen in der Tätigkeit begründet (Differenz zwischen Idealkonzept und Alltagsrealität, Selbstverunsicherung durch die Konfrontation mit Menschen in Krisen), zum anderen aber in der persönlichen Schwierigkeit, mit der eigenen Schwäche und Hilflosigkeit umzugehen.

Weiterführende Literatur:
Schmidbauer, W.: Die hilflosen Helfer. Rowohlt Verlag 1977
Schmidbauer, W.: Helfen als Beruf. Rowohlt Verlag 1983

B Grundvoraussetzungen der therapeutischen Arbeit

9 Das therapeutische Team

> **Ziele**
>
> Der Leser soll wissen, daß zu einem therapeutischen Team alle Personen, die in irgendeiner therapeutischen Funktion tätig sind, gehören. Er soll sich klarwerden, daß das Arbeiten im Team für viele Berufsgruppen eine Neuorientierung ihrer bisherigen Rollen und Funktionen zur Folge hatte. In diesem Abschnitt soll außerdem deutlich gemacht werden, daß Teamarbeit nur unter bestimmten Voraussetzungen möglich ist und geübt werden muß.
> Der Leser soll begreifen, warum die Ergotherapeutin nicht immer optimal in das Team integriert ist. Er soll Handlungsmöglichkeiten bei ungünstigen Bedingungen erfahren.

9.1 Zusammensetzung und Bedeutung

Zum therapeutischen Team einer Krankenstation, einer Beratungsstelle oder einer anderen Einrichtung gehören alle Personen, die in irgendeiner therapeutischen Funktion tätig sind: Pflegepersonal, Sozialarbeiter, Ergotherapeutinnen, Psychologen, Pädagogen, Physiotherapeuten und Ärzte.[3]

Früher waren die Therapeuten gekennzeichnet durch weiße Kleidung, die einerseits den Standesunterschied zwischen Personal und Patienten demonstrierte, andererseits aber auch den Patienten Orientierung bot. Der Verzicht auf die Uniformierung, die die Sozialpsychiatrie mit sich brachte, hat sich dann als positiv erwiesen, wenn die inneren Strukturen sich im Sinne der Grundhaltung (Kap. 10) geändert haben.

Die **Aufgaben und Rollen** aller im Team Tätigen haben sich geändert, was bei vielen Ängste und Widerstände auslöste. Neue Forderungen wurden gestellt, Kenntnisse über Entstehungs- und Entwicklungsmodelle von psychischen Störungen, über Gesprächsführung usw. wurden unabdingbar; eine neue Haltung wurde notwendig. Alle Teammitglieder brauchen eine gemeinsame Grundhaltung, die davon ausgeht, daß die Begegnung zwischen Therapeut und Patient möglich werden muß. Im Team wird weitgehend auf hierarchische Strukturen verzichtet. Führungsrollen, die erforderlich sind, ergeben sich aus persönlicher und fachlicher Kompetenz, die durch den einzelnen in die Gruppe eingebracht werden.

Die Praxis hat gezeigt, daß – trotz enger Zusammenarbeit – jede Berufsgruppe für ihren Bereich zuständig bleiben sollte. Alle Mitarbeiter sollen die Informationen, die für ihre Arbeit bzw. für die Entscheidungsbildung auf Teamebene notwendig sind, erhalten und sich holen können.

9.2 Voraussetzungen für Teamarbeit

Voraussetzung für Teamarbeit ist,

- daß einzelne Mitarbeiter befragt werden und daß alle zuhören
- daß neue Ideen aufgegriffen werden
- daß kompetente Teilentscheidungen getroffen und gemeinsame Entschlüsse kritisch akzeptiert werden
- daß in Krisensituationen andere Aufgaben übernommen werden und
- daß alle Mitglieder den Willen und die Fähigkeit der interdisziplinären Zusammenarbeit entwickeln.

Teamarbeit muß geübt werden. Die Arbeitsweise eines Teams ist nicht durch Beschluß zu fassen, sondern muß langsam, behutsam und mühsam erarbeitet werden.

9.3 Kennzeichen eines funktionierenden Teams

Die wesentlichen Kennzeichen eines gut funktionierenden Teams sind:

- effiziente Arbeitsweise
- Erkennen und Beherrschen von Krisensituationen, Konfliktbewältigung
- Kreativität und Flexibilität hinsichtlich neuer Methoden
- ständige Verdichtung der Information und Kooperation.

9.4 Die Rolle der Ergotherapeutin im Team

Ist die Ergotherapeutin Mitglied eines gut funktionierenden Teams, so wird sie mit den anderen zusammenarbeiten und die eigenen Aufgaben und Funktionen wahrnehmen.

Viele Ergotherapeutinnen arbeiten aber nicht direkt in einem Team, sondern zentral in einer Abteilung. Sie sind für mehrere Stationen zuständig, deren Mitarbeiter häufig unklare und unterschiedliche Erwartungen haben. So sollen Ergotherapeutinnen einerseits dann, wenn das Pflegepersonal überlastet ist, möglichst viele Patienten betreuen; andererseits werden die Patienten wegen eines Arzttermins oder zur Teilnahme an anderen Gruppenangeboten aus der Therapie geholt.

Nicht selten gibt es Kompetenzunsicherheiten: Ist die Ergotherapeutin zuständig für die Kochgruppe oder sind es die Krankenpflegekräfte mit sozialpsychiatrischer Zusatzausbildung? Häufig herrscht auch Unklarheit darüber, weshalb die ETs bei Teambesprechungen dabei sein möchten und Informationsaustausch für wichtig halten, weil vielfach ihre Aufgaben und Ziele nicht bekannt sind.

Was kann die Ergotherapeutin tun?

B Grundvoraussetzungen der therapeutischen Arbeit

Die Ergotherapeutin muß:
- immer wieder durch Theorie und Praxis deutlich machen, wo ihre **Aufgaben und Ziele** liegen: interne Fortbildungen veranstalten, die anderen Therapeuten zur Mitarbeit einladen
- an Teambesprechungen teilnehmen – sich Informationen holen und eigene Beobachtungen weitergeben, gemeinsam mit dem Team Zielvorstellungen einer realistischen Rehabilitation erarbeiten und diese immer wieder überprüfen
- Veränderungswünsche mit dem Team besprechen und Wege der Realisierung gemeinsam erarbeiten.

Zusammenfassung

Zum therapeutischen Team gehören alle Personen, die in irgendeiner therapeutischen Funktion tätig sind. Die Entwicklung der Sozialpsychiatrie brachte für viele Berufsgruppen eine Veränderung ihrer bisherigen Aufgaben und Rollen mit sich und machte eine gemeinsame Grundhaltung notwendig. Gute Teamarbeit erfordert interdisziplinäre Zusammenarbeit und weitgehenden Verzicht auf hierarchische Strukturen. Und sie verlangt, daß alle Teammitglieder ihre Ideen und Beobachtungen einbringen können, daß gemeinsame Entschlüsse kritisch akzeptiert werden. In manchen Einrichtungen ist die Ergotherapeutin aus verschiedenen Gründen (ungeklärte Erwartungen, fehlende Kenntnisse bezüglich ihrer Aufgaben und Ziele) nicht voll in das Team integriert. Durch intensive Auseinandersetzungen und mit Geduld kann die Situation meist verbessert werden.

Weiterführende Literatur:
Kayser, H. u.a.: Gruppenarbeit in der Psychiatrie. Thieme Verlag 1973

10 Grundhaltung in der Psychiatrie

> **Ziele**
>
> Dieses Kapitel will den Leser darauf aufmerksam machen, daß für die Arbeit in der Psychiatrie eine gemeinsame Grundhaltung von Bedeutung ist, die als Basis das Menschenbild der humanistischen Psychologie hat. Der Leser soll erkennen, daß diese Grundannahmen über den Menschen nicht absolut gesehen werden dürfen, da nicht immer die Bedingungen und Voraussetzungen vorhanden sind, die die Bewältigung der eigenen psychischen Situation ermöglichen.

10.1 Von der Notwendigkeit und Bedeutung einer gemeinsamen Grundhaltung

Wir haben schon erfahren, daß die Entwicklung der Sozialpsychiatrie eine **neue Einstellung** psychisch Kranken gegenüber notwendig gemacht hat. DÖRNER/PLOG u. a.[4] plädieren dafür, daß sie nicht weiterhin ausschließlich Objekt sein, d. h. begutachtet und verwaltet werden dürfen, sondern daß eine Begegnung zwischen Subjekt und Subjekt, zwischen Patient und Therapeut, möglich werden muß.

Das ist aber nur möglich, wenn ich mich von Patienten, von ihren Leiden, ihren Ängsten berühren lasse, wenn ich mich zunächst mit meinen eigenen Konflikten und Unzulänglichkeiten auseinandersetze – mich selbst wahr- und ernstnehme.

Mache ich diese Einstellung zu meiner Grundhaltung, dann hat das sowohl Auswirkungen auf meine Arbeit als auch ganz allgemein auf meinen Umgang mit meinen Mitmenschen. Das hat aber zur Folge, daß ich auf Machtausübung verzichten und Ängste, Fehler oder Ohnmachtsgefühle zulassen muß. Hier wird Sprache wichtig, da sie in unserer Gesellschaft ein besonderes Machtmittel ist. Sprache kann dazu benutzt werden, andere zu unterdrücken, zu manipulieren (s. a. Kap. 5) oder zu verunsichern und zu verwirren (s. a. Kap. 21).

Da Therapie ohne Sprache undenkbar ist, ist die Auseinandersetzung mit dieser unumgänglich.

10.2 Das Menschenbild der humanistischen Psychologie

CARL ROGERS[5] hat als Vertreter der humanistischen Psychologie eine Gesprächstechnik entwickelt, die von einem bestimmten Menschenbild ausgeht. Er sagt, daß der Mensch kein Objekt ist, welches zergliedert, diagnostiziert und manipuliert, also fremdbestimmt werden kann, sondern selbst seine Werte, Maßstäbe und Ziele festsetzt. Der Mensch besitzt die Fähigkeit, mit seiner psychischen Situation fertig zu werden. ROGERS fordert dazu auf, dem Glauben und Vertrauen zu schenken.

Diese Grundannahme über den Menschen wird u. a. von V. M. AXLINE[6] unterstützt. Auch sie meint, daß jeder Mensch aufgrund seiner eigenen Kräfte und Fähigkeiten zu sich selbst finden und ein angemessenes Verhältnis zur Um- und Mitwelt herstellen kann. „Zur Verwirklichung dieses dynamischen Potentials sind allerdings Situationen zu schaffen, in denen Formen der Begegnung und Auseinandersetzung möglich werden."[7]

Es ist unbestritten, daß viele solcher optimalen Situationen, in denen jemand gesund (also selbstverwirklicht) werden kann, in unserer Gesellschaft fehlen. Die Frage bleibt, ob es nur an den ungenügenden Bedingungen liegt, oder ob nicht ein Individuum mit bereits relativ gesunder Persönlichkeitsstruktur vorausgesetzt werden muß.

In der Therapie sollen Patienten die Möglichkeit erhalten, sich selbst zu helfen: sich der eigenen Schwierigkeiten und Verhaltensweisen bewußter zu werden, mehr Eigeninitiative zu entwickeln und somit selbständiger und unabhängiger zu werden.

Dies kann ich als Therapeut durch ein Verhalten unterstützen, das den Gesprächsverlauf vom Partner ausgehen läßt (im Sinne der non-direktiven Gesprächsführung) und das Kritik und Widerspruch erlaubt.

10.3 Grenzen und Kritik

Voraussetzung für diese Therapie ist Freiwilligkeit und damit Entscheidungsfähigkeit für sie. Die Grenzen liegen da, wo jemand sich selbst oder andere gefährdet, wo jemand in der Krankheitsphase sich nicht Hilfe holen kann, weil er zu wenig Antrieb hat oder die Notwendigkeit nicht erkennt. Grenzen sind aber auch da, wo Menschen aus niedrigeren sozialen Schichten noch nie die Möglichkeit hatten, sich mit Wünschen nach Selbstverwirklichung und persönlicher Veränderung zu beschäftigen.

Kritik an der Methode der non-direktiven Gesprächsführung wird besonders von den Analytikern laut, die sie als zu schwach ansehen, um neurotische Abwehr und den Widerstand gegen tiefgreifende Selbstprüfung zu überwinden. Sie hat in der Tat weniger Erfolg in der Behandlung von Psychosen; diese brauchen in der Regel direkte Interventionen. Manche Patienten berichten auch, daß sie sich alleingelassen und zu wenig verstanden fühlen, wenn der Therapeut die Aktivität und Initiative ganz bei ihnen läßt. Beherrscht jemand diese Methode noch nicht, so kann die Gesprächsführung zudem gekünstelt und herablassend wirken. Trotzdem ist unbestritten, daß die darin enthaltene Grundhaltung für alle psychiatrisch Tätigen bzw. generell für alle Helfer notwendig ist, um nicht Gefahr zu laufen, zuviel Kontrolle auszuüben und Macht auszunutzen.

Wir müssen unterscheiden lernen, in welchen Situationen es wichtig ist, die verbalen und gefühlsmäßigen Inhalte zu spiegeln, um so dem Partner die Möglichkeit des Selbstentdeckens zu geben, oder wo wir uns sehr direktiv verhalten müssen, um eine Information zu geben oder Gefahren abzuwenden.

Zusammenfassung

Alle, die in der Psychiatrie arbeiten, brauchen eine gemeinsame Grundhaltung, von der aus der Patient als Subjekt betrachtet wird und die zur Folge hat, daß eigene Ängste, Fehler und Ohnmachtsgefühle zugelassen werden. Vertreter der humanistischen Psychologie gehen davon aus, daß jeder Mensch aufgrund seiner eigenen Kräfte und Fähigkeiten zu sich selbst finden und ein angemessenes Verhältnis zur Um- und Mitwelt herstellen kann. Dieser Annahme sind Grenzen da gesetzt, wo jemand sich selbst oder andere gefährdet oder sich nicht aus eigenem Antrieb Hilfe holen kann. Der Therapeut muß unterscheiden lernen, in welchen Situationen non-direktives Verhalten ausreicht und wann er sehr direkte Anweisungen geben muß.

Weiterführende Literatur:
Dörner/Plog: Irren ist menschlich. Psychiatrie Verlag 1986
Rogers, C.R.: Entwicklung der Persönlichkeit. Ernst Klett Verlag 1973

11 Die therapeutische Beziehung

> **Ziele**
>
> Jeder Therapeut muß sich mit den Besonderheiten der Beziehung, die sich zwischen ihm und dem Patienten entwickelt, auseinandersetzen. Der Leser erfährt in diesem Kapitel etwas über die soziale Rolle des Kranken und des Therapeuten, über das Wesen der therapeutischen Beziehung sowie die Phänomene Übertragung und Gegenübertragung. Abschließend wird auf das therapeutische Bündnis, das für die Ergotherapie besondere Bedeutung hat, eingegangen.

11.1 Die sozialen Rollen von Patient und Therapeut

Die Beziehung, die zwischen einem Patienten und einem Therapeuten entsteht, ist zunächst von den unterschiedlichen Rollen geprägt, die beide mehr oder weniger verpflichtet sind, einzunehmen. Die soziale **Rolle des Kranken** beinhaltet das Anrecht auf Schonung, Rücksichtnahme und Verständnis, aber auch Verpflichtung, sich den helfenden Personen und Institutionen unterzuordnen, Hilfe anzunehmen. Der Patient entwickelt also ein Selbstverständnis als Kranker im Umgang mit Mitmenschen, Helfern und Institutionen. Die rollenhafte Einstellung und Therapieerwartung ist von sozialen Einflüssen wie Alter, Geschlecht, soziale Gruppenzugehörigkeit mitbestimmt. Je nach sozialer Position schiebt der Patient seinem Therapeuten unterschiedlich ausgeprägte Kompetenzen und Machtbefugnisse zu. Der Helfer wird entweder stärker als partnerschaftlich-freundlicher Unterstützer oder aber als Autorität gesehen, die die Macht hat zu heilen, die gleichzeitig aber auch mit Behörden, Krankenkassen usw. zusammenarbeitet.[8]

Die **Rolle des Therapeuten** beinhaltet, daß er professionelle Hilfestellung anbietet und sich auf der Grundlage einer wohlwollenden, freundlichen, respektvollen und verstehenden Grundeinstellung um den Patienten bemüht. Die professionelle Haltung ist Ausdruck eines spezifischen Menschenbildes und somit wertbesetzt, wie dies in Kap. 10 dargelegt wird. Die Therapie ist ein Mittel, das dem Patienten dazu verhelfen soll, Verantwortung besser zu tragen und zu ertragen und die ihn für weitere Bindungen freier macht. Es ist wichtig, sich immer wieder vor Augen zu halten, daß nicht die Methode, sondern der Mensch hilft. Echtheit der Zuwendung ist somit das Hauptinstrument therapeutischer Wirkung.[9]

Das Wesen der Behandlung ist demnach der Respekt des Therapeuten vor dem menschlichen Sosein seines Patienten. Das kann zur Folge haben, daß der Therapeut z. B. akzeptieren muß, daß der Patient an seiner Situation nichts ändern will.

11.2 Bestandteile der therapeutischen Beziehung

Die therapeutische Beziehung beinhaltet

1. Engagement: Engagement bedeutet inneres Beteiligtsein am anderen als Individuum mit persönlichem (nicht funktionalem) Interesse. Voraussetzung ist die größtmögliche **Präsenz** des Therapeuten. Präsent-Sein heißt, mit seiner ganzen Aufmerksamkeit im Hier und Jetzt, beim Patienten sein. Der Therapeut muß „leer" sein, um offen für die Regungen, Bedürfnisse, Gefühle usw. des Patienten zu sein. Präsent-Sein wird durch eine aufrechte Körperhaltung (Wirbelsäule ist aufgerichtet), durch Bodenkontakt (Füße stehen auf dem Boden) und Im-Blickkontakt-Sein (nicht fixieren) unterstützt. Aufgerichtet-Sein hat etwas mit Aufrichtigkeit, Klarheit zu tun. Habe ich Bodenkontakt, so habe ich einen festeren Stand, befinde mich im Gleichgewicht, und schaue ich den Patienten an, so nehme ich besser wahr, was in ihm vorgeht. Dadurch, daß der Patient selbst die Möglichkeit hat, seinen Blick von mir abzuwenden, ist die Gefahr eher gering, daß ich den Patienten bedränge.

2. Personalität: Ich spreche immer direkt zu der Person, nicht über sie. Eine Ausnahme ist dann gegeben, wenn es dem Verständnis und der Sicherheit der anderen Patienten dient. Kann ein Patient z. B. nicht zur Gruppenstunde kommen, weil sich sein Zustand verschlechtert hat, so wird kurz auf diese Veränderung eingegangen. Neben der Sicherheit und Orientierung, die den anwesenden Patienten zuteil wird, kommt ein weiterer positiver Aspekt dazu: Der Patient erfährt Wertschätzung und bleibt trotz seiner Abwesenheit in die Gruppe integriert.

3. Begegnung: Die Aufgabe des Therapeuten ist u. a. auch, unter schwierigen emotionalen Bedingungen Kontakte herzustellen und aufrechtzuerhalten. Neben dem Kontakt gehört zur Beziehung aber auch die Distanz. Denn nur im Wechsel von **Nähe und Distanz** kann der andere Mensch als eigenständige Person wahr- und ernstgenommen werden. In Beziehung-Treten meint das Offen-Sein für den anderen. Offenheit von Therapeut und Patient (wobei letzterer diese häufig erst entwickeln muß) ermöglicht eine therapeutische Beziehung und damit unmittelbares Verständnis. Wichtig in der Therapeut/Patient-Beziehung ist, daß der Therapeut sich eher zurückhält, zuhört und entgegennimmt. Dagegen soll **der Patient aktiv** werden (von sich berichten, sich erforschen, Ziele und Pläne finden). Er muß auf die Hoffnung verzichten, daß der Therapeut ihn heilt und versorgt, aus ihm einen neuen Menschen macht. Der Patient muß selber suchen, sich seinen Unsicherheiten und Ängsten ausliefern, sich emotional auf ein Gegenüber einlassen. Patienten, die diese Aktivität mitbringen, gelten als motiviert und einsichtig. Diejenigen, die das nicht tun, werden als abwehrend, regressiv oder verleugnend eingestuft. Dies mit den möglichen Auswirkungen zu berücksichtigen, ist wichtig für die therapeutische Beziehung.

Neben seinen professionellen Möglichkeiten, auf Beziehungsangebote zu reagieren, bringt sich der Therapeut auch mit seinen eigenen Beziehungsbereitschaften, mit seiner eigenen Präferenz zur Fürsorglichkeit oder Strenge, seiner Herzlichkeit oder Kühle, Triebfreundlichkeit oder Selbstbeherrschung ein.

11.3 Übertragung/Gegenübertragung[10]

Übertragung ist eine bestimmte Form der Beziehung zwischen Therapeut und Patient während der psychotherapeutischen Behandlung. Sie stellt sich in allen menschlichen Beziehungen spontan her, gewinnt aber in der Therapie eine besondere Bedeutung. Aufgrund der Gefühlsbedingungen werden frühere Erfahrungen und Objektbeziehungen wieder lebendig und auf den Therapeuten projiziert. Dieser kann helfen, daß der Patient die Übertragungen als Projektionen erkennt und in die eigene Persönlichkeit integriert. Von Wichtigkeit für alle therapeutisch Tätigen ist auch das Phänomen der Gegenübertragung. Patienten lösen in uns eine Reihe von Gefühlen, Impulsen, Gedanken oder Phantasien aus. Je besser wir uns selbst kennen und je genauer unsere Selbstwahrnehmung ist, desto eher sind wir in der Lage, unsere eigenen Anteile, die wir in die Beziehung einbringen, zu erkennen und zu verstehen. Sich darum zu bemühen ist wichtig, da wir sonst Gefahr laufen, unsere eigenen neurotischen Anteile auf den Patienten zu übertragen.

11.4 Therapeutisches Bündnis

In Beziehung-Treten ist wie oben beschrieben also grundlegend für die Zusammenarbeit zwischen Therapeut und Patient. Wir wissen, daß Beziehungen definiert werden müssen, daß darüber die Kommunikationsabläufe als symmetrisch oder komplementär bestätigt oder in Frage gestellt werden (s. Kap. 21). Der Kommunikationspartner, der die Beziehung beispielsweise mit Hilfe von Manövern oder auch Symptomen definiert, hat die **Kontrolle über die Beziehung.** Es scheint mit HALEY[11] von grundlegender Bedeutung, daß in der therapeutischen Beziehung der Therapeut die Kontrolle über die Beziehung hat. Die Kontrolle zu haben setzt voraus, daß der Therapeut in einer Position ist, in der er bestimmte Regeln festlegen kann, die deutlich machen, was zwischen ihm selbst und dem Patienten geschehen soll.

Therapeuten sind aufgrund ihrer Position (in einer Klinik z. B. oder weil sie Geld verlangen können) und ihrer Rolle mit Macht ausgestattet. Es geht nun nicht darum, diese Macht im Sinne eines unterdrückenden, autoritären Verhaltens einzusetzen, sondern sie zu nutzen, um mit dem Patienten ein Arbeitsbündnis zu erstellen. Bevor ich mit dem Patienten die für ihn individuell ausgerichteten Regeln und Bedingungen finde, muß ich die eigenen festgelegt haben. Das heißt, daß ich als Ergotherapeutin unter anderem weiß, wieviel Zeit zur Verfügung steht, wieviel Freiraum beziehungsweise Verbindlichkeit in der Wahl der Tätigkeit und Selbständigkeit vorhanden ist.

Habe ich die Bedingungen geklärt, kann ich dem Patienten „erlauben", innerhalb dieses Rahmens Entscheidungen zu treffen. Dadurch, daß ich Toleranz signalisiere, gebe ich Freiräume, die der Patient nutzen kann, manchmal wird er dazu auch verpflichtet. Er trifft eine Entscheidung – hat z. B. aus drei Aufgaben eine ausgewählt – und muß dafür die Verantwortung übernehmen. Dadurch, daß ich ihm dies zuvor erlaubt habe, habe ich auf der Metaebene die Kontrolle über die Beziehung.

B Grundvoraussetzungen der therapeutischen Arbeit

Die grundsätzlichen **Vereinbarungen**, die ich mit dem Patienten treffe, beziehen sich auf
1. die Zeit: z. B. Arbeitszeit, Pause, Pünktlichkeit
2. allgemeines Verhalten: z. B. selbständiges Kommen, Sich-Abmelden, nicht an mehreren Werkstücken arbeiten
3. die Ziele: Was will der Patient erreichen? Heute und in der kommenden Zeit? Wobei kann die Therapeutin ihm helfen?

Sind Qualitätsansprüche von Bedeutung, so stellt sich die Frage nach den Kriterien. Es ist meist sinnvoll, objektive Kriterien zu nutzen, wie z. B. eine Zeichnung, ein Anschauungsstück oder vorher festgelegte Maße. Treffe ich als Therapeutin die Entscheidung, daß etwas „gut" ist, so besteht die Gefahr, daß ich den Patienten auf mich fixiere, und ich verhindere seine Selbständigkeit. Zudem bin ich weniger frei für andere Aspekte des therapeutischen Prozesses.

Wichtig ist, die **Vereinbarungen flexibel** zu halten. Hält sich der Patient nicht daran, so gilt es, mit ihm gemeinsam nach den Gründen zu suchen im Sinne von: „Wir haben vereinbart, daß Sie morgens alleine kommen. Woran liegt es, daß Sie das nicht schaffen?" Rigide sein führt häufig zu einem Machtkampf mit dem Patienten, den dieser gewinnen wird.

Ziel solcher Vereinbarungen ist, daß der Patient Verantwortung für sein Tun übernimmt, auf alte Handlungsmuster verzichten lernt und eigenständiger und unabhängiger wird.

Zusammenfassung

In der therapeutischen Beziehung nehmen Patient und Therapeut eine unterschiedliche Rolle ein. Die soziale Rolle des Kranken beinhaltet das Anrecht auf Schonung, Rücksichtnahme und Verständnis. Vom Therapeuten wird erwartet, daß er sich wohlwollend, verständnisvoll und respektvoll erweist.

Die therapeutische Beziehung beinhaltet
1. persönliches Engagement – Basis ist die größtmögliche Präsenz
2. Personalität – direktes Gespräch mit dem Patienten
3. Begegnung – richtiges Verhältnis von Nähe und Distanz

Übertragung und Gegenübertragung sind Phänomene, die in der therapeutischen Beziehung immer auftreten und ernst genommen werden müssen. Im ersten Phänomen überträgt der Patient seine früheren Erfahrungen auf den Therapeuten, ohne den Bezug zur Vergangenheit zu kennen. Die Gegenübertragung stellt sich umgekehrt als Reaktion des Therapeuten auf den Patienten dar.

Das therapeutische Bündnis beinhaltet eine Reihe von Regeln und Vereinbarungen, die Therapeut und Patient gleichermaßen betreffen. Basis dafür ist, daß der Therapeut von seinen eigenen Rahmenbedingungen ausgehend, dem Patienten Freiräume zur Verfügung stellt, in denen dieser Entscheidungen treffen kann. Der Therapeut muß darauf achten, daß er selbst die Kontrolle über die Beziehung behält.

Weiterführende Literatur:
Battegay/Trenkel (Hrsg.): Die therapeutische Beziehung unter dem Aspekt verschiedener psychotherapeutischer Schulen
Dörner/Plog: Irren ist menschlich. Psychiatrie Verlag 1986
Haley, Jey: Gemeinsamer Nenner Interaktion, Strategien oder Psychotherapien. Reihe Leben lernen 1978
Rudolf, Gerd: Die therapeutische Arbeitsbeziehung. Springer Verlag 1991

12 Gesprächshaltung und Gesprächsführung in der Psychiatrie

> **Ziele**
>
> Dem Leser soll vermittelt werden, welche Verhaltensweisen und Einstellungen im Gespräch hilfreich und welche zu vermeiden sind. Er soll außerdem darüber informiert werden, daß bestimmte Richtlinien und Gesprächsfiguren helfen können, die eigene sprachliche Ausdrucksform zu verbessern. Am Schluß des Kapitels soll der Leser erfahren, was unter einem Feedback zu verstehen ist und welche Regeln beim Geben und Entgegennehmen von Feedback eingehalten werden sollen.

12.1 Günstige Verhaltensweisen und Einstellungen der nondirektiven Gesprächshaltung

TAUSCH u. a.[12] haben die nondirektive Gesprächshaltung von ROGERS fortgesetzt. Sie beschreiben folgende Verhaltensweisen und Einstellungen als besonders wichtig:

a) Uneingeschränktes Akzeptieren und Wertschätzung des Klienten (Patienten).

Dies bedeutet, daß der Therapeut den Patienten, das, was er sagt und tut, zunächst annimmt, ohne zu bewerten. Es gehört zu den Grundbedürfnissen des Menschen, akzeptiert zu werden; das geschilderte Gesprächsverhalten gibt außerdem dem Patienten die Möglichkeit, sich selbst anzunehmen. Alle, die mit psychisch Kranken, insbesondere mit depressiven oder süchtigen Menschen zu tun haben, wissen, daß das Annehmen der eigenen Schwierigkeiten und Störungen Voraussetzung für eine Verbesserung und Heilung ist.

WEBER[13] weist darauf hin, daß Annahme und Wertschätzung eine Atmosphäre schaffen, in der Angst und Spannung und die daraus resultierenden Aggressionen und Fluchtgedanken abgebaut werden. Unbedingtes Annehmen ist aber nicht zu verwechseln mit Zustimmung im Sinne von Laufenlassen und alles hinnehmen.

Habe ich mit einem Patienten vereinbart, daß er in der heutigen Projektgruppe eine bestimmte Aufgabe übernimmt, so wäre es sicher nicht im Sinne der Therapie, wenn ich seine Verweigerung einfach so hinnehme. Den anderen ernstnehmen heißt, ihn aufzufordern, sich selbst ernst zu nehmen und bei einer einmal getroffenen Entscheidung zu bleiben.

b) Einfühlendes Verstehen

Hier geht es darum, mit Hilfe der **spiegelnden Methode**[14] das in Worte zu fassen, was meine Gesprächspartner nicht deutlich sagen können.

Das können sein:

- gefühlsnahe und gefühlsbetonte Äußerungen
- Wünsche und Ziele
- Einstellungen und gefühlsmäßige Bewertung
- Äußerungen von Patienten, die ich wiederhole, um sicher zu gehen, daß ich sie richtig verstanden habe.

B Grundvoraussetzungen der therapeutischen Arbeit

Die Methode ist hilfreich insofern, als die Patienten selbst ihre Gedanken weiterführen und zu neuen Einsichten kommen können.
Sie ist also in erster Linie eine Hilfe zur Selbstexploration und Selbstreflexion, oder, einfacher ausgedrückt, die Gelegenheit, laut zu denken.

Wichtig: Die spiegelnde Methode ist kein Allheilmittel und darf nicht immer und ständig eingesetzt werden. Ihr Nutzen hängt von den Fähigkeiten und Möglichkeiten der Patienten ab und von den Zielen, die in einer Situation angestrebt werden. Sie ist auch dann hilfreich, wenn sie möglichst gut in den sprachlichen Alltag des Therapeuten integriert ist.

c) Echtheit (Authentizität) und Aufrichtigkeit

Mit Echtheit und Aufrichtigkeit ist die Einheitlichkeit oder Übereinstimmung von innerem Erleben und äußerem Verhalten gemeint. Wie groß die Bedeutung der **Selbstkongruenz** ist, wird auch im Teil C, Kapitel 1, beschrieben. In der Therapie brauchen die Patienten unsere Kongruenz, unser stimmiges Verhalten als Voraussetzung, um selbst einheitlich, d. h. eins zu werden. Will ich als Therapeut dies berücksichtigen, so muß ich versuchen, ein unechtes, fassadenhaftes, professionelles Verhalten so gut es geht zu vermeiden.

Ruth Cohn[15] vertritt die Auffassung, „daß Heilung von der Echtheit der therapeutischen Begegnung abhängt ...". Sie meint aber damit nicht Echtheit um jeden Preis. Vielmehr geht es darum, Aussagen zu machen, die den Personen, den Umständen und Zielen der jeweiligen Situation angemessen sind, also um „selektive Authentizität". Völlige Offenheit kann manchmal mehr zerstören als Gewinn bringen.
Bin ich nicht echt, so fühle ich mich selbst unsicher und unwohl, und meine Kommunikation wird widersprüchlich und unklar sein. Offenheit gegenüber meinen Gefühlen gibt mir die Chance, herauszufinden, woher ein Gefühl – Ärger beispielsweise – kommt und gibt den Patienten zugleich die Möglichkeit, die eigenen Gefühle zuzulassen.
Denn: Was ich bei mir abwehre, wehre ich in der Regel auch beim anderen ab.

12.2 Allgemein ungünstige Verhaltensweisen[16] und Einstellungen

Es gibt eine Reihe von Einstellungen und Verhaltensweisen, die in Gesprächen möglichst zu vermeiden sind. Dazu zählen unter anderem:
- Dirigieren: Ratschläge, Mahnungen oder Befehle aussprechen, fertige Lösungen vorlegen, zu Überredungen greifen
- Debattieren: ein Streitgespräch führen („Ja, aber ...")
- Dogmatisieren: Lehrsätze, Volksweisheiten verwenden
- Interpretieren: vor allem einseitige, zu frühe und belehrende Interpretationen sind hinderlich
- Bagatellisieren: ein Gefühl, ein Problem insbesondere beim Trösten oder Ermutigen herunterspielen

- Moralisieren: negative oder positive Werturteile aussprechen. („Wie können Sie nur über ... denken, wo er so viel für Sie tut?")
- Monologisieren: viel und langatmig reden
- Emigrieren: innerlich und äußerlich abschalten, gleichgültig werden
- Rationalisieren: in einseitiger Weise logisch – intellektuell vorgehen
- Projizieren: eigene Gefühle und Gedanken auf die Gesprächspartner übertragen, von subjektiven Erfahrungen auf die Erfahrung anderer schließen
- Sich identifizieren: die nötige Distanz verlieren
- Sich fixieren: auf eine bestimmte Rolle festlegen oder sich festlegen lassen
- Umfunktionalisieren: den Gesprächspartner unterbrechen, das Gespräch durch unmotivierte Fragen in eine bestimmte Richtung lenken.

12.3 Sprachliche Ausdrucksformen

Neben der allgemeinen Grundhaltung ist von wesentlicher Bedeutung, daß Therapeuten in der Lage sind, ihre Äußerungen anschaulich, abwechslungsreich und einprägsam zu gestalten. Und sie müssen die Äußerungen der Patienten flexibel, deutlich und konkret verbalisieren können.

WEINBERGER[17] beschreibt einige Richtlinien und Gesprächsfiguren, die helfen können, die sprachliche Ausdrucksform von Therapeuten bzw. Beratern zu verbessern.

a) Allgemeine Richtlinien

1. *Synonyme und Antonyme bilden*
   Synonyme sind Worte mit gleicher oder ähnlicher Bedeutung, Antonyme sind Verneinungen des Gegenteils.

Beispiel: traurig sein

Synonyme: niedergeschlagen, bedrückt, unglücklich, mutlos, betrübt, bekümmert, trostlos, freudlos, sorgenvoll.

Antonyme: nicht froh, nicht heiter, nicht vergnügt, nicht beflügelt, nicht unbeschwert, nicht lachend, nicht glücklich, nicht ungetrübt.

Zweck: Synonyme und Antonyme helfen Wiederholungen zu vermeiden und Gefühle genauer zu beschreiben.

2. *Der Therapeut greift Personen (oder Objekte), von denen Patienten sprechen, nicht an.*

B Grundvoraussetzungen der therapeutischen Arbeit

Beispiel:
Pat.: Mein Freund hört mir nie zu.
Th.: Da stoßen Sie auf verschlossene Ohren. (Nicht: Bei Ihrem Freund, da stoßen Sie auf verschlossene Ohren.)

Zweck: Der Patient soll über seine Empfindungen zu seinem Freund und nicht über ihn reden.

3. *Kurze und einfache Sätze und häufig gebrauchte Wörter verwenden, nicht Fremdwörter oder Fachtermini.*

4. *Adjektive, Verben und Adverbien den Substantiven vorziehen.*

Beispiel:
Pat.: Ich traue mich nicht, es ihr zu sagen.
Th.: Da fürchten Sie sich vor. Nicht: Da verspüren Sie Furcht (Substantiv).

b) Spezifische Gesprächsfiguren

1. *Sprachliche Bilder*

Beispiel:
Pat.: Ich weiß gar nicht, wie das wieder anders werden kann.
Th.: Es ist für Sie, als ob Sie im dunkeln tappen.

2. *Bedeutungshäufung*

Beispiel:
Pat.: Ich habe festgestellt, daß ich gar nicht mehr so gut bei einer Sache bleiben kann wie früher.
Th.: Es macht Sie unzufrieden und unglücklich, feststellen zu müssen, daß es nicht mehr so gut geht.

Zweck: Der Ausdruck wird verstärkt, wenn ein Wort ähnlicher oder gleicher Bedeutung hinzugefügt wird.

3. *Verbalisierung in Ich-Form*

Beispiel:
Pat.: Früher habe ich immer alles getan, was die anderen wollten. Heute fällt mir das viel schwerer.
Th.: Da haben Sie sich verändert. Früher gehorchten Sie auf einen Befehl, aber heute ist das erste, was kommt: „Nein, ich will nicht, wie komme ich dazu."

c) Zur methodisch-inhaltlichen Gesprächsform

1. *Das Gespräch strukturieren heißt, das Gespräch immer wieder auf ein Thema zentrieren.*

– Rekapitulieren: Wesentliche Erlebnisinhalte (oder auch sachbezogene Inhalte) schwerpunktmäßig zusammenfassen.

Beispiel:
Pat.: Ich weiß, daß es wichtig ist, bei der Arbeit zu bleiben. Aber es kostet mich so viel Kraft und Anstrengung.
Th.: Mhm. Vernunftmäßig sagen Sie sich: „Es ist wichtig, es muß ja gemacht werden." Aber gefühlsmäßig bäumen Sie sich dagegen auf und sagen: „Verflixt, warum muß ich mir das selbst sagen."

Variante: Den roten Faden aufgreifen.

Th.: „Es taucht immer wieder auf, daß Sie eigentlich gar nicht richtig dahinterstehen."

Wichtig: Aussagen offen lassen, fragend verbalisieren.

– Das „Hier und Jetzt" betonen
Der Therapeut versucht zu ermitteln, was das Vergangene zur Zeit für den Patienten bedeutet.

Variante: Das momentane Empfinden ansprechen.

– Gegenüberstellung

Vernunftmäßiges – Gefühlsmäßiges
einerseits – andererseits

2. *Den Patienten zu einer Differenzierung stimulieren*

2.1 Perspektivenwechsel – Aussagen von verschiedenen Blickwinkeln her betrachten.

– Konkretisieren

Beispiel: Pat.: Ich bin sehr leicht frustriert. Th.: Wenn Ihnen etwas nicht gelingt, dann sind Sie sofort „sauer".

– Abstrahieren

Ist der Patient sehr konkret und bleibt an Einzelheiten sehr lange haften, so versucht der Therapeut, das Allgemeine, das Gemeinsame herauszuarbeiten.

Beispiel: …. Es ist häufig so, daß Sie …

2.2 Konkretisierungsforderung

Pat.: Hm. Ja, ich glaube, es ist die Unzufriedenheit, nichts mehr zu schaffen, nichts Neues mehr behalten zu können.
Th.: Ja? ... Das macht Ihnen Sorgen, daß Sie bestimmte Dinge nicht mehr so gut behalten können. Ist es das?
Oder: Ich versuche, mir eine solche Situation vorzustellen. Ich frage mich gerade, bei welchen ...

2.3 Akzentuierung

Der Therapeut spitzt etwas zu, intensiviert das Gesagte oder aber schwächt es ab. Zweck: Der Patient soll provoziert werden. Er ist aufgefordert, Stellung zu beziehen.

2.4 Positive / negative Verbalisierung

Beispiel:
Pat.: Eigentlich bin ich die meiste Zeit traurig und einsam.
Th.: Sie finden nichts, was Ihnen Freude bereitet. (negativ)
Th.: Ab und zu gibt es aber doch etwas, worüber Sie sich freuen können. (positiv)

d) Technik der direkten Einflußnahme

1. *Bekräftigen von angemessenen Verhaltensweisen durch*

   - Bemerkungen wie „ja", „gut" u.ä.
   - positive Stellungnahme zum Verhalten - „Das haben Sie gut gemacht."
   - positive Stellungnahme zum Verhalten mit Begründung – „Das haben Sie gut gemacht, weil Sie alle wesentlichen Punkte berücksichtigt haben."
   - Verbalisierung von Vertrauen – „Ich glaube schon, daß Sie das schaffen werden."

2. *Stimulieren von angemessenen Verhaltensweisen*

Der Therapeut überlegt mit dem Patienten gemeinsam Alternativen. Beide sammeln zunächst Vorschläge und Ideen (Brainstorming).

3. *Hinterfragen von unangemessenen Verhaltensweisen, Bedenken anmelden*

„Ich bin nicht sicher, ob das ausreicht."
„Ich würde da anders reagieren."

4. *Fragen stellen*

   - direkte Fragen: „Könnten Sie das genauer formulieren?" „Fällt Ihnen dazu ein Beispiel ein?"
   - indirekte Fragen: „Ich frage mich, ob . . ."

5. *Konfrontieren*

Beim Konfrontieren macht der Therapeut den Patienten auf Widersprüche aufmerksam. Und zwar:
- Widersprüche zwischen verbalem und non-verbalem Verhalten
- Widersprüche zwischen den Verhaltensweisen, die der Patient zeigt und den Zielen, die er anstrebt
- Widersprüche, die sich im Laufe eines Gespräches ergeben
- Widersprüche zwischen dem Bild, das der Patient von sich selbst gibt („Ich kann gar nichts.") und dem Bild, das der Therapeut von ihm hat („Ist sehr geschickt.").

Wichtig für das Konfrontieren ist,
- daß bereits eine Beziehung zwischen Patient und Therapeut besteht
- daß die Konfrontation so vermittelt wird, daß sie der Patient als Hilfe und nicht als Vorwurf empfindet.

12.4 Feedback

Feedback ist eine Mitteilung an eine Person, die diese darüber informiert, wie ihre Verhaltensweisen von anderen wahrgenommen, verstanden und erlebt werden. Es ist für jeden Menschen wichtig zu erfahren, wie er von anderen gesehen wird und wie und wo Veränderungen, Entwicklungen stattgefunden haben.

Die Wirksamkeit des Feedback wird weitgehend vom Ausmaß des Vertrauens zwischen den jeweiligen Personen mitbestimmt.[18]

Regeln für das Feedback

Das Feedback soll sein:
- beschreibend und nicht bewertend, interpretierend oder nach Motiven suchend, so daß der andere die Information nach seinem Gutdünken verwenden kann
- konkret auf eine Situation bezogen und nicht allgemein
- angemessen, so daß die Bedürfnisse der betroffenen Person miteinbezogen sind
- brauchbar, d. h. auf veränderbare Verhaltensweisen bezogen
- erbeten im Gegensatz zu aufgezwungen
- zur rechten Zeit, d. h. am besten unmittelbar
- klar und genau formuliert
- korrekt, d. h. Fehleinschätzungen und Ungenauigkeiten möglichst vermeiden.

Wer Feedback empfängt, sollte nicht argumentieren und sich verteidigen, sondern zuhören, nachfragen und klären. Wie hilfreich Feedback wirkt, hängt zweifellos auch von der Offenheit des Empfängers ab.

B Grundvoraussetzungen der therapeutischen Arbeit

Zusammenfassung

ROGERS und später auch andere Vertreter der non-direktiven Gesprächshaltung beschreiben folgende Verhaltensweisen und Einstellungen als besonders wichtig:
- Uneingeschränktes Akzeptieren und Wertschätzung: Dies gehört zu den Grundbedürfnissen und hat Modellfunktion für den Patienten.
- Einfühlendes Verstehen: Mit Hilfe der spiegelnden Methode wird dem Patienten die Möglichkeit der Selbstexploration gegeben und vermieden, daß der Therapeut ihn mißversteht, dirigiert oder sich in anderer Weise ungünstig verhält.
- Echtheit (Authentizität) und Aufrichtigkeit: Therapeuten sollen darauf achten, daß ihre Gefühle und Gedanken mit ihrem äußeren Verhalten übereinstimmen, da sie nur so echt sein und sich sicher fühlen können. Sie sollen in der Weise aufrichtig und offen sein, wie es den Personen, Umständen und Zielen der jeweiligen Situation angemessen ist.

Dirigieren, debattieren, dogmatisieren, interpretieren, bagatellisieren, moralisieren, monologisieren, emigrieren, rationalisieren, projizieren, sich identifizieren, sich fixieren und umfunktionalisieren sind alles Verhaltensweisen und Einstellungen, die in Gesprächen möglichst zu vermeiden sind.

Therapeuten sollen in der Lage sein, in Gesprächen ihre Äußerungen möglichst anschaulich, abwechslungsreich und einprägsam zu gestalten. Dabei kann die Verwendung von allgemeinen Richtlinien, Gesprächsfiguren und methodisch-inhaltlichen Techniken hilfreich sein.

Ein Feedback informiert eine Person, wie sie von anderen wahrgenommen, verstanden und erlebt wird. Es soll beschreibend, konkret und brauchbar sein und ohne Gegenargumente empfangen werden.

Weiterführende Literatur:
Cohn, R.C.: Von der Psychoanalyse zur Themenzentrierten Interaktion. Klett-Cotta-Verlag 1975
Schwäbisch/Siems: Anleitung zum sozialen Lernen für Paare, Gruppen und Erzieher. Rowohlt Verlag 1974
Tausch, R.: Gesprächspsychotherapie. Hogrefe Verlag 1979
Weber, W.: Wege zum helfenden Gespräch. Ernst Reinhardt Verlag 1986
Weinberger, S.: Klientenzentrierte Gesprächsführung. Beltz Verlag 1980

13 Grundlagen der therapeutischen Gruppenarbeit

> **Ziele**
>
> In diesem Abschnitt soll der Leser erfahren, daß die Therapie in Gruppen meist von Vorteil ist, da sie wirklichkeitsnäher, vielfältiger und häufig auch effektiver als die Einzelbehandlung ist. Er soll des weiteren die Merkmale von Gruppen kennenlernen und sich mit dem Rollenmodell von SCHINDLER sowie den Gruppenphasen auseinandersetzen. Im Anschluß daran werden die Gruppenregeln der „Themenzentrierten Interaktion" und die Funktionen und Aufgaben des Gruppenleiters aufgezeigt. Am Ende des Kapitels soll der Leser über Möglichkeiten der Konfliktbewältigung informiert werden und die Bedeutung der Gruppenarbeit erfahren.

13.1 Allgemeine Gründe für Gruppentherapie

Der Mensch handelt und bewegt sich während seines ganzen Lebens in Gruppen. Im Gegensatz zur Einzeltherapie ist Therapie in Gruppen somit meist **wirklichkeitsnäher** und darüber hinaus vielfältiger. Sie ist nicht nur auf das Individuum ausgerichtet, sondern auch auf dessen soziales Beziehungssystem. So geht es sowohl um Einsicht und Wandel des einzelnen, als auch um das Bewußtsein der Existenz des anderen Menschen. Durch die Verwendung von unterschiedlichen Medien und Gruppenformen kann dem Bedürfnis nach Zurückgezogenheit und Beschäftigung mit sich selbst ebenso nachgekommen werden wie dem Wunsch nach Zugehörigkeit zu einer Gemeinschaft. Das gemeinsame Erarbeiten und Lösen von Aufgaben und Problemen, wie dies in kompetenzzentrierten und interaktionellen Gruppen gefordert wird, ist in der Regel wirkungsvoller und **effektiver** als die Einzelarbeit. Es kommt sowohl zu einer Erhöhung der individuellen Schaffenskraft im Sinne der Leistungssteigerung im Wetteifer als auch zu einer Steigerung des Gruppenergebnisses im Vergleich zur Einzelleistung. Das heißt: jeder einzelne leistet mehr, und das Gruppenergebnis ist höher als die Einzelleistungen.
Die Größe des Leistungsvorteils ist aber abhängig u.a. von der Art der Aufgabe, der Zusammensetzung der Gruppe und von der sinnvollen Koordinierung der Einzelleistungen durch den Leiter.[19]
In der psychiatrischen Praxis werden im wesentlichen Gruppen, die sich spontan bilden (ein paar Patienten treffen sich zu einem Spaziergang), von denen, die von Therapeuten zusammengesetzt und geleitet werden, unterschieden.
Aber nicht nur die Patienten, sondern auch die Therapeuten bewegen sich in ihrer praktischen psychiatrischen Arbeit ständig in Gruppen (Stationsbereich, Team, Therapiegruppen) und müssen sich mit Gruppenprozessen auseinandersetzen. So stellt sich für sie automatisch die Frage, wie sie in Gruppen wirksam werden können.
Die Beantwortung dieser Frage verlangt die Auseinandersetzung mit sowohl allgemeinen als auch speziell auf therapeutische Gruppen bezogenen theoretischen Kenntnissen.

13.2 Gruppenbildung und Merkmale von Gruppen

Gruppenbildung beginnt, wenn das Handeln von mindestens 2 (3) Personen aufeinander bezogen ist, d. h., wenn sie in Interaktion treten. Interaktion ist die Beeinflussung von Individuen und Gruppen hinsichtlich ihrer Einstellungen und Handlungen durch Kommunikation.*

Merkmale von Gruppen sind nach SCHARMANN:[20]

1. Kontinuität und Dauer
   Damit eine Gruppe entsteht, ist eine gewisse Dauer (Stunden, Tage) notwendig.

2. Größe und Struktur
   Untergrenze ist, wie schon erwähnt, das Paar, auf jeden Fall die Dreier-Gruppe. Die Obergrenze liegt bei 30 Personen, da die Gruppe noch überschaubar sein muß: Jeder sollte den anderen noch persönlich kennen.

3. Interessen und Aufgaben
   Die Gruppenmitglieder haben ein gemeinsames Ziel, eine gemeinsame Aufgabe, wobei entweder dieselben individuellen Ziele oder aber ein übergreifendes Ziel vorhanden sein können.

4. Normen und Spontaneität
   Zur Erreichung des gemeinsamen Zieles entwickeln sich in der Gruppe gemeinsame Normen, Leistungsmaßstäbe und Verhaltensweisen (verbale und nonverbale – z. B. wie ein zur Verfügung stehender Raum genutzt werden soll).

5. Identifikation und „Wir"-Erlebnis
   Dieses wird durch das gemeinsame Interesse, die Ziele und Normen möglich und ist für den Zusammenhalt der Gruppe und für die Abgrenzung nach außen wichtig.

6. Strukturierung

Hier unterscheidet man:
a) die Kommunikationsstruktur (Wege des Informationsaustausches in Gruppen; wieviel Information erhält der einzelne)
b) die Präferenzstruktur (Bevorzugungsstruktur z. B. nach Sympathie und Antipathie in Gruppen)
c) Die Rollenstruktur (Verhaltenserwartungen, Verteilung von Aufgaben und Verantwortlichkeiten).

---

* Anm: In der Psychologie werden Interaktion und Kommunikation häufig gleichgesetzt.

13.3 Zur Dynamik in Gruppen – die soziodynamische Grundformel nach R. Schindler[21]

Jede Gruppe bewegt, verändert oder entwickelt sich positiv oder negativ, konstruktiv oder destruktiv.
Je nach Gruppenform gibt es in einer Gruppe verschiedene Rollen und Positionen, die bewußt oder unbewußt eingenommen werden. Um die eigene Stellung in einer Patientengruppe bzw. Gruppe überhaupt besser erkennen zu können, ist es hilfreich, zu wissen, welche Positionen grundsätzlich möglich sind.

Schindler geht davon aus, daß es in jeder dynamisch geformten Gruppe vier verschiedene **Positionen** gibt:
Einen Führer (Alpha-Position), der unter anderem die Verantwortung trägt, Aktionen in Gang setzt,
einen Fachmann (Beta-Position), der etwas abseits steht, emotional weniger beteiligt ist,
die Anhänger des Führers (Gamma-Position), die sich mit ihm identifizieren, und
den Außenseiter (Omega-Position), der sich in der Rolle des Prügelknaben oder Sündenbocks befindet und gegen die Gruppenaktion aus der Position der Schwäche heraus protestiert.

Diese unterschiedlichen Positionen innerhalb einer Gruppe sind in der Regel nicht starr. Dies gilt sowohl für die einzelnen Gruppenteilnehmer als auch für den Therapeuten. Für ihn ist wichtig, daß er sich immer wieder bewußt macht, wann er welche Position hat bzw. einnehmen will und welche Rollen die einzelnen Teilnehmer haben. Gelingt ihm dies, dann kann er der Gruppe helfen, die Aufgaben zu bewältigen und die Ziele zu erreichen. Außerdem können Verhaltensweisen einzelner und der gesamten Gruppe deutlich und damit veränderbar gemacht werden.

Positionen der Ergotherapeutin

In vielen psychiatrischen Einrichtungen muß die Ergotherapeutin in den von ihr geleiteten Gruppen zu Beginn eine klare und offene **Führungsposition** einnehmen. Dies hängt damit zusammen, daß sie aufgrund ihrer Stellung in der psychiatrischen Einrichtung mit Macht und Autorität ausgestattet wird, die sie nicht einfach durch Negation abgeben kann. Patienten sind selten freiwillig in der Gruppe, sie können sich die anderen Teilnehmer und die Gruppenleiter nicht aussuchen. Ein weiteres, recht häufiges Problem ist, daß die Teilnehmer rasch wechseln und die Zusammensetzung der Gruppen sehr heterogen ist.
Hinzu kommt, daß die Ergotherapeutin auch **Fachfrau** ist. Sie kennt die Einsatzmöglichkeiten und die Wirkungsweise verschiedener Materialien und Techniken, kann Hilfestellung und Rat geben, einzelne Patienten stützen und beim Suchen von Lösungsmöglichkeiten behilflich sein.
Im Verlauf der Therapie kann und soll sich diese Einseitigkeit verändern.

Will die Ergotherapeutin, daß gruppendynamische Prozesse besonders wirksam werden und daß die verschiedenen Positionen von den Patienten eingenommen werden, so muß sie **Bedingungen** dafür **schaffen**: Sie muß sich selbst deutlich abstinent halten und der Gruppe den größtmöglichen Entscheidungsspielraum lassen, wie dies insbesondere bei Kleingruppenarbeit (im Rahmen von Gruppen- oder Gemeinschaftsarbeit) und bei der Projektarbeit möglich ist.

B Grundvoraussetzungen der therapeutischen Arbeit

Ein Patient kann auch von der Ergotherapeutin den Auftrag bekommen, im geschützten Rahmen der Arbeitstherapie die Führungsposition in einer Projektgruppe zu übernehmen. Dies bedeutet für ihn, daß er sowohl für Planung und Durchführung als auch für ein zufriedenstellendes Ergebnis verantwortlich ist.

Patienten können aber auch von sich aus die Führungsposition einnehmen. Ist dies für den Gruppenprozeß nützlich, so werde ich sie darin lassen bzw. die Entscheidung darüber der Gruppe übertragen. Ist es hingegen therapeutisch nicht sinnvoll und schränkt es die Arbeitsfähigkeit der Gruppe ein, so muß ich ihnen diese Rolle wieder abnehmen. Im Extremfall kann das bedeuten, daß derjenige die Gruppe verlassen muß. Nicht selten ist dies der Fall, wenn manische Patienten die Gruppenarbeit stören.

Andere Gruppenteilnehmer können, weil sie besonders schwach oder gestört sind, sehr lange oder häufig die Außenseiterposition haben. Es ist Aufgabe des Gruppenleiters, diesen Teilnehmern direkt oder indirekt zu helfen, diese Position zu verlassen – insbesondere dann, wenn sie darunter leiden. Eine Art der Hilfestellung kann sein, einem Teilnehmer die Aufgabe zu übertragen, die er gemeinsam mit anderen lösen kann und die zu einem positiven Ergebnis führt.

13.4 Phasen in der Entwicklung von Gruppen

Kommen Personen zusammen, um über ein gemeinsames Ziel eine Gruppe zu bilden, so lassen sich bestimmte Entwicklungsphasen beobachten:[22]

1. Informelle Kontaktaufnahme oder Fühlungnahme
   Die Teilnehmer einer Gruppe nehmen unverbindlich und lose Kontakt auf, es ist noch kein Gemeinschaftsgefühl vorhanden, Ich-Denken herrscht vor. Der Gruppenleiter akzeptiert zunächst diese Isolierung, bahnt aber über gemeinsame Aktivitäten oder Ziele Beziehungsverhältnisse zwischen den einzelnen Teilnehmern an.

2. Kennenlernphase
   Die einzelnen Teilnehmer beginnen sich kennenzulernen, sie tauschen Erfahrungen oder Kenntnisse aus.

3. Versuch der Arbeitsphase – Rollenwechsel
   Die Gruppe beginnt, Ideen und Vorschläge zu sammeln und versucht einzelne umzusetzen; bestimmte Aufgaben und Rollen werden kurzfristig übernommen.

4. Konfliktphase/Machtkampf – Rollendifferenzierung und Rollenfixierung
   Die unterschiedlichen Ideen und Meinungen werden diskutiert, verworfen oder verteidigt, Aufgaben und Rollen werden jetzt deutlicher beschrieben. Konflikte treten auf zwischen den Gruppenmitgliedern, Untergruppen können sich bilden, einzelne Teilnehmer widersetzen sich den bestehenden Normen, lehnen mögliche Führer und Partner ab. Es kann sich auch Widerstand gegen die bestehende Aufgabe, das vorhandene Gruppenziel, entwickeln.

5. Korrekturphase – Rollenübernahme und Rollenzuschreibung
   Entscheidungen werden getroffen, Einigkeit hergestellt, Aufgaben übernommen oder zugeteilt.
   Die Teilnehmer akzeptieren sich mit ihren eingenommenen Rollen, jedes Mitglied stellt sich mit seinen Fähigkeiten zur Verfügung.

6. Endphase
– Druck entsteht, wenn die Gruppe das Ziel nicht erreicht, wenn Unzufriedenheit und Unstimmigkeiten vorherrschen.
– Wir-Gefühl zeigt an, daß die Gruppe sich als Einheit erlebt, die zufrieden mit dem erzielten Ergebnis ist.

Dieses Phasenmodell stellt einen häufig zu beobachtenden Verlauf der Entstehung und Entwicklung von Gruppen dar. Es beschreibt aber keinen zwangsläufig ablaufenden Prozeß. Die zeitliche Dauer der einzelnen Phasen wird beeinflußt durch die Aufgabe/das Gruppenziel, die Zeit, die die Gruppe insgesamt hat (2 Stunden? 3 Jahre?), Häufigkeit und Art der Beziehungen und durch die Umgebung. Man kann davon ausgehen: Je weniger Zeit einer Gruppe zur Verfügung steht, desto kürzer gestalten sich die Phasen. Voraussetzung für diese Entwicklung ist, daß eine gemeinsam zu lösende Aufgabe im Mittelpunkt steht. Damit sind Entscheidungen gefordert, für die Verantwortung übernommen werden muß.
Der Phasenverlauf erfolgt nicht immer linear; insbesondere **die Arbeits-, die Konflikt- und die Korrekturphase können mehrmals auftreten.**

Gründe für Wiederholungen sind

– wenn die Aufgabe aus mehreren kleinen Teilaufgaben besteht, für die Einzelentscheidungen getroffen werden müssen.
  Beispiel: Eine Patientengruppe soll in der Ergotherapie für ein gemeinsames Projekt (Raumschmuck) entscheiden, welches Material und welche Technik sie wählen will, wie sie vorzugehen gedenkt und wer welche Aufgabe übernehmen wird.

– wenn kein Teilnehmer der Gruppe Verantwortung übernimmt und die Gruppe anstatt eine Entscheidung zu treffen, immer wieder anfängt, Ideen zu sammeln, diese zu diskutieren, zu verwerfen und wieder von vorne beginnt. Geschieht dieser Vorgang mehrmals, so können sich Desinteresse, Ärger und Unzufriedenheit entwickeln. Entweder gibt die Gruppe auf, verweigert jede weitere Zusammenarbeit, oder sie wendet sich an die Ergotherapeutin mit der Hoffnung, daß sie für die Gruppe die Entscheidungen treffen wird.

– wenn Konflikte innerhalb der Gruppe bestehen, die nicht offen geäußert werden dürfen. Ein Zeichen dafür kann sein, daß die Therapeutin für alles, was in der Gruppe passiert, verantwortlich gemacht und evtl. in die Position des Omegas geändert wird.

In ergotherapeutischen Gruppen, die nach der interaktionellen Methode arbeiten, nimmt die Therapeutin für gewöhnlich während der Arbeitsphase die Beobachterrolle ein. Alle Entscheidungen bleiben in den Händen der Gruppenteilnehmer. Entwickelt sich der Gruppenverlauf in der oben beschriebenen Weise (Wiederholung der Phasen, die Gruppe kommt nicht weiter), so ist es Aufgabe der Ergotherapeutin, helfend einzugreifen. Diese **Hilfestellung** kann dadurch erfolgen, daß sie den Gruppenprozeß unterbricht und die Teilnehmer ermutigt, innezuhalten und das bisherige Geschehen, die eigenen Gefühle, Beobachtungen und Motivationen zu beschreiben. Bei Bedarf können nach dieser „Bestandsaufnahme" Lösungsstrategien gesucht werden.

B Grundvoraussetzungen der therapeutischen Arbeit

Gruppenprozesse können, wie dies in Punkt 6 angedeutet wurde, unterschiedlich, und zwar konstruktiv oder destruktiv, verlaufen.

Voraussetzung für einen konstruktiven Gruppenprozeß

Günstig für eine konstruktive Entwicklung ist eine gute Planung und Vorbereitung der Therapie durch die Therapeutin. Handelt es sich um offene Gruppen, so müssen neue Mitglieder miteinbezogen werden. Fehlt jemand, so empfiehlt es sich, darauf zu Beginn hinzuweisen. Generell ist wichtig, daß den Patienten so viel Freiraum gelassen wird, wie sie vertragen können. Die Therapeutin hat die Aufgabe, auf die Einhaltung der Gruppenregeln zu achten: die Gruppenmitglieder müssen einander ausreden lassen, zuhören, sich gegenseitig akzeptieren und Rücksicht aufeinander nehmen.

Des weiteren ist wichtig, daß die Erwartungen, die von Faktoren wie Interesse, Motivation, Lust, Vorerfahrungen oder Sympathie abhängig sind, abgeklärt werden. Ziele und Aufgaben müssen für alle verständlich sein.

13.5 Gruppenregeln der „Themenzentrierten Interaktion" von R∪TH C. C0HN[23]

Die Gefahr stark leiterzentrierter Gruppen ist, daß die Teilnehmer sich stark abhängig und passiv verhalten und kaum Verantwortung für sich übernehmen. Dies kann u. a. durch die Beachtung einiger Gruppenregeln verhindert oder zumindest abgeschwächt werden.

R∪TH C. C0HN hat insbesondere für Gruppen, die ein gemeinsames Thema haben, besondere Gruppenregeln aufgestellt.

Ausgangspunkt ihrer Überlegungen war die Überzeugung, daß wir **entwicklungs- und lernfähig** sind – daß „wir lernen können, besser aufzunehmen, besser zu vermitteln, besser zuzuhören und nachzudenken, klarer zu fühlen und zu empfinden und vor allem zu akzeptieren, daß andere Menschen verschieden sind".

Die Frage ist nun, wie diese Lernfähigkeit gefördert werden kann. Für R. C0HN ist jede Gruppe gekennzeichnet durch vier aufeinander bezogene Faktoren, die in einer dynamischen Balance gehalten werden sollen.

Diese Faktoren sind:
1. Es: das Thema
2. Wir: die Teilnehmer
3. Ich: die Person
4. die Umgebung

Diese dynamische Balance soll zwischen persönlichen, physischen, emotionalen, intellektuellen, geistigen Bedürfnissen und Wünschen, zwischen Geben und Empfangen, Hören und Sprechen, Aktivität und Ruhe bestehen.
Die Aufgabe der Gruppenleiter liegt nun darin, auf diese **Ausgewogenheit** zu achten. Sie schaffen eine gute Gruppenatmosphäre, helfen beim Abbau von Ängsten und akzeptieren Schwächen und Aggressionen.

Die wichtigsten **Gruppenregeln,** die natürlich auch für die Gruppenleiter Gültigkeit haben müssen, sind:

1. Sei dein eigener Chairman (Leiter, Vorsitzender).
   Das bedeutet: Mach Dir bewußt, was in Dir vorgeht und was um Dich herum passiert; entscheide in jeder Situation, was Du geben und nehmen willst, d. h. übernimm Verantwortung.
2. Gefühlsmäßige Störungen haben Vorrang.
   Wenn wir Störungen nicht beachten, stören sie uns immer stärker und verhindern, daß wir aufnahme-, arbeits- und erlebnisfähig sind. Ausnahmen bilden Teilnehmer mit „dauernden Störungen", konkrete Gefahren oder Termindruck.

Als ergänzende **Hilfsregeln** werden angegeben:
1. Vertritt Dich selbst in Deinen Aussagen, sprich per „Ich" und nicht per „Wir" oder „Man" und übernimm so Verantwortung für Dich.
2. Wenn Du eine Frage stellst, sage warum Du fragst und was Deine Frage für Dich bedeutet.
3. Sei authentisch und selektiv in Deinen Kommunikationen. Mache Dir bewußt, was Du denkst und fühlst und wähle, was Du sagst und tust. Dies fördert Vertrauen und Verständnis.
4. Halte Dich mit Interpretationen so lange wie möglich zurück, sprich statt dessen Deine persönliche Reaktion aus.
5. Seitengespräche sollen sofort in die Gruppe eingebracht werden, da ihr Inhalt meist wichtig ist.

13.6 Funktionen und Aufgaben von Gruppenleitern[24]

Ausgehend von der allgemeinen Grundhaltung in der Psychiatrie haben Gruppenleiter folgende **Funktionen:**

1. *Emotionale Stimulation*
Gruppenleiter äußern Gefühle, Einstellungen und Ansichten; konfrontieren dadurch die Teilnehmer und fordern sie heraus.

Der Zweck liegt zum einen im **Modellverhalten,** zum anderen dient es dem eigenen Selbstdarstellungsbedürfnis – auch wer die Gruppe leitet, wird dadurch zeitweise zum Teilnehmer.

Aber: Wird dies die Hauptfunktion des Gruppenleiters, dann kann er damit verhindern, daß die Gruppe ihre eigenen Stärken und Möglichkeiten entwickelt. Und es kann auch dazu führen, daß der Leiter nicht mehr ernst genommen und als solcher akzeptiert wird. Nimmt die Ergotherapeutin aktiv an einer Gruppe teil, so ist Vorsicht geboten, damit ihr Tun nicht zum Selbstzweck wird und/oder die Teilnehmer hemmt.

B Grundvoraussetzungen der therapeutischen Arbeit

2. *Ausdruck persönlicher Wertschätzung*
Die Gruppenleiter bieten den Teilnehmern **Schutz**, treten für sie ein, äußern freundschaftliche Gefühle und Gesten, die Zuneigung, Unterstützung, Anerkennung und Ermutigung ausdrücken.

Basis hierfür ist persönliche Wärme, das Akzeptieren der Teilnehmer, das Interesse an den Personen.

Aber: Freundlichkeit und Verständnis dürfen nicht simuliert werden und nur auf einzelne Patienten gerichtet sein. Pseudowertschätzung schränkt die Interaktion ein und kann sogar schädlich für die Patienten sein.

3. *Anbieten von Erklärungen*
Gruppenleiter sollen Konzepte und Zusammenhänge erklären, damit das eigene Verhalten und Vorgänge in der Gruppe besser verstanden werden. Dabei kann der Gruppenprozeß mehr im Vordergrund stehen oder die Gruppensituation überhaupt bzw. die Situation einzelner Teilnehmer. Beide Aspekte sind wichtig.

4. *Gruppenleiter setzen Grenzen,* definieren Normen, Ziele, den Arbeitsstil, Methoden, die Reihenfolge verschiedener Aktivitäten usw.

Aufgaben von Gruppenleitern

1. *Förderung der Gruppenkohäsion* (vor allem zu Beginn wichtig)
Alle Gruppenmitglieder und auch die Leiter sollen die gleichen Vorrechte haben und in gleicher Weise an die Regeln gebunden sein. Die Leiter haben spezielle Verantwortlichkeit – sie sollen nicht überaktiv sein, aber auch nicht zuwenig machen.
Durch das Äußern von Reaktionen, Gedanken und Gefühlen, welche aufrichtig sein müssen, soll ein vertrauensvolles Klima geschaffen werden.
Anmerkung: Die Kohäsion hängt von der Dauer der Gruppe ab: Ein rascher Wechsel der Teilnehmer und seltene Zusammenkünfte erschweren diese. Ebenso spielen Freiwilligkeit bzw. Unfreiwilligkeit eine Rolle.

2. *Zusammenfassung von Themen, Erkenntnissen und Meinungen*
Dies soll vorsichtig geschehen. Dinge zusammenfassen kann sehr hilfreich sein, da ein weiteres Gespräch und das Nachdenken darüber gefördert werden. Zugleich besteht die Möglichkeit, zu überprüfen, ob man verstanden wurde.

3. *Förderung der Gruppeninteraktion*
Fragen können an die Gruppe weitergegeben, Teilnehmer direkt angesprochen werden. Man sollte nur bestimmte Fragestellungen verwenden (keine Warum-Fragen, da diese sehr leicht Rechtfertigung fordern). Für die Interaktion spielt auch die Sitzordnung eine wichtige Rolle – das Sitzen im Kreis fördert das gemeinsame Gespräch.

4. *Konflikte lösen*
Konflikte, die durch unterschiedliche Ziele oder Wertsysteme der Teilnehmer entstehen, sollte der Gesprächsleiter deutlich machen.

5. *Diagnose der psychosozialen Situation*
   Man sollte sich folgende Fragen stellen: Wir groß ist der Gruppendruck – ist er konstruktiv oder destruktiv? Welche Rolle haben einzelne (z. B. Außenseiter)? Wie groß ist das Ausmaß an Zugehörigkeit, die Einflußnahme, welche Erwartungen und Ziele hat die Gruppe?

6. *Förderung der Toleranz*
   Frage des Umgangs mit störenden oder leistungsschwächeren Teilnehmern.

7. *Gruppenklima*
   Dieses soll anregend und offen sein; es soll Möglichkeiten bieten, zu experimentieren, den Austausch von Gefühlen, Erfahrungen, Gedanken ermöglichen, stets aber psychische Überforderung vermeiden.

8. *Zuhören mit dem Wunsch, den anderen zu verstehen*
   Es ist wichtig, dabei eigene Ideen und Gedanken zunächst auszuschalten. Man sollte versuchen, die Dinge so zu sehen, wie der Patient sie sieht. Dann heißt es, durch Nachfragen zu überprüfen, ob wir das Gesagte verstanden haben. – Die Methode des aktiven Zuhörens zeigt sich ebenfalls darin.

9. *Veränderungsappelle stoppen*
   Der größte Feind jeder Veränderung ist der Zwang. Wird jemand gezwungen, seine Aggressionen zu unterdrücken, so kommen sie indirekt, z. B. als Boshaftigkeit, zum Ausdruck. Wenn jemand hingegen bemerkt, daß er gelegentlich aggressive Impulse hat, kann er Mittel und Wege finden, sie auf eine sozial unschädliche Weise auszuleben. Es ist wichtig, auf unmittelbar ausgedrückte Gefühle zu reagieren. Leiter haben die Aufgabe, eine akzeptierende Gruppenatmosphäre zu schaffen und eigene Gefühle und Wünsche zu entdecken, die oft hinter Appellen stehen (s. a. Kap. 21).

10. *Unterstützung und Schutz gewähren*
    Dies ist dann angezeigt, wenn beispielsweise ein Teilnehmer zu wenig akzeptiert wird, noch neu in der Gruppe ist oder unfreiwillig zu lange im Mittelpunkt steht.

11. *Schweiger miteinbeziehen*
    Ein weiteres Prinzip besagt, dominante Teilnehmer auf die ruhigeren aufmerksam zu machen oder – noch besser – den Schweigern Gelegenheit zum Sprechen zu geben.

12. *Fragen stellen*
    Es ist vor allem mit Was-Fragen leicht möglich, Teilnehmern bewußt zu machen, was sie tun, was sie vermeiden, welche Gefühle oder Ziele sie haben. Fragen sollen sich möglichst auf das Hier und Jetzt oder auf vergleichbare Situationen beziehen. Wie schon erwähnt, soll das Stellen von Warum-Fragen vermieden werden: Teilnehmer sollen ihre Gefühle und Gedanken beschreiben und sich nicht rechtfertigen müssen.

13. *Hilfen beim kognitiven Lernen*
    Solche Hilfen zu geben heißt, daß anderen möglich wird, ihre Verhaltensprobleme wahrzunehmen, zu verstehen und zu lösen. Es kann beinhalten, daß Verbindungen zwischen Wahrnehmungen, Gefühlen und Gedanken aufgezeigt werden. Hier können Interpretationen hilfreich sein, vorausgesetzt, sie werden ausdrücklich als Vermutungen formuliert.

B Grundvoraussetzungen der therapeutischen Arbeit

14. *Anbahnung von Transfer*
    Darunter ist die Übertragung von Lernerfahrungen in den Alltag zu verstehen. Sicherlich braucht der eine oder andere Teilnehmer Ermutigung und Unterstützung beim Aufzeigen und Sichtbarmachen der gegebenen Möglichkeiten.

15. *Konfrontation mit einer bestimmten Verhaltensweise*
    Die Konfrontation ist zwar risikoreich, da sie als Ablehnung oder Bestrafung erlebt werden kann, dennoch ist sie manchmal sehr wichtig. Teilnehmer sollen nicht nur mit Schwächen, sondern auch mit ihren Stärken konfrontiert werden. Hierbei sollten Belastbarkeit und besondere Empfindlichkeiten auf alle Fälle berücksichtigt werden.

16. *Ausdruck von Zuneigung und Zärtlichkeit*
    Beim physischen Ausdruck von Zuwendung und Zärtlichkeit (Beispiel: ich nehme jemanden in den Arm) ist wichtig, darauf zu achten, ob der andere das überhaupt annehmen kann. Und: ob ich es selbst wirklich möchte.

13.7 Konflikte und Konfliktlösung in Gruppen[25]

Kapitel 16 beschäftigt sich in erster Linie mit intrapsychischen Konflikten und deren Bedeutung für die Entstehung von psychischen Störungen. Hier sollen demgegenüber interpersonale Konflikte im Mittelpunkt des Interesses stehen.

Interpersonale Konflikte haben ihre **Ursachen** in unterschiedlichen individuellen Bedürfnissen und Interessen; sie führen bei den Beteiligten zu emotionaler Betroffenheit und Beeinträchtigungen von unterschiedlicher Intensität.
Diese Bedürfnisse und Interessen finden oft ihren Ausdruck in besonderen Argumenten, Vorurteilen und ich-betonten Tätigkeiten. Um zu einer Konfliktlösung zu kommen, ist es notwendig, anzuerkennen, daß wir in der Befriedigung unserer Bedürfnisse voneinander abhängig sind und daher zu Kompromissen bereit sein müssen.
Ein Kompromiß beinhaltet, daß jeder einzelne bereit ist, etwas von seinem persönlichen Vorteil aufzugeben, um ein Problem so zu lösen, daß sich am Ende für alle Beteiligten ein größtmöglicher Vorteil ergibt.

Voraussetzung für die Konfliktlösung in einer Gruppe ist, daß zuerst die gemeinsamen Bedürfnisse der Beteiligten zur Grundlage eines **gemeinsamen Zieles** gemacht werden. Dann erst ist es sinnvoll, die Sonderinteressen zu diskutieren und aufeinander abzustimmen.

Das Verhalten in Gruppen bei der Bewältigung von Problem- und Konfliktsituationen kann sehr unterschiedlich sein:

1. Ein Teil der Gruppe zieht sich zurück, gibt auf und bildet eine eigene Gruppe.
2. Einzelne Gruppenmitglieder unterwerfen sich (wer die größere Macht besitzt, zwingt die anderen zum Gehorsam).
3. Die Mehrheit herrscht (das höhere Abstimmungsergebnis bestimmt, was getan wird – auch gegen Einwände).
4. Die Minderheit stimmt zu – die Mehrheit herrscht zwar, aber die Minderheit gibt ihre Zustimmung und leidet nicht unter dem Gefühl der Unterlegenheit.

5. Ein Kompromiß wird geschlossen – die Untergruppen mit ihren widersprechenden Meinungen treffen sich auf halbem Wege.
6. Es kommt zur Integration – die widerstreitenden Meinungen werden diskutiert, gegeneinander abgewogen, neu formuliert, bis die Gruppe zu einer Entscheidung gelangt, die jedermann befriedigt.

Aufgaben der Gruppenleiter beim Konfliktlösungsprozeß

- Sie müssen versuchen, für alle erreichbar zu bleiben
- Sie sollen zwar zeigen, wo sie stehen, dürfen aber keine Partei ergreifen
- Sie müssen das Ziel haben, zu einer Entscheidung zu kommen, die für alle annehmbar ist
- Sie müssen den Wunsch haben, die sich widersprechenden Interessen zu vereinen
- Sie können der Gruppe helfen, ein gemeinsames Ziel zu finden und Kriterien aufzustellen und anzuwenden, auf deren Grundlage Differenzen ausgehandelt werden sollen
- Sie sollten eine Gruppenatmosphäre schaffen, in der die Mitglieder zwar dem gemeinsamen Ziel verpflichtet sind, gleichzeitig aber nicht ihre Sonderziele verbergen oder verteidigen müssen.

13.8 Bedeutung der Gruppenarbeit in der psychiatrischen Praxis

Ergotherapeutische Gruppen gehören in sozialpsychiatrischen Einrichtungen zu einem ausgewogenen Angebot eines Wochenprogramms (s. a. Kap. 4).

Bedeutung der Therapiegruppen für Patienten

Insbesondere bei den Gruppen, die von Therapeuten geplant und geleitet werden, ist darauf zu achten, daß die Bedeutung und der Stellenwert der Gruppenarbeit realistisch eingeschätzt und Bedingungen zur Erreichung der Ziele geschaffen werden. Als wesentlich gilt, daß das Ziel der Gruppe nicht die Veränderung der ganzen Gruppe, sondern immer nur die Therapie des einzelnen sein kann. Welche Bedeutung die Gruppe also für einzelne Patienten hat, hängt von deren individuellen Zielen ab.

Man kann davon ausgehen, daß eine bessere Wahrnehmung eine Bewußtseinsänderung und eine Veränderung des Verhaltens ermöglicht. In der Auseinandersetzung mit der eigenen Person und mit anderen besteht die Chance, die eigenen Verhaltensweisen, Gefühle und Motive besser kennen und ändern zu lernen. Erfahrungen in der Gruppe, die von dieser **positiv** verstärkt werden, können ermutigen, auch in anderen Situationen anders zu handeln. Und Offenheit in der Gruppe kann zu mehr Offenheit im täglichen Umgang mit Menschen führen: Sie kann dazu verhelfen, Wünsche deutlicher zu äußern und kritikfähiger zu werden. Bevor diese Aspekte zum Tragen kom-

B Grundvoraussetzungen der therapeutischen Arbeit

men, ist es für viele Patienten vorrangig, in einer Gemeinschaft aufgehoben zu sein, auch ohne etwas leisten zu müssen. Dies darf keinesfalls gering bewertet oder gar unterbunden werden.

Werden Patienten über Ziel und Zweck der Therapie nicht informiert, so können die positiven Aspekte kaum wirksam werden. Für einzelne kann auch bei guter Planung immer wieder eine Über- oder Unterforderungssituation entstehen. In der Regel wirkt es sich **ungünstig** aus, wenn Patienten nicht freiwillig in die Gruppen kommen. Das Treffen gemeinsamer Vereinbarungen und Absprachen kann dem entgegenwirken. Ungeklärte Konflikte mit Mitpatienten oder gar mit den Gruppenleitern stehen dem Erreichen der Therapieziele im Wege.

Bedeutung der Therapiegruppen im Stationsalltag

Der Stationsalltag wird wesentlich durch festgelegte Mahlzeiten und durch die verschiedenen Gruppenangebote strukturiert. Daneben spielen Einzelgespräche mit dem Arzt bzw. den Bezugstherapeuten, Untersuchungen, der Besuch von Angehörigen und der Ausgang eine wichtige Rolle. An welchen Aktivitäten die einzelnen Patienten teilnehmen, soll mit diesen individuell ausgehandelt werden. Die Vorteile der Gruppenarbeit sollen möglichst vielen Patienten zugute kommen.

Bedeutung der Therapiegruppen für das Team

Das Leiten einer Gruppe ist nicht mehr ausschließlich die Domäne einiger weniger Berufsgruppen. Durch eine sozialpsychiatrische Zusatzausbildung haben sich insbesondere die Krankenpflegekräfte qualifiziert, diese Funktion mit zu übernehmen. Dies bringt viele **Vorteile** mit sich: mehr Verständnis und gegenseitige Unterstützung durch Aufklärung und Motivierung der Patienten, durch Beachten der Therapiezeiten. Positiv ist auch, daß Gruppen parallel angeboten und zu zweit geleitet werden können. Das Interesse an den Geschehnissen in einer Gruppe und das Arbeiten an einer gemeinsamen Zielsetzung für einzelne Patienten wird erst dadurch gewährleistet. **Nachteilig** ist dies: Es treten nicht selten Abgrenzungsschwierigkeiten zwischen den Berufsgruppen auf; auch gibt es Teammitglieder, die aus unterschiedlichen Gründen Ängste haben, in Gruppen selbst aktiv zu sein. Erwachsen daraus Minderwertigkeitsgefühle oder Neid und kann darüber im Team nicht offen gesprochen werden, so wird dies zwangsläufig negative Auswirkungen auf die Therapie haben.

Bedeutung der Therapiegruppen für die Gruppenleiter

Gruppenleiter haben in der Regel eine besondere Vertrauensbasis zu den Patienten, erleben sie in sehr speziellen Situationen. Die Gruppe kann ihnen Bestätigung geben: kann das Selbstvertrauen heben, aber auch Machtgefühle fördern. Die Leiter können die eigenen Verhaltensweisen und Schwierigkeiten kennenlernen und sich weiterentwickeln. Das Leiten einer Gruppe bildet eine ständige Herausforderung, die allerdings auch zu Überforderung und Verunsicherung führen kann.

Zusammenfassung

Therapie in Gruppen ist im Gegensatz zur Einzeltherapie nicht nur auf das Individuum gerichtet, sonden auch auf dessen Beziehungssystem. Beim Lösen von Problemen und Aufgaben ist das Arbeiten in der Gruppe meist effektiver als die Einzelarbeit.

Wir sprechen von Gruppenbildung, wenn das Handeln von mindestens 2 (3) Personen aufeinander bezogen ist.

Zu den Merkmalen von Gruppen zählen:
- Kontinuität und eine gewisse Dauer
- die Größe, die 2–30 Personen umfaßt
- gemeinsame Interessen und Aufgaben
- vereinbarte gemeinsame Normen
- „Wir"-Erlebnis
- Strukturierung bezüglich Kommunikation, Präferenz und Rollen.

Nach SCHINDLER gibt es in jeder dynamisch geformten Gruppe einen Führer (Alpha-Position), einen Fachmann (Beta-Position), die Anhänger des Führers (Gamma-Position) und den Außenseiter (Omega-Position). Grundsätzlich können diese Positionen sowohl von dem Gruppenleiter als auch von den Teilnehmern eingenommen werden. Für die Therapie ist es wichtig, daß die Ergotherapeutin ihre Position kennt und darauf achtet, daß jede Einseitigkeit vermieden wird.
In der Entwicklung von Gruppen lassen sich folgende Phasen voneinander unterscheiden:
Phase der informellen Kontaktaufnahme, Kennenlernphase, Versuch der Arbeitsphase, Konfliktphase, Korrektur- und Endphase.

Einzelne Phasen können aus unterschiedlichen Gründen (viele Teilaufgaben müssen bewältigt werden, keiner übernimmt Verantwortung, Konflikte dürfen nicht nach außen gelangen) wiederholt auftreten. Voraussetzung für den konstruktiven Gruppenprozeß ist neben einer guten Planung und Vorbereitung, daß die Gruppenregeln eingehalten und die Patienten über ihre Ziele und ihre Aufgaben informiert werden.
R. COHN hat Gruppenregeln aufgestellt, die der Gruppe und den einzelnen Teilnehmern beim Lernen helfen können. Die wichtigsten Regeln sagen aus, daß jeder sein eigener Chairman (Vorsitzender) sein soll und daß Störungen Vorrang haben.

Jeder Gruppenleiter hat – ausgehend von der allgemeinen Grundhaltung – folgende Funktionen: Er äußert Gefühle, gewährt den Teilnehmern Schutz und Wertschätzung, bietet Erklärungen an, setzt Grenzen und definiert Normen und Ziele.

Aufgaben des Gruppenleiters sind
- gruppenbezogen: die Gruppenkohäsion und -interaktion fördern, Themen und Erkenntnisse zusammenfassen, Konflikte lösen und Toleranz fördern
- teilnehmerbezogen: zuhören, Unterstützung geben, Schweiger miteinbeziehen, Fragen stellen, Hilfen beim kognitiven Lernen geben, Anbahnung von Transfer.

B Grundvoraussetzungen der therapeutischen Arbeit

Interpersonale Konflikte können entstehen, wenn unterschiedliche individuelle Bedürfnisse und Interessen aufeinander stoßen. Für die Lösung solcher Konflikte ist wichtig, daß ein Kompromiß angestrebt wird. Dabei muß der Gruppenleiter versuchen, für alle erreichbar zu bleiben und er muß der Gruppe helfen, ein gemeinsames Ziel zu finden.

Therapiegruppen haben unterschiedliche Bedeutung:
- Den Patienten ermöglichen sie eine intensivere Auseinandersetzung mit der eigenen Person und mit anderen.
- Dem Stationsalltag geben sie Struktur.
- Den Teammitgliedern ermöglichen sie intensive Zusammenarbeit mit gemeinsamen Zielsetzungen.
- Dem Gruppenleiter geben sie Bestätigung und die Möglichkeit, sich weiterzuentwickeln.

Weiterführende Literatur:
Antons, K: Praxis der Gruppendynamik. Hogrefe Verlag 1976
Cohn, R C: Von der Psychoanalyse zur Themenzentrierten Interaktion. Klett-Cotta-Verlag 1975
Lowy/Bernstein: Untersuchungen zur sozialen Gruppenarbeit. Lambertus Verlag 1975
Vopel, K. W.: Handbuch für Gruppenleiter. Isko Press Verlag 1978
Vopel/Kirsten: Kommunikation und Kooperation. Ein gruppendynamisches Trainingsprogramm. Pfeiffer Verlag 1974

14 Die Struktur der menschlichen Psyche

> **Ziele**
>
> Der Leser soll erfahren, daß die menschliche Psyche aus unendlich vielen Systemen mit bipolaren Elementen besteht, und daß die Beziehung zwischen diesen affektiv-kognitiven Elementen zirkulär ist. Anhand einiger Beispiele wird die affektive Komponente der Logik beziehungsweise die kognitive Komponente der Gefühle aufgezeigt und die Funktionsweise der Affektlogik erläutert.

14.1 Bedeutung und Funktion des „Affektiven" und „Kognitiven"

Jeder von uns hat Tage in Erinnerung, an denen alles gut lief. Egal, ob wir uns in den schwierigen Text eines Buches vertieften oder unser Fahrrad flickten, wir kamen zu einem befriedigenden Ergebnis und fühlten uns zufrieden und entspannt. Es gab für jeden aber auch schon Tage, da häuften sich die Mißgeschicke, nichts gelang und wir waren verärgert und angespannt.
Es ist bekannt, daß unsere Gefühle unsere Aufmerksamkeit steuern und daß alle Denkleistungen emotional bewertet werden.

Warum ist das so und wie läßt sich das erklären?

CIOMPI[1] ist diesen Fragen nachgegangen und hat mit Hilfe verschiedener anderer Theorien (FREUDS Strukturmodell, PIAGETS Entwicklungsmodell, die Systemtheorie von J. G. MILLER u. a.) ein Modell der **Affektlogik** entwickelt.
Er beschreibt darin die menschliche Psyche als ein Gefüge aus unendlich vielen offenen Systemen und Subsystemen, bestehend aus immer zwei Elementen – einem affektiven und einem kognitiven. Diese beiden Pole bilden zusammen eine untrennbare Einheit.

Das heißt: Jede Information, jede Botschaft, die wir im Laufe unseres Lebens aufnehmen, besteht immer aus Fühlen und Denken.

Begründung:
Rein kognitive Botschaften werden nicht mit Aufmerksamkeit belegt. Wenn die Mutter das, was sie dem Kind sagt, nicht mit begleitenden Emotionen wie Ärger, Wut oder Aussicht auf Belohnung mitteilt, wird es keine Wirkung haben.
Informationen, die umgekehrt nur aus Affekt bestehen, sind ebenso wenig denkbar. Jedes Gefühl ist an kognitive Elemente gebunden, zumindest an Zeit- und Raumstrukturen, die gemeinsam mit diesem Affekt gespeichert werden.

Die Beziehung zwischen den beiden Elementen (auch Schemata genannt), ist – wie die zwischen Individuen – nicht linear im Sinne von Ursache – Wirkung, sondern zirkulär. Diese **Zirkularität** kommt durch das sogenannte Feedback oder durch Rückkoppelungsmechanismen zustande.

C Psychologische Grundlagen

Ein Beispiel: Ein Teilnehmer einer Gesprächsgruppe verhielt sich bislang abwartend und still. Eines Tages äußert er sich und erfährt, daß die anderen ihm sehr aufmerksam zuhören. Passiert dies nun öfter, so ist anzunehmen, daß dieser Teilnehmer aufgrund der positiven Rückmeldungen sich häufiger am Gespräch beteiligen wird und daß ihm dies auch zunehmend leichter fällt.

Positives Feedback – eine Rückmeldung von verstärkendem Charakter – bewirkt demnach die Erweiterung eines Elementes A (in einer Gruppe zu sprechen), und dies umso mehr, je größer sein Effekt auf B (das Zuhören) ist. **Feedbackmechanismen** dienen dazu, einen einmal erreichten Gleichgewichtszustand – die Homöostase, aber auch pathologische Verhaltensmuster – aufrechtzuerhalten. Im genannten Beispiel besteht ein Gleichgewicht jetzt dadurch, daß der vorherige „Schweiger" zum aktiv Beteiligten geworden ist. Andere Einflüsse können jederzeit erneute Verschiebung, Veränderung oder Neuorientierung notwendig machen; das Gleichgewicht wird dann neu eingestellt.

Die Botschaften, die hierbei wirksam werden, sind weder rein kognitiver noch rein affektiver Art – normalerweise sind beide Komponenten zugleich enthalten.

Betrachten wir zunächst einige Beispiele für die **affektive Komponente der Logik** von Mitteilungen.

Wir wissen, daß das Neugeborene zunächst von Lust und Unlust gesteuert wird. Die biologische Funktion dieser Gefühle ist es, dem Organismus anzuzeigen, was ihm nützlich, aufbauend und energiespendend ist oder was ihm nicht nützt bzw. gar zur Gefahr wird:

„Wenn das Kind z. B. handelnd – erlebend ein kognitives Schema über den Umgang mit Feuer bildet, so ist es äußerst wichtig, daß darin die möglichen Unlustgefühle und Gefahren, die mit dem Feuer verbunden sind, in Form von Angstsignalen und Geboten zur Vorsicht fest enthalten sind."[2]

Von PIAGET[3] wissen wir, daß stimmige logische Operationen schon allein deshalb intensiv lustvoll sind, weil sie eine Spannung vermindern, weil sie ökonomischer und harmonischer als das Bisherige sind. Sie sind es aber auch dadurch, daß sie eine „Störung" beseitigen, ein Gleichgewicht herstellen. Kinder wiederholen eine Bewegung immer wieder, da schon das Erkennen einer Regelmäßigkeit lustvoll ist.

Positive Affekttönung liegt also dann vor, wenn etwas stimmt, wenn Harmonie und Übereinstimmung da sind. Diese intensive Lust bei der Entdeckung einer „Stimmigkeit" schwächt sich mit zunehmender Entwicklung ab.

Wenden wir uns nun der **kognitiven Komponente der Gefühle** zu. Aus dem kognitiven Bereich ist bekannt, daß zu jedem Teil ein entsprechendes Gegen-Teil gehört (Plus-Minus, Tag-Nacht u.a.). Diese bilden ein Ganzes. Zum Erkennen des einen ist das Vorhandensein des anderen Teils notwendig: Um den Tag von der Nacht unterscheiden zu können, müssen wir die Nacht kennen bzw. von ihr wissen.

Wir wissen u. a. von FREUD, daß das affektive Feld ebenfalls ein Gefüge von Polaritäten wie Liebe-Haß, Freude-Schmerz usw. ist, und „daß der Analysand erst dann ‚ganz' und er selber wird, wenn er die versteckten Gegen-Teile dessen, was er sagt, zu erkennen, d. h. zu spüren und zu integrieren vermag."[4]

14.2 Affekt und Intellekt, Körper und Geist

Affekt steht dem Körperlichen nahe. Dies wird dadurch deutlich, daß Gefühle sich vorwiegend in körperlichen Sensationen und Reaktionen wie Erröten, Erblassen, Pulsbeschleunigung und durch Mimik und Körperhaltung äußern. Unsere Umgangssprache verlegt die Gefühle manchmal ganz in den Körper. Wir sagen, etwas drücke auf den Magen oder jemand sei erkältet.

Für die geistig-kognitiven Funktionen ist nichts dergleichen bekannt. Reines Denken ist etwas Unkörperliches, Indirektes – etwas Geistiges. Das Wesen des Geistigen liegt im Erfassen von Ganzen und von den Verhältnissen zwischen Ganzen.

Wird nun eine Erinnerung von körperlichen Symptomen begleitet, so deshalb, weil mit dem ursprünglichen Ereignis auch Gefühle gespeichert wurden, die die körperliche Reaktion hervorrufen.

14.3 Dynamik der Affektlogik

Wie funktioniert nun die affektlogisch strukturierte Psyche?

Normalerweise stimmen Fühlen und Denken für uns selbst und für andere (in der Kommunikation) überein. Das heißt, sie bestätigen und bestärken einander und so werden wir „ganz", einheitlich, eindeutig.

Anders ausgedrückt stimmen Affekt und Intellekt dann von klein auf überein, wenn jemand genügend Ich-Stärke entwickeln kann. Dies bewirkt, daß die affektlogischen Schemata und internalisierten Handlungsweisen zu großer Prägnanz und Klarheit führen: Affektive und kognitive Funktionen haben einheitliche, feste Strukturen.

Besteht **Disharmonie,** so ist deren Folge eine unbehagliche Spannung, Unsicherheit, Unruhe, die sich unter gewissen Umständen zu beständiger Unklarheit, Angst und Verwirrung psychotischer Art steigern kann. Beständige Disharmonie zwischen Fühlen und Denken scheint auch bei der Neurose, bei psychosomatischen Affektionen, eventuell sogar generell bei allen funktionellen psychischen Störungen eine fundamentale Rolle zu spielen.

Deshalb müssen widersprüchliche Gefühle und Gedanken offenbar so zurechtgebogen werden, daß wenigstens ein Anschein von Gleichgewicht entsteht: durch Verdrängung, Verleugnung, Umkehr ins Gegenteil, Projektion, aber auch durch völligen Widerspruch oder Unterbrechung jeder Verbindung und durch Abspaltung, wie dies bei Depressiven oder Wahnkranken zu beobachten ist.

Zusammenfassung

CIOMPI hat ein Modell der Affektlogik entwickelt und darin aufgezeigt, daß jede Information, die der Mensch im Laufe seines Lebens speichert, immer aus einem kognitiven und einem affektiven Teil besteht. Durch Feedback oder Rückkoppelungsmechanismen kommt es zur Erweiterung des einen oder anderen Elementes mit dem Ziel der Aufrechterhaltung des einmal gewonnenen Gleichgewichtszustandes, solange, bis eine Neuorientierung notwendig wird. Für die Entwicklung des Menschen ist wichtig, daß von Anfang an die affektiven und kognitiven Funktionen einheitliche Strukturen haben, daß unser Fühlen und Denken für uns und für andere übereinstimmen.

Weiterführende Literatur:
Ciompi, L.: Affektlogik, Klett-Cotta 1982

C Psychologische Grundlagen

15 Die psychische Entwicklung des Menschen

Ziele

Der Leser soll in diesem Kapitel darüber informiert werden, daß die psychische Entwicklung des Menschen in Phasen verläuft, in denen das Kind jeweils ganz bestimmte Entwicklungsschritte bewältigen muß. Es werden die Bedingungen beschrieben, die das Kind für diese „Aufgaben" braucht und erste Hinweise auf Auswirkungen von Störungen gegeben.

15.1 Das erste Lebensjahr

In der ersten Lebensphase – im sogenannten **primären Zustand,** wie BALINT[5] ihn nennt – ist der Säugling im hohen Maße abhängig und irritierbar: er weint viel mehr als später. Dieses Weinen ist nicht nur ein Zeichen von Schmerz, Hunger oder Wärmebedürfnis, es ist auch als Ausdruck des Wunsches nach Körperkontakt zu verstehen. Es gibt demnach neben den Triebbedürfnissen davon unabhängige Selbstbedürfnisse, die genauso befriedigt werden müssen.
Werden diese wegen einer Störung (Ablehnung oder übertriebener Besorgnis um das Kind, Wechsel von Zuwendung und Feindseligkeit, Fehlen der Mutter oder einer konstanten Bezugsperson) nicht befriedigt, so kann es zu Nahrungsverweigerung, Erbrechen, Dreimonatskoliken usw. bis zu Hospitalismusschäden und evtl. gar zum Tod kommen.
FREUDS Phasentheorie – ursprünglich an der Entwicklung des Sexualtriebes orientiert – wurde also erweitert.

ERIKSON betont, daß für diese erste Zeit die Entwicklung des Vertrauens von zentraler Bedeutung ist und meint damit das, „was man im allgemeinen als ein Gefühl des Sich-Verlassen-Dürfens kennt, und zwar in bezug auf die Glaubwürdigkeit anderer wie die Zuverlässigkeit seiner selbst."[6]
„Diese Zuverlässigkeit seiner selbst, die später zum komplexen Gefühl wird (in Ordnung zu sein), bildet die Grundlage des Identitätsgefühls und ist Vorbedingung für die Entfaltung der Autonomie."[7]
Verletzungen des Ur-Vertrauens, wie ERIKSON es auch bezeichnet, führen dazu, daß sich der Mensch, wenn er mit sich selbst und anderen uneins ist, in sich zurückzieht – er regrediert.

In der nächsten, der sogenannten **symbiotischen Phase** (2.–5./6. Lebensmonat), bilden Kind und Mutter eine Einheit, ein System mit gemeinsamen Grenzen. Das Kind kann noch nicht zwischen Subjekt und Objekt, zwischen Innen und Außen unterscheiden und erlebt vermutlich eine Art Fusion.[8]
Die daraus resultierende Abhängigkeit des Säuglings ist zunächst absolut, weil kein Bewußtsein davon besteht. Erst allmählich erahnt das Kind seine Abhängigkeit und kann infolgedessen die Umwelt wissen lassen, wann es Aufmerksamkeit braucht.

Selbständigkeit braucht als Vorbedingung die Abhängigkeit – sie geht quasi daraus hervor. Deshalb benötigt das Kind eine Person, die sich ihm jeweils auf sehr sensible Weise anpaßt. Die langsame Loslösung und Differenzierung beginnt nach SPITZ mit dem Dreimonatslächeln, mit dem Wichtiger-Werden der visuellen und akustischen Wahrnehmung. Am Ende dieser Phase erhält die Mutter für das Kind eine räumliche und zeitliche Identität.

In diesen Monaten erfolgt die **Subjekt-Objekt-Trennung**. Es ist nach MAHLER[9] die **Phase der Separation und Individuation**. Das Kind entwickelt suchendes Verhalten, lernt nicht nur zu bekommen, sondern auch zu nehmen (ERIKSON). Da der Mund als erogene Zone einerseits, aber auch als suchendes und erkennendes Organ andererseits im Mittelpunkt steht, wird das erste Lebensjahr auch heute noch als orale Phase bezeichnet. WINNICOT[10] beschreibt, daß in dieser Zeit sogenannte Übergangsobjekte wie ein Plüschtier, der Zipfel einer Decke oder der eigene Daumen für das Kind eine besondere Funktion bekommen. Zunächst bietet dieses Objekt autoerotische Stimulation. Später beginnt das Kind es so zu behandeln, als ob es ihm absolut und allein gehört. Das Übergangsobjekt wird heiß geliebt oder mißhandelt. Es wird zum Symbol für die Mutter, stellt eine reale Alternative zu ihr dar und mildert Angst und Spannung beim Einschlafen.

Die Bedeutung der Frustration für die Entwicklung[11]

Bis zu einem gewissen Grad ist unter anderem für die Aufgabe der Symbiose und für die Selbst-Objekt-Differenzierung Frustration notwendig und unvermeidlich.
Diese Gefühlsreaktionen, die auch als Vorläufer von Wut, Hilflosigkeit und Verzweiflung bezeichnet werden können, werden im Zusammenhang mit „außen" erlebt, wobei für eine bestimmte Zeit das Außen, die anderen, die Objektrepräsentanzen als „nur schlecht", die eigene Person, die Selbstrepräsentanzen als „nur gut" empfunden werden.
Zur Trennung von Selbst und Objekt und zur allmählichen Bildung von kohärenten Repräsentanzen von Selbst und Objekt gehören offenbar auch schmerzliche, frustrierende Erfahrungen.
Etwa im Alter von einem Jahr ist das Kind nun – in bestimmten Augenblicken, über bestimmte Zeiträume und in bestimmten Beziehungen wenigstens – eine ganze Person.

15.2 Das zweite und dritte Lebensjahr

Das zweite und dritte Lebensjahr ist die Zeit des Festhaltens und Loslassens, der Autonomie – ist die Phase der Analität.[12]

Bis zum siebzehnten Lebensmonat dauert die **Übergangsphase**. Das Kind experimentiert mit dem Sich-Entfernen von der Mutter, will die Umwelt erobern. Es kann sich willentlich fallenlassen oder zurückhalten, kann wegwerfen oder festhalten, es lernt zu kontrollieren, herzugeben.
Diese motorisch-expansiven Möglichkeiten werden als erste Selbständigkeit (Autonomie) erlebt.

Die **Wiederannäherungsphase** beginnt um den achtzehnten Monat. Schwerpunkte dieser Phase sind die Entwicklung der symbolischen Sprache und die emotionale Differenzierung.

C Psychologische Grundlagen

Das Kind wird sich der stattgefundenen Trennung von der Mutter bewußt: Es entwickelt Ängste und gerät in den Konflikt zwischen Aufrechterhaltung der gewonnenen Autonomie und der Wiedervereinigung mit der Mutter. Kennzeichen dafür sind ein rascher Stimmungsumschwung, Unzufriedenheit, Unersättlichkeit und Wut. Für die Mutter besteht die besondere Aufgabe darin, dem Kind soviel Autonomie und Genuß daran zu erlauben, wie das Kind vertragen kann, ihm aber gleichzeitig Stütze, Zuflucht und Sicherheit zu geben. Man weiß heute, daß der Vater (oder eine andere dritte Person) einen erheblichen Beitrag zur Loslösung und Individuation leisten kann.

In der nun folgenden Zeit lernt das Kind die Abwesenheit der Mutter zu ertragen. Dies gelingt dadurch, daß es nun das Mutterbild internalisiert, d.h. in sich aufgenommen hat und dieses Bild konstant erhalten bleibt. Für die Weiterentwicklung der Autonomie wird ein wiederkehrender, mäßig ausgeprägter Negativismus (Trotz) als notwendig und wichtig erachtet.

Der Konflikt zwischen Gehorsam (Fremdbestimmung) und Autonomie (Selbstbestimmung) ist oft recht stark, vor allem dann, wenn die Eltern aufgrund von Enttäuschungen versuchen, das Kind einzuschüchtern und seine expansiven Tendenzen zu unterdrücken. Die Folgen können von Verbitterung, Gereiztheit oder totaler Anpassung bis zu Aggressionshemmung oder zum Ansatz von zwangsneurotischen Strukturen reichen. Oder aber die Eltern sind der überschießenden Initiative des Kindes nicht gewachsen und können weder Grenzen setzen, noch es sinnvoll unterstützen. Folge hiervon ist, daß das Kind die Familie tyrannisiert, gleichzeitig aber unglücklich ist.

Wir wissen von ERIKSON: Nur „aus einer Empfindung der Selbstbeherrschung ohne Verlust des Selbstgefühls entsteht ein dauerndes Gefühl von Autonomie und Stolz ..."[13] MENTZOS[14] betont, daß die Vielfalt der emotionalen und kognitiven Entwicklung in dieser Phase nicht auf das Anale im engeren Sinne beschränkt werden kann, auch wenn die anale Zone Ort vieler Lustempfindungen – wie etwa bei der Berührung oder bei der Stuhlentleerung – ist.

15.3 Das vierte und fünfte Lebensjahr

Das Kind weiß mit vier oder fünf Jahren, daß es ein Ich ist, muß nun aber herausfinden, welche Art von Person es werden will und kann. Es **identifiziert sich mit den Eltern,** lernt Rollen zu verstehen und sich in der Familie zu lokalisieren. Sind Vertrauen und Autonomie vorhanden, so kann das Kind Entschlußkraft entwickeln. Es kann seiner Neugier freien Lauf lassen, auf Entdeckungsreisen gehen. Mit Hilfe der nun vorhandenen Phantasie werden Zukunftsperspektiven eröffnet. Die Erfahrungen mit Recht/Unrecht und Schuld führen zur allmählichen Ausbildung des Gewissens.

Bezüglich der Triebentwicklung liegt auf der **infantil-genitalen Entwicklungsstufe** die stärkste Erregbarkeit in der Genitalregion (Penis oder Klitoris). Dies zeigt sich in der kindlichen Masturbation, in den typischen voyeuristischen und exhibitionistischen Tendenzen und Handlungen.

Der ödipale Konflikt besteht für MENTZOS aber nicht nur darin, „daß das Kind den gleichgeschlechtlichen Elternteil haßt und den anderen Elternteil begehrt, sondern auch darin, daß es gleichzeitig sowohl Mutter als auch Vater liebt und von ihnen geliebt werden möchte."[15]

Über die Ursachen der klinisch vielfach bestätigten Kastrationsängste herrscht Unklarheit (stattgefundene Drohungen, Konkretisierung infantiler Phantasien?). Ebenso geht man heute davon aus, daß der Penisneid nicht auf dem anatomischen Unterschied, sondern eher auf der sozialen Ungleichheit beruht. Bei nicht wenigen Männern gibt es zudem den bisher kaum beachteten Gebärneid.

15.4 Das sechste bis elfte Lebensjahr

Das Kind hat in diesem Alter seine Position innerhalb der Familie gefunden, es wird weniger von Körperfunktionen beschäftigt, wenngleich die Tendenz zur Selbstbefriedigung oder zur sexuellen Neugier erhalten bleibt.
Nach ERIKSON ist das Kind nun das, was es lernt.
Schwerpunkte des Wandels liegen in der **zunehmenden Bewältigung der Realität** und der Entwicklung verschiedenster Fähigkeiten. Das Kind muß lernen, manche Dinge gut oder sogar perfekt erledigen zu können, und es muß lernen, Verantwortung zu übernehmen. Erlangt das Kind nicht genügend Sicherheit, wird die Entstehung von Überlegenheitsgefühlen also verhindert, so können Minderwertigkeitsgefühle auftreten. Stehen Leistungen zu sehr im Mittelpunkt, bekommt das Kind also nur darüber Anerkennung und Liebe, so besteht die Gefahr, daß es mit den anderen in ständiger Konkurrenz steht, ohne in eine Gruppe integriert zu sein. Dieses Eingebundensein in eine Gemeinschaft ist aber – unter anderem für das Erlernen neuer Rollen – von großer Wichtigkeit.

15.5 Das zwölfte bis sechzehnte/achtzehnte Lebensjahr

Die Pubertät beinhaltet eine der größten Krisen in der gesamten Entwicklung. Zentrales Problem dieser Zeit ist die Ausbildung eines **Identitätsgefühles;** über die Identität, die der Jugendliche anstrebt, soll geklärt werden, wer er ist, welche Rolle er in der Gesellschaft übernehmen kann, muß und will.
Physische und hormonelle Veränderungen führen dazu, daß andere Ansprüche von den sexuellen Kräften in den Hintergrund gedrängt werden. In unserer Kultur kommt es zu einer deutlichen Verzögerung und Verlängerung der Pubertätsphase. Vermutlich wird dadurch eine Reaktivierung der einzelnen frühkindlichen Phasen mit den dazugehörigen Konflikten begünstigt.

Die Pubertät kann in drei Phasen unterteilt werden.
In der **Frühpubertät** sind für die Jugendlichen die monosexuelle Gruppe und die Familie noch wichtig.
In der **mittleren Pubertät** – 1 1/2 Jahre später – bekommt das andere Geschlecht Bedeutung, werden intime Freundschaften wichtig. Charakteristisch ist das gleichzeitige Bestehen von Revolte (gegen Eltern und Erwachsene) und Konformität (in bezug auf die eigene Gruppe). Erste sexuelle Erfahrungen finden statt – meist als Durchbrechen der Hemmungen, um Grenzen auszutesten. Es geht dabei weniger um Intimität als solche. Die mittlere Pubertät ist die Zeit der Ambivalenz und raschen Stimmungsschwankungen.

Danach, in der **Spätpubertät,** beginnt der junge Mensch sich für seine Zukunft zu interessieren. Grenzen werden akzeptiert, Berufs- und Partnerwahl werden wichtig, Selbstidentität und die Fähigkeit zu Intimität entwickeln sich. Der Mensch beginnt in dieser Phase neue Rollen zu übernehmen, Entscheidungen zu treffen, sich einen Platz innerhalb der Gesellschaft zu schaffen.
Gelingt es dem Heranwachsenden nicht, sich selbst zu verstehen und eine eigene Identität zu entwickeln, so bestehen Verwirrung und Verunsicherung fort. Dies kann dazu führen, daß gesellschaftliche Rollen nicht übernommen werden können, daß es zur Ausdehnung der Adoleszenz kommt oder daß jemand in zukünftigen Krisen scheitert.

C Psychologische Grundlagen

Zusammenfassung

Die psychische Entwicklung des Menschen verläuft in Phasen. Für die möglichst zufriedenstellende Bewältigung des Erwachsenendaseins ist ein guter, aber nicht konfliktfreier Verlauf der einzelnen Abschnitte wichtig.

Das erste Lebensjahr (orale Phase)

- Primärer Zustand: Sowohl Trieb- als auch Kontaktbedürfnisse des Kindes müssen befriedigt werden.
- Symbiotische Phase (2.–5./6. Monat): Kind und Mutter bilden eine Einheit ohne Grenzen. Mit dem Dreimonatslächeln beginnt die Subjekt-Objekt-Trennung, die nicht ohne Frustration erfolgen kann.
- Phase der Separation und Individuation: Das Kind entwickelt suchendes Verhalten; es ist in bestimmten Augenblicken eine ganze Person.

Das zweite und dritte Lebensjahr (anale Phase)

- Übergangsphase (bis zum 17. Lebensmonat): Das Kind lernt sich zu entfernen und willentlich etwas zu tun.
- Wiederannäherungsphase: Kennzeichen sind Stimmungsumschwünge, Unersättlichkeit und Wut durch das Bewußtwerden der Trennung. Für die weitere Entwicklung ist ein wiederkehrender, mäßig ausgeprägter Trotz wichtig.

Das vierte und fünfte Lebensjahr (infantil-genitale und ödipale Phase)

Die Dreierbeziehung wird wichtig, ebenso wie die Entwicklung der Identität, die sich an Vorbildern orientiert, und die Entwicklung der Geschlechtsidentität.

Das sechste bis elfte Lebensjahr

Das Kind hat nun als Aufgabe die Realität zu bewältigen, neue Rollen zu übernehmen und neue Fähigkeiten zu entwickeln. Es braucht neben der Familie auch die Gemeinschaft der Gleichaltrigen.

Das zwölfte bis sechzehnte/achtzehnte Lebensjahr

Merkmale dieser Phase sind die Ausbildung des Identitätsgefühles, physische und hormonelle Veränderungen, die Entwicklung von intimen Freundschaften – auch zu gegengeschlechtlichen Partnern – und die Übernahme von neuen Rollen.

Weiterführende Literatur:
Erikson, E.H.: Ich-Identität und Lebenszyklus. Suhrkamp 1966
Mentzos, St.: Neurotische Konfliktbewältigung. Fischer 1982

16 Konflikte

> **Ziele**
>
> In diesem Abschnitt soll dargestellt werden, daß es bei einem Konflikt um einen Kampf zwischen gegensätzlichen Tendenzen geht, bei welchem eine Entscheidung getroffen werden muß. Der Leser soll erfahren, daß Konflikte nur unter bestimmten Bedingungen schädlich sind. Folge von Konflikten, die nicht gelöst werden können, sind verschiedene Abwehrmechanismen, Symptome und Reaktionen.

16.1 Überblick und Definition

Zum menschlichen Dasein gehört, daß wir immer wieder in Konfliktsituationen geraten.

Sprechen wir von Konflikten, so meinen wir einen **Kampf zwischen gegensätzlichen Tendenzen** innerhalb eines Systems. Bei diesem Kampf kann es sich um polarisierte Triebe, Bedürfnisse oder Interessen handeln.

Wir unterscheiden zunächst zwischen äußeren und inneren Konflikten. Ein äußerer Konflikt wäre etwa der zwischen dem Freiheitsbedürfnis eines Gefangenen und der äußeren Gewalt, die ihm die Freiheit entzieht. Innerseelische Konflikte waren ursprünglich vielfach äußere Konflikte, die im Laufe der Sozialisation nicht befriedigend gelöst werden konnten. Innere Konflikte werden in bewußte und unbewußte Konflikte unterteilt, wobei die unbewußten bei der Entstehung der neurotischen Störungen eine große Rolle spielen.

Befindet sich ein Mensch in einer Konfliktsituation, so besteht seine Aufgabe darin, **eine Entscheidung zu treffen.**[16] Konflikte lassen sich entweder dadurch lösen, daß ein Erfolg gesucht oder daß Mißerfolg vermieden wird. Wird in einer Konfliktsituation eine Entscheidung getroffen, so erfolgt Entlastung zunächst dadurch, daß die innere Spannung aufgehoben wird. War die Entscheidung falsch, so wird das Gleichgewicht erneut gestört: Es entsteht wieder Spannung, und mit ihr Frustration und Verunsicherung.

Nun kann es auch sein, daß **Abwehrmechanismen** mobilisiert werden:

a) die Bedeutung des Konfliktes wird abgewertet

b) die erste Entscheidung wird aufgewertet

c) es bleibt ein schwankendes, unentschlossenes Verhalten bestehen oder

d) das Konfliktfeld wird verlassen (Rückzug bis zum Suizid).

Im Beschwerdebild von Konfliktreaktionen (auch als psychoreaktive oder **psychogene Störungen** bezeichnet) können entweder die körperlichen Symptome wie Herzklopfen, Schweißausbrüche und Durchfälle oder seelische Symptome wie innere Unruhe, Verstimmung, Leistungsabfall durch Konzentrationsstörung und Arbeitshemmung im Vordergrund stehen.[17]

C Psychologische Grundlagen

Konflikte sind nicht generell schädlich: Wir wissen, daß nicht alle bipolar aufgebauten Bedürfnisse und Tendenzen wie z. B. emotionale Bindung einerseits und Autonomiestreben andererseits unbedingt zu einem Konflikt führen müssen. Auch Passivität und Aktivität können sich ablösen und sind beide wichtig. Unter gewissen Umständen können Konflikte die Ich-Stärke und die Fähigkeit zur Problembewältigung fördern.

„Von einem Konflikt, auf jeden Fall von einem pathologischen Konflikt", so MENTZOS, „sollte man erst dann sprechen, wenn sich Hemmungen, Blockierungen, Gegensysteme zum Zwecke der Abwehr aufgebaut oder wenn sich die normal gegebenen Bipolaritäten (oder die innerhalb der Entwicklung normalerweise vorübergehend auftauchenden Gegensätze) zu Konflikten gefestigt haben."[18]

Es ist sinnvoll, die Entstehung der Konflikte innerhalb der Entwicklung und im Zusammenhang mit dem Mißlingen der Lösung der Aufgaben der jeweiligen Phase zu sehen.

MENTZOS[19] verwendet eine entwicklungspsychologisch orientierte Konflikteinteilung, die sich nach typischen, zunächst „normalen" Konfliktsituationen innerhalb der Entwicklung richtet: Diese bezeichnet er als primäre Konflikte, im Gegensatz zu den neurotischen, die er als die sekundären Konflikte ansieht.

16.2 Die primären Konflikte

Symbiotische Verschmelzung versus Subjekt-Objektdifferenzierung

Wir haben schon erfahren, daß die Hauptaufgabe für das Kind im 5./6. Monat in der **Lösung** der symbiotischen Beziehung und dem allmählichen Aufbau von konstanten Selbst- und Objektrepräsentanzen liegt. Die damit verbundene Frustration führt zur vorübergehenden Polarisierung von „nur gutem Selbst" und „nur bösem Objekt". Gelingt diese Phase mit Hilfe der konstanten positiven Zuwendung der Mutter (oder einer anderen Bezugsperson), so werden die positiven und negativen Anteile integriert und kohärente Selbst- und Objektrepräsentanzen und das Urvertrauen gesichert.
Störungen führen zu einer Prädisposition für spätere (psychotische) Fragmentierungen oder zu groben Projektionen (Wahn), wenn noch weitere ungünstige Faktoren dazukommen.

Abhängigkeit versus Autonomie

Obwohl es von den Eltern weiterhin versorgt und geliebt wird, verselbständigt sich das Kind: Die **autonome Entwicklung** schreitet voran, obwohl die Abhängigkeit erst einmal fortbesteht.
Gelingt dies, so ist die wichtige Phase der Separation und Individuation erfolgreich abgeschlossen.
Ein Mißlingen (z. B. wegen pathologischer Bedürfnisse der Eltern) kann zur Folge haben, daß es zu einer Unterdrückung des eigenen Selbst und seiner Entwicklungsmöglichkeiten kommt. Dies kann eine Prädisposition zu Depression oder zu sonstigen narzißtischen Störungen wie z. B. Hypochondrie sein, kann aber auch schwere psychosomatische Erkrankungen und Zwangsneurosen zur Folge haben.

Ist die Integration der „bösen" und der „guten" Anteile innerhalb der Selbst- und Objektrepräsentanzen beeinträchtigt, so können daraus später Borderline- Zustände entstehen.
Bleibt hingegen ein pathologischer Abhängigkeits-Autonomie-Konflikt bestehen, so kann dies eine Voraussetzung für eine Angstneurose sein.

Zweier- versus Dreierbeziehung: der ödipale Konflikt

Für das Kind im 4./5. Lebensjahr ist es wichtig, Rivalität, Spannung, Aggression und die sonstigen unvermeidlichen Konsequenzen, die sich aus einer Dreierbeziehung ergeben, bis zu einem gewissen Grad ertragen zu können. Dazu braucht es ausreichendes Selbstvertrauen und eine tragfähige Beziehung zu den Eltern. Im ödipalen Konflikt geht es um die Aufgabe der Zweierbeziehung zugunsten der Dreierbeziehung, und es geht „um den Konflikt zwischen (auf den gegengeschlechtlichen Elternteil gerichteten) *Triebbedürfnissen* und *narzißtischen* (Selbst) Bedürfnissen dem gleichgeschlechtlichen Elternteil gegenüber: Der Junge rivalisiert zwar mit dem Vater um die Mutter als ‚Triebobjekt' – er sympathisiert aber mit ihm als Vorbild, Identifikationsfigur, idealisiertem Objekt. Analog verhält es sich beim Mädchen".[20]
Bei mangelnder Bewältigung entsteht eine Disposition zur späteren Entwicklung einer (sogenannten reiferen) Psychoneurose, z.B. den hysterischen oder phobisch ausgestalteten neurotischen Störungen mit ödipaler Problematik.

Sicherheit der Primärgruppe versus Risiken (und Chancen) der Sekundärgruppen

In der sogenannten Latenzzeit besteht die Hauptaufgabe darin, sich in anderen Gruppen zu integrieren. Dabei stehen das Erlernen von Fertigkeiten, die Selbstbeherrschung und das Meistern von Situationen außerhalb der Familie im Vordergrund. MENTZOS hebt hervor:
„Der Konflikt besteht hier zwischen der Tendenz, ausschließlich in die Sicherheit der Primärgruppe (Familie) zu flüchten (und sich dadurch Minderwertigkeitsgefühle einzuhandeln) oder aber das praktische und soziale Handeln innerhalb der sekundären Gruppen zu wagen und die damit verbundenen Risiken in Kauf zu nehmen."[21]
Das Scheitern dieser Phase kann zu vielfältigen Störungen (beispielsweise Schulphobien oder Außenseiterverhalten) führen. Konflikte in dieser Zeit können dann sehr groß sein, wenn es für das Kind besonders notwendig ist, die familiären Normen aufrechtzuerhalten bzw. wenn diese von anderen Normen stark abweichen.[22]

Genitalität und Identität versus infantile Bindungen und Identitätsdiffusion

Die Pubertät hat die Regulation und Integration der stürmisch sich steigernden Triebimpulse, die Identitätsfindung, das Aufgeben der infantilen Bindungen und schließlich die Ablösung von der Familie zur Hauptaufgabe.
Das Scheitern bei der Lösung der Pubertätsaufgaben kann Identitätsdiffusion, Identitätskrisen oder das Ausbrechen psychotischer Störungen zur Folge haben.

C Psychologische Grundlagen

Die bisher angeführten primären Konflikte haben bei genauerer Betrachtung als **Gemeinsamkeiten**
1. daß jeweils ein schwieriger Trennungsschritt geleistet werden muß, damit
2. neue Bindungen auf einer anderen Ebene ermöglicht werden – weil erst Distanz und Verselbständigung neue Bindungen möglich machen
3. daß den verschiedenen Konflikten der Grundkonflikt zwischen Bedürfnissen nach libidinöser Triebbefriedigung, Kontakt, Bindung auf der einen Seite, das Bedürfnis nach Selbständigkeit, Selbstverwirklichung, Sicherheit der eigenen Integrität, aber auch Expansivität und Selbstbehauptung auf der anderen Seite zugrunde liegt.

Traumatisierungen entstehen nun durch zentrale, existentielle **Verunsicherung** und/oder gravierende **Frustrationen** vitaler Grundbedürfnisse, und zwar durch die Behinderung der Abreaktion und einer angemessenen Verarbeitung der Affekte. Dies können neben sexuellen Triebbedürfnissen auch Kontaktbedürfnisse, Autonomiebestrebungen oder auch das Fehlen einer Geborgenheit und Sicherheit garantierenden, konstanten Bezugsperson sein.
Die schmerzliche Erfahrung führt zu einer vermehrten Angstbereitschaft, die schnell **Abwehrmechanismen** mobilisiert. Diese blockieren die Angst und Unlust und in der Zukunft auch das bewußte Erleben dieser frustrierten Wünsche. Sicherheit und Schmerzfreiheit werden teuer erkauft um den Preis eines allmählich entstehenden neuen Leidens. Bei der Entstehung des Konfliktes spielen Erfahrungen mit den Bezugspersonen eine wesentliche Rolle, da sie ihrerseits als zukünftige Schrittmacher für die nachkommenden Lernvorgänge relevant sind.

16.3 Neurotische Konfliktverarbeitung – die sekundären Konflikte

Neurotische Vorgänge, neurotische Erlebens- und Verhaltensweisen stellen inadäquate Lösungen von Konflikten dar oder gehen aus ihnen hervor. MENTZOS[23] betont, daß das Neurotische nicht etwas ganz Neues, sondern ein abgewandeltes „Normales" ist.
Die neurotischen Konflikte werden nicht direkt von dem zugrundeliegenden Konflikt beherrscht, sondern von den **Reaktionen** darauf. Die Reaktion, die Abwehr, ist – wie wir wissen – keineswegs immer sinnvoll, sondern wird sehr oft selbst zum Problem (Allergien, Zwangshandlungen).
Zur Neurotisierung eines Konfliktes kommt es fast immer dadurch, daß der Rückzug in eine rigide, einseitige Position erfolgt.
Jeder von uns erfährt, daß bestimmte Dinge, die er tut, unerwünscht sind. Folge davon kann nun sein, daß ich anfange, bestimmte Gefühle und Wünsche (etwa den Wunsch nach Abhängigkeit) zu verdrängen, von mir abzuspalten, bis ich sie nicht mehr spüre. Ich baue einen Panzer auf, gebe mich besonders unabhängig, damit ich selbst und die anderen mich so sehen können, wie ich selbst meine, daß die anderen es wünschen. Dadurch kommt es aber zu einem Verlust der Flexibilität, zu einer „Versteifung", zu einer erheblichen Einschränkung der Befriedigungsmöglichkeiten und der Selbstentfaltung. Daraus wiederum resultieren Frustration und Aggression, die nun zum neuen Problem werden, da sie nicht ausgelebt werden können.

Depressive Menschen „lösen" häufig das Problem der Trennung und des damit verbundenen Schmerzes durch Rückzug. Die durch die Frustration entstandene Aggression muß, da sie ja nicht verarbeitet werden kann, gegen die eigene Person gerichtet werden.

16.4 Abwehrmechanismen

Unter Abwehr verstehen wir alle intrapsychischen Operationen, die darauf abzielen, unlustvolle Gefühle, Affekte oder Wahrnehmungen vom Bewußtsein fernzuhalten. Gleichzeitig geht es dabei um eine (oft kompromißhafte oder zumindest indirekte, symbolische, versteckte oder verwandelte) Befriedigung oder Reparation.

Der Mensch verfügt über „normale" Schutz- und Bewältigungsmechanismen, die – wenn es zu erheblichen Einschränkungen der Ich-Funktionen, zur Reduzierung der Selbstentfaltung und -verwirklichung kommt – zu pathologischen Abwehrmechanismen werden können. Abwehrmechanismen sind unbewußt ablaufende Vorgänge, die im Rahmen der neurotischen Konfliktverarbeitung nicht sinnvoll sind, da sie die bewußte Erledigung des Konfliktes verhindern.

Zu den **neurotischen Abwehrmechanismen** zählen unter anderem[24]

a) Verdrängen – unliebsame Gefühle werden soweit aus meiner Aufmerksamkeit gedrängt, daß ich sie nicht mehr als zu mir gehörig erlebe. Verdrängung beleuchtet vor allem, wie ich mit Gefühlen wie Haß, Begierde, Geborgenheit und mit mir selbst umgehe – wie offen ich sein kann oder wie eng ich mich sehen muß.

b) Regredieren – dies ist das Ausweichen, bei unliebsamen Anforderungen etwa durch Zurückgreifen auf kleinkindliches Verhalten.

c) Isolieren (Abspalten) – Gefühle werden nicht zugelassen, nicht wahrgenommen, sondern als „Gegenstand" betrachtet.

d) Ungeschehen machen – unerlaubte Impulse, die kurzfristig auftauchen, werden durch einen entgegengesetzten Gedanken ungeschehen gemacht.

e) Projektion – Gefühle, die man bei sich nicht mag oder nur schwer akzeptieren kann, werden bei anderen Menschen gesehen und dort auch bekämpft.

f) Introjektion – dies heißt, sich die Gefühle anderer zu eigen zu machen. Das Problem liegt hier im richtigen Verhältnis von Nähe und Distanz.

g) Wendung gegen die eigene Person – die Wut, die man nicht gegen andere richten kann, wird gegen die eigene Person gerichtet (Suizid).

h) Verkehrung ins Gegenteil – Abwehr dieser Art kann sich darin zeigen, daß man zu Personen, die man nicht mag, besonders höflich ist. Zweideutigkeit kann auftreten, wenn das unliebsame Gefühl nicht ganz weggepanzert werden kann.

Bei den **psychosozialen Abwehrmechanismen** wird zusätzlich zum intrapsychischen Vorgang eine zwischenmenschliche Konstellation hergestellt, die die intrapsychische Veränderung bestätigt, rechtfertigt und real erscheinen läßt: durch Wahl des geeigneten Partners oder durch Rollenzuweisung (bei Kindern oft durch deren Eltern) beispielsweise oder durch Manipulation, Verführung und Beeinflussung des Partners in eine bestimmte Richtung.

C Psychologische Grundlagen

Zusammenfassung

Als inneren oder äußeren Konflikt bezeichnen wir einen Kampf zwischen gegensätzlichen Tendenzen innerhalb eines Systems. Die Lösung eines Konfliktes besteht darin, daß Erfolg gesucht oder Mißerfolg vermieden wird. Dabei können Spannungen auftreten, die mit verschiedenen körperlichen Symptomen einhergehen. Nach einer Einteilung von MENTZOS lassen sich primäre (orientiert an den „normalen" Konfliktsituationen der ersten Lebensjahre) von den sekundären (neurotischen) Konflikten trennen.

Die primären Konflikte:
a) Symbiotische Verschmelzung versus Subjekt-Objektdifferenzierung
   Störungen: Prädisposition für Psychose, wenn noch andere Faktoren hinzukommen.
b) Abhängigkeit versus Autonomie
      Störungen:
   1. Unterdrückung des eigenen Selbst – Prädisposition für Depression, Hypochondrie, schwere psychosomatische Erkrankungen
   2. Integration der „bösen" und „guten" Anteile gelingt nicht gut – Borderline-Störung.
   3. Abhängigkeits-Autonomie-Konflikt – Angstneurose
c) Zweier- versus Dreierbeziehung – der ödipale Konflikt
   Störungen: Disposition zur „reifen" Psychoneurose (Hysterie, Phobie)
d) Sicherheit der Primärgruppe versus Risiken (und Chancen) der Sekundärgruppe
   Störungen: Schulphobien, Außenseiter, Minderwertigkeitsgefühle
e) Genitalität und Identität versus infantile Bindungen und Identitätsdiffusion
   Störungen: Identitätskrisen, Ausbrechen psychotischer Störungen.

Das Gemeinsame der primären Konflikte ist, daß eine schwierige Trennung geleistet werden muß, damit neue Bindungen möglich werden. Traumatisierungen entstehen durch existentielle Verunsicherungen und/oder gravierende Frustrationen von vitalen Grundbedürfnissen.
Die sekundären (neurotischen) Konflikte entstehen, wenn die bisherigen Bewältigungsmechanismen nicht mehr ausreichen und ein Rückzug in eine rigide, einseitige Position erfolgt.
Abwehrmechanismen sind unbewußt ablaufende Vorgänge, die dazu dienen, unlustvolle Gefühle und Wahrnehmungen vom Bewußtsein fernzuhalten. Zu den wesentlichen Abwehrmechanismen zählen: verdrängen, regredieren, isolieren, ungeschehen machen, projizieren, introjezieren, wenden gegen die eigene Person und verkehren ins Gegenteil.
Handelt es sich um einen psychosozialen Abwehrmechanismus, so wird zusätzlich eine zwischenmenschliche Konstellation hergestellt, die die intrapsychische Veränderung bestätigt, rechtfertigt und real erscheinen läßt.

Weiterführende Literatur:
Mentzos, St.: Neurotische Konfliktverarbeitung. Fischer Verlag 1982

17 Streß

> **Ziele**
>
> Der Leser soll erfahren, daß Streß zu unterschiedlichen Reaktionen führt, und daß es neben psychischen Streßquellen auch berufliche Bedingungen gibt, die streßfördernd sind. Außerdem sollen einige Möglichkeiten der Streßbewältigung aufgezeigt werden.

17.1 Definition

Es gibt in der klinischen Literatur viele Belege dafür, daß Streß zu den verschiedensten körperlichen und seelischen Krankheiten beiträgt. Streß, als äußerer oder innerer Druckzustand erlebt, verursacht Spannung. SELYE[25] definiert Streß als unspezifische Körperreaktion auf jede Art von Beanspruchung. Diese Inanspruchnahme wird dann als belastend erlebt, wenn der Organismus die Streßsituation nicht bewältigen kann, weil die Ausrüstung des Organismus unzureichend ist, oder weil die Belastung von seiten der Umwelt extreme Ausmaße erreicht, oder weil beides zusammenkam. In jedem Fall wird der Druck zu groß und/oder hält zu lange an. Streß ruft eine Reihe von körperlichen Veränderungen hervor wie Pulsbeschleunigung, Erhöhung des Cholesterinspiegels und viele andere, aber auch psychische Reaktionen wie Unzufriedenheit, Frustration, Hilflosigkeit und nach außen oder nach innen gerichtete Wut oder Angst.[26]

Das Ausmaß an **Belastung in Streßsituationen** ist individuell verschieden. Jeder Organismus hat seine „Zerreißgrenze" und seine angeborenen, erworbenen und erlernten Hilfsmittel gegen die empfundene Anspannung.

REDLICH und FREEDMAN[27] beschreiben als besondere psychische **Streßquellen** Entbehrung, Trennung, Objektverlust, Versagen, strenge und willkürliche Strafen und eine Vielzahl sonstiger Bedrohungen, wie z. B. Krankheiten, Verletzungen und Schmerzen. Als Reaktion darauf treten häufig Gefühle der Hoffnungs- und Hilflosigkeit, Verzweiflung bis hin zu Depressionen und Suizidabsichten auf. In leichten Streßsituationen fangen manche Menschen an zu essen oder zu rauchen, andere zeigen motorische Unruhe.

17.2 Beruflicher Streß

In den Industrieländern ist der kulturelle und sozioökonomische Druck für die Entwicklung bestimmter **Stressoren** wie außergewöhnliches Leistungsstreben, Feindseligkeit, Wettbewerbsverhalten oder Ungeduld verantwortlich. Neben Überbeanspruchung durch Arbeitsanforderungen, die die eigenen Leistungsfähigkeiten überschreiten, spielen als Streßfaktoren auch Tätigkeiten, die so wenig Reiz bieten, daß sie Langeweile hervorrufen und als frustrierend empfunden werden, eine ebenso große Rolle. Es ist bekannt, daß Unzufriedenheit zu vermehrter Angst, Depression, Reizbarkeit und zu psychosomatischen Störungen führt. Fließbandarbeiter zeigen in der Untersuchung von CAPLAN et al.[28] die stärksten streßbedingten Störungen.

Weitere Stressoren, die im Berufsleben eine Rolle spielen, sind uneindeutige und unklare Erwartungen bezüglich der Rolle, Unsicherheiten hinsichtlich der Leistungskriterien und der Art und Weise, in der man mit dem Kollegen und Vorgesetzten umgehen sollte. Auf schizophrene Menschen wirken sich diese Faktoren besonders stark aus (s. Kap. 31).

17.3 Streßbewältigung

Wir können Streß nicht ganz vermeiden, da wir uns immer unausweichlichen Aufgaben stellen müssen oder uns veränderten Bedingungen anzupassen haben. Demnach geht es darum, mit Streß in der bestmöglichen Weise umzugehen. Solche **Bewältigungsstrategien** können Entspannungsübungen sein, aber auch kognitive Strategien. MEICHENBAUM[29] hat festgestellt, daß bei der Bewältigung von Streß die Bewertung und Einschätzung der Situation eine große Rolle spielt und die Frage, ob die Möglichkeit besteht, sich auf die Situation vorzubereiten. Er hat eine Reihe von **Selbstinstruktionen** aufgestellt, die gegen Streß unempfindlicher machen sollen.

Diese Instruktionen betreffen:

1. Bewertung der faktischen Gegebenheiten
2. Kontrolle der negativen Gedanken und Vorstellungen, die angsterregend und selbstabwertend wirken
3. Sicheingestehen der Angst und, wenn möglich, Umdefinieren dieser Befürchtungen
4. Selbstaufmunterung und Selbstverstärkung.

Zusammenfassung

Streß verursacht Spannung und ruft eine Reihe von körperlichen und psychischen Reaktionen hervor. Jeder Organismus hat seine „Zerreißgrenze" und seine individuellen Möglichkeiten, Streß zu bewältigen. Entbehrungen, Verluste und Bedrohungen gelten als psychische Streßquellen, die besonders häufig auftreten. Daneben sind in den Industrieländern Arbeitsanforderungen, die die eigene Leistungsfähigkeit ständig über- oder unterschreiten, als Stressoren bekannt geworden. Da Streß nicht ganz vermieden werden kann, gilt es, günstige Bewältigungsstrategien (richtige Einschätzung und Bewertung einer Situation; wenn möglich, Vorbereitung darauf) zur Verfügung zu haben.

Weiterführende Literatur:
Cooper, C. L.: Streßbewältigung. dtv Verlag 1981/87
Katschnig, H.: Sozialer Streß und psychische Erkrankung. Urban und Schwarzenberg Verlag 1980

18 Personenwahrnehmung[30]

> **Ziele**
>
> In diesem Kapitel soll der Leser darüber informiert werden, daß die Wahrnehmung von Personen einigen Prinzipien unterliegt, und daß der erste Eindruck, den wir von einem anderen Menschen gewinnen, sehr wichtig ist. Des weiteren soll der Leser erfahren, daß wir über das nonverbale Ausdrucksverhalten Emotionen erkennen und daß wir Verhaltensweisen deuten können. Die bei der Deutung auftretenden Vorurteile werden zum Schluß dargestellt.

Ganz allgemein kann davon ausgegangen werden, daß wir in unserer Wahrnehmung und Beurteilung von Menschen **wenig objektiv** sind und entsprechend häufig Irrtümern und Verzerrungen, die durch unterschiedliche Faktoren zustande kommen, unterliegen. Ist man sich dieser Tatsache bewußt, so lassen sich durch kontrollierte Beobachtung viele Beurteilungsfehler vermeiden.

Als **Beobachtung** bezeichnet man die zielgerichtete und methodisch kontrollierte Wahrnehmung von Objekten, Ereignissen und Prozessen, die bei einem hohen Grad an Aufmerksamkeit abläuft.

Personenwahrnehmung ist ein überaus komplexer Vorgang, dessen grundlegende Prinzipien im folgenden Abschnitt dargestellt werden sollen.

18.1 Prinzipien der Personenwahrnehmung

1. Wir erhalten, auch wenn wir uns darum bemühen, jemandem möglichst unvoreingenommen zu begegnen, schon bei kürzester Interaktion ein Grundgefühl (positiv oder negativ) für einen Menschen und bezeichnen ihn als sympathisch oder unsympathisch.
2. Was unsere Aufmerksamkeit in der Regel besonders stark anzieht (und worüber wir mehr wissen wollen), ist ungewöhnliches Verhalten und/oder ein ungewöhnlicher Mensch.
3. Wir gehen rasch – und meist unbemerkt – von beobachteten Verhaltensweisen (jemand redet nicht viel) zu abgeleiteten Eigenschaften (er ist introvertiert oder unzufrieden) über. Aus diesen Eigenschaften machen wir uns dann ein einheitliches Bild, das all das enthält, was wir über einen anderen Menschen „wissen".

18.2 Aspekte der Personenwahrnehmung

Personenwahrnehmung als Eindrucksbildung

SOLOMAN ASCH[31], ein Gestaltpsychologe, vertritt die Auffassung, daß wir nicht Details am Menschen wahrnehmen, sondern ihn als Ganzes „erleben". Und er geht davon aus, daß bestimmte Eigenschaften zentraler für den Gesamteindruck sind als andere.

Eindrücke basieren immer auf **unvollständigen Daten**. Um ein vollständiges Bild zu haben, die Lücken also zu schließen, erfinden wir Eigenschaften, die zum Gesamtbild passen.

Unser Bild einer Persönlichkeit beruht anscheinend auf einem speziellen Bündel beschreibender Kategorien (z. B. äußere Erscheinung, Temperament, geistige Fähigkeiten, sozio-ökonomische Schicht) und auf bestimmten Annahmen darüber, welche Eigenschaften mit welchen anderen Eigenschaften Hand in Hand gehen (Beispiel: schöne Männer sind unzuverlässig).

C Psychologische Grundlagen

Die Bedeutung des ersten Eindrucks: Es ist bekannt, daß erste Eindrücke sehr wichtig sind und sich in der Regel der Veränderung widersetzen. Jemand, der selbstsicher und beharrlich auftritt, kann – wenn er zuvor als sympathisch empfunden wurde – als kühn und entschlossen beurteilt werden. Wurde er hingegen als unsympathisch empfunden, so werden dieselben Eigenschaften möglicherweise als unüberlegt und stur bewertet. Die ersten Informationen sind also richtungweisend und bleiben auch deshalb so hartnäckig gültig, weil wir sie mit mehr Aufmerksamkeit belegt haben (Aufmerksamkeitshypothese). Wir neigen zudem dazu, spätere Informationen lieber umzudeuten, abzuwerten oder zu ignorieren (Trägheitshypothese), weshalb dann verständlicherweise unsere erste Meinung für uns mehr Gültigkeit hat.

Das Erkennen von Emotionen

Von besonderer Bedeutung für die Personenwahrnehmung, insbesondere um den Gefühlszustand eines Menschen zu erfahren, ist das **nonverbale Ausdrucksverhalten**. Untersuchungen haben gezeigt, daß wir eine Reihe von Emotionen wie Glück, Traurigkeit, Wut, Furcht, Ekel usw. vom Gesichtsausdruck ablesen können. Je stärker ein Merkmal im Verhalten sichtbar wird und je expressiver die Person ist (je mehr nonverbales Verhalten gezeigt wird), desto zutreffender wird die Beurteilung sein. Die Beurteilung von nonverbalem Ausdrucksverhalten ist immer im spezifischen Kontext vorzunehmen, da etwas nicht ausschließlich gut oder schlecht, richtig oder falsch ist. Jeder weiß, daß körperliche Berührung – je nach Situation – von einigen als unangenehm, von anderen aber als Zeichen der Zuneigung empfunden wird. Wir können in bestimmten Situationen nonverbales Verhalten hemmen bzw. ein bestimmtes Verhalten einsetzen, um ein Gefühl vorzutäuschen (abhängig vom schauspielerischen Talent). Versuchen wir, etwas Bestimmtes zu verbergen, so ist es eher der Körper (etwa die Füße), der uns verrät, und nicht die Augen, wie viele fälschlich glauben.

Wahrnehmung von Ursachen – Attribution und Attributionsprozesse

Menschen haben das Bedürfnis, zu ergründen, warum sich jemand in einer Situation so und nicht anders verhält.
HEIDER[32] stellte fest, daß Verhaltensweisen und Eigenschaften miteinander zusammenhängen. Er entwickelte die **Attributionstheorie**, die folgendes besagt:
Wir können Verhaltensweisen anderer „deuten", weil wir davon ausgehen, daß Menschen ihr eigenes Verhalten „verursachen": Wir lernen andere Menschen (und auch uns selbst) dadurch kennen, daß wir von ihren Handlungen auf ihre Wesenszüge schließen.

Gewöhnlich denken wir über diese sogenannten Kausalbeziehungen nicht nach. Vieles wissen wir und reagieren automatisch darauf. Auch bedürfen viele Verhaltensweisen scheinbar keiner Erklärung, weil sie von Konventionen und sozialen Normen gesteuert (d. h. „verursacht") sind. Über einen Attributionsprozeß versuchen wir, die Ursache eines Verhaltens, das wir beobachten, festzustellen.

Ein Beispiel soll dies verdeutlichen:
Eine Gruppe von Patienten beginnt mit der Planung eines gemeinsamen Projektes. Ein Teilnehmer bringt eine Reihe ungewöhnlicher Vorschläge, die sich von den bisherigen stark unterscheiden.

Was sind nun **mögliche Ursachen** für dieses Verhalten?
1. Die anderen Gruppenmitglieder haben bisher keine brauchbare Idee eingebracht (Situation).

2. Der Teilnehmer ist versteckt aggressiv (Eigenschaft).
3. Er will die anderen stören (Absicht).
4. Er hat die Aufgabe nicht verstanden, weil er geistig behindert ist (Behinderung).

Wir können umweltbezogene (Punkt 1) von persönlichkeitsbezogenen (Punkt 2 bis 4) Attributionen unterscheiden. Versuchen wir, einen Menschen zu verstehen, so sind die persönlichkeitsbezogenen Attributionen wichtiger.

Vorurteile im Attributionsprozeß

Wir neigen, wenn uns das beobachtete Verhalten gefällt (oder mißfällt), wenn wir das Ziel des beobachteten Verhaltens sind, wenn das Verhalten besonders wichtig für uns ist oder wenn wir unser eigenes Verhalten beobachten, dazu, das zu sehen und zu glauben, was wir sehen und glauben „möchten". Dementsprechend attribuieren wir.
Die Wahrscheinlichkeit, daß wir voreingenommen sind, ist um so größer, je stärker beteiligt wir sind; um so weitreichender sind auch die Auswirkungen unseres Verhaltens.

JONES und NISSETT[33] haben festgestellt, daß, wer **sich selbst** beobachtet, dazu neigt, **Umweltattributionen** gegenüber persönlichkeitsbezogenen Attributionen zu bevorzugen. Wird hingegen ein anderer beurteilt, ist es eher umgekehrt. Offensichtlich geht die Tendenz dahin, das Verhalten anderer auf innere Eigenschaften, das eigene Verhalten allzu sehr auf Umwelteigenschaften zurückzuführen.
Gibt es dafür eine plausible Begründung?
Nur ungern übernehmen wir persönliche Verantwortung für unser eigenes „schlechtes" Verhalten (selbstverteidigendes Vorurteil). Hingegen neigen wir dazu, andere Menschen um so mehr für persönlich verantwortlich zu halten, je gravierender ihr „schlechtes" Verhalten – je weniger gut ihr Abschneiden in einer Prüfung beispielsweise – war (Schwerevorurteil).
Diese Aussagen treffen sicherlich nicht auf alle Menschen in jeder Situation zu. Denken wir etwa an Depressive, so verhält es sich eher umgekehrt: Sie neigen dazu, alles schlechte Verhalten sich selbst zuzuschreiben, alles Positive der Umwelt.

Zusammenfassung

Personenwahrnehmung ist ein Vorgang, der Fehlern und Irrtümern unterworfen ist. Wir beurteilen andere Menschen nach Sympathie und Antipathie, lassen uns von ungewöhnlichem Verhalten anziehen und schließen von beobachteten Verhaltensweisen auf bestimmte Eigenschaften und von nonverbalem Ausdrucksverhalten auf Emotionen. Bei der Beurteilung spielt der erste Eindruck eine wichtige Rolle, da alle weiteren Beobachtungen danach bewertet (gedeutet) werden. Das Deuten von Verhaltensweisen (Attribuieren) ist nach HEIDER deshalb möglich, da Menschen ihr Verhalten „verursachen". Bei dem stattfindenden Prozeß – bei dem wir nicht unvoreingenommen sind – können umweltbezogene (Situation) von persönlichkeitsbezogenen (Eigenschaft, Absicht und Behinderung) Attributionen unterschieden werden. Normalerweise neigen wir dazu, das eigene Verhalten auf Umwelteigenschaften, das Verhalten anderer auf innere Eigenschaften zurückzuführen. Eine Ausnahme bilden beispielsweise depressive Menschen, bei denen sich dies genau umgekehrt verhält.

Weiterführende Literatur:
Krech/Crutchfield: Grundlagen der Psychologie, Bd. 7. Beltz Verlag 1985

C   Psychologische Grundlagen

19 Die menschlichen Motive

> **Ziele**
>
> Der Leser soll erfahren, daß Motive nicht direkt beobachtbar sind. Er soll darauf aufmerksam werden, daß es eine Reihe von motivationsfördernden Bedingungen gibt, und er soll eine Einteilung der Motive nach MEISTER kennenlernen. Des weiteren sollen motivationsfördernde Faktoren in der Ergotherapie aufgezeigt werden. Zum Schluß dieses Kapitels soll der Leser darüber informiert werden, daß Motivation nicht nur durch Lob und Anerkennung, sondern – unter bestimmten Bedingungen – auch durch Versagungen erhöht werden kann.

19.1 Definition

Gerade die Frage nach den menschlichen Motiven, nach dem, was uns antreibt und bewegt, ist für die Ergotherapie von großer Bedeutung.
Wie oft stehen wir vor der Aufgabe, eine depressive Patientin, die zu nichts mehr Lust und Kraft hat, zu einem Neubeginn zu motivieren. Oder wir müssen einen schizophrenen Patienten ermutigen, weiterzumachen und nicht bei den ersten Schwierigkeiten schon aufzugeben.

Was sind nun überhaupt Motive?

Motive entziehen sich jeder direkten Beobachtbarkeit. Wir können nur vom Handeln auf bestimmte Motive schlußfolgern.
Die Motivationspsychologie[34] beschreibt Motive als Tatbestände des Erlebens, die auf situationsbedingte Faktoren (z. B. Neues, Unerwartetes) treffen.

19.2 Allgemein motivationsfördernde und -hemmende Bedingungen

Es gibt eine Reihe von Bedingungen, die sich auf die Motivation positiv auswirken: Selbsttätigkeit, Aktivität, Konkretes und Anschauliches, Erfolgsbestätigung (bei Praktischem stärker), Kommunikationsmöglichkeit und ein mäßiger Grad an Ungewißheit.[35]

Eine neue Situation, die völlig gewiß ist (keine Neuheit, keine Überraschung, keine Herausforderung enthält), ist kaum geeignet, Interesse auszulösen oder aufrechtzuerhalten.

Ist eine Situation dagegen sehr komplex und ungewiß, so kann das Individuum den Wunsch haben, in eine weniger verwirrende zu entfliehen. Daneben wirken Überforderung, Unklarheit von Bedeutung, Absicht und Zielen, zuviel Kritik, aber auch zu viel Lob, motivationshemmend.

Ein weiterer, sehr wesentlicher Punkt, der sich auf die Motivation auswirkt, ist, wie jemand sich selbst, seine Erfolge und Mißerfolge sieht und bewertet.
Laut WEINER[36] gibt es Menschen, die die Ursache des Versagens bei sich selbst sehen, andere finden außenliegende Gründe.

Wenn jemand selbst Ort des Versagens ist und außerdem auch der Überzeugung ist, daß etwas nun einmal so sei (Stabilität) und niemand etwas daran ändern könne (Beherrschbarkeit), so sind dies drei sehr wesentliche Faktoren, die Einfluß haben.
Der Ort ist wichtig für die Selbstachtung. Betrachte ich Mißerfolge nur als eigenen Fehler, so wird meine Selbstachtung sinken, ich werde für die Zukunft weitere Mißerfolge erwarten und das Gefühl haben, immer so zu sein.
Hingegen wird das Selbstvertrauen steigen, wenn ich Erfolge meinen eigenen Fähigkeiten und nicht dem Glück zuschreiben kann.
WEINER glaubt, daß solche Gefühle und Einstellungen sehr wichtige Ursachen der Motivation sind. Er – stärker noch SELIGMANN – versteht auch manche Formen der Depression als sogenannte erlernte Hilflosigkeiten: Depressive Menschen geben auf, wenn sie ihr eigenes Versagen einer relativ dauerhaften Bedingung zuschreiben, die zu verändern sie nicht die Macht haben. Im Kapitel über Depression wird dargestellt, daß dies kein einfacher Lernprozeß ist, sondern eine Folge meist unbewußt ablaufender Denkmuster aus der frühen Kindheit.

19.3 Einteilung der Motive

Es gibt verschiedene Einteilungen der Motive, denen unterschiedliche theoretische Positionen zugrundeliegen.

MEISTER[37] hat eine **Klassifikation** vorgelegt, die als Orientierung für die ergotherapeutische Praxis recht hilfreich ist, da Ziele und Bedingungen danach ausgerichtet werden können.

Er unterscheidet:

1. Sozialmotive: Beweggründe für Solidarität, Zusammenarbeit, gegenseitige Verantwortlichkeit und Hilfe, Verfolgung gemeinsamer Interessen u. ä.
2. Selbstmotive: Beweggründe für Selbständigkeit, Selbstbestimmung, Mündigkeit und Ich-Identität
3. Sachmotive: Beweggründe, Interessen und Wertorientierungen für spezielle Sach- und Inhaltsbereiche
4. Neugiermotive: Beweggründe für neue Situationen, Gegenstände und Personen
5. Leistungsmotive: Beweggründe, die eigene Tüchtigkeit in bestimmten Situationen und bezüglich spezieller Tätigkeiten aufrechtzuerhalten oder zu steigern
6. Identifikationsmotive: Beweggründe, ein Vorbild nachzuahmen und die Ähnlichkeit mit ihm, so weit es geht, zu steigern (bei Kindern am stärksten)
7. Zustimmungsmotive: Beweggründe, die Zustimmung anderer zu erhalten, sowie möglichst positiv beurteilt zu werden.

Diese Motive treten selten isoliert auf. Bei Erwachsenen ist insbesondere auf die Förderung der zuerst genannten Motive Wert zu legen, da sie Autonomie und Unabhängigkeit fördern.

19.4 Motivationsfördernde Bedingungen in der Ergotherapie[38]

1. Das Behandlungsziel muß den Patienten einsichtig und durchsichtig gemacht werden.
2. Es müssen den Patienten die einzelnen (kleineren oder größeren) Behandlungsschritte, abgestimmt auf Persönlichkeitsstruktur, Art und Schweregrad der Erkrankung, verdeutlicht werden. Ziel soll die erfolgreiche Bewältigung der Behandlungsschritte sein, Mißerfolg muß transparent gemacht werden.
3. Es soll den Patienten die notwendige Eigenarbeit aufgezeigt werden, die zur Erreichung des Behandlungsziels ausschließlich von ihnen geleistet werden kann.
4. Patienten müssen sich in ihrem „So-sein" akzeptiert fühlen.
5. Fehlverhaltensweisen der Patienten (starkes Regressionsbedürfnis oder mangelnde Mitarbeit) können durch positive Verstärkung der für die (therapeutische) Kommunikation wichtigen Verhaltensänderungen korrigiert werden.
6. Handelt es sich um stark leistungsmotivierte Patienten, soll sich die Behandlung zunächst – mit Förderung einer realistischen Selbsteinschätzung – am Leistungswillen der Patienten orientieren.
7. Handelt es sich um stark anschlußmotivierte Patienten, wird sich die Herstellung einer guten Patient-Therapeut-Beziehung konstruktiv auf die Motivation der Patienten auswirken.
8. Wird die Therapie in Gruppen durchgeführt, so ist auf Gruppensolidarität zu achten: durch
- Stützung des schwachen Patienten-Ich durch ein starkes Gruppen-Ich
- Ausschalten moralisierender Einstellungen
- Entwickeln von Verständnis für die Verhaltensweisen der Mitpatienten.

Fazit: Ergotherapie wirkt dann motivationsfördernd, wenn es gelingt, die Patienten da abzuholen, wo sie sich befinden: wenn ich die Beweggründe (Motive) anspreche, die für sie von Bedeutung sind, und wenn ich in meinem Verhalten, in dem, was ich von den Patienten erwarte, möglichst klar und eindeutig bin.

19.5 Motivation und konstruktive Frustration[39]

Nicht nur Lob und Anerkennung sind motivationsfördernd: Unter bestimmten Bedingungen können besondere Versagungen (Verweigerung von Hilfe) zu außerordentlichen Leistungen, Entdeckungen, Erfindungen und auch persönlichen Reifungsvorgängen führen.

Konstruktive Frustration hat aber einige wesentliche Merkmale:

1. Das Vorhandensein eines hohen Grades an Prägnanz. Frustration darf keinerlei Verschwommenheit und keine vagen Andeutungen enthalten, sondern es müssen unmißverständliche Mitteilungen gemacht werden. Der Therapeut muß sich dabei an den Möglichkeiten des Patienten zur Bewältigung der Situation orientieren.
2. Der Frustrator setzt eine klare Versagung ohne Vorschriften, wie der Frustrierte damit umzugehen hat.

3. Es ist nicht Ziel der Handlung, die Patienten zu frustrieren, sondern die Versagung ist ein zu überwindendes Hindernis auf dem Weg zu einem übergeordneten Ziel.
4. Auch der Frustrator vollbringt Leistungen, z. B. in Form von Verzicht oder in Form aktiver Beiträge.
5. Es handelt sich um einen Wachstumsprozeß, der letztendlich vom Individuum selbst vollzogen werden muß.

Zusammenfassung

Die Motivationspsychologie beschreibt Motive als Tatbestände des Erlebens, die auf situationsbedingte Faktoren treffen. Selbsttätigkeit, Aktivität, Konkretes und Anschauliches, Erfolgsbestätigung und ein mäßiger Grad an Ungewißheit sind motivationsfördernde Bedingungen. Motivationshemmend hingegen wirken Überforderung, Unklarheit von Bedeutung, Absicht und Zielen und zu viel Lob. Des weiteren ist wichtig für mein Selbstvertrauen – und darüber auch für meine Motivation – ob ich Mißerfolge nur mir selbst zuschreibe, Erfolge hingegen immer anderen, wie dies Depressive häufig tun.
Nach MEISTER können die Motive in Sozial-, Selbst-, Sach-, Neugier-, Leistungs-, Identifikations- und Zustimmungsmotive unterteilt werden.
In der Ergotherapie kann Motivation dadurch gefördert werden, daß
– das Behandlungsziel einsichtig und durchsichtig gemacht wird
– Handlungsschritte verdeutlicht werden
– dem Patienten die Eigenarbeit aufgezeigt wird
– von den schon vorhandenen Motiven ausgegangen und
– auf Gruppensolidarität geachtet wird.
Neben Lob und Anerkennung können Versagungen dann motivationsfördernd sein, wenn sie prägnant, ohne Zusatzbedingungen und vom Patienten zu bewältigen sind.

Weiterführende Literatur:
Delhees, K.H.: Motivation und Verhalten. Kindler Verlag 1975
Krech/Crutchfield: Grundlagen der Psychologie, Bd. 5. Beltz Verlag 1985
Meister, H.: Förderung schulischer Lernmotivation. Schwann Verlag 1977

C   Psychologische Grundlagen

20 Kreativität

> **Ziele**
>
> In diesem Kapitel soll der Leser die Merkmale und Eigenschaften der kreativen Persönlichkeit und die verschiedenen Kreativitätsebenen nach TAYLOR kennenlernen. Er soll wissen, daß Kreativität für jeden Menschen wichtig ist, da sie unter anderem Kommunikation fördert und Hilfen bei der Konfliktbewältigung bietet. Außerdem soll der Zusammenhang zwischen Kreativität, Kunst und Therapie aufgezeigt und darüber hinaus eine Beurteilung des künstlerischen Ausdrucks in der Psychose dargestellt werden. Abschließend soll der Leser erfahren, daß in der Ergotherapie Kreativität dann gefördert werden kann, wenn dafür günstige Bedingungen vorhanden sind.

20.1 Definition[40]

Sehr einfach ausgedrückt ist derjenige kreativ, dem etwas einfällt, der nicht andere zu fragen braucht, was er und wie er etwas tun soll.
Eigenschaften, Merkmale, die zur kreativen Persönlichkeit gehören, sind unter anderem Originalität, Flexibilität, Ideenfülle und Phantasiereichtum, aber auch Problemsensitivität und Zweckdienlichkeit. Daraus läßt sich folgern, daß kreative Menschen offener für neue Perspektiven sind, neugierig auf das Rätselhafte, das Unentdeckte.

Kreative Reaktionen sind durch ungewöhnliche oder unübliche, oft versponnene und merkwürdige, aber angemessene und passende Einfälle gekennzeichnet.
ZIMBARDO betont: „Problemlösungen, die zwar höchst originell, aber ohne praktischen Wert sind oder an der Sache vorbeigehen, können keinen Anspruch auf Kreativität erheben."[41]
Kreativität ist abhängig von kognitiver Freiheit. Je enger und starrer vorgegebene Strukturen sind, desto geringer wird das kreative Potential sein.

Gingen wir davon aus, daß kreativ nur derjenige ist, der etwas Neues und Originelles für die Gesellschaft schafft, so gehörten zu dieser Gruppe nur wenige. Für die Pädagogik und auch für uns Ergotherapeuten scheint es sinnvoller, in jedem einzelnen die kreativen Kräfte zu wecken und zu fördern und immer dann von Kreativität zu sprechen, wenn das Individuum etwas für sich Neues geschaffen hat. So gesehen, **besitzt jeder Mensch Kreativität.**
TAYLOR[42] unterscheidet verschiedene **Kreativitätsebenen.**
Auf der niedrigsten Stufe, der expressiven, beruht Kreativität auf spontanem und freiem Tun ohne besondere Fähigkeiten.
Die nächste, die produktive Ebene, erfordert nicht nur das Ausdrücken, sondern das Gestalten von Empfindungen und Phantasien mittels erworbener Fähigkeiten und Begabungen (Bild, Skulptur oder Gedicht). Freiraum und Spontaneität sind durch Material und Wissen eingeschränkt, der Kommunikationsgehalt ist dafür größer.
Es folgen weitere Stufen (die Ebene der Erfindungen, völlig ungewöhnlicher Entdeckungen und Ergebnisse), die aber nur von wenigen Menschen erreicht werden.

20.2 Begründung für die Erweiterung des kreativen Potentials[43]

Kreativität ist unabhängig von Alter und geistiger Verfassung erlernbar. Sie führt zu größerer Unabhängigkeit im Denken und Handeln, macht offener für Emotionen und Gefühle, fördert den konstruktiven Umgang mit Problemen und insgesamt ein stärkeres Ich-Bewußtsein.

Ob ich unabhängiger und offener durch kreatives Handeln werde, hängt aber wesentlich von den Motiven ab, die mich leiten.
Ist meine Motivation eine äußerliche, ichbezogene, bei der mein Statusbedürfnis, materieller Gewinn und Selbstwerterhöhung im Mittelpunkt stehen, so wird mein Unvermögen, mich von rigiden Zwängen zu lösen und neue Einsichten zu produzieren, auch meine Kreativität hemmen. Nur eine **aufgabenbezogene Motivation,** bei der der kreative Akt selbst und die Freude am kreativen Prozeß im Vordergrund stehen, erweitert meinen Handlungsspielraum.[44]

20.3 Kreativität und Kommunikation

Jede Kommunikation enthält Ausdruck und Wirkung, und so kann jedes Kreativsein, Schöpferischsein den Boden für fördernde Kommunikation bilden. Durch das Formen und Gestalten teilen wir etwas von uns mit, insbesondere da, wo Sprache nicht ausreicht oder uns noch nicht zur Verfügung steht, weil innere Vorgänge nicht bewußt sind. Mit Hilfe von Gestaltungen können wir diese Vorgänge sichtbar und damit für uns und für andere vermittelbar machen (s. a. Kap. 26).

20.4 Kreativität und Konflikt

Die Bewältigung von Konflikten kann schöpferisch und unschöpferisch sein. Der Mensch neigt dazu, möglichst zu raschen, spannungs- und schmerzfreien Lösungen zu kommen. Die meisten Probleme brauchen aber Zeit zum Ausreifen.
Zur kreativen Problembewältigung ist die sogenannte **Ambiguitätstoleranz** besonders wichtig: die Fähigkeit, zwei entgegengesetzte Lösungsmöglichkeiten nebeneinander auszuhalten, und zwar solange, bis eine von ihnen (oder eine dritte) sich als die bessere erweist.[45]

20.5 Kreativität, Kunst und Therapie

Für die Förderung der Kreativität und des Künstlerischen – im Sinne des schöpferischen Ausdrucks – ist nach P. J. Knill[46] eine **befreiende,** nicht restriktive **Kunstauffassung** wichtig. Wir finden diese oft in Kulturen, die den Begriff „Kunst" nicht kennen, wo alles – Werkzeug, Häuser, Sprache – ausdrucksvoll gestaltet ist. In unserer Gesellschaft wird Kunst beurteilt und bewertet; das führt unweigerlich zu Konkurrenzdruck: Das Endprodukt steht im Mittelpunkt als zu bewertendes Objekt. Der Gestaltungsprozeß, die Gefühle, die in ihm und durch ihn ausgedrückt wurden, finden kaum Beachtung.

C Psychologische Grundlagen

Genau darum geht es aber in der Therapie. Wie Patienten zu ihren Gestaltungen kommen und das, was sie darin ausdrücken – was es für sie ganz persönlich bedeutet – steht im Mittelpunkt.
Je nach Zielsetzung sollen darüber hinaus auch die anderen Aspekte des Kreativseins zur Wirkung kommen, wie beispielsweise bessere Problembewältigung oder größere Kommunikationsfähigkeit.

Kreativität in der Psychose: Schizophrenie und Kunst

Die Beurteilung der Bilder, Skulpturen und der Literatur von Schizophrenen ist alles andere als einheitlich.
NAVRATIL[47] bezeichnet Kunst als eine „zustandsspezifische Äußerung", die einem „zustandsspezifischen Kommunikationsbedürfnis bei psychisch Kranken und Gesunden" dient.
Was bedeutet das? „Wenn nun ein Mensch in einer Psychose ganz eigenartige und durch die Psychose geprägte bildnerische oder literarische Äußerungen hervorbringt und vorher oder nachher nicht imstande ist, ähnliches zu produzieren ... dann darf man die in der Psychose entstandenen Werke sichtlich zustandgebunden nennen."[48]
Die Psychose ist nicht nur Auslöser künstlerischer Leistungen, sondern das Künstlerische ist zu einem wesentlichen Teil die Psychose selbst. So gedeutet sind die schizophrenen Gestaltungstendenzen Kreativität! Wichtig, so NAVRATIL weiter, ist es, kreative von künstlerischen Produkten zu trennen. Die Psychose führt zu einem Ausbruch von Kreativität. Damit daraus Kunst (als historisch-soziologisches Phänomen in unserer Gesellschaft) entsteht, muß zur Psychose noch etwas anderes hinzukommen.

20.6 Ergotherapie und Kreativität

Wir haben erfahren, daß Schöpferischsein das Selbstbewußtsein stärkt und zu einem verstärkten Erleben der eigenen Person sowie zu einer intensiveren Wahrnehmung und Mitgestaltung der Umwelt führt.
Um diese Ziele erreichbar zu machen, muß die Ergotherapeutin eine Reihe von Überlegungen miteinbeziehen.

1. *Die situativen Bedingungen*

Wir müssen wissen, daß wir nicht unter Zwang und auf Befehl spontan sein können, sondern daß wir zum schöpferischen Tun eine offene, nichtrestriktive Atmosphäre brauchen – einen Freiraum, der gleichzeitig durch Zeit- und Raumstrukturen begrenzt ist.

2. *Wahl der Sozialform*

Es gibt Menschen, die am kreativsten sind, wenn sie sich zurückziehen können, um alleine zu arbeiten. Andere brauchen wiederum die Anwesenheit von Mitmenschen, deren akzeptierende Haltung, deren Ideen und Einfälle. Erfolgt die Ergotherapie in der Gruppe, so kann sie durch einen Wechsel der Sozialform (Einzel-, Partner-, Kleingruppenarbeit) diesen unterschiedlichen Bedürfnissen gerecht werden.

3. Aufgaben- und Themenwahl

Durch offenere Aufgabengestaltung und freiere Themenvorgabe kann mehr Freiraum für kreatives Handeln und das Umsetzen eigener Ideen gegeben werden.

Die Förderung der Kreativität gehört also ganz wesentlich zum Aufgabenbereich der Ergotherapie: sei es, um durch kreatives Handeln mehr Kompetenz zur Problembewältigung zu ermöglichen, oder um zu größerer Unabhängigkeit im Denken und Handeln und zu mehr Offenheit für eigene und fremde Gefühle zu kommen. Kreativität ist auch in der Arbeitstherapie von Bedeutung. Neben den instrumentellen Fertigkeiten sollen gerade die emotionalen Kräfte entwickelt werden können, die die Grundlage aller zwischenmenschlichen Beziehungen sind.

Zusammenfassung

Originalität, Flexibilität, Ideenfülle, Phantasiereichtum, Problemsensitivität und Zweckdienlichkeit sind Merkmale und Eigenschaften, die zur kreativen Persönlichkeit gehören. Für die Ergotherapie ist es sinnvoll, dann von Kreativität zu sprechen, wenn das Individuum etwas für sich Neues geschaffen hat. Dies geschieht gewöhnlich auf der niedrigsten, der expressiven Stufe oder auf der nächsthöheren, der produktiven. Kreativität ist deshalb für jeden Menschen wichtig, da sie die Unabhängigkeit im Denken und Handeln vergrößert, das Selbstbewußtsein stärkt und zu einer intensiveren Mitgestaltung der Umwelt führt. Kreative Gestaltungen können innere Vorgänge sichtbar und damit mitteilbar machen. NAVRATIL beschreibt Gestaltungen, die nur in der Psychose hervorgebracht werden können, als Kreativität und nicht – wie andere das tun – als Kunst.

Soll Kreativität in der Ergotherapie gefördert werden, so muß darauf geachtet werden, daß
– eine nicht-restriktive Atmosphäre vorhanden ist
– Sozialformen wechseln, damit unterschiedliche Bedürfnisse Berücksichtigung finden und
– offenere Aufgaben und freiere Themen gestellt werden.

Weiterführende Literatur:
Knill, P. J.: Ausdruckstherapie. Ohlsen Verlag 1979
Matussek: Kreativität als Chance. Der schöpferische Mensch in psychodynamischer Sicht. Piper Verlag 1974
Zimbardo, P. G.: Psychologie. Springer Verlag 1983

C Psychologische Grundlagen

21 Kommunikation und Kommunikationsstörungen

Ziele

Der Leser soll darüber informiert werden, daß nach WATZLAWICK die Grundeigenschaften der menschlichen Kommunikation in fünf Axiome gefaßt werden können. Er soll des weiteren erfahren, daß Beziehungen immer definiert werden müssen, und daß zwei Menschen unter anderem durch ihr Verhalten bestimmen, wer von beiden die Kontrolle über die Beziehung hat. Außerdem sollen in diesem Kapitel die Vorteile von verdeckten Appellen und appellwidriges Reagieren darauf dargestellt und das Wesentliche der Double-bind-Kommunikation erläutert werden.

21.1 Definition des kommunikativen Verhaltens und die Axiome von WATZLAWICK

Unter Kommunikation verstehen wir alles Verhalten in einer zwischenmenschlichen Situation, wobei nicht nur Worte, sondern auch paralinguistische Aspekte (Tonfall, Modulation, Geschwindigkeit, Pausen, Lachen) und Mimik, Gestik, Körperhaltung usw. miteingeschlossen sind.

WATZLAWICK u. a.[49] haben die Grundeigenschaften der menschlichen Kommunikation in **fünf Axiome** gefaßt.

Axiom 1: Man kann nicht *nicht* kommunizieren. Jedes Verhalten hat Mitteilungscharakter.

Es hat den Anschein, als ob manches schizophrene Verhalten den Versuch darstellt, nicht zu kommunizieren. „Da aber selbst Unsinn, Schweigen, Absonderung, Regungslosigkeit (Halteschweigen) oder irgendeine andere Form der Verneinung oder Vermeidung von Kommunikation selbst eine Kommunikation ist, steht der Schizophrene vor der fast unmöglichen Aufgabe, jede Mitteilung zu vermeiden, da sein Verneinen selbst eine Mitteilung ist."

Axiom 2: Jede Kommunikation hat einen Inhalts- und einen Beziehungsaspekt.

Jede Mitteilung enthält eine Information und ist gleichzeitig eine persönliche Stellungnahme zum anderen, gibt Hinweis auf die Beziehung zwischen Sender und Empfänger.
Anders ausgedrückt: Der Inhalt übermittelt die „Daten" der Information, der Beziehungsaspekt weist an, wie diese Daten aufzufassen sind.

SCHULZ V. THUN[50] differenziert diese Aspekte und betont, daß **jede Nachricht vier Seiten** (Aspekte) habe:
Sachinhalt – Beziehung – Selbstoffenbarung – Appell
Exkurs: Versuchen wir, das Kommunikationsverhalten von Menschen zu beschreiben, so ist es manchmal hilfreich, statt von Selbstoffenbarung von Ausdruck und statt von Appell von Wirkung zu sprechen. Kommunikation erfordert eine ständige Kompro-

mißsuche zwischen diesen Anforderungen. Es gibt Menschen, die stark **ausdrucks-orientiert** sind, d. h. sie drücken das aus, was sie denken und fühlen. Vorrangige Kriterien sind für sie Stimmigkeit und Wahrheit, nicht die Wirkung. Der **wirkungsorientierte** Mensch dagegen fragt sich immer zuerst – teils bewußt, teils unbewußt –, was er erreichen oder was er verhindern will. Für den Empfänger ist die Frage der Ausdrucks- oder Wirkungsorientiertheit nicht unwichtig. Weint jemand, weil er traurig ist oder weil er damit etwas Bestimmtes erreichen will?

Schulz v. Thun weist darauf hin, daß jede extreme Bevorzugung der einen oder anderen Seite der Kommunikation schadet. „Wer bewußt oder unbewußt nur auf Wirkung orientiert ist und dabei den authentischen Ausdruck vernachlässigt, entfremdet sich von sich selbst und den anderen, macht den Mitmenschen zum bloßen Objekt der Behandlung, der Manipulation."[51]
Wer nur auf den Ausdruck orientiert ist und sich nicht darum kümmert, was er damit anrichten könnte, handelt unverantwortlich, wird unter der Wirkung zu leiden haben und verzichtet darauf, seine Sache zur Geltung zu bringen und Einfluß zu nehmen. Das Ziel ist eine geglückte Balance im Sinne von Ruth Cohns „selektiver Authentizität."[52]

Exkurs: **Appelle** können offen und direkt oder mehr oder weniger verdeckt sein.[53]

Beispiel: Silvia möchte ins Theater.
Ein offener Appell in Form einer Bitte wäre, wenn Silvia sagt: „Ich möchte ins Theater. Hast Du auch Lust dazu?"
Um einen verdeckten Appell handelt es sich, wenn sie sagt: „Du möchtest doch gerne ein Stück von Brecht sehen, nicht wahr?"
Oder: „Es würde Dir gut tun, wieder einmal ins Theater zu gehen!" Bei schizophrenen Menschen sind Bitten manchmal noch versteckter – "Unten haben sie ein neues Theater eröffnet", oder „Ich liebe Bühnen!"

Axiom 3: Die Natur einer Beziehung ist durch die Interpunktion der Kommunikationsabläufe seitens der Partner bedingt.

Interpunktion heißt, (willkürlich) das eine Verhalten als Ursache, das andere Verhalten als Folge oder Reaktion auszulegen. Es ist häufig zu beobachten, daß das eigene Verhalten als Reaktion erlebt wird, daß sich in konflikthaften Auseinandersetzungen meist alle im Recht fühlen und jeweils dem anderen die Schuld zugewiesen wird.
Beispiel: Die Ärztin sagt: „Die Ergotherapeutin arbeitet nicht zielgerichtet, deshalb schicken wir die Patienten ohne Vorinformationen zu ihr." Die Ergotherapeutin sagt: „Weil ich nicht informiert werde, kann ich nicht zielgerichtet arbeiten."
Die Lösung des Konfliktes könnte darin bestehen, daß Ärztin und Ergotherapeutin über ihre Beziehung sprechen, das heißt metakommunizieren.
Metakommunikation ist nichts anderes als Kommunikation über Kommunikation. Sie kann unter anderem als Bemerkung über die eigene Mitteilung („Ich habe das gar nicht ernst gemeint.") oder als Gegenfrage auf die Frage: „Wohin gehst Du?" – „Warum fragst Du?" erfolgen.

C Psychologische Grundlagen

Axiom 4: Menschliche Kommunikation bedient sich digitaler und analoger Modalitäten.

Die **digitale Kommunikation** beinhaltet die Zuordnung von Zeichen zu Inhalten (B-A-L-L zum Gegenstand Ball) und steht somit in Zusammenhang mit dem Inhaltsaspekt. Worte haben aber sehr unterschiedliche Bedeutung. Mit „Klasse" kann entweder die Schulklasse oder aber die Gesellschaftsschicht gemeint sein. Hier spielt unsere Erfahrung eine große Rolle. Deshalb müssen Wörter nicht selten geklärt und das Gesagte qualifiziert werden. Auf die Bedeutung der Sprache für die Therapie wurde schon an anderer Stelle (Kap. 11) hingewiesen.

Die **analoge Kommunikation** beschreibt die Ähnlichkeitsbeziehung zwischen dem Bild eines Balles und einem Ball. Der Beziehungsaspekt menschlicher Kommunikation wird analog vermittelt, beispielsweise durch Mimik und Gestik.

Axiom 5: Zwischenmenschliche Kommunikationsabläufe sind entweder symmetrisch oder komplementär.

In der symmetrischen Beziehung verhalten sich die Partner nach derselben Art: Sie erteilen beide Ratschläge oder initiieren Handlungen. Beruht der Austausch auf Verhalten unterschiedlicher Art, so bezeichnet man die Beziehung als komplementär. Der eine befiehlt, der andere befolgt. Um welche Art der Kommunikation es gehen soll, wie diese gestaltet ist, wird nach HALEY[54] immer wieder dadurch bestimmt, wie diese Beziehung definiert wird und wer die Kontrolle über die Beziehung hat.

21.2 Die Definition einer Beziehung

Die Menschen sagen nicht nur etwas, sondern sie „qualifizieren" das Gesagte in kongruenter oder inkongruenter Weise und definieren darüber ihre Beziehung.
Nachrichten sind **kongruent,** stimmig, wenn sie in die gleiche Richtung weisen: Sprachliche und nichtsprachliche Signale stimmen überein. Sagt jemand, daß er traurig sei und lacht dabei, so bezeichnen wir dieses Verhalten als **inkongruent.**

HALEY betont, daß wir nicht umhinkommen, unsere Botschaften zu qualifizieren, und unterscheidet vier Möglichkeiten:

Die Qualifikation geschieht
1. durch den Kontext, durch die Gesamtsituation.
   Beispiel: Das Kind hat nicht aufgeräumt. Der Vater kommt in das Zimmer und lobt die „perfekte" Ordnung!
2. durch die Art der Formulierung.
   Beispiel: Jemand hat eine leichte Erkältung und gibt an, „todkrank" zu sein.
   In beiden Beispielen ist die Nachricht inkongruent.
3. durch vorhandene bzw. fehlende Körperbewegung, Gestik oder Mimik
4. durch den Tonfall.

Es gibt nun eine Reihe von Möglichkeiten, die Definition der Beziehung zu vermeiden. Im besonderen scheinen viele der schizophrenen Verhaltensweisen und Symptome diesen Zweck zu erfüllen.

Jemand kann **vermeiden, die Beziehung zu definieren,** indem er

a) leugnet, daß er kommuniziert.
Er kann dann von sich in der dritten Person sprechen, sich einen anderen Namen geben, oder es sind die Stimmen, die etwas sagen. Jemand kann auch dem Alkohol oder einem anderen organischen Phänomen die Verantwortung zuschreiben.

b) leugnet, daß etwas kommuniziert wurde durch Vergessen, oder indem er eine Äußerung sofort durch eine zweite qualifiziert, die der ersten widerspricht. Jemand kann auch Worte buchstabieren, unverständlich reden oder neue Wörter erfinden (Neologismen).

c) leugnet, daß eine Mitteilung an den anderen adressiert ist, indem er so tut, als spreche er mit sich selbst, oder er richtet sich nicht an den Partner persönlich, sondern an dessen Statusposition allgemein (z. B. die Therapeuten).
Er kann statt „Du siehst nicht richtig" etwa sagen: „Brillen beschlagen manchmal."

d) leugnet, daß eine Kommunikation in der gegebenen Situation stattfindet, indem er Äußerungen auf eine andere Zeit oder einen anderen Ort bezieht: Etwas war dann immer so, oder ein anderer hat ihn so behandelt.

Wir alle verhalten uns in bestimmten Situationen so und vermeiden damit, Verantwortung zu übernehmen. Schizophrene tun dies konsequenter und extremer.

21.3 Die Kontrolle über die Beziehung

Zwei Menschen bestimmen in der Regel gemeinsam durch ihr Verhalten, welcher Art ihre Beziehung ist.
Das heißt, es herrscht Einigkeit darüber, welches Verhalten praktiziert werden soll. Diese Übereinstimmung wird aber nicht durch explizite Diskussionen (das, was gesagt wird), erreicht, sondern implizit dadurch, *wie* die Partner es sagen.

Wir haben schon erfahren, daß Botschaften nicht nur Berichte (Inhalte), sondern zugleich auch Appelle sind. Sagt eine Patientin: „Ich kann heute nichts machen", so drückt sie gleichzeitig aus: „Laß mich in Ruhe, verlange nichts von mir" oder ähnliches.

Ich kann nun mit Hilfe von Appellen die Art der Beziehung (symmetrisch oder komplementär) aufrechterhalten oder aber versuchen, sie zu verändern.

Botschaften, die Beziehungen in Frage stellen, werden als **„Manöver"** bezeichnet. Manöver bestehen im wesentlichen aus Bitten, Befehlen, Vorschlägen und Bemerkungen über das kommunikative Verhalten.

Eine weitere Möglichkeit der Kontrolle können Verhaltensweisen oder **Symptome** wie Angst, Suiziddrohungen, Hilflosigkeiten, kindliche Unarten, Empfindlichkeiten oder auch Alkoholabhängigkeit bieten.

C Psychologische Grundlagen

Beispiel: Der Alkoholiker hat, obwohl er sich auch elend, schwach und klein fühlt, die Kontrolle über die Beziehung dadurch, daß seine Frau ihn nicht allein lassen oder aufregen darf, weil er sonst wieder zur Flasche greift. Aber auch die Frau kann ihren Mann provozieren, indem sie Angst zeigt oder ihm verbietet, zu trinken.

Das Pathologische in solchen Beziehungen ist, daß jemand versucht, die Kontrolle zu haben, dies aber zugleich leugnet und damit keine Verantwortung für sein Verhalten zu übernehmen braucht.[55]

HALEY betont: „Jemand bestimmt auf alle Fälle dann die Art der Beziehung, wenn er versucht, die ganze Verantwortung dafür, welches Verhalten in der Beziehung erlaubt sein soll, dem anderen zuzuschieben."[56]

Ein Beispiel: Der Patient sagt zum Therapeuten: „Sie müssen mir sagen, was ich tun soll." Der Patient bringt einerseits zum Ausdruck, daß der Therapeut ihn bestimmen solle, andererseits fordert er ihn aber dazu auf, über ihn zu bestimmen. So hat der Patient auf einer anderen Ebene die Kontrolle über die Beziehung.

21.4 Vorteile von verdeckten Appellen[57]

Verdeckte Appelle sind erfolgreich,
- weil sie den Empfänger in eine emotionale Stimmung versetzen
- weil der Sender dafür nicht die Verantwortung übernehmen muß und
- weil er sich Verletzungen und Kränkungen erspart, aber trotzdem die Kontrolle behalten kann.

Wir wissen, daß schizophrene Menschen sich sehr leicht verunsichern lassen, da sie sehr schnell Angst vor Verlust des eigenen Ich haben. So ist es nicht verwunderlich, daß gerade sie in bestimmten Situationen ständig um die Kontrolle über die Beziehung ringen, gleichzeitig aber um jeden Preis verhindern müssen, die Verantwortung zu übernehmen.

Appellwidriges Verhalten (Reagieren) des Empfängers: Was können die Therapeuten tun? Sie können

1. sich bewußt machen, welche Gefühle und Handlungsbereitschaften bei ihnen ausgelöst werden
2. sich selbst nach den heimlichen Interessen daran fragen, das „Spiel" mitzumachen (Helfer)
3. anders handeln: das, was man herausgehört hat, sagen; das eigentliche Ziel ansprechen
4. selbst möglichst auf Appelle verzichten, da diese in der Regel untauglich sind.

Untaugliche Appelle

Appelle sind zum Beispiel untauglich, weil ein Problem tiefer sitzt und sich somit auch nicht mit Hilfe von Vernunftgründen ändern läßt. Bei fast allen psychischen Störungen, speziell bei Depression oder einer Suchtproblematik, wird die Unwirksamkeit von Aufforderungen wie „Du mußt Dich zusammenreißen, dann kannst Du schon!" deutlich.

Das heißt: Hat jemand Probleme mit sich selbst und verhält sich aufgrund gefühlsmäßiger innerer Vorgänge ungünstig, dann nützen keine Ratschläge, Empfehlungen oder Mahnungen.

Zu vermeiden sind auch Appelle, die jemandem ein freiwillig gewähltes Vorhaben, eine Absicht wegnehmen.
Je mehr Gebote und Regeln im Stationsleben oder im Rahmen der Ergotherapie vorhanden sind, desto seltener werden Patienten Gelegenheit finden, von sich aus etwas zu machen. Appelle machen spontanes Handeln unmöglich.
Wir wissen, daß Bedürfnisse und Gefühle nicht spontan erzeugt werden können: Wir können nicht auf Befehl fröhlich sein oder etwas gerne machen. (Häufig richten wir untaugliche Appelle nicht nur an andere, sondern auch an uns selbst.)

21.5 Double-bind-Kommunikation („double bind" = Beziehungsfalle oder Zwickmühle)[58]

In der Double-bind-Situation wird eine Person von einer anderen durch **paradoxe oder widersprüchliche Anweisungen** und Befehle abhängig gemacht, die so gestaltet sind, daß die betreffende Person weder gehorchen noch ungehorsam sein, ja, sich nicht einmal aus der Beziehung selbst befreien kann. Aus diesem Grunde bezeichnet man eine solche Situation als Beziehungsfalle oder Zwickmühle.

Folgendes, recht bekanntes Beispiel von BATESON[59] beschreibt dies sehr deutlich. Ein junger, schizophrener Mann erhielt nach längerer Zeit Besuch von seiner Mutter. Er freute sich, sie zu sehen, und legte ihr impulsiv seinen Arm um die Schulter, worauf sie erstarrte. Er zog seinen Arm zurück, und sie fragte: „Liebst du mich nicht mehr?" Er wurde rot, und sie sagte: „Liebster, du mußt nicht so leicht verlegen werden und Angst vor deinen Gefühlen haben."

Kennzeichen für „Zwickmühlen" sind:

1. daß von Anfang an eine affektive Abhängigkeitsbeziehung besteht, aus der die Person (in der Regel das Kind) nicht entfliehen kann
2. daß die Botschaften nicht bewußt und durchschaubar, sondern verschleiert und verworren sind. Solche Verschleierungstaktiken können diffuse Vagheiten und Undeutlichkeiten sein, Ablenkung und Ausweichmanöver bis hin zu autoritären, tabuartigen Verboten, gewisse Themen überhaupt zu berühren
3. daß ein Widerspruch zwischen verbaler Äußerung, Mimik und Körperhaltung vorliegt in der Art, daß ein erstes Gebot unter Strafandrohung (meist Liebesentzug) aufgestellt wird und ein zweites Gebot, das zum ersten auf einer anderen logischen Ebene im Widerspruch steht – gleichfalls unter Strafandrohung – wiederum in einem lebenswichtigen Bereich ausgesprochen wird.

Im Laufe der Zeit werden die meisten mehr oder weniger expliziten Merkmale überflüssig, bleiben aber dennoch wirksam. Deshalb ist diese Kommunikationsform so schwer zu erfassen und zu objektivieren.

C Psychologische Grundlagen

In Familien Schizophrener ist die Kommunikation häufiger als in anderen Familien gekennzeichnet durch:

1. abwegige, schwer verständliche und zweideutige Bemerkungen
2. zerstreutes und ablenkendes Verhalten
3. instabile Wahrnehmungen und Denkvorgänge
4. nihilistische Entwertung des Verhaltens
5. inadäquate, unlogische und widerspruchsvolle Kommentare
6. abstrakte und vage Äußerungen.

Hinter den vielfältigen Widersprüchlichkeiten steckt die **Methode,** jede abweichende Stellungnahme eines Familienmitgliedes durch (gegenseitige) Entwertungen, Disqualifizierung und Verleugnung an sich klarer Botschaften immer wieder unmöglich zu machen. Mit diesen Manövern sollen mögliche Konflikte vermieden werden. Der **tiefere Sinn** liegt aber vermutlich in der Blockade einer ganz bestimmten schöpferischen Entwicklung, nämlich der Entwicklung zu Autonomie und Loslösung der Kinder von ihren Eltern.

Wir haben an dem skizzierten Beispiel gesehen, daß in Double-bind-Situationen eine Divergenz und damit eine Disharmonie von Fühlen und Denken besteht. Infolge der Mehrdeutigkeiten und Widersprüchlichkeiten können Informationen nicht mehr so leicht verarbeitet werden. Dies ist ein **zirkulärer Prozeß:** Unklarheit hat intrapsychische Spannung und Konfusion zur Folge. Bei vorhandener Ich-Schwäche führt dies zu allgemeiner Unsicherheit, Verletzlichkeit und Streßempfindlichkeit und darüber hinaus zu Störungen der Informationsverarbeitung.

Besonders in psychosozialen Belastungssituationen wie der pubertären und postpubertären Umstellungsphase hat dies große Auswirkungen.

Anmerkung: Der Säugling läßt sich durch widersprüchliche Botschaften noch wenig stören. Je weiter die kognitive und affektive Reifung erfolgt ist, desto stärker sind die Auswirkungen.

Double-bind-Kommunikationen mit ihren Auswirkungen auf den zwischenmenschlichen Umgang sind nicht nur bei schizophrenen Menschen, sondern auch bei depressiven zu beobachten. Der Depressive bringt seine Bezugsperson in eine Doppelbindung, in der diese sehr deutlich spürt und zu verstehen bekommt, daß – egal, was sie tut – beides falsch und für den Patienten unzumutbar ist. Man kann dies verstehen als kommunikativen Ausdruck seiner Verzweiflung, seines entschlußlosen Hin- und Hergerissenseins zwischen Möglichkeiten, die ihm beide unmöglich sind (nicht aufstehen und nicht liegen bleiben können; nicht allein sein und nicht dort sein und in den quälerisch zerissenen Gedanken hier und dort sein; nicht leben und nicht sterben können).

Zusammenfassung

Unter Kommunikation wird alles Verhalten in einer zwischenmenschlichen Situation verstanden. Zu den fünf Axiomen von WATZLAWICK zählen:
Axiom 1: Man kann nicht *nicht* kommunizieren. Jedes Verhalten (auch Schweigen, Unsinn, Absonderung, Regungslosigkeit) hat Mitteilungscharakter.

Axiom 2: Jede Kommunikation hat einen Inhalts- und einen Beziehungsaspekt. Oder nach Schulz v. Thun: Jede Nachricht besteht aus Sachinhalt, Beziehung, Selbstoffenbarung (Ausdruck) und Appell (Wirkung). Ausdruck oder Wirkung können einseitig betont sein. Dies hat Auswirkungen auf den Empfänger und schadet in der Regel der Kommunikation.
Axiom 3: Die Natur einer Beziehung ist durch die Interpunktion der Kommunikationsabläufe seitens der Partner bedingt (das eine Verhalten wird als Ursache, das andere Verhalten als Reaktion ausgelegt).
Axiom 4: Menschliche Kommunikation bedient sich digitaler und analoger Modalitäten. Der Inhaltsaspekt wird digital, der Beziehungsaspekt analog vermittelt.
Axiom 5: Zwischenmenschliche Kommunikationsabläufe sind entweder symmetrisch oder komplementär.

Die Art einer Kommunikation wird immer wieder dadurch bestimmt, wie diese Beziehung definiert wird und wer die Kontrolle über die Beziehung hat.
Menschen definieren ihre Beziehung dadurch, daß sie das Gesagte in kongruenter oder inkongruenter Weise qualifizieren. Dies geschieht durch den Kontext, durch die Art der Formulierung, durch vorhandene bzw. fehlende Körperbewegung, Gestik oder Mimik und durch den Tonfall.
Besonders der schizophrene Mensch versucht häufiger, die Beziehung nicht zu definieren, indem er leugnet, daß
– er kommuniziert
– etwas kommuniziert wird
– eine Mitteilung an den anderen gerichtet ist
– eine Kommunikation in der gegebenen Situation stattfindet.

In jeder Beziehung wird implizit deutlich gemacht, wer von den Kommunikationspartnern die Kontrolle haben soll. Verdeckte Appelle, aber auch verschiedene Verhaltensweisen und Symptome sind Mittel, mit deren Hilfe Menschen die Kontrolle haben können, gleichzeitig aber wenig oder keine Verantwortung tragen müssen.
In der Therapiesituation soll der Therapeut die Kontrolle über die Beziehung haben. Er muß sich aus diesem Grunde appellwidrig verhalten. Wichtig ist, daß der Therapeut selbst auf Appelle verzichtet, da sie häufig untauglich sind und spontanes Handeln verhindern.
Double-bind-Kommunikationen sind gekennzeichnet durch paradoxe oder widersprüchliche Anweisungen, die weder befolgt noch verweigert werden können. Die Person (in der Regel das Kind), die sich in einer „Zwickmühle" befindet, ist von der anderen Person (der Mutter oder einer anderen Bezugsperson) affektiv abhängig, kann die Botschaft nicht durchschauen und ist mit einer verbalen Äußerung, die im Widerspruch zu Mimik und Körperhaltung steht, konfrontiert. Folge von Double-bind-Kommunikation sind intrapsychische Spannung, Konfusion und – bei vorhandener Ich-Schwäche – Unsicherheit, Verletzlichkeit, Streßempfindlichkeit und Störungen der Informationsaufnahme. In Familien Schizophrener wurde diese Art der Kommunikation häufiger beobachtet als in anderen.
Depressive bringen ihre Bezugspersonen in eine Doppelbindung und drücken so ihre eigene Verzweiflung und Hilflosigkeit aus, etwas zu wollen, aber nichts zu können.

Weiterführende Literatur:
Satir, V.: Familienbehandlung – Kommunikation und Beziehung in Theorie, Erleben und Therapie. Lambertus Verlag 1986
Schulz v. Thun, F.: Miteinander reden: Störungen und Klärungen. Rowohlt Verlag 1981
Watzlawick u. a.: Menschliche Kommunikation. Huber Verlag 1985

22 Grundsätzliche Überlegungen zu Planung und Organisation von Therapie und Therapiekonzepten*

Die Therapieplanung beinhaltet eine Reihe von Überlegungen, die notwendig sind, um die unterschiedlichen Ziele (insbesondere die Rehabilitationsziele) erreichen zu können.

> **Ziele**
>
> Der Leser soll wissen, daß in die Planung und Organisation von Therapie die Rahmenbedingungen miteinbezogen werden müssen. Er soll verschiedene Interventionstechniken, Fragen und Faktoren, die bei der Patientengruppe zu berücksichtigen sind, sowie einzelne Gruppenphasen kennenlernen.

22.1 Die Rahmenbedingungen

22.1.1 Art und Größe der Einrichtung

Jede psychiatrische Einrichtung – ob Klinik, Beratungsstelle oder Wohnheim – hat ihre spezielle Organisationsform und damit verbundene Konzeption, die sie immer nur bedingt beeinflussen und verändern kann.

Exkurs: Die Funktionsweise eines Krankenhauses[1]

Ein Krankenhaus ist keine autonome Einrichtung, die ihre Aufgaben, Organisationsprinzipien und Arbeitsabläufe selbst bestimmen könnte: Es befindet sich am Ende einer **Verwaltungshierarchie,** wie dies am Beispiel eines Landeskrankenhauses aufgezeigt werden soll.

Die Hierarchie besteht aus dem Sozialministerium, dem Landessozialamt (LASO) und dem Landeskrankenhaus (LKH).
Das Landeskrankenhaus selbst wird von einem Pflegedienstleiter, einem ärztlichen Leiter und einem Verwaltungsleiter, die alle drei eine gleichberechtigte Funktion haben, geleitet. Sie sind nicht allein entscheidungsbefugt, da das LASO die Dienst-, Fach- und Rechtsaufsicht über das Krankenhaus hat. Das bedeutet, daß das LASO berechtigt ist, bei einer Verletzung der fachlichen oder dienstlichen Pflicht Anordnungen des Krankenhauses außer Kraft zu setzen und dem Krankenhausdirektor Weisungen zu erteilen, gegen die er keine Rechtsmittel hat.
Die Rechtsaufsicht zeigt sich darin, daß das LASO darüber wacht, ob das Krankenhaus die ihm gesetzlich zugewiesenen Aufgaben pflichtgemäß erfüllt.

---

* Anm.: Da für die Planung von Therapie im wesentlichen die gleichen Aspekte zu berücksichtigen sind wie für die Planung von Unterricht, habe ich mich diesbezüglich an G. E. Becker: Planung von Unterricht. Weinheim 1984, orientiert.

Für die Praxis bedeutet das, daß **Veränderungen** (etwa die therapeutisch sinnvolle Verkleinerung einer Station) nur mit Zustimmung des LASO möglich sind. Dies gilt grundsätzlich auch für den Bereich Ergotherapie. Um qualifizierte Arbeit anbieten zu können, darf der Therapeut/Patienten-Schlüssel nicht zu hoch sein, d. h. 1 Ergotherapeutin sollte für höchstens 25–30 Patienten zuständig sein;* die zeitlichen und personellen Voraussetzungen für eine fruchtbare Teamarbeit sind zu gewährleisten.

Ist in einem LKH aber eine Ergotherapeutin für 70–100 Patienten zuständig, die auf unterschiedlichen Stationen untergebracht sind, so muß sie zwangsläufig diesen Tatbestand in die Planung mit einbeziehen bzw. längerfristig Veränderungen anstreben: auf der Basis eines fundierten, berufsbezogenen und allgemeinen psychiatrischen Fachwissens und durch Dokumentation der eigenen Arbeit. Beides kann helfen, neue Konzepte zu entwickeln, die mit anderen Berufsgruppen diskutiert und als Vorschlag weitergereicht werden. Darüber hinaus scheint es hilfreich, die jeweiligen politischen Strömungen zu beachten, wie derzeit beispielsweise die hohe Arbeitslosigkeit, die bei Arbeitstherapie-Projekten zu berücksichtigen ist.

Wie flexibel eine Einrichtung in ihrer Arbeitsweise ist und wie die Kommunikationsmöglichkeiten sind, hängt unter anderem von ihrer Größe und ihrer inneren Struktur ab.

Die innere Struktur

Ist eine Einrichtung selbst **stark hierarchisch** gegliedert, so werden Informationen von unten nach oben, Anweisungen aber von oben nach unten gehen. Teamarbeit wird unter diesen Bedingungen nur schwer zu verwirklichen sein. Sind auf einer Station dazu noch 30 oder mehr Patienten untergebracht, so müssen schon wegen dieser großen Zahl straffe Struktur und Ordnung sein. Den Patienten kann unter diesen Umständen nur wenig persönlicher Freiraum und bestenfalls geringe Mitsprachemöglichkeit eingeräumt werden.

ETs, die unter solchen Bedingungen arbeiten, werden es vermutlich schwerer haben, die Patienten in Überlegungen bezüglich der Ziele und Inhalte der Therapie miteinzubeziehen. Auch da, wo es gelingt, ist dies ohne Teamarbeit nicht längerfristig zu verfolgen.

Ist hingegen **ausreichend Personal** vorhanden, so können die verschiedenen Berufsgruppen zusammenarbeiten, können Gruppen zu zweit geleitet und betreut werden. Mit welchen Berufsgruppen Ergotherapeutinnen enger zusammenarbeiten, wird sich nach dem speziellen Arbeitsbereich und den jeweiligen Zielen richten: Auf einer Akutstation werden ETs mit dem Krankenpflegepersonal gemeinsame Gruppenangebote stellen; geht es hingegen um die berufliche Klärung und die Suche nach Arbeitstherapiemaßnahmen, ist die Zusammenarbeit mit Sozialarbeitern sinnvoll. Mit Psychologen werden die Ergotherapeutinnen enger zusammenarbeiten, wenn es z. B. um die intensivere Besprechung von Gestaltungen und Bildern der Patienten einer Psychotherapiestation geht.

---

* Verordnung über Maßstäbe und Grundsätze für den Personalbedarf in der stationären Psychiatrie (Psychiatrie – Personalbedarfsverordnung – Psych-PV), Bundesgesetzblatt, Jahrgang 1990 Teil I)

D Spezielle Ergotherapie

Geschlossene und offene Stationen

Von ähnlicher Bedeutung wie das bisher Erwähnte ist, ob eine Einrichtung offene oder nur geschlossene Einheiten hat. **Offene Stationen** ermöglichen und fördern eigenverantwortliches Handeln. Für die Ergotherapie hat dies unter anderem zur Folge, daß größere Projektarbeiten angeboten werden können, in denen Patienten Rollen und Funktionen übernehmen, die sonst bei der Therapeutin bleiben.
Geschlossene Stationen haben dann ihre Berechtigung, wenn Patienten selbst- oder fremdgefährdet sind: Sie unterliegen einerseits größerer Kontrolle, erhalten aber gleichzeitig Schutz und ein gewisses Maß an Geborgenheit.
Habe ich als psychiatrisch Tätiger diese Aufsichtspflicht, so stehe ich in der Verantwortung der Institution, der Familien der Patienten und letztlich der Gesellschaft. Da den Ärzten mehr Verantwortung übertragen wird, wird zwangsläufig die hierarchische Struktur verfestigt. Deshalb ist es immer wieder wichtig, genau zu prüfen, ob die Notwendigkeit für die geschlossene Tür tatsächlich gegeben ist, und darüber hinaus, welche Regeln wirklich gebraucht werden.

Auch wenn sich die psychiatrische Versorgung – insgesamt betrachtet – verbessert hat, fällt der Mangel an Personal vor allem auf chronischen und gerontopsychiatrischen Stationen ins Gewicht. Dies führt dazu, daß deren Mitarbeiter ständig überlastet sind, sehr schnell wieder kündigen oder sich alsbald ausgebrannt fühlen (Burn out-Syndrom).

22.1.2 Die Lage der Einrichtung

Es ist unbestritten, daß fehlende Kontaktmöglichkeiten zur Außenwelt aufgrund großer Entfernung zu Gemeinden und Städten sich besonders negativ auswirken. Deshalb bleibt es auch heute noch vorrangiges Ziel der Sozialpsychiatrie, psychiatrische Einrichtungen in **Gemeindenähe**, mit guten Verkehrsverbindungen, mit Freizeit-, Sport- und kulturellen Einrichtungen zu errichten. Arbeitet die Ergotherapeutin dezentral auf einer Station, in der Tagesklinik oder in einem Wohnheim, so gestaltet sie in der Regel mit den anderen Teammitgliedern gemeinsam auch Therapieangebote wie Außenaktivität, Sozialtraining, Wandergruppe und ähnliches mehr.

22.1.3 Die Therapiezeit

Grundsätzliche Überlegungen müssen der Frage nachgehen, mit welchem Ziel der Tagesablauf strukturiert wird, wem dies nützt und wem dies eher schadet. Wir wissen, daß für jedes Zusammenleben bestimmte Regeln notwendig sind. In psychiatrischen Einrichtungen dient ein **strukturierter Tagesablauf** darüber hinaus auch der Orientierung und Sicherheit und gibt denen Struktur, die in sich selbst zu wenig Struktur haben.

Der Tagesablauf wird durch festgesetzte Zeiten für die Mahlzeiten, die Mittags- und Nachtruhe und durch die therapeutischen Aktivitäten bestimmt. Sollen Patienten später selbständig ihren Alltag bewältigen, so muß auch in der Klinik ein gewisser Handlungs- und Entscheidungsspielraum vorhanden sein. Deshalb ist es sinnvoller, bei Bedarf für einzelne Patienten individuelle Vereinbarungen und Sonderregelungen zu treffen als den gesamten Rahmen zu eng zu gestalten.

Für die zeitliche Planung der einzelnen therapeutischen Angebote ist die Berücksichtigung des **Leistungsniveaus** wichtig. Aktivitäten, die viel Konzentration erfordern, sollten nicht nach der Mittagspause, wenn viele Patienten noch verschlafen sind, sondern in den Vormittagsstunden liegen. Handlungs-, körper- und verbalorientierte Gruppen sollen sich abwechseln – sie sind alle gleichermaßen wichtig.

Auch in ergotherapeutischen Gruppen gibt es viele Möglichkeiten, die unterschiedlichen Sinne und Fähigkeiten im Wechsel anzusprechen. Es muß darauf geachtet werden, daß jeder Mensch nach 20 Minuten konzentrierten Arbeitens ermüdet, daß dann also etwas Neues kommen muß.

22.1.4 Der Therapieort

Nehmen wir den Therapieort kritisch unter die Lupe, so betrachten wir das gesamte Gebäude: Handelt es sich um ein Hochhaus mit nach funktionellen Gesichtspunkten ausgerichteten Räumlichkeiten? Um eine alte Villa mit großen und hohen Zimmern? Wie sehen die einzelnen Räume aus? Gibt es mehrere Räume, sind diese dann voneinander getrennt oder gehen sie ineinander über? Wie sind Raumausstattung, Sitzmöglichkeiten, die mögliche Sitzanordnung? Läßt sich das Mobiliar leicht verrücken oder ist dafür wenig Spielraum vorhanden?

Wie steht es mit den klimatischen, akustischen und optischen Verhältnissen?
Ideale räumliche Bedingungen für die Ergotherapie könnten wie folgt aussehen: Es sind größere und kleinere Räume vorhanden, die durch Tageslicht erhellt werden und lärmisoliert sind. Letzteres ist erforderlich vor allem dort, wo mit Maschinen gearbeitet werden soll.

Arbeitsräume unterscheiden sich insbesondere dadurch von Gesprächsräumen, daß sie eine kühlere, nüchterne Atmosphäre aufweisen, daß sie sparsam ausgestattet und wenig geschmückt sind. Übersichtlichkeit und Ordnung sind als vorrangig zu betrachten; Inventar, Werkzeug und Materialien sollten ausreichend vorhanden und von guter Qualität sein.

Häufig sind die äußeren Bedingungen der Ergotherapie nicht bedarfsgerecht. Die Räume sind entweder zu klein oder zu groß (hallenartig), meist zu dunkel und die Wände und Stellagen sind überfüllt mit Materialien, Ansichtsstücken oder angefangenen Werkstücken. Die zuvor als ideal beschriebenen Bedingungen sind sicher nicht zu generalisieren. Da aber bekannt ist, daß z. B. ein schizophrener Patient aufgrund seiner ganz speziellen Schwierigkeiten ein überschaubares, einfaches Milieu braucht, so ist es nur konsequent, ihm für die Aufgabe, die er zu bewältigen hat, nur das Material und Werkzeug bereitzustellen oder ihn selbst holen zu lassen, das er dafür braucht. Ebenso sind variable Tische und Sitzelemente wichtig, beispielsweise um eine Aufgabe einmal in Kleingruppen, ein anderes Mal in der Gesamtgruppe erarbeiten lassen zu können.

D Spezielle Ergotherapie

22.2 Das therapeutische Vorgehen – Interventionstechniken

Im therapeutischen Alltag sind Therapeuten ständig aufgefordert, sich einzumischen, dazwischenzutreten, ein Gespräch oder eine Handlung zu steuern. Sie müssen darauf achten, daß aufgestellte Regeln und Vereinbarungen eingehalten, daß Aufgaben und Ziele angestrebt und daß Konflikte geklärt bzw. gelöst werden.
Intervenieren ist also notwendig und unumgänglich. Da es aber offene, direkte und verdeckte, indirekte Interventionen gibt, die leicht zur Manipulation werden können und damit zum Machtmittel, ist Vorsicht geboten. Therapeuten arbeiten nicht nur für die Patienten, sondern ebenso für die Institution und die Gesellschaft. Welche Regeln und Verbote wem dienen, muß möglichst offen dargelegt werden.

Im wesentlichen können drei **Arten der Intervention** unterschieden werden.
1. Verbale Intervention
2. Nonverbale Intervention
3. Mediale Intervention

Verbale Interventionen

Mit verbalen Interventionen sind alle direktiv oder nondirektiv ausgedrückten sprachlichen Äußerungen gemeint, mit denen jemand versucht, das Verhalten anderer zu beeinflussen.

Beispiele für direktive Intervention:

- „Sie müssen die Reihenfolge der Arbeitsschritte genau einhalten. Zuerst machen Sie. . ."
- „Richten Sie diese Frage bitte an die Gruppe!"
- „Kommen Sie bitte zurück und warten Sie noch 5 Minuten!"

Beispiele für nondirektive Intervention:

- „Versuchen Sie es einmal irgendwie anders!"
- „Könnten Sie die Frage für die anderen Teilnehmer wiederholen?"
- „Versuchen Sie, hier zu bleiben."

Es gibt viele Situationen, in denen es ausreicht, jemanden in nichtdirektiver Art aufzufordern, etwas zu tun, innezuhalten oder das Problem neu zu überdenken. Damit bleibt es demjenigen selbst überlassen, im Bisherigen fortzufahren oder etwas Neues auszuprobieren. Das beinhaltet aber, daß er die Verantwortung für das eigene Handeln und für dessen Konsequenzen hat. Und es setzt voraus, daß er in der Lage ist, selbstverantwortlich zu handeln. Manche Menschen, z. B. Depressive oder Schizophrene, die sich noch leicht verunsichern lassen, brauchen Situationen, die möglichst klar und eindeutig sind. Für sie sind direkte Informationen und Handlungsanweisungen hilfreicher als offene Situationen mit entsprechend größerem Entscheidungsspielraum (s. a. Kap. 12)

Nonverbale Intervention

Damit sind alle Steuerungsmöglichkeiten nonverbaler Art wie Blickkontakt, Mimik, Kopf- und Körperbewegung, interpersonale Distanz und räumliche Orientierung gemeint.

Beispiele:
- Der Therapeut setzt sich zwischen zwei sich streitende Patienten, so daß diese sich vorbeugen müssen, um einander noch sehen zu können.
- Ein Kind, das tobt und sich von allein nicht beruhigen kann, wird festgehalten.
- Einem Patienten nickt der Therapeut mit dem Kopf zu oder gibt mit der Hand ein Zeichen und fordert ihn damit auf (oder ermutigt ihn), etwas zu sagen.

Häufig werden verbale und nonverbale Zeichen gleichzeitig verwendet, um eine Mitteilung oder Aussage zu verstärken. Wichtig ist es, darauf zu achten, daß beide Informationen übereinstimmen, das heißt, daß nicht widersprüchliche Botschaften ausgesendet werden (s. a. Kap. 21).

Mediale Intervention

Die Medien, die in der Ergotherapie verwendet werden, lassen sich nicht nur als Ausdrucksmittel einsetzen oder um Fähigkeiten und Fertigkeiten zu trainieren, sondern auch, um Gefühle und Handlungen zu steuern, insbesondere dann, wenn die Sprache nicht ausreicht.

Beispiel
Die Therapeutin reicht dem Patienten einen Stift und dieser fertigt eine Zeichnung an.

22.3 Die Patientengruppe

Für die Planung der Therapie ist die Frage nach der Zusammensetzung und der Größe der Gruppe von wesentlicher Bedeutung.

Folgende Faktoren und Fragen sind zu berücksichtigen:

Alter, Geschlecht, Bildungsniveau (sprachliche Verständigung, unterschiedliche Bedürfnisse), Kulturkreis, psychischer Zustand (soziale Anpassung, psychische Belastbarkeit und Frustrationstoleranz, Charakterstruktur, Diagnose).

Welche Fragen und Probleme beschäftigen die Teilnehmer? Gibt es Anknüpfungspunkte an andere Situationen, Erwartungen, Interessen, Bedürfnisse?
Sind Schwierigkeiten zu erwarten und wenn ja, welche? Handelt es sich um offene oder geschlossene Gruppen? Wie häufig wechseln die Teilnehmer? Welche Ziele sollen angestrebt bzw. erreicht werden, und zwar für einzelne Teilnehmer wie für die Gruppe?

Die Entscheidung über die Gruppengröße wird zum einen die genannten Punkte berücksichtigen müssen (je mehr Hilfestellung und Unterstützung die Patienten brauchen, desto kleiner muß die Zahl der Teilnehmer sein), ist zum anderen aber auch von der Therapiemethode abhängig (s. Kap. 27). Als Richtzahl kann von 3–10 Teilnehmern ausgegangen werden.

D Spezielle Ergotherapie

Zusammenfassung

Die Planung und Organisation von Therapie und Therapiekonzepten verlangt, daß folgende Faktoren berücksichtigt werden:

1. Die Rahmenbedingungen
- Die Art (innere Struktur, offene oder geschlossene Stationen) und die Größe einer Einrichtung bestimmen mit, wie flexibel und demokratisch eine Einrichtung in ihrer Arbeitsweise sein kann.
- Von der Lage der Einrichtung ist die Verwirklichung eines gemeindenahen Versorgungskonzeptes abhängig.
- Durch die zeitliche Planung wird der Tagesablauf strukturiert, werden Patienten aber auch in ihren Freiräumen beschränkt.
- Der Therapieort ist Bestandteil des Milieus und unterstützt oder erschwert das Erreichen von Therapiezielen.

2. Das therapeutische Vorgehen
Therapeuten sind ständig aufgefordert, sich einzumischen. Neben verbalen (alle direktiv oder nondirektiv ausgedrückten sprachlichen Äußerungen) und nonverbalen (Blickkontakt, Mimik, Kopf- und Körperbewegung) Interventionstechniken stehen der Ergotherapeutin als weitere Möglichkeit verschiedene Medien zur Verfügung.

3. Die Patientengruppe
Von Bedeutung für die Therapieplanung ist, wie die Gruppe zusammengesetzt ist (homogen-heterogen), welche Gemeinsamkeiten vorhanden sind, welche Ziele angestrebt werden sollen und wie groß die Gruppe ist.

Weiterführende Literatur:
Lowy/Bemstein: Untersuchungen zur sozialen Gruppenarbeit. Lambertus Verlag 1878
Vopel, K.W.: Handbuch für Gruppenleiter. Isko Press Verlag 1978

23 Individuell ausgerichtete Therapieplanung

> **Ziele**
>
> In diesem Abschnitt soll der Leser über die Bedeutung und den Stellenwert der psychiatrischen Diagnose informiert werden. Er soll erfahren, daß die Ergotherapeutin für ihren eigenen Befund eine Reihe von Informationen über den Patienten braucht. Der ET-Befund umfaßt das äußere Erscheinungsbild, das Ausdrucksverhalten, das Verhalten zu Therapeuten und Mitpatienten und die verschiedenen Symptome, Störungen und Verhaltensauffälligkeiten des Patienten. Abschließend soll der Leser einen Überblick über die ergotherapeutischen Ziele erhalten.

Die Therapieplanung für einzelne Patienten beginnt mit der Diagnose, umschreibt angemessene Ziele und schätzt die Wirkung methodischer Möglichkeiten ein.

23.1 Bedeutung und Stellenwert der psychiatrischen Diagnose

Unter Diagnose versteht man das Erkennen, Feststellen und Benennen einer Krankheit. Von der anfänglichen Diagnose hängt die Entscheidung ab, was weiter mit dem Patienten geschehen wird. Diagnose und Therapie sind also aufeinander bezogen. Für die psychiatrische Diagnose, die vom Arzt erstellt wird, ist der Vorgang des Diagnostizierens, die Befunderhebung ebenso wichtig wie das Ergebnis. Und zwar deshalb, weil es sich nicht um eine einfache Zuordnung von wahrgenommenen Störungen handelt, sondern von Anfang an um eine Interaktion zwischen Patient und Therapeut. ASSFALG und ROTHENBACH betonen: „Der Patient stellt sich mit seinen Problemen in einer ihm charakteristischen Weise verbal und averbal dar; der Therapeut nimmt diese verbalen und averbalen Mitteilungen selektiv wahr, verbindet das Wahrgenommene mit seiner Erfahrung, mit seinem Wissen, mit seinen theoretischen Vorstellungen und bildet daraus **diagnostische Hypothese**"[2]. Während die Befunderhebung in anderen medizinischen Disziplinen voraussetzt, daß man sich von der gefühlsmäßigen Einstellung auf den Patienten weitestgehend entfernt und versucht, zu einer möglichst objektiven Wahrnehmung der Symptome zu kommen, stellt sich in der Psychiatrie die Schwierigkeit, daß dies nicht ausreicht. Wesentliches erfährt man nur, wenn man sich mit seinen **eigenen Gefühlen in die Nähe des Patienten** begibt, d. h. wenn man sich auch einfühlt und dadurch empfänglich ist für die Gestimmtheit des Patienten, aber auch für seine Art, Beziehungen zu stiften oder zu vermeiden. Es ist also ein ständiges Pendeln zwischen distanzierter Beobachtung und nahem Einfühlen nötig, wobei die eigenen, während des Gesprächs aufkommenden Gefühle oft wichtigen ergänzenden Aufschluß über die aktuelle Befindlichkeit des Patienten geben.

In psychiatrischen Einrichtungen befindet sich ein Patient in sehr unterschiedlichen Situationen und tritt in Interaktion mit verschiedenen Menschen. Um ein möglichst **vollständiges Bild** von seinen Störungen und Stärken zu erhalten, werden Beobachtungen aus all diesen unterschiedlichen Situationen benötigt: Das Verhalten des Patienten bei Alltagsverrichtungen ist ebenso wichtig wie jenes in der Gesprächssituation und in der Ergotherapie. Die Befunderhebung ist nicht nur für die Diagnosestellung nötig, sondern auch zur Verlaufskontrolle. Veränderungen machen in der Regel Erfolge der Behandlung sichtbar, die jeweils weiteren Therapieschritte können daraufhin eingeleitet werden. Damit ist nicht ausgeschlossen, daß auch einmal eine vorübergehende Befundverschlechterung ein günstiges Zeichen sein kann – dann nämlich, wenn der Patient die Auseinandersetzung mit bisher vermiedenen Problemen wagt.

23.2 Ergotherapeutische Befunderhebung

Es wird immer wieder diskutiert, welche Informationen Ergotherapeutinnen für ihre Behandlungen benötigen. Auch wenn einiges dafür spricht, Patienten möglichst offen und unvoreingenommen zu begegnen, sie nicht zu früh mit Etiketten zu versehen, können mit Hilfe von Erfahrungen und Kenntnissen anderer manche Fehler vermieden und Ziele schneller gefunden werden. Ich kann zum Beispiel, wenn ich weiß, daß jemand schizophren ist, sein ausweichendes Verhalten als Versuch, Kontrolle zu behalten, verstehen und nicht als Bequemlichkeit (s. a. Kap. 21).

23.2.1 Voraussetzungen für den ET-Befund

In sozialpsychiatrischen Einrichtungen, in denen ETs direkt mit anderen Berufsgruppen zusammenarbeiten, werden Informationen über die einzelnen Patienten zusammengetragen, Erfahrungen ausgetauscht, sucht das Team nach einer gemeinsamen Zielsetzung.

Diese Informationen umfassen im wesentlichen:
1. Anamnestische Daten (soziale Herkunft, Entwicklung in Kindheit und Pubertät, Schulausbildung und beruflicher Werdegang, Freizeitgestaltung und weitere Entwicklung als Erwachsener)

2. Krankheitsverlauf und Umstände der Aufnahme (Ausbruch, Vorboten, Begründungsversuche des Patienten, bisherige Behandlungen, soziale und berufliche Situation zwischen den Krankheitsphasen)

3. aktuelle Situation (aktuelle Probleme, Symptome und Diagnose; aktueller psychosozialer Hintergrund wie Arbeit, Einkommen, Wohnen, Bezugspersonen, Einstellung des Patienten und der Angehörigen zur psychiatrischen Behandlung, Rehabilitationsziele)

4. gegenwärtige Therapien (Medikamente, Sozialtraining, Gesprächsgruppe, Sport, Außenaktivitäten).

Der eigentliche ET-Befund ist keine isolierte Momentaufnahme, sondern beschreibt einen – über einen kürzeren oder längeren Zeitraum sich erstreckenden – Prozeß.

23.2.2 Der Beurteilungsprozeß

Der Beurteilungsprozeß verläuft in drei Phasen.

1. Phase: Beobachtung mit Situationskennzeichen und Verhaltensmerkmalen

Beispiel: Ich beobachte in einer Gruppensitzung, daß Herr M. keine Beiträge von seinen Mitpatienten aufgreift, keine eigenen Gedanken in die Diskussion einbringt und auf Fragen von anderen kaum reagiert. Die „Beiträge der Mitpatienten", die „Diskussion" und die „Fragen von anderen" sind die jeweiligen Situationskennzeichen. „Nicht aufgreifen", „keine Gedanken einbringen" und „auf Fragen kaum reagieren" beschreiben die Verhaltensmerkmale. Ich konkretisiere demnach meine Verhaltensbeobachtung mit den für die Beobachtung relevanten Situationskennzeichen. Gleichzeitig dient die Beobachtung der Begründung meiner Beurteilung und gibt Hinweise auf die Vorhersage.

2. Phase: Beurteilung bestimmter Kriterien mit dem jeweiligen Ausprägungsgrad

Beispiel: Aufgrund der beschriebenen Beobachtungen können wir sagen, daß Herr M. nur gering kontaktfähig ist. „Kontaktfähigkeit" bildet das Kriterium, „gering" weist auf einen niedrigen Ausprägungsgrad hin.

3. Phase: Vorhersage (Prognose) mit Vorhersagemerkmalen und Situationskennzeichen

Die Prognose kann sich zum einen auf die nächsten Therapieeinheiten beziehen und ist dann wichtig für die Therapieplanung. Zum anderen ist sie auf die zukünftige Situation des Patienten in seinem Alltagsleben oder in seinem Beruf ausgerichtet. Die prognostischen Überlegungen machen deutlich, in welchen Situationen der Patient vermutlich vergleichbare Schwierigkeiten haben wird.

Beispiel: Die ungenügende Kontaktfähigkeit wird Herrn M. nicht ermöglichen, in Arbeitsgesprächen zu seinen Kollegen von sich aus Kontakt aufzunehmen sowie die eigene Meinung zu äußern und im Gespräch mit dem Vorgesetzten auf Fragen angemessen zu antworten. Vorhersagemerkmale sind: „Von sich aus Kontakt aufnehmen", „die eigene Meinung äußern" und „angemessen antworten". „Das Arbeitsgespräch" und „die Fragen im Gespräch mit dem Vorgesetzten" bilden die Situationskennzeichen.

D Spezielle Ergotherapie

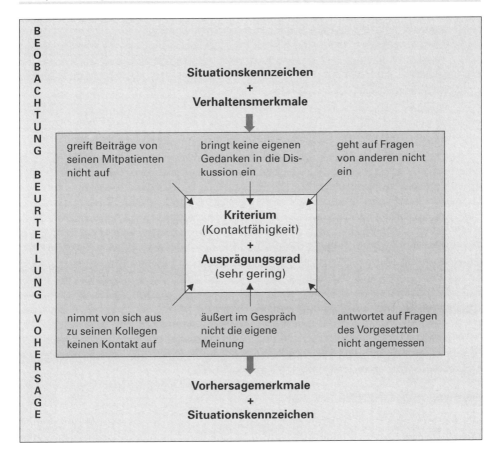

Modell des Beurteilungsprozesses

23.2.3 Zusammenhang zwischen dem Beurteilungsprozeß (Befunderhebung) und der Zielsetzung

Beobachtung und Beurteilung sind Vorgänge, die einen direkten Bezug zu den beiden unteren Ebenen der Zielhierarchie haben (s. a. Kap. 23.3): Die Beobachtungen geben Hinweis auf die Feinziele, die Beurteilung weist auf die Grobziele.

Diese kleine Zielhierarchie, die direkt vom ersten Befund abgeleitet wird, muß nach und nach auf allen Ebenen ergänzt werden. Insbesondere dann, wenn mit den anderen Berufsgruppen und dem Patient sein Rehabilitationsziel erabeitet wird, muß davon ausgehend die gesamte Zielhierarchie formuliert und mit dem aktuellen Befund abgestimmt werden.

Die prognostischen Überlegungen sind sehr wichtig und hilfreich für die Therapieplanung. Sie geben eine Orientierung, in welchen Situationen der Patient zurechtkommen wird, und welche wahrscheinlich eine Überforderung darstellen werden.

Zusammenhang zwischen Befund und Zielen	
Beobachtung	**Feinziel**
Herr M.	Herr M. soll
– greift Beiträge von seinen Mitpatienten nicht auf	– Beiträge von anderen aufgreifen
– bringt keine eigenen Gedanken in die Diskussion ein	– eigene Gedanken in ein Gespräch einbringen
– geht auf Fragen von anderen kaum ein	– Fragen von anderen beantworten
Beurteilung	**Grobziel**
Herr M. ist nur gering kontaktfähig	Herr M. soll seine Kontaktfähigkeit verbessern

23.2.4 Beobachtungskriterien

Der ergotherapeutische Befund umfaßt den persönlichen Eindruck, das Verhalten zu Therapeuten und Mitpatienten und die Störungen und Verhaltensauffälligkeiten, die sich in der Ergotherapie zeigen.

Persönlicher Eindruck

Wir nehmen an einem anderen Menschen zunächst sein äußeres Erscheinungsbild wahr – so wie er uns entgegentritt, und versuchen, von seinem Ausdrucksverhalten etwas von seinen Gefühlen, seiner Gestimmtheit und seinen Einstellungen zu erfahren (s. a. Kap. 18).
Viele Patienten haben Schwierigkeiten, ihr Befinden mitzuteilen, weshalb wir vielfach auf unsere Beobachtungen und Erfahrungen angewiesen sind.

Das äußere Erscheinungsbild

Das äußere Erscheinungsbild beschreibt den Menschen von seinem Körperbau her und gibt Hinweise darauf, wie er sich pflegt und kleidet, wie er auf seinen Körper achtet. Vernachlässigt jemand sein Äußeres, so kann dies Ausdruck seines psychischen Zustandes sein (Antriebshemmung, Verwirrtheit, Desinteresse, Affektverflachung bei chronisch Kranken). Es kann aber auch Hinweis darauf geben, daß ihm Äußerlichkeiten nicht so wichtig sind. Die Bewertung hängt von eigenen Vorstellungen ab, weshalb sie mit aller Vorsicht vorgenommen werden muß.

Beobachtungskriterien für das äußere Erscheinungsbild sind:
Körperbau: groß, klein, gedrungen, hager
Gesichtsschnitt: rund, oval, länglich
Gesichtsfarbe: blaß, rosig, grau, rote Wangen
Haare: Farbe, Dichte, Perückenträger
Kleidung: geordnet, vernachlässigt, unsauber, modisch, situationsgemäß
Körperpflege: sauber, ungepflegt, Körpergeruch.

D Spezielle Ergotherapie

Ausdrucksverhalten (das nonverbale Verhalten des Menschen)

Das Ausdrucksverhalten ist Teil der Psychomotorik und umfaßt im wesentlichen Stimme und Körpersprache.[3]

Der Klang der **Stimme**, die Tonhöhe, Artikulation, Lautstärke usw. sagen häufig mehr über den Sprecher aus als die inhaltliche Botschaft (s. a. Kap. 21). Über die Art des Sprechens (Wortwahl, Sprechgeschwindigkeit) können Wertvorstellungen, Intelligenz, Außen- bzw. Innenorientiertheit, Dominanz, das Ausmaß sozialer Kompetenz sowie Hinweise auf den Spannungszustand, die augenblickliche Stimmung des Betreffenden gewonnen werden. Wir bekommen Informationen darüber, ob jemand in seiner Kommunikation kongruent oder inkongruent (widersprüchlich) ist und welche Art von Beziehung die Gesprächspartner haben.

- Spricht jemand mit sehr leiser Stimme, so zwingt er die Zuhörer zu besonderer Aufmerksamkeit.
- Jemand, der langsam spricht, kann zum Ausdruck bringen, daß das momentane Geschehen für ihn zu schnell ist.
- Spricht jemand sehr aufgeregt, so kann das bedeuten, daß er sehr angeregt und neugierig ist, oder aber, daß er Angst hat.

Die **Körpersprache** ist neben unserer Stimme das wohl wichtigste Ausdrucksinstrument. In der Regel verhalten wir uns intuitiv und spontan. Wir haben aber auch eine Reihe von Verhaltensweisen, die im Laufe der Entwicklung erlernt wurden und die gezielt eingesetzt werden können. Ein Beispiel ist das Verhalten gegenüber einer Autoritätsperson. Bei der Beobachtung und Beurteilung des Ausdrucksverhaltens ist es wichtig, nicht einzelne Elemente aus dem Zusammenhang zu isolieren und nach vereinfachten Schemata vorzugehen. Alle Signale unserer Körpersprache sind mehrdeutig; wir unterliegen einer Reihe von Beurteilungsfehlern (s. a. Kap. 18). Deshalb ist es hilfreich, Patienten auf bestimmte Verhaltensweisen aufmerksam zu machen, ohne diese selbst vorschnell zu interpretieren.

Bestandteile der Körpersprache sind **Gesichtsausdruck, Kopf- und Körperhaltung**.

- Ein Zuhörer, der mit dem Kopf nickt, bekräftigt seine Kontaktbereitschaft und sein Interesse.
- Ein Zuhörer oder Sprecher, der seine Hand an den Hals legt, drückt oft symbolisch aus, daß er sich beengt und bedrückt fühlt.
- Plötzliches Lächeln kann vielerlei Bedeutung haben. Manche Menschen lächeln unbewußt, wenn sie Kritik oder Ärger äußern; sie bitten symbolisch damit um Verzeihung.
- Chronisches Lächeln ist häufig der Versuch, die Umwelt für sich einzunehmen oder zu verführen.

Besonderen Mitteilungswert haben hier die Position der Arme und Beine, die Haltung des Rumpfes und der Schultern (Körperachse), die Hände, die Raumposition und der interpersonale Raum (der physische Abstand zu den Kommunikationspartnern). Über die **Körperhaltung** wird insbesondere ausgedrückt, ob jemand kontaktbereit und offen ist, oder ob er lieber auf Distanz bleiben will.

- Eine häufig genutzte Verteidigungsposition vieler Menschen besteht darin, daß sie die Arme vor der Brust kreuzen, die Beine übereinanderschlagen und ihre Schultern hochziehen.
- Wer seine Hände hinter dem Rücken hält, kann damit symbolisch zum Ausdruck bringen, daß der andere ihm nicht auf die Finger schauen, nichts von ihm, seinem Vorhaben, erfahren soll.

Es gibt ein ungeschriebenes Gesetz, das darüber bestimmt, wieviel physischen Raum wir um uns herum brauchen. Dieser **personale Raum,** der auch kulturspezifisch ist, ist zusätzlich von der Beziehung, die wir zu einer anderen Person haben, von der Situation und von momentanen Gefühlen abhängig. Fühle ich mich weniger wohl und sicher, so vergrößert sich mein personaler Raum. Wird dieser durch andere verletzt, kommt mir jemand zu nahe, so entstehen Spannungen, eventuell sogar Aggressionen.
Insbesondere bei schizophrenen Patienten müssen wir sehr darauf achten, daß wir die Grenzen nicht überschreiten und ihnen nicht zu nahe kommen.

Beobachtungskriterien für das Ausdrucksverhalten

Körper: aufrecht, steif, unbeweglich, straff, gespannt
Kopf: sitzt etwas schief auf dem Rumpf, gesenkt, nach vorne gestreckt
Gesicht: verzerrt, gelöst
Augen: niedergeschlagen, starrend
Mund: schmollend, spöttisch, schmunzelnd
Bewegungen insgesamt: energisch, ausladend, zaghaft, eckig, plump, schwerfällig, verlangsamt
Handlungen: schnell, exakt, ordentlich, flüchtig
Gesicht/Mimik: im Ausdruck traurig, argwöhnisch, freundlich, erstarrt, leer, grimassierend, zuckend, lebhaft, spöttisch
Blick: verträumt, leer, fixierend, stechend; Blickrichtung: gerade, nach oben oder unten
Hände: Fäuste werden geballt, Finger trommeln auf dem Tisch, ziehen am Haar oder reiben am Kinn, „fummeln" an Gegenständen
Gestik: sparsam, übertrieben, gesteuert, ungesteuert
Händedruck: kräftig, zögernd, gleichgültig, müde, schlaff
Gang: steif, geschmeidig, leicht, plump, wuchtig, klein- oder großschrittig
Lachen: explosiv, glucksend, kichernd, gezwungen
Stimme: sanft, schwach, nasal, schrill, schroff
Sprechweise: stammelnd, geschwätzig, sparsam, unartikuliert, gewandt, wortreich, gewählt, mit Dialekt oder Jargon, frei, gehemmt, gehetzt, fließend, stockend, abgehackt.

Verhalten zu Therapeuten und Mitpatienten

Ist der Patient kontaktbereit, offen, zugewandt, gesprächsbereit oder verschlossen, unsicher, ambivalent, unterwürfig, fordernd?
Nimmt er von sich aus Kontakt auf, holt er sich Informationen, Hilfe?
Wie verhält er sich in der Patientengruppe? Ist er oder sie integriert, freiwillig oder unfreiwillig abseits, tolerant oder nur auf die eigenen Vorteile bedacht?

D Spezielle Ergotherapie

Symptome / Störungen und Verhaltensauffälligkeiten

Affekte sind eng verbunden mit dem Körper; auch kognitive Leistungen werden von den Gefühlen beeinflußt. Trotz dieser Zusammenhänge soll hier eine Unterteilung in verschiedene Bereiche vorgenommen werden, um therapeutische Ziele genauer beschreiben zu können und damit die Entscheidung für eine Therapiemethode zu erleichtern.

Die angeführten Störungen und Schwierigkeiten erheben keinen Anspruch auf Vollständigkeit. Die zu einer bestimmten Erkrankung gehörenden speziellen Symptome sind im Teil E angeführt.

Emotionaler Bereich

Verhaltensäußerungen oder Konsequenzen von
- geringem Selbstvertrauen: Der Patient traut sich nichts zu, ist unsicher, meidet neue und unbekannte Situationen, ist resignativ, ratlos, mißtrauisch, hat Minderwertigkeits- oder Insuffizienzgefühle
- gesteigertem Selbstvertrauen: Der Patient traut sich alles zu, fühlt sich omnipotent
- affektiver Verstimmtheit: Der Patient ist gereizt, mißmutig, depressiv, verzweifelt, hoffnungslos, euphorisch
- Angst: Der Patient hat Angst vor dem Alleinsein; Angst, abgelehnt zu werden, Versagensangst, Phobien
- Affektlabilität: Der Patient ist abnorm beeinflußbar, unbeständig, launisch, nicht belastbar
- geringer Frustrationstoleranz: Der Patient gibt gleich auf, ist gereizt, resigniert
- Aggressionshemmung: Der Patient läßt alles mit sich geschehen, nimmt Kränkungen, Unrecht und ähnliches widerstandslos hin
- Aggressionserhöhung: Der Patient ist gereizt-mißmutig, klagsam-nörgelnd, wütend; er greift andere oder sich tätlich an.

Kognitiver Bereich

Verhaltensäußerungen oder Konsequenzen von
- Wahrnehmungsstörungen: einzelne Wahrnehmungsfunktionen sind ausgefallen; die Wahrnehmungsintensität ist vermindert oder gesteigert, die Größen- und Gestaltwahrnehmung ist verändert; es treten Halluzinationen auf, Derealisations- und Depersonalisationsgefühle
- Auffassungsstörungen: die Auffassung ist verlangsamt, flüchtig, falsch (Wahn), erschwert
- Konzentrations- und Aufmerksamkeitsstörungen: Der Patient ist stark ablenkbar, wenig ausdauernd, zerstreut, unaufmerksam, sprunghaft, inflexibel und haftend (Einengung der Aufmerksamkeit)
- Denkstörungen: Denkhemmung (verlangsamtes Denken), Ideenflucht (beschleunigtes Denken, eingeengtes Denken, Gedankensperrungen, Gedankenabreißen
- Gedächtnisstörungen: Der Patient vergißt alles sofort wieder (Kurzzeitgedächtnis, Merkfähigkeit); er erinnert sich nicht an länger Zurückliegendes (Altzeitgedächtnis).

Sozioemotionaler Bereich

Verhaltensäußerungen oder Konsequenzen von
- Kontaktschwierigkeiten: Der Patient ist im Kontakt flüchtig, kontaktarm, bindungsunfähig, er isoliert sich
- geringem Durchsetzungsvermögen: Der Patient gibt sofort auf, besteht nicht auf seinem Recht, übernimmt nie die Führungsrolle, zeigt keine Initiative
- übersteigertem Durchsetzungsvermögen: Der Patient setzt sich über alles hinweg, kennt keine Grenzen, zeigt starken Geltungsdrang, agiert ständig
- Unselbständigkeit: Der Patient braucht ständig Hilfe in Form von Erklärungen; er muß immer wieder aufgefordert, ermutigt, motiviert werden
- unsozialem Verhalten: Der Patient zeigt keine Solidarität, gewährt keine Hilfe, setzt sich über die Bedürfnisse der anderen hinweg, setzt andere herab, ist unkooperativ, kritiksüchtig, akzeptiert keine Normen und Regeln.

Psychomotorischer Bereich

Verhaltensäußerungen oder Konsequenzen von
- Antriebsverminderung: Der Patient ist antriebslos, stumpf, gleichgültig, entscheidungsschwach, gehemmt, stuporös, verlangsamt, schwunglos, einsilbig, willenlos mit mangelnder Entschlußbereitschaft und -fähigkeit
- Antriebssteigerung: Der Patient ist neugierig, strebsam, getrieben, ruhelos, enthemmt, impulsiv, erregt
- motorischen Einschränkungen: Der Patient zittert, kann seine Muskelkraft nicht richtig dosieren, hat Koordinationsschwierigkeiten, ist ungeschickt im Bereich der Fein- oder Grobmotorik, im Umgang mit Werkzeug und Maschinen.

Hat ein Patient besondere Schwierigkeiten im lebenspraktischen Bereich oder im Freizeitbereich, so ist es sinnvoll, hierfür einen eigenen Befund zu erstellen. In sozialpsychiatrischen Einrichtungen fallen diese beiden Bereiche nicht ausschließlich in die Kompetenz der Ergotherapeutin. Krankenpflegekräfte mit Zusatzausbildung übernehmen nicht selten in Kooperation mit den Ergotherapeutinnen diese Aufgaben.

Der lebenspraktische Bereich umfaßt:
- allgemeine Haushaltsarbeiten: Betten machen, Bettwäsche wechseln, Fußböden reinigen, abstauben, Küche putzen, Badezimmer und WC reinigen, Fenster putzen, Blumenpflege
- Essenplanung und Einkauf
- Essenszubereitung
- Mahlzeiten servieren, Essensnachbereitung
- Wäsche- und Kleiderpflege
- Persönliche Körperpflege
- Umgang mit Post- und Briefverkehr
- Umgang mit Geld und Geldinstituten
- Nutzung von öffentlichen Verkehrsmitteln

Der Freizeitbereich umfaßt:
- Hobbies (früher – heute)
- Sportliche Aktivitäten
- Teilnahme an kulturellen Veranstaltungen
- Vereinstätigkeit
- Kontakte zu Freunden und Bekannten (Stellenwert und Bedürfnisse)

23.3 Ergotherapeutische Zielsetzung

Die Bestimmung von Zielen ist von Bedeutung für die Auswahl der therapeutischen Maßnahmen. Ihr ist demnach besondere Aufmerksamkeit zu widmen. Therapeutische Ziele können auch als Lernziele bezeichnet werden, da die Zielvorstellungen der Therapie formal mit denen der Pädagogik übereinstimmen. Die Therapie löst die Pädagogik da ab, wo Defizite zu groß werden und der Behinderungsgrad höher wird. Lernziele geben an, welches erwünschte Verhalten nach Einsetzen eines bestimmten Verfahrens erreicht werden soll. Mit Hilfe von Zielen kann der Therapieverlauf strukturiert, d. h. in „kleine Schritte" aufgeteilt und damit überschaubar gemacht werden.

In der Ergotherapie können Ziele wie folgt unterteilt und beschrieben werden:

Das Rehabilitationsziel*

Das Rehabilitationsziel ist eine allgemein gehaltene Formulierung, die umschreibt, was in Hinblick auf den Lebensbereich (Wohnen, Arbeit, Freizeit) eines Patienten/Klienten erreicht werden soll. Dieses Rehabilitationsziel kann gleichzeitig – entsprechend eines (gesetzlichen o. a.) Auftrages – das Ziel der Institution (Werkstatt für Behinderte z. B.) sein. Es hat dann Gültigkeit für alle Patienten, wobei die individuellen Probleme und Bedürfnisse des einzelnen immer Berücksichtigung finden müssen.

Das Rehabilitationsziel soll von allen, die in irgend einer Weise mit dem Patienten/Klienten zu tun haben (Arzt, Pflegekraft, Sozialarbeiter, Ergotherapeutin, Reha-Beauftragter und weitere), vom Patienten/Klienten selbst und seinen Angehörigen erarbeitet und bei Bedarf den veränderten Gegebenheiten flexibel angepaßt werden. Um das Rehabilitationsziel bestimmen zu können, muß der Patient die Akutphase seiner Erkrankung überwunden haben. Erst nach dem Abklingen der zunächst oft vorherrschenden psychotischen Symptome lassen sich Perspektiven auf der Basis des vorhandenen psychosozialen Hintergrundes mit den oben genannten Personen entwickeln. Fremdanamnestische Daten und besondere, eventuell schon länger bestehende Probleme (im Wohnbereich beispielsweise), lassen sich schon zu einem frühen Zeitpunkt erheben.

Rehabilitationsziele können sein:
- soziale Integration am Arbeitsplatz
- Ausbildungsbeginn
- selbständige Lebensführung
- außerfamiliäre soziale Integration
- familiäre Integration
- Integration in ein Wohnheim

---

* Für manche Arbeitsfelder der Ergotherapie wie zum Beispiel dem Jugendstrafvollzug ist statt von Rehabilitation von Resozialisierung zu sprechen, da letzteres gesetzlich verankert ist. Statt Rehabilitations- und Richtziel finden auch die Begriffe Richtziel 1. Ordnung und Richtziel 2. Ordnung Verwendung.

Das Richtziel

Richtziele beinhalten konkretere Angaben, was jede einzelne Berufsgruppe in Hinblick auf die Rehabilitation eines Patienten/Klienten unterstützen kann. Das heißt, jede Berufsgruppe formuliert eines oder evtl. mehrere Richtziele, die gleichzeitig und/oder nacheinander verfolgt werden. Hat ein Patient keine besonderen Probleme in einem der oben genannten Lebensbereiche, wie dies häufiger bei psychosomatischen und neurotischen Patienten ist, so bildet das Richtziel die Spitze der Hierarchie.

Richtziele der Ergotherapie können sein
- Erweiterung der Handlungskompetenz
- Erwerb von sozialen Kompetenzen
- Erwerb von instrumentellen Fertigkeiten
- Verbesserung psychischer Grundfunktionen
- Entfaltung und Selbstverwirklichung der Persönlichkeit
- Verbesserung der Kommunikationsfähigkeit
- Verbesserung kognitiver Funktionen
- Verbesserung der lebenspraktischen Kompetenz

Das Grobziel

Grobziele geben die Therapieziele für eine oder für mehrere darauffolgende Therapieeinheiten an. Sie können sich auf Basisfähigkeiten/-leistungen beziehen (Beispiel: Kommunikationsfähigkeit) oder auf spezielle Fertigkeiten, die dann für ganz bestimmte Tätigkeiten gebraucht werden (Beispiel: einen Einkauf tätigen). Es ist sinnvoll, die formulierten Grobziele nicht beliebig zu verfolgen, sondern sie nach therapeutischen und/oder pädagogischen Überlegungen zu staffeln. Geht aus dem Befund beispielsweise hervor, daß ein Patient sehr kontaktgehemmt und nicht in der Lage ist, sich durchzusetzen, so wird es zweckmäßig sein, zuerst die Kontaktfähigkeit anzubahnen, da sie Voraussetzung ist für die Fähigkeit, sich durchzusetzen.

Grobziele können sein
- Planung und Vorbereitung einer Handlung (allgemein oder konkret)
- Verbesserung der Kritikfähigkeit
- Erweiterung der Frustrationstoleranz
- Entwicklung von Kooperationsbereitschaft
- Entwicklung der Kontaktfähigkeit
- Verbesserung der Introspektionsfähigkeit
- Nutzung von Freizeitangeboten

Das Feinziel

Feinziele beschreiben, was der Patient in einer in sich abgeschlossenen Therapieeinheit erreicht haben soll. Das angestrebte Feinziel wird mit Hilfe eines Gütemaßstabes möglichst genau festgelegt. Dieser Gütemaßstab wird als Qualitätsanspruch in allen Fähigkeitsbereichen (kognitiv, psychomotorisch, emotional und sozio-emotional) bestimmt und ist personen- oder produktorientiert.

D Spezielle Ergotherapie

Feinziele können sein
Der Patient soll
- die eigene Arbeitsleistung nach vorher besprochenen Kriterien beurteilen (personenorientierter Gütemaßstab)
- die Vereinbarungen bezüglich der Rauchpausen einhalten (personenorientiert)
- die Wandung der Schale gleichmäßig formen (produktorientiert)
- von sich aus eigene Ideen äußern (personenorientiert)
- bei auftretenden Schwierigkeiten sich eigenständig Hilfe holen (personenorientiert)
- den Arbeitsplatz unaufgefordert aufgeräumt zurücklassen (personenorientiert)

Zielhierarchie

Beispiel für eine Zielhierarchie

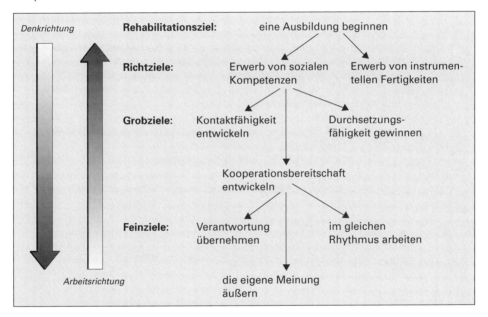

Soll eine Zielhierarchie erstellt werden, so muß mit dem Rehabilitationsziel begonnen werden. Es bildet die Spitze, von dem die weiteren Ziele, zunächst bis zur Grobzielebene, auszudifferenzieren sind (**Denkrichtung**).
Ergaben sich aus dem ergotherapeutischen Befund mehrere Grobziele, so ist es sinnvoll, diese in eine zeitliche Rangordnung zu bringen wie oben beschrieben. Wie auch schon erwähnt, stehen die Feinziele in enger Verbindung mit einzelnen Therapieeinheiten und damit mit der gestellten oder vom Patienten selbst gewählten Aufgabe und den therapeutischen Interventionen. Hat der Patient Fortschritte bezüglich der Feinziele und damit des sich daraus ergebenden Grobzieles gemacht, so können die nächsten Grob- und Feinziele angestrebt werden. Der **Arbeitsweg** nimmt seinen Ausgang an der Basis der Hierarchie, und nach und nach führt das Bewältigen von Grobzielen zur Erreichung von Richtzielen und diese wiederum zum Rehabilitationsziel.

Diese schematische Darstellung des Denk- und Arbeitsweges muß in der Praxis flexibel gehandhabt werden. Zum einen kann beim Patienten nicht von einer gleichbleibenden Verbesserung seines Zustandes ausgegangen werden (es gibt häufig Vor- und Rückschritte). Ein anderes Problem ist, daß die Gruppenbehandlung mit häufig großer Teilnehmerzahl die individuelle Behandlung nicht in der Weise ermöglicht wie die Einzeltherapie. Eine flexible Handhabung muß und soll aber nicht bedeuten, auf Ziele ganz zu verzichten. Zielgerichtetes Vorgehen in der Ergotherapie und in der psychiatrischen Praxis insgesamt hilft zu verhindern, daß der Patient nach oft zu langer Behandlungszeit zu den bestehenden Problemen (keine Arbeit, Isolation usw.) zurückkehrt. Ein baldiger Rückfall ist nicht selten damit vorprogrammiert.

Zusammenfassung

Für die psychiatrische Diagnose ist die Befunderhebung ebenso wichtig wie das Ergebnis. Der Vorgang des Diagnostizierens erfordert ein ständiges Pendeln zwischen distanzierter Beobachtung und nahem Einfühlen, ist also ohne Interaktion zwischen Patient und Therapeut nicht möglich.

Voraussetzung für die ergotherapeutische Befunderhebung sind anamnesische Daten, Informationen bezüglich des Krankheitsverlaufes und der Umstände der Aufnahme, der aktuellen Situation und der gegenwärtigen Therapien.

Die ergotherapeutische Befunderhebung ist ein Prozeß, der in drei Phasen (Beobachtung – Beurteilung – Vorhersage) verläuft.

Der eigentliche Befund umfaßt:
- den persönlichen Eindruck (das äußere Erscheinungsbild und das Ausdrucksverhalten)
- das Verhalten zu anderen Therapeuten und zu Mitpatienten
- die eigentlichen Symptome, Störungen und Verhaltensweisen, die sich im affektiven, kognitiven, psychomotorischen, sozio-emotionalen und lebenspraktischen Bereich sowie im Freizeitbereich zeigen.

Die Bestimmung von Zielen ist wichtig, da alle weiteren Entscheidungen (Auswahl der Methode und der Therapiemittel, therapeutisches Vorgehen) davon abhängen. In der Ergotherapie werden (ausgehend von dem Rehabilitationsziel, das gemeinsam mit dem Patienten, den Therapeuten und Angehörigen bestimmt werden soll) Richt-, Grob- und Feinziele definiert.

Zur Erstellung (Denkrichtung) der Zielhierarchie ist es notwendig, mit der Spitze (Reha-Ziel) anzufangen. Bei der Umsetzung (Arbeitsrichtung) beginnen wir mit den Feinzielen, die die Basis bilden.

Weiterführende Literatur:
Scharfetter, Ch.: Allgemeine Psychopathologie. Thieme Verlag 1985
Vopel, K. W.: Handbuch für Gruppenleiter. Isko Press Verlag 1980

24 Spezielle theoretische Grundlagen für die Ergotherapie in der Psychiatrie und Psychosomatik

> **Ziele**
>
> In der Ergotherapie kann von einem ergebnisorientierten und von einem prozeßorientierten Schwerpunkt ausgegangen werden. Diesen beiden Schwerpunkten werden (versuchsweise) Ansätze der Handlungstheorie und der Objektbeziehungstheorie zugrunde gelegt. Der Leser soll mit diesem Denkmodell vertraut gemacht werden und die Theorien kennenlernen.

24.1 Merkmale der Ergotherapie in der Psychiatrie und Psychosomatik

Ergotherapie ist ein bewußter, geplanter, interaktioneller Prozeß. Die Ergotherapeutin schließt mit dem Patienten ein Arbeitsbündnis (s. Kap. 11), definiert auf der Grundlage ihres Befundes möglichst gemeinsam mit ihm Ziele und setzt ihre therapeutischen Mittel unter psychologischen Gesichtspunkten ein. Des weiteren begründet sie ihr Handeln auf den theoretischen Erkenntnissen von normalem und pathologischem Verhalten.

In der Ergotherapie wird der Patient aufgefordert, etwas zu tun. **Handeln,** Tätig-Sein ist **Teil der menschlichen Natur.** PIAGET[4] weist auf die zentrale Bedeutung des Handelns für den Erwerb von Erkenntnissen hin. Kinder lernen zunächst dadurch, daß sie Objekte betrachten, in die Hand nehmen und immer wieder suchen. PIAGET betont, daß jede Erkenntnis mit Hilfe von Handlungen konstruiert werden muß, auch wenn sie nur als verinnerlichte Handlungen im Individuum ablaufen. Innere Handlungen oder Operationen sind also, obwohl sie im Geiste stattfinden, der direkten Manipulation materieller Gegenstände verwandt. Nur weil das Kind oft die Rolle anderer Personen gespielt hat, erfaßt es, daß andere Personen eine bestimmte Situation anders sehen können als es selbst. Durch das Handeln assimiliert das Kind nach und nach die Welt. Fehlen dem Kind oder dem Erwachsenen Gelegenheiten zum Handeln, oder ist jemand durch Krankheit, Traumata oder andere Faktoren darin gehindert, so droht ihm der Ausschluß von notwendigen und befriedigenden Betätigungen in und mit der Gesellschaft. Die Folge ist, daß er auf Hilfe von außen angewiesen ist und in der Regel sich sein Leiden verschlimmert.[5]

Die Aufforderung, in der Ergotherapie zu handeln, kann sich für den Patienten sowohl auf selbständige Lebensführung, auf Arbeit oder Freizeitgestaltung beziehen und verlangt von ihm die Auseinandersetzung mit der Normalität und damit mit der Realität. Dieses Handeln ist entweder auf ein bestimmtes, vorher festgelegtes Ergebnis und damit Ziel ausgerichtet (Erstellung eines Tongefäßes bestimmter Größe und Form zum Beispiel) oder es wird darauf verzichtet, so daß der Patient sich von seiner Stimmung leiten lassen kann. Er nimmt beispielsweise ein Stück Holz und läßt eine Form entstehen.

24.2 Schwerpunkte der Ergotherapie

Ausgehend von den oben beschriebenen Handlungsweisen (mit oder ohne konkretem Ziel) lassen sich für die Ergotherapie zwei Schwerpunkte unterscheiden, und zwar

1. einen ergebnisorientierten Schwerpunkt,
2. einen prozeßorientierten Schwerpunkt.

Beim ergebnisorientierten Ansatz gibt es eine klare Ausgangssituation (ein Bedürfnis, eine Störung o. ä.), einen Weg, der zuvor festgelegt wurde und ein Ziel, das erreicht werden soll.

Beispiel: Ein Patient hat Konzentrationsschwächen und möchte diese verringern. Die Therapeutin bespricht mit ihm ein Trainingsprogramm. Der Patient führt dieses durch und kann immer wieder, insbesondere aber am Ende prüfen, inwieweit sich seine Konzentrationsfähigkeit verbessert hat.

Dieser recht lineare Vorgang bildet also eine einfache Schlußfolgerungskette von Antrieb/Bedürfnis – Weg – Ziel.

Menschliches und damit auch ergotherapeutisches Tun ist in der Regel nicht so linear, sondern wird beeinflußt von vielen innerpsychischen und äußeren Faktoren im Sinne von psychosozialen Wechselwirkungen wie CIOMPI u. a. dies beschreiben (s. Kap. 14). Der **Patient stellt** in der Ergotherapie nicht nur etwas her, sondern **sich selbst auch dar.** Er tritt in Beziehung zu seinem Material und zu seinem Werkstück. Damit kommt den Gefühlen, Wünschen, Vermeidungen usw., die im und durch das Tun auftauchen, dem Prozeß also, besondere Bedeutung zu. Soll demnach das Erleben stärkere Beachtung finden, so müssen Ziel und Weg offener bleiben (oder bei Bedarf geöffnet werden), müssen psychodynamische Prozesse sich entwickeln können. Neben der objektiven Realität, die sich z. B. in dem Seidenmalbild zeigt, können wir in der Ergotherapie auch intrapsychische Vorgänge wie Freude oder Abneigung und interaktionelle wie Selbständigkeit oder hilfloses Nachfragen beobachten.

SCHARFETTER beschreibt in seiner Definition von Gesundheit, daß es für jeden Menschen wichtig ist, sich selbst zu verwirklichen, in lebendiger Beziehung zu anderen Menschen zu sein und den Anforderungen der Welt nachzukommen (s. Kap. 1.2). Viele psychisch Kranke und nicht nur sie, kennen sich selbst mit ihren Wünschen, Bedürfnissen, Stärken und Schwächen zu wenig, erleben sich als nicht ausreichend selbsttätig, sind in ihrer **Beziehungfähigkeit und Handlungsfähigkeit eingeschränkt.** So scheint es hilfreich, in der Ergotherapie beide Schwerpunkte zu nutzen – nicht streng getrennt im Sinne eines Entweder-oder, sondern je nach Erfordernis sowohl den ergebnis- als auch den prozeßorientierten Ansatz. Der oben skizzierte Patient mit den Konzentrationsschwierigkeiten merkt, daß er trotz vorhandener Motivation und anfänglichem Erfolg vorzeitig ermüdet und lustlos wird. Hier könnte es notwendig sein, (vorübergehend) das „Erleben" in den Mittelpunkt zu rücken, um mit dem Patienten herauszufinden, was Ursache seiner Befindlichkeit ist.

D Spezielle Ergotherapie

24.3 Versuch einer theoretischen Zuordnung

Beim ergebnisorientierten Schwerpunkt der Ergotherapie geht es um die Planung, Durchführung und Überprüfung von Handlungen und damit um das Erreichen eines Zieles im Sinne eines konkreten Ergebnisses. Ansätze der Handlungstheorie können deshalb als Basis genutzt werden. Demgegenüber geht es beim prozeßorientierten Schwerpunkt stärker um das Erleben und die damit verbundenen Gefühle und Gedanken. KAYSER, SCHANZ und VON ROTBERG[6] haben in ihren theoretischen Ausführungen zu Objektbeziehungen und Ergotherapie die Beziehung und den Erlebensprozeß in den Mittelpunkt gestellt. Damit schaffften sie Ansätze einer theoretischen Grundlage für den prozeßorientierten Schwerpunkt in der Ergotherapie.

24.4 Handlungstheoretische Ansätze als Basis für den ergebnisorientierten Schwerpunkt der Ergotherapie

24.4.1 Eingrenzung und Definition

Wie schon oben angeführt, ist das Handeln für den Menschen von zentraler Bedeutung. Der Begriff Handlung wird **nicht einheitlich** genutzt. Im alltäglichen Sprachgebrauch steht er für Etwas-Tun, Sich-Betätigen, Sich-Verhalten u. ä. In der Wissenschaft wird er enger gefaßt, wobei es nicht eine Theorie, sondern mehrere theoretische Modelle (HACKER 1986, VOLPERT 1982) gibt, die sich mit dem Begriff aus psychologischer (insbesondere aus arbeitspsychologischer) Sicht befaßt haben. Gemeinsame Grundlage der moderneren Ansätze der Handlungstheorie ist die Annahme, daß menschliches Handeln bewußt und zielgerichtet ist. Es entspricht dem Wesen des Menschen, „Aufgaben zu übernehmen, sich selbständig Ziele zu setzen und diese 'selbstregulierend', ohne besondere Vorschriften und Anweisungen 'von außen', zu erreichen.[7] Handeln wird von der Arbeitspsychologie vorwiegend im Zusammenhang mit Erwerbsarbeit betrachtet. Die grundsätzlichen Aussagen der Theorien sind meines Erachtens genauso für Alltagshandeln nützlich und damit für die Ergotherapie insgesamt von Bedeutung.

HACKER beschreibt den Begriff Handlung als eine in sich abgeschlossene Einheit, die durch ein bewußtes Ziel zu einem selbständigen, abgrenzbaren Grundbestandteil der Tätigkeit wird.[8]

Eine Tätlgkeit für Herrn K., der neu in der Ergotherapie ist, könnte sein, ein Tablett aus Peddigrohr zu flechten. Diese Tätigkeit beinhaltet mehrere Handlungen, die, nacheinander ausgeführt, das Endprodukt ergeben werden.

Jede Handlung verläuft also in bestimmten Phasen, wobei die dargestellte Reihenfolge variieren kann. Die Einteilung und Beschreibung der folgenden Phasen lehnt sich an HACKER[9] und KOSSAKOWSKI[10].

24.4.2 Phasen im Handlungsablauf

Folgende Phasen lassen sich unterscheiden:

1. **Handlungsantrieb (Vorsatzbildung):** Jede Handlung braucht einen Antrieb, der entweder von außen (Auftrag, Belohnung) oder durch ein eigenes Bedürfnis (Hunger, Wunsch nach Anerkennung z. B.) hervorgerufen werden kann. Herr K. hat sich selbst vorgenommen, ein Peddigrohrtablett zu flechten. Sein Antrieb (Motivation) ist, dieses einer Bekannten zu schenken, um ihr eine Freude zu machen.

2. **Handlungsorientierung und Entwurf von Handlungsprogrammen:** Ein Ziel oder Teilziele werden ins Auge gefaßt, eine Entscheidung getroffen, eine gedankliche Orientierung findet statt, Kenntnisse, Erfahrungen werden überprüft, aktuell wirksame Informationen aufgenommen und verarbeitet, Wege und Mittel zur Erreichung der Ziele untersucht und aktualisiert und Hypothesen aufgestellt. Auf dieser Grundlage wird dann das Entwerfen von Aktionsprogrammen (Bild des Ergebnismodells, z. B. vom fertigen Tablett), Handlungsentwürfen oder -mustern möglich.

3. **Handlungsentschluß:** Da häufig gleiche Ziele auf unterschiedliche Weise erreicht werden können, ist es notwendig, sich für bestimmte Ziele und Realisierungsebenen zu entscheiden. Mit dem Vorsatz zum Verwirklichen des ausgewählten Weges als Ergebnis des Entschließens erfolgt der Übergang von der Handlungsvorbereitung zum Handlungsvollzug.

4. **Handlungsausführung:** Unter ständigem Rückbezug auf die im Handlungsprogramm festgelegten Ziele und Realisierungswege wird die Handlung ausgeführt. Vergleich – Veränderung – Vergleich bilden eine zyklische Struktur.

5. **Handlungskontrolle:** Handlungsergebnisse werden überprüft und Handlungsziel und -ergebnis miteinander verglichen.

Im konkreten Handlungsprozeß greifen diese Phasen ineinander über. Es kann immer auch Vor- und Rückgriffe geben, das innere Handlungsprogramm kann auch während der Ausführung schrittweise erarbeitet bzw. produziert werden.

Fällt eine oder fallen mehrere Funktionseinheiten weg bzw. werden sie übersprungen, so kann nicht mehr von einer bewußten und zielgerichteten Handlung gesprochen werden.

24.4.3 Die Regulationsebenen der Handlung

Handlung läßt sich als Hierarchie sich einschließender **zyklischer Regulationseinheiten** darstellen. Die Struktur des Handelns ist also hierarchisch-sequentiell organisiert. Die Handlung ist beendet, wenn auf der höchsten Ebene das Ziel erreicht ist. In dieser Hierarchie lassen sich nach Volpert[11] mindestens drei Ebenen der Ausführungsregulation von Handlung unterscheiden, die sensumotorische, die perzeptiv-begriffliche und die intellektuelle.

Auf der **sensumotorischen Regulationsebene** befinden sich die Basiseinheiten, die unselbständige und stereotype Handlungsabläufe (eine Schere in die Hand nehmen z. B.) ermöglichen und reflexhaft ablaufen. Es sind Handlungseinheiten, die mehrfach wiederholt, eingeschliffen und stabil sind und in der Hierarchie nach unten geschoben wurden, wodurch Kapazität für die Lösung immer komplexerer Probleme frei wird.

D Spezielle Ergotherapie

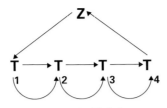

Die zyklische Einheit
(entnommen aus: Volpert 1982, p. 41)

Man kann sich vorstellen, wie verunsichernd und erschwerend es für schizophrene Patienten mit Basisstörungen ist, wenn sie einfache automatisierte Handlungen nicht mehr oder nur mit großem Aufwand (besonders hohe Aufmerksamkeit z. B.) durchführen können.

Der mittleren **perzeptiv-begrifflichen Regulationsebene** werden sogenannte Fertigkeiten zugeordnet. Diese sind ebenfalls stereotyp und automatisiert, passen sich jedoch flexibel an verschiedene Situationsbedingungen an. Ihre Bestandteile, die sehr effektiv und meist intellektuell reguliert sind, sind stets bewußtseinsfähige Wahrnehmungen, Vorstellungen usw. (z. B. einen Kreis in einer bestinmten Größe ausschneiden).

Die Vorgänge auf der höchsten, der **intellektuellen Regulationsebene** laufen bewußt ab und sind meist sprachgebunden. Es handelt sich hier nicht um rigide Schemata, sondern um heuristische Handlungsregeln und verallgemeinerte Verfahren, die die Beziehungen zwischen dem Subjekt und seiner Umwelt unter schwierigen Bedingungen aufrechterhalten. Solche übergeordneten, abstrahierenden Strategien können bei vielen Einzelproblemen eines Handlungsbereichs den Erfolg sichern. Handlungsabläufe werden kognitiv antizipiert. (Beispiel: die ausgeschnittenen Kreise werden gedanklich zu einem Bild geordnet.)

Das Vorhandensein von Kompetenzen auf allen drei Ebenen ermöglicht die selbständige Erarbeitung von Orientierungsgrundlagen für neue Handlungen. Dabei geht es darum, daß eine Person entsprechend den Bedingungen der jeweiligen Situation und Aufgabe und der eigenen Möglichkeiten, die Ziele, Realisierungswege, Lösungsschritte und Motive ihrer Tätigkeit selbst bestimmt und kontrolliert. Die Handlungsvoraussetzungen, die durch Sozialisationsprozesse bedingt sind und damit auch die **Handlungskompetenzen** sind individuell sehr **verschieden**. Gerade bei psychisch Kranken ist zu beobachten, daß ihre Handlungskompetenz vorübergehend oder dauerhaft eingeschränkt ist. Bewußt und selbständig zu handeln erfordert u. a. Selbstbewußtsein, die Möglichkeit, strukturiert zu denken und entsprechend zu handeln, sowie Verantwortung zu übernehmen. Fähigkeiten, die vielfach in der Krankheitsphase nicht zur Verfügung stehen.

Für die Ergotherapie hat das zur Folge, daß sie – auf der Grundlage der anzustrebenden Ziele – dem Patienten günstige Bedingungen schaffen und ihn angemessen unterstützen muß. Es geht also darum, die Handlungskompetenz des Patienten zu erhalten und zu fördern und zwar so, daß er sein eigenes Handeln als persönlich sinnvoll, sozial bedeutsam und realitätsgerecht erleben kann.[12]

Grundsätzliche Hilfen bei der Erlangung von mehr Handlungskompetenz können sein:[13]

1. Unmittelbar physische Lenkung: Diese Art der Hilfestellung wird bei Bedarf bei Kindern genutzt, selten bei Erwachsenen. Bei Erwachsenen reicht normalerweise die Sprache oder das Vorzeigen aus, und sie würden irritiert reagieren, wenn sie jemand ständig anfassen würde. Bei psychisch Kranken kommen noch Nähe/Distanz-Probleme dazu, die in der Therapie berücksichtigt werden müssen.

2. Die von anderen gelenkte Nachahmung bestimmter Handlungsformen: Das Lernen am Modell kann in der Ergotherapie in den unterschiedlichen Gruppen genutzt werden. Wichtig ist zu bedenken, daß manche Patienten (depressive v. a.) dazu tendieren, sich selbst besonders abzuwerten, wenn sie sich mit anderen vergleichen.

3. Abbildungen, schematische Darstellungen und Arbeitsanweisungen: Diese Form der Hilfe hat sich in der ergotherapeutischen Praxis immer wieder bewährt, da der Patient etwas konkretes vor Augen hat, auf das er sich beziehen kann. Es erleichtert ihm, seine Handlungen zu kontrollieren und macht ihn unabhängiger von fremder Hilfe. Eine besondere Form der Unterstützung von Lernprozessen bei der Bewältigung von praktischen Aufgaben wurde mit der **Leittextmethode**[14] gewonnen: Eine Tätigkeit wird in kleine Einheiten, hier als Lernstufen bezeichnet, eingeteilt. Mit Hilfe von Leitfragen bekommen die Lernenden Gelegenheit, sich der schon vorhandenen Fähigkeiten und Fertigkeiten bewußt zu werden, die fehlenden Kenntnisse zu erwerben, Handlungsschritte zu planen und das eigene Vorgehen immer wieder zu überprüfen. Da diese Methode in erster Linie für das Lernen in der Gruppe entwickelt wurde, unterstützt sie neben dem Erwerb von fachlichen auch soziale Handlungskompetenzen.

4. Die verbale Vermittlung von Handlungsanweisungen und konkreten Normen: Der Patient bekommt genau gesagt, daß und wie er seinen Arbeitsplatz vorbereiten und sein Material bearbeiten muß, und zu welchem Zeitpunkt Pausen erlaubt sind.

5. Die verbale Vermittlung verallgemeinerter Handlungsvorschriften und Verhaltensnormen: Die Ergotherapeutin sagt dem Patienten, daß die Arbeit an angefangenen Werkstücken zu Ende geführt werden muß und er mit Material und Werkzeug sachgemäß umzugehen hat.

In den meisten Handlungen ist ein **Handlungsspielraum** vorhanden. Wir können zwischen objektiv vorhandenen und subjektiv genutzten Freiheitsgraden unterscheiden. Übersteigt der objektive Freiheitsgrad das Realisierungsmaß der subjektiven Nutzung, so fühlen wir uns überfordert. Deshalb ist es Aufgabe der Ergotherapeutin mit dem Patienten immer wieder das richtige Maß an Freiraum zu finden, um Verunsicherung, Demotivierung und Rückzug zu verhindern.

24.5 Objektbeziehungstheorie als Basis für den prozeßorientierten Schwerpunkt der Ergotherapie

24.5.1. Objektbeziehungen und Ergotherapie

Es wurde schon darauf hingewiesen, daß der Patient in der Ergotherapie unter anderem sich mit dem, was er ist und was er im Lauf seines Lebens wurde, darstellt. Im handelnden Umgang mit Materialien können bestimmte innere Prozesse, verdrängte Erfahrungen aus den früheren (meist kindlichen) Beziehungen ans Tageslicht treten und sich im Handlungsablauf darstellen. Wo dies geschieht, tritt das **Erleben in den Mittelpunkt** und das „gute" Ergebnis vorübergehend oder länger andauernd in den Hintergrund.
Der Vorteil ist, daß der Auslöser für das Gefühl (die Tonfigur beispielsweise) direkt vor Augen liegt und gespürt wird. Handeln kann also auch der Einstieg in die intrapsychische Dynamik des Patienten sein. Das Bild oder die Tonfigur kann zum **„Übergangsobjekt"** oder zum **„Ersatzobjekt"** werden, an dem die infantilen Konflikte wieder erinnert und auch ausgetragen werden können.
In dieses Geschehen ist die therapeutische Beziehung und Interaktion zwischen Ergotherapeutin und Patient eingeschlossen. Stellt man diese Beziehungen in einem Dreieck dar, so bilden Therapeutin und Patient die Basis, und das, was der Patient tut, ergibt als gemeinsames „Drittes" die Spitze. Damit kommt dem Umgang mit Gegenständen und Aufgabenstellungen besondere Bedeutung zu.

KAYSER, SCHANZ und VON ROTBERG[15] stellen in ihrem Konzept der Objektbeziehungen die Beziehung und den Erlebensprozeß in den Mittelpunkt.
Ausgangspunkt ihrer Überlegungen ist, daß jeder Mensch ständig Umgang mit vielen anderen Menschen, Tieren und Gegenständen hat. Sie wählen für alles Belebte und Unbelebte in unserer Welt den Begriff *Objekt*. Objektbeziehung ist als Wechselwirkung zwischen einer Person und Objekten zu verstehen, meint also Relation von einem zum anderen. KAYSER, SCHANZ und VON ROTBERG beschreiben ganz generell diesen Umgang mit Objekten einerseits als sehr flexibel, andererseits gibt es aber auch Stabilität, also Regelmäßigkeiten. Sie belegen ihre Aussage mit einer Vielzahl von Untersuchungen und Analysen aus der soziologischen Forschung (Regelmäßigkeit durch soziale Normierung etwa) und der psychologischen Forschung (Objektpermanenz und Objektkonstanz, wie sie PIAGET und FREUD beschrieben haben). Von zentraler Bedeutung ist, daß die Struktur unserer Beziehungen zu Objekten unsere Verankerung in der Welt darstellt, und daß unsere Persönlichkeit sich in den Objektbeziehungen widerspiegelt.

24.5.2 Dimensionen (Aspekte) der Objektbeziehung

Die Autoren beschreiben in ihrer Arbeit vier Dimensionen (Aspekte), mit denen sich Objektbeziehungen charakterisieren und ordnen lassen und von denen ergotherapeutische Ziele abgeleitet werden können.

1. **Der funktionale Aspekt** hat mit unserem „Funktionswissen" zu tun, steht damit im Zusammenhang mit unseren Kenntnissen über Nutzbarkeit von Objekten für uns persönlich, unserer Phantasie und Kreativität. In der Ergotherapie vermitteln wir z. B. auf der einen Seite, daß das Material Ton zur Herstellung von Gefäßen ver-

wendet werden kann. Der Schwerpunkt liegt hier auf dem Ergebnis, dem Endprodukt. Auf der anderen Seite erhält der Patient evtl. Kenntnis darüber, daß er mit dem Material Ton seine Stimmung zum Ausdruck bringen kann. Für diese Seite des funktionalen Aspektes stünde der Prozeß im Mittelpunkt.

ET- Ziel: Erweiterung des Funktionswissens

2. **Der manipulative Aspekt.** Hierbei geht es um die Anwendung des Funktionswissens, darum, was eine Person mit dem Objekt machen kann. Der Patient hat z. B. gelernt, wie er die Bohrmaschine handhaben muß, und bohrt nun die Löcher. Die Manipulationsmöglichkeiten hängen nicht nur von den vorhandenen Fähigkeiten und Fertigkeiten ab, sondern auch von dem Objekttyp. In der Ergotherapie geht es meist darum, den Handlungsspielraum des Patienten zu erweitern. Manchmal muß er aber auch eingeschränkt werden.

ET-Ziel: Erweiterung der manipulativen Möglichkeiten, der eigenen Fähigkeiten und Fertigkeiten

3. **Die ethische oder sozial-normative Seite** der Objektbeziehungen gibt an, daß wir uns mehr oder weniger berechtigt fühlen, Objekte in unserem Sinne zu nutzen. Die Nutzung von Objektbeziehungen wird von Normen, Werthaltungen bestimmt und von Institutionen sozialer Kontrolle (Elternhaus, Schule ...) und inneren Regelmechanismen (unser „über-Ich") kontrolliert. In der Ergotherapie gehört der Umgang mit Materialien und Werkzeug, mit Arbeitstugenden und mit anderen Personen zum Alltag. Über diese Aspekte ist der Ergotherapeut mit der Formung der ethischen und sozial-normativen Seite von Objektbeziehungen betraut.

ET-Ziel: Erwerb von Kenntnissen/Einsichten und internen Regulationsmöglichkeiten hinsichtlich des situationsangemessenen Umgangs mit der Objektwelt (Ehrlichkeit, Fairneß, Ordnung...)

4. **Die affektive Dimension.** Wir können Objekten emotional neutral gegenüberstehen oder sie mehr oder weniger mögen bzw. ablehnen. Unsere Vorlieben stimmen nicht immer mit einer besonderen Funktionalität von Objekten überein. Je positiver ein Objekt für uns besetzt ist (vielleicht weil es unersetzlich ist oder unsere Erfahrungen damit besonders positiv sind), desto häufiger suchen wir den Umgang damit.
Patienten können in der Ergotherapie wieder lernen, Materialien aber auch Mitpatienten beispielsweise wertzuschätzen oder aber abzulehnen, und sie lernen, sich auf etwas einzulassen und sich mit den begleitenden Gefühlen auseinanderzusetzen.

ET-Ziel: Klärung eigener Interessen und Bedürfnisse und Aufbau innerer Regulationsmöglichkeiten bezüglich der affektiven Seite der Objektbeziehung (Umgang mit Abneigung, Frustration etc.).

24.5.3 Objektbeziehung als Erlebensprozeß

Insbesondere dann, wenn in der Ergotherapie der psychodynamische Prozeß berücksichtigt werden soll, stellt sich die Frage nach dessen Bestandteilen und nach dem, was im Umgang mit Objekten (hier: Materialien und Aufgabenstellungen) eine Rolle spielt.

Bestandteile der Objektbeziehung sind
1. die Projektion,
2. die Identifizierung,
3. die Distanzierung des Subjekts vom Objekt.

Sie stehen in einem dynamischen Wechselspiel.

Objektbeziehung läßt sich somit von der Erlebensseite her durch Projektion, Identifizierung und Distanzierung beschreiben.

Projektion

Mit Projektion wird ein innerer Vorgang beschrieben, bei dem die Grenzen zwischen Subjekt und Objekt auf eigentümliche Weise verschoben oder gar zusammengebrochen sind. Das heißt, ich schreibe dem anderen oder einem Gegenstand etwas zu. Die Autoren gehen in ihrem Verständnis des Begriffes unter anderem von FREUD und PIAGET aus, erweitern ihn aber und sagen, daß Projektion ein unabdingbarer Bestandteil des Umgangs mit Personen und Sachen ist. So verstanden kann man also sagen, daß jeder Mensch aus dem Vorrat seines Funktionswissens schöpft, das heißt projiziert (Beispiel: Das Messer ist aus Stahl, es dient zum Schneiden und ist scharf).

Identifizierung

Identifizieren heißt, sich ganz auf eine Aufgabe einlassen, mit Eigenschaften, Gegenständen eins sein. Wenn ich mich mit jemandem identifiziere, verlasse ich quasi meine Identität (vorübergehend) und „werde" das, die oder der andere. Es kommt zur Überschreitung der Subjekt-Objekt-Grenze. Die Identifikation kann vollständig sein (Ich übernehme die Rolle der Chefs und bin dann dieser.) oder partiell. Habe ich mich nur teilweise identifiziert, so ist mir meine eigene Person noch deutlich gewahr. Die partielle Identifizierung tritt in der Ergotherapie besonders häufig auf, wenn wir Materialien „erforschen", um sie kennenzulernen und in weiterer Folge zu Werkstücken zu verarbeiten.

Distanzierung

Sich-Distanzieren heißt, Abstand nehmen vom Objekt. Die Möglichkeit, sich zu distanzieren, ist befreiend und eröffnet neue Perspektiven. Durch die Distanzierung wird die eigene Identität wieder deutlicher gespürt.

24.5.4 Dynamik von Projektion, Identifizierung und Distanzierung

Für die Autoren fügen sich Projektion, Identifizierung und Distanzierung „in dieser oder anderen Reihenfolge zu einem dynamischen Ganzen". „Zusammen mit den sensumotorischen Aktionen selbst ist dies der Umgang mit Material und Thema, es ist die in der Ergotherapie angeregte Objektbeziehung."
Stelle ich demnach den Prozeß in den Mittelpunkt, so heißt das, ich achte,
- ob und was der Patient projiziert (funktionaler Aspekt)
- ob und wie er manipuliert
- welche ethischen Werte er hat
- ob er eher identifiziert oder distanziert ist (affektiver Aspekt)

Die Ergotherapie nimmt also Einfluß auf die Dynamik. Sie tut dies durch
- die Wahl des Mediums
- die Wahl der Aufgabenstellung/des Themas
- das methodische Vorgehen und
- den Nachbesprechungsmodus

Sie achtet auf das subjektive Erleben des Patienten auf die ergotherapeutischen Angebote und regt an und unterstützt schwerpunktmäßig Projektion, Distanzierung oder Identifizierung. Bei vielen Patienten ist die Balance zwischen den Teilprozessen Projektion, Identifizierung und Distanzierung gestört. Die Ergotherapeutin muß und kann hier steuernd eingreifen.

25.5.5 Einflußfaktoren der Ergotherapie auf den dynamischen Prozeß

Das Gewicht oder die Bedeutung, die jeder der drei Teilprozesse (Projektion, Identifizierung und Distanzierung) innerhalb der Dynamik des Geschehens einnimmt, ist durch verschiedene Faktoren bestimmt. Neben den vier schon erwähnten Faktoren (Material, Aufgabe, Vorgehensweise und Besprechungsmodus) spielen der Kontext, in der die Ergotherapie stattfindet, und die Persönlichkeit des Patienten als Einflußfaktoren eine Rolle.

Kontext

Unser Handeln wird – ganz generell gesehen – immer auch mitbestimmt von der Gesamtsituation, in der es stattfindet. Neben der Haltung, die der Patient den ergotherapeutischen Angeboten und auch der Ergotherapeutin gegenüber einnimmt, ist von Bedeutung, wie er überhaupt zu seiner Behandlung, zur Institution und seiner Erkrankung steht. Muß er sich sehr distanziert, vielleicht sogar abwehrend verhalten? Oder kann er sich einlassen? Im Gegensatz zu psychosomatischen und neurotischen Patienten sind psychotische Patienten gegenüber Klinikaufenthalt und Behandlung häufig stärker distanziert. Die Gründe dafür sind vielfältig. Sie können beispielsweise darin liegen, daß der Patient aufgrund bisheriger Erfahrungen keine positiven Erwartungen hat, daß ihm die Atmosphäre nicht behagt, er nicht freiwillig gekommen ist oder gar nicht weiß, weshalb er überhaupt in Behandlung ist. Wichtig ist daher, daß jeder Patient möglichst von Beginn an als aktiver Partner in den Therapieprozeß miteinbezogen wird, und daß Strukturen und therapeutische Angebote transparent gemacht und Ziele gemeinsam ausgehandelt werden.

D Spezielle Ergotherapie

Persönlichkeit

Jeder Mensch bringt Bereitschaften und Neigungen mit, die die Gewichtung der Teilprozesse bestimmen. Viele sind als persönliche Haltungen zu akzeptieren. Ein Problem stellt sich etwa dann dar, wenn ein Patient bei allen Aufgaben sehr distanziert bleibt und alles abwertet, was ihm angeboten wird. Oder wenn umgekehrt ein Patient sich zu stark mit seinem Werkstück identifiziert, daß er sich gar nicht mehr davon lösen kann. Die Aufgabe der Therapeutin wäre in beiden Fällen, über einen der ergotherapeutischen Einflußfaktoren Gegengewichte zu schaffen, so daß der Patient neue Erfahrungen mit Objekten machen kann.

Material

Materialien haben unterschiedliche Eigenschaften und schaffen darüber fördernde oder begrenzende Bedingungen. Das Wechselspiel zwischen Identifizierung, Projektion und Distanzierung entfaltet sich bei harten Materialien, die der Bearbeitung großen Widerstand entgegensetzen, weniger als bei weichen. Die verschiedenen Materialien können auf Themen oder Interaktionsmodi, die insbesondere in der frühkindlichen Entwicklung von Bedeutung waren, bezogen werden (s. Kap. 26).

Aufgaben- und Themenstellung

Sehr konkrete Aufgabenstellungen engen den Entfaltungsspielraum ein (z. B. Arbeiten nach genauer Vorlage), geben auf der anderen Seite aber Sicherheit und Orientierung. Der **Grad der Festlegung** wird also über die offenere oder geschlossenere Aufgabenstellung (s. a. Kap. 28) bestimmt. Kann der Patient in der Ergotherapie Material und Aufgabe selbst wählen, so ist mehr **Personennähe** möglich. In der Regel wird der Patient sich etwas aussuchen, was ihm vertraut ist, was ihm gelingen wird und womit er sich identifizieren kann. Selbstgewählte Aufgaben ermöglichen nicht nur eine größere Identifikation, sondern auch die Projektion aus dem eigenen Funktionswissen. Ist der Patient sehr unsicher, überschätzt er sich, oder soll er etwas Neues wagen, so ist es günstiger, zunächst den Entfaltungsspielraum über etwas Vorgebenes einzuengen, auch wenn die Identifizierung dadurch mit dem zunächst Fremden verlangt wird. Neben der Aufgabenstellung kann auch über die Wahl des Themas mehr oder weniger Personennähe unterstützt werden. Emotionale Themen (mein Zuhause, Selbstbild) sind der Person, die sich damit auseinandersetzt, näher als weniger gefühlsbetonte wie z. B. das Thema „Stadt". Natürlich wird die Personennähe aber auch von den eigenen bisherigen Erfahrungen mitbestimmt.

Ein Thema kann darüber hinaus eher zur Auseinandersetzung mit Selbstbildaspekten (meine Stimmung, ich als Baum, Selbstportrait) oder Objektbildaspekten (meine Familie, mein Vorgesetzter) anregen.

Vorgehensweise und therapeutische Interventionen

Die Teilaspekte des Prozesses Projektion, Identifizierung und Distanzierung werden auch von bestimmten Vorgehensweisen oder Methoden beeinflußt. Arbeitet der Patient nach der kompetenzzentrierten Methode und hat er zur Orientierung eine Arbeitsanweisung, so wird er immer wieder innehalten müssen, um sein Werkstück mit den

Vorgaben zu vergleichen. Die Unterbrechungen schaffen zwangsläufig Distanzierung. Identifizierung kann unterstützt werden, wenn die Therapeutin den Patienten unterstützt, dabeizubleiben, ihm hilft, gedankliche Verbindungen zu sich und dem Werkstück herzustellen, das Material bewußt wahrzunehmen. Damit rückt sie das Erleben, den Prozeß stärker in den Fokus der Aufmerksamkeit, als wenn die Orientierung über die Arbeitsanweisung geschieht. Stünde als Ziel die Erlangung einer größeren Handlungskompetenz im Vordergrund, so ist es sinnvoll, sich auf die handlungstheoretischen Ansätze zu stützen.

Ein Problem, das in der therapeutischen Arbeit immer wieder auftaucht, steht im Zusammenhang mit der **Hilfestellung,** die die Therapeutin dem Patienten zukommen lassen soll. Prinzip ergotherapeutischen Handelns ist, den Patienten dabei zu unterstützen, eigene Wünsche, Ideen, Ziele und Lösungsmöglichkeiten zu entwickeln – sich also selbst zu helfen. Bei manchen Patienten (depressiven z. B.) können die Abhängigkeitswünsche sehr groß sein. Sie verlangen viel Unterstützung und Nähe und sind wenig mit dem, was sie selbst sind und können, identifiziert. Das führt nicht selten dazu, daß sie ihr Funktionswissen nicht zur Verfügung stellen und sich hilflos und ohnmächtig fühlen. Es gilt, sie möglichst von Beginn an in Entscheidungsprozesse einzubeziehen und mit ihnen (unter anderem) die Art der Hilfestellung auszuhandeln.

Nachbesprechungsmodus

Das nachträgliche Besprechen von Werkstücken, Vorgängen und Erlebnissen hat in der Ergotherapie mehrere wichtige Funktionen. Der Patient kann sich das, was er gemacht und erlebt hat, noch einmal vor Augen führen und zum Teil nacherleben. Vieles wird erst durch das Aussprechen bewußter. Über die Nachbesprechung wird erneut oder erstmals stärkere Identifizierung oder aber auch Distanzierung unterstützt. Ein weiterer positiver Aspekt ist, daß dem Patienten zugehört wird, und daß er Interesse und Verständnis findet (s. a. Kap. 25).

24.6 Zusammenhang zwischen den Schwerpunkten der Ergotherapie, den Methoden und den beiden theoretischen Modellen an zwei Beispielen

Beispiel 1

Drei Patientinnen, Frau D., Frau M. und Frau T. hatten die Aufgabe, aus Ton eine Schale mit einem Deckel zu formen. Ziel war, sie über die kompetenzzentrierte Methode mit Material und Technik vertraut zu machen. Sie sollten Gelegenheit bekommen, ihre Fähigkeiten und Schwierigkeiten zu erfahren und sich miteinander vertraut zu machen. Frau D. und Frau M. kamen mit der Aufgabe gut zurecht, empfanden das Material als angenehm und waren bald in ihre Arbeit vertieft. Sie verfügten über eine gute Handlungsplanung und -durchführung und waren auch gut in der Lage, den vorhandenen Freiraum zu nutzen.

D Spezielle Ergotherapie

Frau T. hingegen hatte von Beginn an Schwierigkeiten. Sie wirkte distanziert, angespannt und betonte ein paar Mal, daß das Material ihr nicht liege, und daß sie mit dem Ergebnis unzufrieden sei. Da ihre Schwierigkeit nicht in der fehlenden Handlungskompetenz lag (mit anderen Aufgaben kam sie sehr gut zurecht) war es wichtig, das Gespräch auf ihr Erleben zu lenken. Sie äußerte unter anderem, daß sie sich wie die Schale fühlen würde: „weich, nachgiebig und unförmig." „Sie (die Schale) ist wie ein Spiegel, in dem ich mich sehen kann". Es schien, als ob die Patientin zu stark mit dem Material und ihrem Werkstück identifiziert war, so daß sie als Gegengewicht, um sich dagegen zur Wehr zu setzen, sehr auf Distanz gehen mußte.

Die Therapeutin wußte, daß die Patientin in vieler Hinsicht noch sehr nachgiebig ist (auch in der Ergotherapie), daß sie aber im Stationsalltag schon angefangen hat, sich abzugrenzen, auch einmal etwas abzulehnen. Da sie mit Materialien wie Stoffe und Garne gut zurecht kam, wäre ein Wechsel zu diesen schon vertrauten oder zu „männlicheren", die mehr Widerstand bieten, zu überlegen. Sie bekäme dadurch wieder mehr Sicherheit und Selbstvertrauen.

Ein anderer Ansatz wäre, Frau T. zu ermutigen, sich auf das Material Ton ein- und damit die Identifikation zuzulassen. Sie hätte darüber die Möglichkeit, sich mit ihren "ungeliebten" Seiten auseinanderzusetzen und ihr Selbstbild, ihre Wünsche und Befürchtungen zu überprüfen. An dieser Stelle müßte dann ein Wechsel zur ausdruckszentrierten Methode stattfinden. Als Themen wären solche mit Selbstbildaspekten hilfreich, wie ein Tier mit besonderen Eigenschaften, eine Maske, Selbstbild, Widerstand, Gegensätze o. ä.

Beispiel 2

Herr P. malt in der offenen Werkgruppe seit einigen Tagen immer wieder Bilder, die er anfängt, aber nicht zu Ende führt. Stünde der Prozeß im Mittelpunkt, so wäre wichtig zu verstehen, weshalb der Patient sich immer zum Ende hin distanzieren oder aufgeben (?) muß. Herr P. selbst beschreibt, daß er zunächst eine Vorstellung des Bildes hat, das er malen möchte, aber irgendwann ginge alles durcheinander und dann wisse er nicht mehr weiter und verliere die Lust. Diese Schwierigkeit kennt er auch bei alltäglichen Aufgaben. Er schafft es kaum, seinen wenigen Pflichten nachzukommen und eine Handlung gut abzuschließen. Hier scheint es wichtig, mit Herrn P. zu überprüfen, wo in der Handlungsplanung oder im Handlungsablauf die Schwierigkeiten liegen und welche Trainingsmöglichkeiten sinnvoll sind. In der Ergotherapie würde man zunächst den ergebnisorientierten Schwerpunkt nutzen und die ausdruckszentrierte Methode mit der kompetenzzentrierten ablösen oder mit dieser ergänzen.

Zusammenfassung

Handeln ist ein zentraler Bestandteil der menschlichen Entwicklung und damit des Menschseins generell. In der Ergotherapie wird der Patient aufgefordert etwas zu tun. Dieses Tun kann auf ein konkretes Ziel mit einem vorgegebenen Realisierungsweg ausgerichtet und damit ergebnisorientiert sein. Es kann aber auch das Erleben des Patienten stärkere Bedeutung haben. Der Schwerpunkt der Ergotherapie wäre dann prozeßorientiert. Viele psychisch Kranke sind in ihrer Beziehungs- und Handlungsfähigkeit eingeschränkt. Voraussetzung für die Planung und Durchführung einer Handlung ist, daß ich von innen und/oder außen motiviert werde und damit beginne, mich auf das, was ich tun möchte oder soll, zu beziehen.

Für den ergebnisorientierten Schwerpunkt sind als theoretische Grundlage Ansätze der Handlungstheorie hilfreich. Stehen das Erleben und die Beziehung in Mittelpunkt, kann die Objektbeziehungstheorie von KAYSER, SCHANZ und VON ROTBERG als Basis dienen.

Handlung ist eine in sich abgeschlossene Einheit, die durch ein bewußtes Ziel zu einem selbständigen, abgrenzbaren Grundbestandteil der Tätigkeit wird.

Grundmerkmale des Handelns sind:
1. das Handeln ist bewußt, zielgerichtet, rückgemeldet und in gewisser Weise regelhaft; die Struktur des Handelns ist hierarchisch-sequentiell organisiert;
2. der Handlungsablauf verläuft in verschiedenen Phasen (Handlungsantrieb, -orientierung, -entschluß, -ausführung und -kontrolle);
3. das Handeln wird auf verschiedenen Regulationsebenen (sensumotorischen, perzeptiv-begrifflichen und intellektuellen Ebene) gesteuert;
4. bestimmte individuelle Handlungsvoraussetzungen sind zur Handlungserzeugung notwendig;
5. die Entwicklung von Handlungen ist gekoppelt an die Entwicklung der Persönlichkeit; diese Entwicklung ist wiederum stark von gesellschaftlichen Vorgängen abhängig.

Grundsätzliche Hilfen bei der Erlangung von mehr Handlungskompetenz können unmittelbare physische Lenkung, Nachahmung, Abbildungen, schematische Darstellungen, Arbeitsanweisungen (Leittexte) und die verbale Vermittlung von konkreteren oder allgemeineren Handlungsanweisungen oder -vorschriften sein.

Da in den meisten Handlungen ein Handlungsspielraum vorhanden ist, hat die Ergotherapeutin die Aufgabe, mit dem Patienten das Maß an Freiraum zu finden, das ihn weder über- noch unterfordert.

Objektbeziehungen lassen sich mit Hilfe von vier Dimensionen (Aspekten) charakterisieren und ordnen: Der funktionale Aspekt umfaßt unser Funktionswissen. Beim manipulativen Aspekt geht es um die Anwendung des Funktionswissens. Der ethische oder sozial-normative Aspekt bezieht sich auf den Zusammenhang zwischen Normen und der Nutzung von Objekten, und die affektive Dimension weist auf unsere gefühlsmäßige Beziehung zu Objekten hin. Von den Dimensionen lassen sich ergotherapeutische Ziele ableiten.

Bestandteile der Objektbeziehung sind die Projektion, die Identifikation und die Distanzierung, die in einem dynamischen Wechsel stehen. Die Ergotherapie nimmt Einfluß auf diese Dynamik durch die Wahl des Mediums, der Aufgaben- und Themenstellung, des methodischen Vorgehens und des Nachbesprechungsmodus. Daneben spielen der Kontext, in der die Ergotherapie stattfindet, und die Persönlichkeit des Patienten eine Rolle.

Weiterführende Literatur:
Borsi, G. M. (Hrsg.): Arbeitswelt und Arbeitshandeln in der Psychiatrie. Hogrefe Verlag 1992
Hacker, W.: Arbeitspsychologie. Verlag Hans Huber 1986
Kayser, E./Schanz, V./von Rotberg, A.: Objektbeziehungen und Ergotherapie. Schulz-Kirchner Verlag 1988
Rotluff, J.: Selbständiges lernen. Arbeiten mit Leittexten. Beltz Verlag 1992

D Spezielle Ergotherapie

25 Vorbereitung, Durchführung und Nachbereitung von Gruppen- und Einzeltherapie

Ziel

Der Leser soll erfahren, welche ganz spezifischen Aufgaben die Ergotherapeutin bei der Vorbereitung, Durchführung und Nachbereitung von Therapie hat.

25.1 Vorbereitung von Gruppentherapie

Die Vorbereitung einer Therapieeinheit verlangt die Klärung folgender Punkte:

1. Welche offengebliebenen Fragen, welche unerledigten Aufgaben, welche Schwierigkeiten oder Konflikte aus der letzten Gruppensitzung (Therapieeinheit) sind für die nächste von Bedeutung? Wie sollen sie aufgearbeitet werden?

2. Welche eigenen Erfahrungen, Interessen oder Widerstände könnten die Patienten gegenüber Material, Technik oder Aufgabe und Thema haben?

3. Welche Therapieziele habe ich?

4. In welchen Schritten kann die Therapie ablaufen (Medienwechsel, verschiedene Sozialformen) und zu welchen Ergebnissen könnte sie führen? Wie sollen Einstieg und Schluß gestaltet werden?
Welche Materialien und Arbeitsmittel müssen vorbereitet werden, wie soll der Arbeitsplatz eingerichtet sein? Muß der Raum hinsichtlich der Sitzanordnung (Sitzkreis, Kleingruppenarbeit) umgestaltet werden?

5. Wie sollen Therapieprozeß (Therapieverlauf) und Therapieergebnis ausgewertet werden? (Bewußtmachen und Verbindung herstellen zu vergleichbaren Alltags- oder Berufssituationen)

6. Zeitliche Planung einschließlich der Pausengestaltung.

Demnach geht es bei der Vorbereitung – vereinfacht ausgedrückt – um die Klärung folgender Fragen:
- Welche Ziele habe ich? (für einzelne, für die Gruppe)
- Wie will ich diese erreichen? (Thema, Technik, Material, Aufgabenstellung)
- Wer soll mit wem zusammenarbeiten? (Sozialform)
- Wo, in welchen Räumlichkeiten? (Ort)
- Wie lange soll die Therapie dauern? (Zeit)

Therapie darf nicht willkürlich eingesetzt werden, sondern muß begründet sein. Mit Hilfe des nachfolgenden **Begründungsspektrums** kann die eigene Entscheidung überprüft werden.

Die Therapieeinheit ist:
- für derzeitige oder künftige Lebenssituationen relevant
- für weiterführende Inhalte und Therapieziele grundlegend
- derzeit aktuell
- für die Patienten (und Therapeuten) von besonderem Interesse.

Sie
- ermöglicht kreatives Tun
- fördert die Kritikfähigkeit
- trägt zu Selbständigkeit und Eigenständigkeit bei
- bewahrt und schafft individuelle Freiräume
- verbessert das Gruppenklima
- vermittelt Gefühlserfahrung
- vermittelt Sacherfahrung (neue Techniken, neue Problemlösungsstrategien)
- bereitet den Patienten (und Therapeuten) Freude.

25.2 Durchführung von Gruppentherapie

Bei der Durchführung von Gruppentherapie hat der Gruppenleiter in den einzelnen Therapiephasen ganz spezifische Aufgaben.

25.2.1 Aufgaben in der Einstiegs- oder Aufwärmphase

1. Begrüßung der Teilnehmer

2. Vorstellungsrunde zum Kennenlernen, falls die Gruppe zum ersten Mal zusammentrifft; sonst neue Teilnehmer miteinbeziehen.

3. Eventuell die Erwartungen abklären und damit Interessen, Motivationen, Ängste, Vorerfahrungen und das Sympathie-/Antipathiegefüge.

4. Einen Überblick geben:
   Was wird passieren? Schwerpunkte und Ziele für einzelne und für die Gruppe bekanntgeben; Gruppenregeln – wenn nötig – erklären und begründen, die zur Verfügung stehende Zeit angeben.

5. Die Sozialform bestimmen – Kriterien für die Auswahl bekanntgeben; die Sitzordnung verändern – innerhalb der Kleingruppe zusammenrücken, die Kleingruppen auseinanderrücken; Paare müssen sich gegenübersitzen können.

6. Aufgaben- und Themenstellung mündlich oder schriftlich geben.
   Varianten:
   - die Aufgabe mit der Gruppe gemeinsam erarbeiten
   - ein Patient bereitet die Aufgabe vor und stellt den Arbeitsauftrag
   - mit Brainstorming in der Gesamtgruppe beginnen.

D Spezielle Ergotherapie

Beispiel: Wir wollen gemeinsam eine Stadt bauen. Welche Gebäude gibt es darin? Welche sollen auf alle Fälle in Ihrer Stadt vorhanden sein?
Begründung für Brainstorming: Die Phantasie wird angeregt, Gemeinsamkeit steht im Vordergrund, viele Teilnehmer sind einbezogen, gleiche Ausgangssituation für alle.
Alternative: Jeder sammelt zuerst für sich Stichpunkte oder Kriterien, die dann im Anschluß mit den anderen ausgetauscht werden.

Wichtig: Arbeitsaufträge sind so verständlich wie möglich zu formulieren, das heißt: einfach, kurz und prägnant, gegliedert, geordnet und möglichst anregend.[4]

7. Material und Technik bekanntgeben oder zur Auswahl stellen.

8. Gelegenheit zum Fragen geben.

25.2.2 Aufgaben während der Spiel-, Arbeits- oder Aktionsphase

In der Betreuung der einzelnen Teilnehmer oder der Kleingruppen ist es wichtig, sich anfangs ganz zurückzunehmen, dann von Gruppe zu Gruppe oder zu einzelnen Teilnehmern zu gehen, zu beobachten. Hilfestellung ist nach dem Minimalprinzip zu geben vor allem dann, wenn die Gruppe eigenständig arbeiten soll; auf die verfügbare Zeit ist hinzuweisen (z. B. „Sie haben noch 10 Minuten Zeit; versuchen Sie, bis dahin ihre Arbeit abzuschließen").

Beobachtungshilfen beim Arbeiten und Gestalten:

Wie fängt jemand an: schnell, hastig, langsam, konzentriert, zielgerichtet? Ist er mit der Aufmerksamkeit bei der eigenen Arbeit oder anderswo?

Wie verhält er sich während der Arbeit: konzentriert, ausdauernd, entspannt, gelassen, angespannt, nervös, unsicher, ruhelos, flüchtig, betrachtet das eigene Werk immer wieder, hält Kontakt?

Beobachtungskriterien für interaktionelle Gruppen:[16]

1. Ablauf: Lassen sich einzelne Phasen im Gruppenprozeß voneinander unterscheiden? (s. a. Kap. 13)
2. Rollendifferenzierung: Bildet sich ein Gruppenleiter oder Koordinator heraus? Gibt es Rivalitäten? Läßt sich eine geschlechtsspezifische Rollenübernahme erkennen?
3. Kommunikationsstruktur: Ist die Beteiligung am Gespräch gleichmäßig gestreut? Reden einzelne besonders häufig? Melden sich andere selten zu Wort?
Welche offenen oder versteckten Appelle nehme ich war? An wen richten sie sich: an die Gruppe, an die Leiterin?
4. Sachorientierung: Werden Denkprozesse angeregt und Sachinformationen vermittelt? Kommt es zu sachlichem Meinungsaustausch, zur gründlichen Problemklärung? Wie ist die Beteiligung an der Arbeit? Werden Vorkenntnisse (Geschicklichkeit usw.) berücksichtigt?
5. Beziehungsorientierung:
Werden andere angesprochen und in die Diskussion (bzw. die Arbeit) miteinbezogen? Wird bei unterschiedlichen Meinungen vermittelt? Gibt es Beiträge zum Abbau von Spannungen? Wird zu mehr Kooperation ermutigt?

25.2.3 Aufgaben während der Durcharbeitungs- und Auswertungsphase

Die Auswertungsgesichtspunkte richten sich nach den Zielen und nach dem psychischen Zustand des Patienten. Es muß grundsätzlich überlegt werden, ob der Patient Entlastung und Erleichterung braucht, oder ob der Leidensdruck (etwa durch den Hinweis auf ein Fehlverhalten) erhöht werden muß. Sowohl für Patienten als auch für Therapeuten ist es wichtig, die Nachbesprechung so zu gestalten, daß schrittweises Vorgehen möglich ist und die Handlungs- und Erlebensweisen nach und nach erweitert werden können. Ziel ist, sowohl den Patienten als auch die Ergotherapeutin vor Überforderung zu schützen.

Aufbau der Nachbesprechung

Das entstandene Werk			
betrachten	wahrnehmen	sich erinnern	
beschreiben	was gemacht?	wie zurechtgekommen? Lösungsmöglichkeiten?	was oder wie erlebt? wie gefühlt?
deuten	welche Bedeutung hier?	welche in anderen Situationen?	Lösungsmöglichkeiten?
Feedback geben	Was ist der ET aufgefallen?	Woran könnte der Patient weiterarbeiten?	

Das Schema stellt eine grundsätzliche Struktur der Nachbesprechung von ergotherapeutischen Gruppen dar. Zu Beginn der Auswertungsphase ist es wichtig, den Teilnehmern Gelegenheit zu geben, sich das, was sie gemacht haben, noch einmal in Ruhe anschauen zu können. Patienten, die beispielsweise sehr distanziert oder in sich gekehrt sind, kann diese Aufforderung schon große Mühe bereiten. Für diese und verbal sehr ungeübte Patienten kann es ausreichen, in der Nachbesprechung den ersten und zweiten Schritt zu gehen, das heißt das Werk genau **betrachten** und kurz **beschreiben** zu lassen, wie es entstanden ist. Wichtig ist, daß vom Sichtbaren und somit vom Konkreten und Faßbaren ausgegangen wird.

Traten während der Arbeit Schwierigkeiten auf, so wäre ein weiterer Schritt, diese benennen zu lassen und mit dem Patienten (oder der Gruppe) bei Bedarf nach Lösungsmöglichkeiten zu suchen. Spricht der Patient nicht von sich aus sein Erleben und seine Gefühle an, so ist es sinnvoll, diese erst zu diesem späteren Zeitpunkt anzusprechen. Der Patient hat nun bereits Gelegenheit gehabt, etwas von sich zu sagen und eventuell sich von Gefühlen, die zu intensiv und unbehaglich sind, zu distanzieren. Vielleicht hat er aber auch schon mehr Vertrauen entwickelt und kann nun eher etwas wagen. Für die meisten Menschen ist es leichter zu beschreiben, was sie erlebt oder wie sie etwas erlebt haben, als gleich ganz direkt über die eigenen Gefühle zu sprechen. Zudem sind bei der Frage nach dem Erleben die Gefühle mitangesprochen.

D   Spezielle Ergotherapie

Schwierig für viele Patienten (und Therapeutinnen) ist es, der Frage nachzugehen, welche **Bedeutung** das Erlebte für den Betroffenen haben kann. Es geht hierbei um das Verstehen und nicht darum, wild zu spekulieren und zu interpretieren. Verstehe ich, was und wie der Patient etwas sieht und erlebt, so kann dies Basis für das Suchen nach gemeinsamen Lösungsmöglichkeiten sein. Ergotherapeutinnen bleiben in ihrer Arbeit in der Gegenwart und nahen Vergangenheit. Der Transfer in den Alltag ist in jeder Therapie wichtig. In der Ergotherapie macht der Patient Erfahrungen, die er in anderen Situationen nutzen kann.

Beispiel: Ein Patient erkennt in mehreren Gruppensituationen, daß er immer abwartet, bis die anderen etwas machen. In der Nachbesprechung kann überlegt werden, was er gerne tun würde und wie und wann er einen Mitpatienten diesbezüglich ansprechen kann.

Jeder Mensch braucht Rückmeldung von anderen, um bestätigt zu werden, sich weiterentwickeln zu können und um zu wissen, welche Beziehungen vorhanden und entwickelbar sind. In der Nachbesprechung gibt die Therapeutin dem Patienten zum einen **indirekte Rückmeldung** durch ihr Ausdrucksverhalten (Nicken, Lächeln usw.) und durch ihre Nachfragen. **Direkter** bekommt der Patient Rückmeldung am Ende der Therapieeinheit dadurch, daß die Therapeutin ihm ihre Beobachtungen, ihre Gedanken und Gefühle mitteilt. Zeigte der Patient oder die Gruppe ein eher ungünstiges Verhalten, so ist es hilfreich, die Kritik als Veränderungsvorschlag zu formulieren.

Beispiel: Eine Gruppe hat sich nicht abgesprochen. Vorschlag: „Die Gruppe könnte sich in der nächsten Einheit etwas mehr Zeit nehmen, um gemeinsam zu überlegen, wie sie weiter vorgehen will."

Übergang von der Arbeitsphase zur Nachbesprechung

Der Wechsel von der Arbeits- zur Auswertungsphase muß schon in der Planung bedacht werden. Das **Wegräumen der Arbeitsmittel** kann je nach vorhandener Zeit und Situation vor der Nachbesprechung erfolgen oder ganz an das Ende der Therapieeinheit gelegt werden. Wichtig ist, daß die Arbeitsfläche sauber gemacht wird, wenn für die Nachbesprechung kein gesonderter Raum oder Platz (Sitzkreis) vorhanden ist. War die Arbeitsphase sehr intensiv, so kann es hilfreich sein, vor der Nachbesprechung aufzuräumen oder eine kurze Pause zu machen. Jeder Teilnehmer hat so die Möglichkeit, etwas Abstand zu bekommen, das Gewesene „sacken" zu lassen. Ein **Nachteil** kann sein, daß Gefühle der Abwehr und Distanzierungswünsche sich zwischenzeitlich verstärken. Habe ich aber zum Ziel, daß der Patient möglichst viel Verantwortung behält, so muß er selbst entscheiden können, was er in die Gruppe einbringt, was er für sich behält oder mit seinem Bezugstherapeuten bespricht. War das Erleben während der Arbeitsphase weniger intensiv oder neigen die Patienten eher dazu, sich schnell zu distanzieren, so kann es hilfreich sein, die Nachbesprechung ohne Unterbrechung einzuleiten. Die **Werke** der einzelnen oder das gemeinsame Werk müssen für alle **sichtbar** aufgestellt oder gehängt werden können. Hat jeder ein eigenes Werk (Objekt, Bild) erstellt, so ist in der Regel darauf zu achten, daß es nah bei ihm ist (unterstützt die Identifikation), und daß die anderen Teilnehmer es betrachten können. Derjenige, der z. B. die Tonfigur geformt hat, sollte nun als erster Gelegenheit haben, diese zu beschreiben. Erst dann teilen die anderen, falls derjenige das möchte (vorher fragen), ihre Assoziationen, Ideen und Fragen mit. Wichtig ist, daß nicht gewertet wird im Sinne von schön, richtig usw.

Zusammenhang zwischen den Zielen, der Aufgabe und der Auswertungsphase

Wie schon eingangs erwähnt, muß das, was in der Auswertungsphase besprochen wird, nach den Zielen und dem psychischen Zustand des Patienten ausgerichtet sein. Um die Ziele zu erreichen, hat die Ergotherapeutin eine bestimmte Aufgabe, ein spezielles Thema und geeignete Therapiemittel zu wählen. In der Nachbesprechung stellt sie u. a. Fragen, in denen die Ziele und die Besonderheiten der Aufgabe, des Themas und der Therapiemittel enthalten sind. Diese sogenannten Auswertungsgesichtspunkte dienen als Orientierungshilfe und sollen im Gespräch nicht starr nacheinander abgehandelt werden. Im Vordergrund muß das einfühlende Mitgehen der Therapeutin mit dem einzelnen Patienten und der Gruppe bleiben.

Die Auswertungsgesichtspunkte anhand eines Beispieles:

Beispiel:
Thema: **Führen und sich führen lassen**

Aufgabe: Jeweils 2 TN sitzen sich an einem Tisch gegenüber und haben vor sich ein Blatt Papier und einen Stift. Der Stift soll von beiden TN angefaßt werden. Derjenige, der unten hält, führt die Bewegungen aus (Führender), derjenige, der den Stift oben hält, folgt den Bewegungen (läßt sich führen). Jeder TN soll darauf achten, wie das ist, zu führen oder geführt zu werden und die Unterschiede bewußt wahrnehmen. Nach einiger Zeit werden die Positionen gewechselt. Nach der Übung, die ca. 10 Minuten dauert, tauschen die Paare ihre Erfahrungen aus.

Ziele: Die TN sollen
- die jeweiligen Rollen bewußt einnehmen,
- die eigenen Gefühle und Reaktionen und die des Partners wahrnehmen,
- die Erfahrungen mit ihren Partnern austauschen und evtl. Zusammenhänge zu Alltagssituationen finden.

Der TN in der Führungsposition soll darüber hinaus lernen, Verantwortung für sein Tun zu übernehmen.
Derjenige, der sich führen läßt, soll lernen, loszulassen.

Auswertungsgesichtspunkte:

- Welche Erfahrungen haben Sie mit der einen bzw. anderen Rolle gemacht?
- Welche fiel Ihnen leichter und weshalb?
- Gab es Zusammenhänge zwischen den eigenen Reaktionen und denen Ihrer Partner? Wenn ja welche? Wie haben Sie sie wahrgenommen?
- Haben Sie etwas entdeckt, was Sie auch aus anderen Situationen kennen?

Grundsätzliche Aufgaben der Ergotherapeutin in der Nachbesprechung

Die Ergotherapeutin **eröffnet** die Nachbesprechung z. B. durch Wiederholung der Aufgabe und des Themas.

Beispiel: Jeder von Ihnen hatte gerade Gelegenheit, sich mit dem Material Ton vertraut zu machen und ein eigenes Namensschild zu gestalten. Ich möchte Sie bitten, daß einer nach dem anderen nun den anderen sein Namensschild zeigt und beschreibt, wie es entstanden ist.

D Spezielle Ergotherapie

Variationen:
- der Reihe nach im Uhrzeigersinn vorgehen,
- einer beginnt und sagt, wer weitermachen soll,
- nach dem Alphabet vorgehen.

Die Ergotherapeutin **leitet** das Gespräch, d. h. sie
- unterstützt den Austausch von Erfahrungen, Gefühlen und Gedanken,
- hört zu mit dem Wunsch, die TN zu verstehen,
- stellt vor allem Was- und Wie-Fragen, bittet um Konkretisierung,
- faßt Themen, Erkenntnisse, Meinungen zusammen,
- gibt Fragen an die Gruppe weiter,
- spricht Unklarheiten, Konflikte an,
- bezieht Schweiger mit ein,
- äußert Interpretationen als Vermutungen, um Verbindungen zwischen Wahrnehmungen, Gefühlen und Gedanken aufzuzeigen,
- konfrontiert die TN angemessen mit Stärken, Schwächen, Widersprüchen,
- ermöglicht die Übertragung der Lernerfahrung in den Alltag,
- fördert die Toleranz, äußert Verständnis für schwächere Teilnehmer,
- vermeidet es, die TN über- oder unterzufordern,
- unterstützt und schützt die TN.

Sie **beendet** die Therapieeinheit, d. h. sie
- gibt den TN angemessen Rückmeldung,
- gibt noch einmal Gelegenheit für Fragen, Bemerkungen,
- teilt das weitere Vorgehen mit oder erarbeitet es mit der Gruppe,
- verabschiedet die Gruppe bis zur nächsten Begegnung.

Funktion der Nachbesprechung

Bietet man in der Ergotherapie die Nachbesprechung von Therapieeinheiten an, so stellt sich die Frage nach deren **Ziel und Zweck**. Die Beantwortung dieser Frage ist u. a. deshalb besonders wichtig, weil Ergotherapeutinnen vielfach mit Patienten arbeiten, die wenig geübt sind, sich zu äußern und aus diesen oder anderen Gründen eher skeptisch bis ablehnend sind.

Begründung für die Nachbesprechung

- Der Patient kann sich das, was er gemacht und erlebt hat, noch einmal vor Augen führen.
- Vieles wird erst durch das Ansprechen bewußter.
- Identifikation wird unterstützt,
- aber auch Distanzierung („Ich wollte eigentlich etwas anderes machen, aber die richtige Farbe fehlte."). Hinter solchen Distanzierungsversuchen kann Abwehr stehen, mit der respektvoll umgegangen werden muß.
- Dem Patienten wird zugehört, er bekommt die Aufmerksamkeit der anderen. Dies stärkt sein Selbstbild.
- Er erhält von den anderen Teilnehmern eventuell neue Denkanstöße, kann neue Aspekte sehen, die er vorher nicht wahrgenommen hat.
- Manches kann noch ergänzt, nachgeholt werden.
- Konflikte können angesprochen und nach Lösungsmöglichkeiten kann gesucht werden.
- Der Patient kann prüfen, welchen Platz er in der Gruppe einnimmt, welche Position er innehat.
- Verständnis, Toleranz, Gruppengefühl werden gefördert.
- Der Patient bekommt von der Therapeutin Feedback und kann umgekehrt direkt oder indirekt deutlich machen, wie es ihm mit der Aufgabe usw. erging.

Beispiele für die Gestaltung von Auswertungsphasen

Ablauf der Auswertungsphase am Beispiel einer Gruppenarbeit:

Die Gruppe war in Kleingruppen unterteilt. Jede dieser Kleingruppen hatte die Aufgabe, aus drei vorgegebenen Themen eines auszuwählen, das sie gemeinsam gestalten wollte.
Eine von der Therapeutin zur Verfügung gestellte Grundplatte aus Ton wurde in die Anzahl der anwesenden Teilnehmer geteilt. Jeder Teilnehmer gestaltete einen Teil. Zum Schluß sollten die Einzelteile zu einem gemeinsamen Bild zusammengestellt oder gefügt werden.

1. Die Kleingruppen kommen wieder zur Gesamtgruppe zusammen und bringen ihre „Werke" mit.
2. Jede Kleingruppe stellt ihr Werk den anderen vor, beschreibt den Ablauf und das Gruppengeschehen.

Der Gruppenleiter stellt Fragen zum Gruppengeschehen:
- Wie wurden in der Gruppe Entscheidungen getroffen, wer hat welche Rolle übernommen, gab es einen Führer?
- Worüber wurde gesprochen? (über die Arbeit oder über andere Themen?) Wurde viel oder wenig gesprochen?
- Wie war die Stimmung in der Gruppe? Wie ist die Zufriedenheit mit dem Werk?

Intermediale Verarbeitung[18]

Neben der verbalen Verarbeitung von Therapieprozessen und Ergebnissen gibt es die Möglichkeit, dies mit Hilfe eines anderen Mediums zu tun.

Beispiel 1:

Jeder Teilnehmer einer Gruppe hat eine freie Form gestaltet. Im Anschluß werden die Objekte zueinander in Beziehung gesetzt.
Folgende Äußenungen können kommen:
„Sie schubsen mich herum"
„Um mein Teil kümmert sich keiner!"

Beispiel 2:

In der Literaturgruppe wurde die Geschichte vom hilflosen Knaben gelesen (s. a. Kap. 29). Hauptthema darin ist, wie jemand sich wehrt.
Die bisherigen mehr oder weniger ungünstigen Strategien diesbezüglich können durch das Gestalten einer Maske aus Ton, hinter der der einzelne sich besonders stark fühlt, nicht selten deutlicher werden als im Gespräch darüber.
Diese Möglichkeit der Verarbeitung schützt einzelne Teilnehmer und kann hilfreich sein, wenn die Fähigkeit, sich verbal zu äußern, eher gering ausgebildet ist.

25.3 Nachbereitung von Gruppentherapie

Zu den nachbereitenden Aufgaben gehören:

1. Die gründliche Reflexion des Gruppengeschehens bzw. des Verhaltens einzelner. Was ist passiert? Wie war die Stimmung? Welche Ziele konnten erreicht werden? Welche Handlungsalternativen hätte es gegeben? Gibt es Zusammenhänge zwischen den Verhaltensweisen des Patienten, der Aufgabe und der Therapiesituation?

2. Überlegungen für die nächste Einheit anstellen: Was kann weitergeführt, was muß verändert werden? Welche Alternativen zeigen sich? Worauf muß stärker geachtet werden?

3. Das eigene Verhalten und die eigenen Gefühle kritisch beleuchten: Was habe ich wann, weshalb gemacht? Was waren meine Motive? Wie habe ich mich gefühlt (angestrengt, unsicher, verärgert)?

4. Wichtige Beobachtungen an die anderen Teammitglieder weitergeben.

25.4 Aufgaben in der Einzeltherapie (Einzelbetreuung)

Grundlegende Aufgaben, die insbesondere in der Einzeltherapie (Einzelbetreuung) wichtig sind:
- Dem Patienten angemessen und verständlich Ziel und Ablauf der Therapie erklären, die Technik vermitteln und die richtige Hilfestellung geben.
- Die momentane Befindlichkeit des Patienten einschätzen bzw. erfragen und ihn danach möglichst stark in Handlungen und Überlegungen miteinbeziehen, und somit seine Selbständigkeit und Eigenverantwortlichkeit fördern.
- Auftretende Bedürfnisse und Wünsche des Patienten wahrnehmen, in die Therapie miteinbeziehen oder deren aktuelle Erfüllung versagen.
- Schwierigkeiten aufgreifen, klären und bei der Suche nach Lösungsmöglichkeiten behilflich sein.
- Mit dem Patienten gemeinsam überprüfen, ob die Ziele erreicht werden (worden sind) und ob Vereinbarungen noch Gültigkeit haben (haben sollen).
- Die Therapiesitzung beenden und wichtige Informationen für die nächste Therapieeinheit geben.

Zusammenfassung

Zur Vorbereitung von Therapie zählt, daß die Ergotherapeutin
- offengebliebene Fragen und Probleme der letzten Therapieeinheit überdenkt und eventuell miteinbezieht
- die Therapieziele festlegt
- die Therapiemethode und die Therapiemittel auswählt
- die Auswertungsgesichtspunkte bestimmt
- den zeitlichen Ablauf festlegt und
- die eigenen Entscheidungen überprüft.

Die Aufgaben bei der Durchführung von Gruppentherapie umfassen in der
- Einstiegsphase: Begrüßung, Überblick geben, Sozialform bestimmen, Aufgaben- und Themenstellung sowie Material und Technik bekanntgeben.
- Arbeits- oder Aktionsphase: betreuen (Hilfestellung nach dem Minimalprinzip) und beobachten.
- Durcharbeitungs- und Auswertungsphase: Die Auswertungsgesichtspunkte richten sich nach den Zielen und nach dem psychischen Zustand der Patienten. Um Überforderung zu vermeiden, ist es hilfreich, die Nachbesprechung zu strukturieren und schrittweise vorzugehen. Der Wechsel von der Arbeits- zur Auswertungsphase muß gut geplant sein. Es kann das Gruppengeschehen oder das Erleben einzelner Teilnehmer im Mittelpunkt stehen.

Zu den Aufgaben in der Einzeltherapie (-betreuung) zählt, daß die ET
- Ziel und Ablauf der Therapie erklärt
- die richtige Hilfestellung gibt
- den Patienten beobachtet
- ihn möglichst viel in Entscheidungsprozesse miteinbezieht und
- die Therapie beendet.

Weiterführende Literatur:
Knill, P.J.: Ausdruckstherapie. Ohlsen Verlag 1979

D Spezielle Ergotherapie

26 Die Therapiemittel (Medien) der Ergotherapie

Ziele

In diesem Kapitel soll der Leser darüber informiert werden, welche Therapiemittel der Ergotherapeutin zur Verfügung stehen und wie die Wirkungsweise der verschiedenen Medien ist. Er soll darüber hinaus erfahren, daß durch den Einsatz von Medien innerseelische Konflikte bewußt werden können und generell eine Aktivierung und Entwicklung ermöglicht wird. Am Beispiel des Materials Ton sollen dem Leser die verschiedenen Erlebnis- und Bedeutungsebenen aufgezeigt werden. Des weiteren werden in diesem Abschnitt formale und inhaltliche Kriterien beschrieben, die für die Deutung von Objekten und Bildern von Bedeutung sind. Abschließend soll der Leser die sozialpsychologische Wirkung von Medien kennenlernen.

26.1 Überblick

In der Ergotherapie werden neben verschiedenen Materialien, neben gestalterischen und handwerklichen Verfahren auch Medien wie Literatur, Bewegung und ähnliches eingesetzt. Darüber hinaus ergänzen eine Reihe von spezifischen Übungen das ergotherapeutische Angebot. Diese Therapiemittel lassen sich grob in folgende Gruppen einteilen:

- Materialien (Werkstoffe) wie Ton, Farben oder Pappmaché
- Verfahren (gestalterische und handwerkliche Techniken): Mal-, Collage- und Drucktechniken, freies Gestalten mit Ton und Pappmaché; Arbeiten mit Holz, Metall, Ton, Stoffen, Glas, Peddigrohr, Garnen und Wolle
- Literatur und Bildmaterial, Musik und Bewegung, Spiele
- therapeutische Angebote wie
  a) Alltagsverrichtungen, Sozialtraining, Freizeitaktivitäten:
  Kleider- und Körperpflege, Haushalt, Pflege von Pflanzen, Außenaktivitäten ins Café, ins Museum, Behördenbesuche, Musik, Sport
  b) Trainingsangebote als Vorstufe zur Arbeitstherapie:
  Handwerkliche Techniken als Auftragsarbeit, Büroarbeiten, Hauswirtschaftliche Arbeiten, Dienstleistungen (Verkauf, Botengänge), Gartenarbeit und ähnliches mehr.

26.2 Wirkungsweise und Bedeutung von Materialien (Werkstoffen)

In der Ergotherapie werden eine Reihe sehr unterschiedlicher Materialien verwendet. Soll Material therapeutisch sinnvoll eingesetzt werden, so muß die Ergotherapeutin dieses sehr gut kennen, muß wissen, wie es wirkt. Erst danach kann sie entscheiden, ob es stärker den Gefühlsbereich oder den kognitiven Bereich anspricht, ob es sich spontan verarbeiten läßt und ob Vorkenntnisse und Werkzeug notwendig sind.

Wie und wodurch wirkt nun Material?
Material wirkt durch seine Beschaffenheit (Erlebnisqualität), durch seine Bearbeitungsmöglichkeiten und durch die Möglichkeiten und Grenzen der Formbarkeit.

Beschaffenheit:
Material kann hart, weich, spröde, warm, kühl, sperrig, nachgiebig oder anschmiegsam sein.

Bearbeitungs- und Gestaltungsmöglichkeiten eines Stoffes:
Material läßt sich mit den Händen oder mit Werkzeugen bearbeiten; es kann zerteilt, zusammengefügt, gezogen, gedehnt, zusammengepreßt werden. Es kann eine starre Begrenzung haben oder aber zerfließen.

26.3 Begründung für den Einsatz von Medien

Fast alle kreativen, gestaltenden Therapieformen **knüpfen an** Aktivitäten an, die aus der **frühen Kindheit** bekannt sein dürften.
Alle Kinder zeichnen und formen. Sie nehmen dafür Farben, Papier, Plastilin und – wenn diese Gegenstände fehlen – alles, was sie in der Natur finden und sich dafür eignet.
Durch das Gestalten wird das Kind in seiner emotionalen und kognitiven Entwicklung gefördert. Das Kind gelangt vom Schmieren zum Formen und Gestalten. Es ist in der Lage, sein Werk von sich als Schöpfer zu lösen, was für die Abgrenzung der inneren und äußeren Realität und für die Entwicklung der Identität ein wichtiger Schritt ist. Werden diese Tätigkeiten in der frühen Kindheit durch Umwelteinflüsse gebremst, behindert oder fehlgesteuert, so ist es plausibel, daß ihre Wiederaufnahme gute Möglichkeiten zum Erkennen der Fehlentwicklung bietet und korrigierende Entwicklungsschritte erlaubt.[19]

Bildnerischer Ausdruck wird sowohl zu einer wichtigen Möglichkeit, sich seelischer Schwierigkeiten bewußt zu werden als auch zur Heilung und Überwindung von Konflikten. Der Einsatz von Medien dient generell der **Aktivierung** und **Ermutigung** und regt **Selbstheilungstendenzen** an. Er gewährleistet Befriedigung in den Beziehungen zu Menschen und zu Objekten und fördert die Autonomie. Ziel ist, Einblick in eigene Erlebnis- und Reaktionsweisen zu bekommen und Zusammenhänge erkennen zu lernen zwischen der eigenen Entwicklung und derzeitigen inneren und äußeren Verhaltensweisen oder Symptomen. Der Mensch muß fähig sein, die Konfrontation mit dem eigenen Verhalten, der eigenen Wirkung auszuhalten, diese als positiv zu erleben. So dient das Medium der Selbstfindung und der sozialen Erziehung.

Darüber hinaus schärfen wir unsere Wahrnehmung, wenn wir die verschiedenen Materialien erforschen und die Gestaltungen nach unterschiedlichen Kriterien (Farbe, Strichführung, Größe) betrachten. Materialien stellen Fixpunkte der Realität dar; ich kann meine Wahrnehmung immer wieder darauf richten.

Bei der Verwendung von Medien kann zwischen freien, spontanen und gezielt gesteuerten, geplanten Aufgaben unterschieden werden.

In den freien Gestaltungen kann der Mensch nicht anders als sich selbst darzustellen: Er drückt seine Gefühle, Ängste wie Hoffnungen aus, „projiziert" seine Erfahrungen in sie hinein. Ausagieren und kreatives Tun können Erleichterung und Freude schaffen.

Objekte aus Ton oder einem anderen Material sind aber nicht nur Ausdruck von verborgenen Wünschen, sondern werden, da sie im wachen Zustand mit den Händen geformt werden, gleichzeitig zum Repräsentanten des Ichs, das in erster Linie Körper-Ich ist: Das Ich nimmt mit all seinen Störungen Gestalt an. Gestalten heißt auch, sich kennenlernen; psychologisch gesehen stellt es einen Weg zur Identität dar.

Der Therapeut versteht den Patienten durch das Medium, und zwar entsprechend seiner Einsicht in die Probleme des Patienten, entsprechend seinem Verständnis von der Erkrankung. Das Medium ist somit die Brücke zum Kontakt.[20]

26.4 Themen und Konflikte der Entwicklungsphasen und ihr Bezug zu therapeutisch eingesetzten Materialien[21]

Wie schon erwähnt, ist das Arbeiten mit Materialien, die auch schon in der Kindheit eine Rolle gespielt haben, von therapeutischer Relevanz. Aus diesem Grund ist es sinnvoll, die Materialien und Techniken, die wir in der Ergotherapie nutzen, auf Themen und Interaktionsmodi zu beziehen, die in der psychischen Entwicklung des Kindes von Bedeutung waren.

Orale Phase
In der oralen Phase hat das Kind die Aufgabe, sich aus der symbiotischen Beziehung zu lösen und allmählich konstante Selbst- und Objektrepräsentanzen aufzubauen. Der Einsatz von Materialien, die eher dem „weiblichen" Prinzip (s. u.) zuzuordnen sind, unterstützen stärker die Identifizierung. **Ton** beispielsweise ist ein weiches, verformbares Material, das durch die direkte Berührung beim Modellieren eventuelle symbiotische Wünsche hervorrufen kann. Die Grenze zwischen Subjekt und Objekt ist fließend, fast aufgehoben, wodurch die Identifikation mit dem Material und der Gestaltung stark unterstützt wird.
Ähnlich wie beim Ton ist durch den direkten Hautkontakt beim Auftragen der **Fingerfarben** auf das Papier kaum Distanzierungsmöglichkeit gegeben. Verschmelzungswünsche werden eher mobilisiert, Widerstände abgebaut, die Tendenz auszuufern wird unterstützt. **Plastilin** ist ein Material, das sich erst durch die Körperwärme verformen läßt. Es dauert etwas länger als beim Ton, bis sich die Distanz verringert.

Anale Phase
Obwohl das Kind immer noch abhängig ist, schreitet seine Entwicklung zu Autonomie fort. Autonom sein, heißt für das Kind unter anderem, sich äußern und vor allem selbst bestimmen, wann es etwas hergeben oder behalten will. Beim Ansetzen von **Ton,** beim Manschen und Kneten können Assoziationen zur Reinlichkeitserziehung und dem früheren Umgang mit Schmutz und Schmutzig-Sein geweckt werden. Diese auftauchenden Gedanken und Gefühle können eher unangenehm sein im Sinne von nicht-zulassen-dürfen oder lustvoll, weil ich endlich etwas „nachholen" darf. **Papp-**

maché ist ein Material, das klebt, klumpt, riecht und weniger homogen ist als Ton. Es erinnert an ein Abfallprodukt. Produktorientiertes, ganz genaues Arbeiten ist erschwert, das Material ist viel weniger „technisch erfaßbar", weniger konkret und plangerecht formbar. Es ermöglicht dafür kreatives Arbeiten, weckt Entscheidungsfreude und Unabhängigkeitsstreben.

Die Autonomie wird weniger gefördert, wenn man mit **Peddigrohr** arbeitet. Peddigrohr ist eine Technik, die viel Struktur braucht und beinhaltet: Die Fäden müssen eingeweicht werden, die Flechtfäden dürfen nicht zu stramm oder locker angezogen werden und der Arbeitsrhythmus muß gleichmäßig sein. Wir wissen aus der Psychoanalyse, daß Rigidität, Eigensinn oder Geiz als „Reaktionsbildungen" auf anale Wünsche verstanden werden können. Beim Peddigrohrflechten finden wir eine Entsprechung: Die Gleichmäßigkeit kann rigide sein, der Faden trocknet schnell und wird starr, und es wird nichts abgegeben.

Ödipale Phase

Schwerpunkt in der ödipalen Phase ist die Auseinandersetzung mit der eigenen Geschlechtsrolle und in weiterer Folge die sinnvolle Entwicklung und Integration von „männlichen" und „weiblichen" Aspekten für jeden Menschen, wie C.G.JUNG sie in seinem Konzept von Anima und Animus beschreibt. Auch wenn die Kategorie von „männlich" und "weiblich" aufgrund der immer noch einseitigen Zuschreibung zu Mann und Frau problematisch ist, scheint es mir hilfreich, die ergotherapeutischen Materialien und Techniken diesen Polen zuzuordnen. Ton und Fingerfarben zum Beispiel entsprechen dann eher dem „Weiblichen" und unterstützen in stärkerem Maße Identifizierung. Papparbeiten werden hingegen dem „Männlichen" zugeordnet und unterstützen stärker die Distanzierung. Von Bedeutung ist, daß einzelne Materialien und Techniken innerhalb ihrer Klassen weiter geordnet werden können. Batik als zu den „weiblichen" Techniken zählend, hätte auf ihrer Skala Papierbatik – Knüpfbatik mit Seide (als besonders „weiblich") bis hin zur komplexen Wachsbatik. Holz, insbesondere ein hartes wie Eiche, unterstützt stärker das "Männliche". Wählt man eine weichere Holzart wie beispielsweise Kiefer, so kann von der Tendenz her das „Weiblichere" angestrebt werden. Über solch weitere Unterteilung können die Materialien und Techniken sehr individuell eingesetzt werden.

26.5 Die Bedeutung von Materialien am Beispiel Ton[22]

Ton ist ein sehr eigenwilliger Stoff. Einerseits leistet er wenig Widerstand – ist leicht verformbar; andererseits läßt sich Ton zu nichts zwingen – er reißt, wenn man ihn zieht.

Ton verlangt den Blick für das Wesentliche. Er bestimmt die Grenzen der Gestaltung. Gestaltungstrieb ist das Streben nach Form. Da Ton ungeformter, unstrukturierter Stoff ist, ist sein Aufforderungscharakter besonders groß. Ton spricht den Gefühlsbereich besonders stark an, da er unmittelbar mit den Händen geformt wird. Weichheit und Anschmiegsamkeit des Materials kommen dem Bedürfnis nach Zärtlichkeit auf einer Vorstufe des Sozialkontaktes entgegen. Einfühlungs- und Wahrnehmungsvermögen wachsen, Freude, Spontaneität und Phantasie nehmen zu, und mit ihnen auch das Selbstwertgefühl.

D   Spezielle Ergotherapie

Die verschiedenen Erlebnisebenen

Dinge erhalten ihre Bedeutung erst durch uns. Es gibt Menschen, die Ton als unangenehm, schmutzig, schmierig erleben. Dies kann sich mit unterschiedlicher, subjektiver Bedeutung auf verschiedenen Erlebnisebenen zeigen.

Auf der *bewußten* Ebene:

Jemand merkt, daß seine Hände vom Ton schmutzig geworden sind und er beschließt, sie zu waschen.

Auf der *vorbewußten* Ebene:

Ich habe mir die Hände schmutzig gemacht. Nun kann der Betreffende mit dem Sich-schmutzig-machen Strafe assoziieren, weil er als Kind dafür bestraft worden ist. Sich-schmutzig-machen ist also angstbesetzt.

Auf der *unbewußten* Ebene:

Ich bin schmutzig - schmutzig im Sinne von böse, sündig, nichts wert. Ich habe schmutzige (sexuelle) Dinge getan und fühle mich schuldig. Für diesen Menschen genügt es nicht, sich die Hände zu waschen, sondern er muß sich auf einer magischen Ebene die Hände in Un-Schuld waschen.

Diese unterschiedliche, subjektive Bedeutung ist nicht nur für den Patienten, sondern auch für den Therapeuten gegeben.

Von einem anderen Standpunkt aus liegt die Bedeutung des Materials auf der *bewußten* Ebene in der Verarbeitung. Deshalb müssen Eigenheiten, Verarbeitungstechniken und die eigenen Fähigkeiten beachtet werden, die zu guten oder schlechten Ergebnissen führen können.
Ton wird demnach in der Therapie auf dieser Ebene eingesetzt zum Üben von Fertigkeiten und Fähigkeiten wie Konzentration, Ausdauer, Anpassung, Genauigkeit und ähnliches mehr, die für das Erlangen der Arbeitsfähigkeit besonders wichtig sind.

Auf der *vorbewußten* Ebene liegt die Bedeutung im Gestalten und den begleitenden Gefühlen. Das Material bietet hier eine nonverbale Möglichkeit der Selbstdarstellung, es dient dem Ausagieren und der Kontaktaufnahme.
Durch das Gestalten werden Spannungen und Hemmungen abgebaut; es kommt zur Stärkung des Ichs für die Auseinandersetzung mit der Realität, damit zu mehr Identität und Autonomie.

Die *unbewußte* Ebene hat ihre Verbindung zur analen Phase, zu verdrängten Konflikten aus der frühen Kindheit.
Aufgabe des Therapeuten ist es, die unbewußten Inhalte bewußt zu machen. Da dies ohne Zusatzausbildung (Psychoanalyse oder Gestalttherapie) nicht möglich ist, fällt das Arbeiten auf dieser Ebene nicht in die Kompetenz der Ergotherapeutinnen. Damit zeigt sich hier eine klare Abgrenzung zu anderen psychotherapeutischen Verfahren, wie zum Beispiel der Gestaltungstherapie.

26.6 Deutung von Objekten und Bildern

Menschen haben das Bedürfnis, eine Ursache hinter allen Dingen sehen zu wollen. Ihre Deutungen sind ganz allgemein Versuche, „Ordnung und Sinn in eine Welt zu legen, die wir sonst als chaotisch und bedrohlich erleben würden."[23] Auch klinische Diagnosen sind Deutungen, die anhand von Symptomen und Verhaltensweisen erstellt werden: Wir brauchen die Verhaltensbeobachtung, um auf Motive, Gefühle, Bedürfnisse schließen zu können (s. a. Kap. 18). Wir deuten also das Verhalten aufgrund unserer Erfahrungen. Deutungen, die diagnostischen und therapeutischen Zwecken dienen, sollten **„objektiv"**, d. h. vorurteilsfrei sein. Da der Patient, seine Motive, Gefühle und Konflikte im Mittelpunkt stehen, müssen die eigenen Gefühle herausgehalten werden. Damit dies gelingen kann, muß der Therapeut sich selbst gut kennen und erfahren haben.

Eine gute Deutung muß des weiteren, so HAMMON[23], auch **richtig,** d. h. begründbar und nachvollziehbar sein. Die „wahren" verdeckten Motive eines Verhaltens müssen deutlich werden. Sie lassen sich entweder erfragen oder durch das Herstellen einer Verbindung von verschiedenen Sachverhalten, eine Zusammenfassung des bisher Erfahrenen, finden. Therapeutisch wirksam ist eine Deutung nur dann, wenn sie zum richtigen **Zeitpunkt** vermittelt wird, so daß die betreffende Person sie auch annehmen kann. Häufig reicht das Hinzeigen auf das Sichtbare, etwa auf die hohlen Augen, aus.

Eine gute Deutung ist eine kreative Leistung; sie erfordert Offenheit, Originalität und Flexibilität und entsteht durch Einfühlungsvermögen und das verstandesmäßige Erfassen von Zusammenhängen auf der Basis von Wissen und Erfahrungen über sich und die Umwelt.

Bildnerische Gestaltungen lassen sich nach Form und Inhalt unterscheiden, wobei diese Trennung künstlich ist. Nach psychoanalytischen Gesichtspunkten entspricht die inhaltliche Seite dem Es, die formale dem Ich. Die Form kann sowohl vom Gestalter als auch vom außenstehenden Betrachter erkannt werden.

Deutung von Objekten
Formale Deutung

READ[24] beschreibt die **formale Deutung** des Objektes als Ich-Deutung, da die Gestalt der Plastik Ausdruck bewußter und unbewußter Ich-Anteile, insbesondere des Körper-Ichs, sei. Damit sich möglichst viele nichtbewußte Ich-Anteile ausdrücken können, sollten moralische oder ethische Beurteilungskriterien wie „gut" oder „schlecht" und „häßlich" oder „schön" in den Hintergrund treten.

1. Das Körperbild: Das Körperbild ist ein Abbild des Körper-Ichs: die Kenntnis vom eigenen Körper, die wir im Laufe der Entwicklung erhalten. Wird diese Kenntnis verlernt oder verdrängt, so kommt es zu Lücken und zu Verzerrungen im Körperbild, die insbesondere in figürlichen Darstellungen sichtbar werden.

„Wenn", wie HAMMON es in einem Beispiel sehr anschaulich beschreibt, „ein 44jähriger Alkoholiker bei seiner Selbstdarstellung seine Arme ‚vergißt', so kann das bedeuten, daß er weder gewohnt ist, sein Leben in die eigenen Hände zu nehmen, zu handeln, noch die Ellenbogen zu gebrauchen. Ohne Arme kann er sein Gleichgewicht nicht halten, und tatsächlich hat er sein inneres Gleichgewicht verloren und ist dem Alkohol verfallen."[25]

D Spezielle Ergotherapie

Der Verlust der Arme gibt Hinweis auf die Kontaktlosigkeit und Hilflosigkeit des Patienten.

Psychotische Patienten konnten häufig das Körperbild aufgrund der sehr frühen Störung nicht entwickeln. Bei diesen Menschen dient das bewußte Gestalten auch zum Aufbau des Körperschemas. Durch das Gestalten werden die Körper klarer, differenzierter; der Patient lernt fühlen, wahrnehmen und bekommt ein positives Gefühl für sich selbst (Selbst-Wert-Gefühl).

2. Harmonie: Unter Harmonie wird hier die „gute Gestalt" einer Plastik, das heißt eine „runde" und ganzheitliche Wirkung, die von ihr ausgeht, verstanden. Im Gegensatz dazu stehen Deformation, Zerrissenheit oder Zerfall der Ganzheit. Bei einer disharmonischen Plastik können Spannungsgeladenheit, innerliche Zerrissenheit und Konflikte zum Ausdruck kommen. Diese Disharmonie ist aber nicht nur im pathologischen Bereich zu finden, sondern, da Konflikte und Spannungen Bestandteil des Lebens sind, auch und insbesondere bei Menschen während kreativer Prozesse. Der kreative Mensch kann solche Disharmonien aber aus eigener Kraft überwinden. Bei neurotischen und psychotischen Menschen bleibt die Gespaltenheit bestehen, sofern es in der Therapie nicht gelingt, eine Ganzheit herzustellen.

Wird im Laufe der Behandlung ein neuerlicher Zerfall der Objekte sichtbar, so kann auf innere Vorgänge, also einen erneuten Ich-Zerfall geschlossen werden.

Keinesfalls geht es aber darum, „reine Harmonie" herzustellen, da diese zur Erstarrung und Aufhebung der Bewegung führt und auf große Abhängigkeit hinweist. Beide Zustände müssen vorhanden sein, müssen einander ablösen und so in einem Gleichgewicht sein.[26]

3. Die Größe: Die Größe einer Gestaltung läßt sich ebenfalls auf das Körper-Ich zurückführen. Sehr große und sehr kleine Gestalten haben ihren **Ursprung in der Kindheit,** da hier durch das eigene Kindsein die Welt der „Großen" Überdimensionalität erhalten kann. Insbesondere dann, „wenn die Erlebnisse der Ausgeliefertheit, der Verlorenheit und des Übersehenwerdens sich häufen, prägen sie sich übermächtig ein und bestimmen als Grundgefühl das weitere Leben mit."[27] HAMMON verdeutlicht diesen Aspekt an einem Beispiel:
„Wenn z. B. ein adipöser, 232 Pfund schwerer Patient eine winzige Figur als Selbstdarstellung gestaltet und damit signalisiert, daß er sich klein und unscheinbar fühlt, dann drückt er das Gefühl einer einstmals körperlich erlebten Kindheit aus. Diese steht ganz im Gegensatz zu seiner momentanen Statur als Erwachsener. So wirkt sein Übergewicht wie ein Schutzpanzer, der ein ‚kleines Ich' bewahren soll, oder als ‚Aufgeblasenheit', um die ‚wahre Größe des Ichs' zu verbergen."[28]
Die Kleinheit kann aber auch Vorteile haben: Umsorgt- und Umhegtwerden können in der Vorstellung dominieren. Dann steht im Vordergrund, daß im Zustand der Kleinheit alle Wünsche erfüllt werden. Im Erwachsenenleben können diese Sehnsüchte nach dem Kleinsein jemanden daran hindern, Verantwortung zu übernehmen; er wird sich sehr schnell ängstigen und hilflos fühlen. Menschen werden kleinmütig, klein-lich und suchen einen Partner, der sie führt.
Manche Erwachsene behalten die kindliche Vorstellung von Größe bei und strengen sich sehr an, nicht mehr „klein" zu sein. Aus diesem Bemühen heraus können sich aber Groß-manns-sucht, Groß-spurigkeit und – im Extremfall – Größenwahn entwickeln.

Inhaltliche Deutung

Werkgestaltungen sind, analog zum Traum oder zu neurotischen Symptomen, „entstellter" Ersatz für unbewußte Vorstellungen. Die wichtigsten **Entstellungsarten** (Arbeitsweisen des Unbewußten) sind:[17]
Verdichtung, Verschiebung, Symbolisierung, Verbildlichung und plastische Gestaltung. Zum Sinn, zum latenten Inhalt einer Werkgestaltung kommt man, wenn man in einer Art Übersetzungsarbeit die Entstellung rückgängig macht.

1. Verdichtung und Mehrdeutigkeit

Werkgestaltungen sind mehrdeutig, da sich häufig mehrere Dinge oder Personen verdichten und Vorstellungen und Affekte miteinander verschmelzen. Die Verdichtung bewirkt, daß eine Gestaltung – beispielsweise eine Kugel – im Vergleich zu der Bedeutung, die sie für den Gestalter haben kann, karg und unscheinbar wirkt. Ist die Kugel eine Selbstdarstellung, so kann sie als Abwehr gedeutet werden. Sie signalisiert Abschirmung, Rückzug und Abgrenzung sowie das völlige Aufsich-bezogen-Sein des Gestaltenden. Gleichzeitig zeigt sie dem Betrachter auch die Hilflosigkeit, Isolierung, Einsamkeit und Verlorenheit des Gestaltenden. Die Kugel bietet Schutz und Sicherheit und es wird der Wunsch, in den Mutterschoß zurückzukehren, zum Ausdruck gebracht. In der Kugel sind alle Gegensätze wie oben und unten, vorne und hinten aufgehoben. Es kann mit ihr aber auch die Wiederherstellung der Ordnung nach chaotischen, unordentlichen, konflikthaften Zuständen ausgedrückt werden.

2. Verschiebung

Durch die Verschiebung werden psychische Akzente anders gesetzt. Häufig führt sie dazu, daß Eigenverantwortlichkeit geleugnet wird. Dies geschieht z. B. dadurch, daß eine Person sich in ein „gutes" und ein geleugnetes „böses" Ich aufspaltet. Hat der Therapeut bei einem Patienten das Gefühl, daß Gefühlsreaktionen ganz „daneben" liegen, so kann dies ein Hinweis auf eine Verschiebung sein: Wenn ein Patient berichtet, daß er sich mit seiner Partnerin prächtig verstehe, im Gespräch aber heftig darauf reagiert, daß sie sich eine Zigarette anzündet.

3. Verbildlichung, plastische Gestaltung und Symbolisierung

In vielen Situationen hilft uns die **Sprache,** die Bedeutung von Bildnereien zu erkennen. Sie tut dies in Form von Redensarten oder Sprichwörtern.
Stellt jemand den Vater als Raben dar, so kann nicht nur der „Rabenvater" zum Ausdruck kommen, sondern auch, daß er „auf großem Fuße" lebt, um andere „herumschwänzelt", „wenig Hirn" usw. hat. Wir können davon ausgehen, daß in frühester Zeit Bild und Sprache den gleichen Ursprung hatten, und somit ist Sprache Handlungsersatz. Das Wortbild ist eine wichtige Brücke zwischen spontanen Bildnereien (Unbewußtes) und abstrakter Bedeutung (Bewußtes).
Die zweite Deutungsmöglichkeit besteht im Auffinden von „durchsichtigen Worten": Wenn sich ein Alkoholiker an einem Berghang mit ausgebreiteten Armen und dem Gesicht zum Berg darstellt, so kann zum Ausdruck kommen, daß er „haltlos" ist, Angst vor dem „Rück-fall" hat und somit „abhängig" ist.
Die dritte Form der Verbildlichung finden wir bei gleichlautenden Worten wie „die Heide" und „der Heide" oder „der" und „das Tau". Das ständige Bekanntgeben der Uhrzeit kann beispielsweise für einen Psychotiker bedeuten, daß er von seiner Ur-Zeit etwas mitteilen will.

D Spezielle Ergotherapie

4. **Symbolik:** Nach Freud beziehen sich echte Symbole immer auf den menschlichen Körper, insbesondere auf die Sexualität; sie sind das Ergebnis eines Verdrängungsvorganges. So sind längliche Gegenstände Symbol des Männlichen, Gefäße Symbol des Weiblichen. Jung geht davon aus, daß jeder Körper Austragungsort seelischen Geschehens ist, welches in seinen Grundstrukturen bei allen Menschen gleich ist. Er bezeichnet solche allgemeinen (angeborenen) menschlichen Grunderfahrungen als Archetypen. Ein Symbol bezeichnet nicht die Ähnlichkeit zweier Dinge, sondern wirft sie zusammen, so daß sie dasselbe sind. Die Mutter wird also zur Höhle und stellt sie nicht nur dar. Demnach ist das, was der Patient gestaltet, nicht nur Ausdruck von ihm, er ist das Gestaltete auch selbst.

Deutung von Bildern[29]

Die Interpretation von Bildern erfolgt ebenso wie die Deutung von Objekten nach formalen und inhaltlichen Kriterien.

1. **Das Bewegungsbild:** Wie ist die Strichführung: kräftig, sicher, druckstark, hochschießend oder zart, schwach, zögernd, dünn, eckig, nach innen oder nach außen gehend?

2. **Das Raumbild:** Wie ist das Verhältnis von Raumausfüllung und Raumaussparung? Was gehört auf einem Bild zusammen durch Funktion, Nähe, Ähnlichkeit der Farben der Gestalt? In der Dichte eines Bildes stecken Aussagen wie leicht/schwer, kompakt/zersplittert, intensiv/durchsichtig.

3. **Die Zeiteinteilung:** Wie lange braucht jemand, um anzufangen? Hält er sich mit Details auf oder ist er sehr rasch fertig? Wie nutzt er die zur Verfügung stehende Zeit?

4. **Die Farbe** – wie nachfolgend beschrieben

5. **Der Inhalt** – nach psychoanalytischen Richtlinien, wie oben beschrieben

6. **Die Raumsymbolik:** (Raumschema nach C. G. Jung und dem Graphologen Max Pulver).

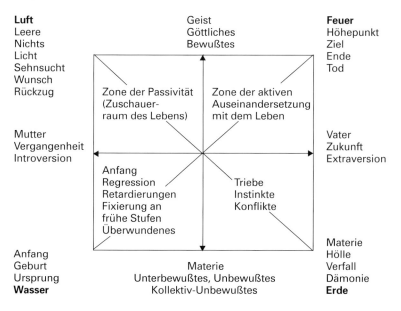

Auch für die Deutung von Bildern ist von Wichtigkeit, daß nicht einzelne Kriterien überbewertet werden dürfen. Die Ergotherapeutin betrachtet Bilder nach den formalen Kriterien (1–4). Vorrangige Ziele in der Ergotherapie sind Ausdruck, Katharsis, daß Entspannung ermöglicht und Wahrnehmung verbessert wird.

26.7 Wesen und Wirkung von Farben

FRIELING u. a.[30] gehen davon aus, daß jedem Farbreiz in der Außenwelt eine Reaktion in der Innenwelt entspricht. Eine Farbe, etwa ein roter Kreis, mutet uns in bestimmter Weise an. Diese Anmutung, die mit einer farbigen Botschaft verbunden ist, ist ein **Vorurteil.** Das heißt, daß bestimmten Farben bestimmte Eigenschaften zugeordnet werden. Helle Farben muten leichter an als dunkle Farben, und wir unterscheiden auch zwischen warmen und kalten Farben.

Farben sind gleichzeitig auch **Symbole.** Rot steht für warm, aber auch für das Blutvolle, für Dynamik und das feurige Wesen. Blau und Grünblau hingegen stehen sowohl für kalt als auch für das Ferne, Unnahbare, Distanzierte. In der Regel werden geliebte Farben als warm, ungeliebte als kalt empfunden.

Farben informieren also über kalt/warm, leicht/schwer, nah/fern, tun dies aber nur im Vergleich mit anderen Farben.

Grün steht in der Mitte, von der aus wir beurteilen, ob etwas nah oder fern ist. Vor Grün liegen Gelbgrün und Gelb (immer heller werdend), hinter Grün liegen Grünblau, Blau, Ultramarin und Violettblau (immer dunkler werdend). Purpurrot liegt auf der gleichen Ebene wie Grün. Die anderen Rottöne können davor oder dahinter liegen. Schwarz erscheint tief – als Loch.

Für die Wirkung der Farbe, die insbesondere bei der Raumgestaltung berücksichtigt wird, spielt der **Sättigungsgrad** eine wesentliche Rolle: Die zunächst ruhige Farbe Grün wirkt in hoher Sättigung alles andere als ruhig.

Farben haben auch intermodale Beziehungen zum **Gehörsinn.** Giftgrün z. B. verstärkt schrille und grelle Töne, mattes Blau hingegen vermindert sie. Töne werden schon für sich in Verbindung mit Farben gebracht: hohe Töne mit hellen, metallischen, tiefe Töne mit dunklen Farben.

Farbe gibt aber auch Informationen über die jeweilige **Stimmung.** Schwermut, Spannung, Abschied, Ankunft, Mittag, Abend usw. werden mit Hilfe von Licht und Farben ausgedrückt. Es wäre aber wohl nicht angebracht, allein von der Farbwahl in einer Einzelsituation auf eine momentane Stimmung oder gar ein Persönlichkeitsmerkmal schließen zu wollen – wenn ein Patient die Farbe schwarz wählt, davon sofort Depressivität abzuleiten. Jedem ist bekannt, daß auch Modetrends in der Bevorzugung bestimmter Farben eine nicht unerhebliche Rolle spielen. In der Therapie bieten wir Farben zum Spielen an – zum Experimentieren, um ein Gefühl, ein Thema besser ausdrücken zu lassen.

D   Spezielle Ergotherapie

26.8 Sozialpsychologische Wirkung von Medien[31]

Medien haben ganz unterschiedliche Wirkung.
Male ich ein Bild, so bin ich mit meiner Wahrnehmung und Konzentration bei mir. Andere, die zufällig oder beabsichtigt noch im Raum sind, werden durch meine Tätigkeit nicht gestört. Spiele ich hingegen auf einem Instrument, so sind die anderen gezwungen, mitzuhören – vorausgesetzt, sie können hören und wechseln nicht den Raum.

Es gibt also Medien (Bildnerisches Gestalten, Bewegung), die stärker **individualisierende**, und andere (Musik, Sprache, den anderen berühren – der gesamte taktile oder haptische Bereich), die stärker **sozialisierende Wirkung** haben.
Je nach Aufgabe und den besonderen Bedingungen gibt es auch Überschneidungen: So kann jeder Teilnehmer einer Gruppe im Raum umhergehen und für sich einen Rhythmus klatschen.

Da der Mensch sowohl das Bedürfnis nach Zurückgezogenheit (Selbstbezogenheit) als auch den Wunsch nach Kontakt, nach Miteinander hat, ist ein Wechsel der Medien unter Berücksichtigung der jeweiligen Wirkung erstrebenswert.

Darüber hinaus ist es in der Therapie sinnvoll, Möglichkeiten zu schaffen, Eigenes auszudrücken, als auch das, was andere Teilnehmer zum Ausdruck bringen, aufzunehmen. Wir wissen, daß Kommunikation sich aus Selbstausdruck und Fremdausdruck zusammensetzt. Ich male ein Bild (Selbstausdruck), ein anderer teilt mir seine spontanen Einfälle (schriftlich oder mündlich) mit (Fremdausdruck).

Zusammenfassung

Die Therapiemittel (Medien) der Ergotherapie umfassen: verschiedene Materialien und Verfahren, Literatur, Bewegung, Musik, sowie Alltagsverrichtungen und Freizeitaktivitäten.
Materialien (Werkstoffe) wirken durch ihre Beschaffenheit, durch ihre Bearbeitungsmöglichkeiten und durch die Möglichkeiten und Grenzen der Formbarkeit.
Das Gestalten mit verschiedenen Materialien ist für die emotionale und kognitive Entwicklung des Kindes wichtig, und deshalb kann das Aufgreifen dieser Aktivitäten auch für den Erwachsenen hilfreich sein: der bildnerische Ausdruck gibt Einblick in innerseelische Vorgänge, fördert die Autonomie und darüber hinaus die Wahrnehmungsfähigkeit. Bei freien Gestaltungen „projiziert" der Mensch seine Gefühle in diese hinein, sie sind gleichzeitig aber auch Repräsentant des Ichs.
Materialien und Techniken können auf Themen und Interaktionsmodi bezogen werden, die in der oralen, analen und ödipalen Phase der psychischen Entwicklung des Kindes von Bedeutung waren.

Materialien haben unterschiedliche Bedeutung:
- Auf der bewußten Ebene kann jemand merken, daß er von Ton schmutzig geworden ist, und er beschließt, sich zu waschen. Die therapeutische Bedeutung auf dieser Ebene liegt darin, Fertigkeiten und Fähigkeiten zu trainieren.
- Auf der vorbewußten Ebene ist Sich-schmutzig-machen angstbesetzt, da unangenehme Erinnerungen damit verbunden sind. In der Therapie dient das Material als nonverbale Möglichkeit der Selbstdarstellung, dem Ausagieren und der Kontaktaufnahme.

– Auf der unbewußten Ebene steht Sich-schmutzig-machen im Zusammenhang mit Sünde und Schuld. Ziel in der Therapie ist es, die unbewußten Gründe dafür bewußt zu machen, was nicht Aufgabe der Ergotherapeutin sein kann.

Deutungen von Objekten und Bildern sind dann gut, wenn sie möglichst objektiv, begründbar und nachvollziehbar sind und zum richtigen Zeitpunkt vermittelt werden.
Die formale Deutung von Objekten wird als Ich-Deutung beschrieben, da die Gestalt der Plastik Ausdruck bewußter und unbewußter Ich-Anteile ist. Kriterien der formalen Deutung sind das Körperbild, Harmonie (die „gute Gestalt") und die Größe.
Zu den inhaltlichen Kriterien zählen Verdichtung und Mehrdeutigkeit, Verschiebung, Verbildlichung, plastische Gestaltung und Symbolisierung. Diese Kriterien sind Entstellungsarten (Arbeitsweisen des Unbewußten). In der Therapie wird bei Werkgestaltungen – ebenso wie beim Traum oder bei neurotischen Symptomen – in einer Art Übersetzungsarbeit die Entstellung rückgängig gemacht.
Für die Deutung von Bildern werden als Kriterien das Bewegungsbild, das Raumbild, die Zeiteinteilung, die Farbe, der Inhalt und die Raumsymbolik herangezogen.
Farben haben unterschiedliche Bedeutung. Sie werden bestimmten Eigenschaften zugeordnet, stehen für verschiedene Symbole und geben Informationen über die jeweilige Stimmung. Für die Wirkung der Farbe spielt der Sättigungsgrad eine wesentliche Rolle. Da in der Therapie jede Einseitigkeit vermieden werden soll, ist es wichtig, die Farbwahl als ein Kriterium unter vielen anderen zu betrachten.

Medien haben entweder stärker individualisierende oder stärker sozialisierende Wirkung. In der Therapie soll ein Wechsel der Medien unter Berücksichtigung der jeweiligen Wirkung angestrebt werden.

Weiterführende Literatur:
Aissen-Crewett, M.: Kunst und Theraoie mit Gruppen. Aktivitäten, Themen und Anregungen für die Praxis. Verlag modernes Lernen 1987
Bachmann, H. I.: Malen als Lebensspur. Die Entwicklung kreativer bildender Darstellung. Fischer 1985
Franzke, E.: Der Mensch und sein Gestaltungserleben. Huber Verlag 1977
Jakobi, J.: Vom Bilderreich der Seele. Wege und Umwege zu sich selbst. Walter Verlag 1969
Janson-Michel, C.: Gestalten, Erleben, Handeln. Pfeiffer Verlag 1980
Knill, P. J.: Ausdruckstherapie. Ohlsen Verlag 1979
Riedel, I.: Farben in Religion, Gesellschaft, Kunst und Psychotherapie. Kreuz Verlag 1990
Riedel, I.: Bilder in Therapie, Kunst und Religion. Kreuz Verlag
Schuster, M.: Kunsttherapie. Die heilende Kraft des Gestaltens. Köln 1986
Wolff, S.: Klinische Maltherapie. Springer Verlag 1986

27 Methoden und Therapieformen der Ergotherapie

> **Ziele**
>
> Der Leser soll erfahren, daß in der Ergotherapie nach drei verschiedenen Methoden gearbeitet werden kann. Die einzelnen Methoden und ihre Einsatzmöglichkeiten werden dargestellt, ihre Vor- und Nachteile beschrieben und die Patientengruppen, für die sie geeignet sind, werden angegeben.

27.1 Definition und Überblick

Mit Methode wird ganz allgemein eine bestimmte Art des Vorgehens zum Erreichen eines angestrebten Zieles bezeichnet. Diese Vorgehensweise besteht aus immerwiederkehrenden Verhaltensmustern. Sie läßt sich auf verschiedene Therapiesituationen übertragen und ist für mehrere Therapeuten (hier Ergotherapeutinnen) charakteristisch.

Ergotherapie ist keine einheitliche Therapieform, die nur nach einem einzigen Verfahren arbeitet.
Folgende 3 Methoden lassen sich voneinander unterscheiden:
– kompetenzzentrierte Methode,
– ausdruckszentrierte Methode,
– interaktionelle Methode.

Diese Methoden können in folgenden Therapieformen Verwendung finden:
– in der Einzeltherapie,
– in der offenen Werkgruppe,
– in der Gruppenarbeit,
– in der Projektarbeit.

Mit allen drei Methoden kann mit unterschiedlicher Gewichtung Einfluß auf die vier Dimensionen der Objektbeziehung (funktionale, manipulative, sozial-normative oder affektive) und darüber auf ergotherapeutische Ziele genommen werden (s. Kap. 24).

27.2 Methoden der Ergotherapie

Die kompetenzzentrierte Methode

Bei der kompetenzzentrierten Methode werden ausgewählte handwerkliche Techniken oder Übungen aus dem lebenspraktischen bzw. dem Freizeit-Bereich eingesetzt, um verlorengegangene oder nicht vorhandene Fähigkeiten zu erwerben und Fertigkeiten zu trainieren. Die Aufgabe, die in der Regel geschlossener ist, wird mündlich oder schriftlich (Vorlage) gestellt oder vom Patienten gewählt.

Vorgehen:

Die Therapeutin
- gibt dem Patient eine konkrete Aufgabe oder regt ihn zu eigener Entscheidung an,
- bespricht mit dem Patienten gemeinsam z. B. die Arbeitsphasen, Pausen und Ziele (Arbeitsbündnis),
- unterstützt und korrigiert den Patienten bei seinen Handlungen,
- reflektiert mit ihm, ob die Ziele erreicht wurden, macht Fort- und Rückschritte transparent und erarbeitet mit ihm Problemlösungsstrategien und das weitere Vorgehen.

Zielsetzung:

- Verbesserung der Handlungsplanung und -ausführung,
- Beherrschung von instrumentellen Fertigkeiten (Umgang mit Werkzeug, Maschinen),
- Steigerung der Frustrationstoleranz,
- Verbesserung der Selbsteinschätzung mit der Bereitschaft, Fehler zu korrigieren,
- Übernahme von Verantwortung,
- Steigerung der psychischen und physischen Belastbarkeit,
- Verbesserung der Geschicklichkeit und Fingerfertigkeit,
- Förderung der Eigenständigkeit, Verläßlichkeit und Sorgfalt,
- Steigerung von Konzentration und Ausdauer,
- Auseinandersetzung mit eigenen Wünschen und Bedürfnissen,
- Ablenkung von Konflikten,
- Selbständige Übernahme bestimmter Aufgaben,
- Erhöhung der Zuverlässigkeit bei der Erfüllung von Aufträgen,
- Förderung der Kontaktfähigkeit.

Die ausdruckszentrierte Methode

Merkmale: Bei der ausdruckszentrierten Methode wird ein Therapiemittel (Material, Geschichte, Musik u. ä.) in kreativ-gestalterischer Weise verwendet und dient als Katalysator, als Ausdrucksmittel, als Mittel zur Selbstdarstellung und als Kommunikationsmittel. Die Aufgabenstellung ist eher offen und teilnehmer- oder gruppenzentriert. Die Themen, die in der Regel vorgegeben sind oder aus mehreren gewählt werden können, sind gefühlsbetont und frei und ermöglichen darüber hinaus größere Personennähe.

Vorgehen:

Die Therapeutin
- bietet dem Patienten ein Therapiemittel, verbunden mit einer bestimmten Themen- und Aufgabenstellung an,
- gibt spezielle Regeln (nicht miteinander sprechen z. B.) bekannt,
- beobachtet die Gestaltung, das Verhalten des Patienten und den Prozeß,
- reflektiert mit dem Patienten das Ergebnis und das Geschehen.

Zielsetzung:

- Wahrnehmen eigener seelischer Vorgänge (Introspektion),
- Ausdrucksmöglichkeiten finden für das momentane Befinden,
- Entwicklung von Spontaneität und Eigeninitiative,
- Materialerfahrung, Wahrnehmen von Erlebnisqualitäten,
- Auseinandersetzung mit Gefühlen, Wünschen und Bedürfnissen,
- Sensibilisierung für Zusammenhänge zwischen Lebensgeschichte und den damit verbundenen Problemen und Konflikten,
- Herstellung von Offenheit und Realitätsbezug,
- Entwicklung von Phantasie.

Die interaktionelle Methode

Merkmale: Bei der interaktionellen Methode stehen die Auseinandersetzung in der Gruppe und das Miteinander, der gruppendynamische Prozeß also, im Mittelpunkt. Die Ergotherapeutin hält sich weitgehend abstinent und unterstützt die Gruppe nur durch indirekte Hilfestellung im Sinne eines Hilfs-Ich. Durch dieses therapeutische Verhalten können die verschiedenen Positionen, insbesondere die Alpha- und Beta-Rolle, von den Teilnehmern selbst eingenommen werden. Des weiteren werden bei der interaktionellen Methode die Phasen im Therapieverlauf besonders deutlich (s. Kap. 13).
Die Aufgabe, die mit oder ohne Thema gestellt wird, ist sehr offen. Nahezu das gesamte Spektrum der vorhandenen Therapiemittel kann genutzt werden.

Vorgehen:

Die Therapeutin
- gibt entweder ein Ziel und/oder ein Thema mit einer sehr offenen Aufgabenstellung vor, oder aber die gemeinsame Suche danach ist bereits wichtiger Bestandteil des Therapieprozesses und bleibt deshalb der Gruppe überlassen,
- beobachtet das Gruppengeschehen,
- initiiert und unterstützt in der Arbeitsphase Kommunikations- und Entscheidungsprozesse nur in Ausnahmesituationen (sonst Methodenwechsel),
- reflektiert mit der Gruppe deren Interaktion und Dynamik,
- erarbeitet mit der Gruppe Konflikt- und Problemlösungsstrategien.

Zielsetzung:

- Erkennen und Äußern eigener Wünsche, Ideen, Meinungen und Gefühle,
- Übernahme von Verantwortung für sich und andere,
- Entwicklung von Entscheidungsfähigkeit,
- Erweiterung der Durchsetzungs- und Integrationsfähigkeit,
- Verbesserung der Selbsteinschätzung,
- Erweiterung der Konfliktfähigkeit,
- Erhöhung der Kritikfähigkeit und Toleranz.

27.3 Einsatzmöglichkeiten der Methoden in den verschiedenen Therapieformen

27.3.1 Einsatzmöglichkeiten der kompetenzzentrierten Methode

Die kompetenzzentrierte Methode in der Einzeltherapie

In der Einzeltherapie arbeitet der Therapeut mit dem Patienten alleine in einem abgeschlossenen Raum. Diese Zweier-Situation ermöglicht eine direkte und ungestörte Kontaktaufnahme und schafft rasch eine intimere Atmosphäre. Patient und Therapeut können sich ohne Einflüsse von außen auf den Therapieprozeß konzentrieren, Schwierigkeiten können sofort geklärt, die richtige Hilfestellung erteilt werden. Der Therapeut kann dem Patienten direkt Rückmeldung geben und Bedingungen, die gegebenenfalls ungünstig geworden sind, verändern.

Demnach liegen die **Vorteile** der Einzeltherapie darin, daß
- der Therapeut den Patienten besser und schneller kennenlemen kann
- Unsicherheit und Mißtrauen rascher abgebaut werden können
- sehr leistungsbezogenen Patienten die Vergleichsmöglichkeiten genommen sind
- eigene Fähigkeiten und Schwierigkeiten besser angenommen werden können
- die Bedingungen, sich zu konzentrieren und bei einer Sache zu bleiben, günstiger sind und
- der Patient vom Therapeuten mehr Zuwendung und Anerkennung erhalten kann.

Neben den positiven Aspekten birgt die Einzeltherapie auch einige Gefahren und **Nachteile** in sich. Durch die Zweier-Situation kann eine Atmosphäre von Nähe und Intimität entstehen, die insbesondere für schizophrene Patienten schnell zu eng und zu dicht werden kann.
Bei anderen Patienten führt sie möglicherweise zu einer unerwünschten Fixierung und Abhängigkeit (Verwöhnungssituation) und fördert den Wunsch, vorhandene Probleme nicht „öffentlich" machen zu wollen. Für manche Patienten (Süchtige, Depressive) ist gerade die Herstellung von Öffentlichkeit aber Voraussetzung für die Therapie.

Indikation für die kompetenzzentrierte Einzeltherapie:
Einzeltherapie eignet sich für Patienten, die
- sehr unselbständig und unzuverlässig sind
- wenig Selbstvertrauen haben und noch sehr unsicher sind
- sehr ambivalent sind
- kataton, antriebsgehemmt oder zu angetrieben sind
- nicht kontaktfähig sind, Distanzprobleme haben
- sehr leicht ablenkbar sind, sich kaum konzentrieren können
- ihre Grenzen nicht mehr spüren oder andere Grenzen haben (Flucht in die Irrealität, fehlender Realitätsbezug)
- somatisch beeinträchtigt sind (z. B. im Bett liegen müssen).

Indikation hinsichtlich bestimmter Diagnosegruppen:
- Akut psychotische Patienten
- Kinder und Jugendliche, sofern sie nicht gruppenfähig sind oder als Ergänzung zur Gruppenarbeit
- In Ausnahmefällen: Süchtige, psychoneurotisch und psychosomatisch Kranke.

D Spezielle Ergotherapie

Die kompetenzzentrierte Methode in der offenen Werkgruppe

Die offene Werkgruppe ist eine Therapieform, die es in psychiatrischen Einrichtungen auch als „freies Werken" oder „offene Ergotherapie" schon sehr lange gibt. Mehrere Patienten arbeiten mit unterschiedlichen (eventuell auch gleichen) Materialien und individueller Zielsetzung in einem gemeinsamen Raum.
Durch die gleichzeitige Anwesenheit der Mitpatienten besteht die Möglichkeit der freiwilligen Kontaktaufnahme zu diesen und die Gelegenheit, sich gegenseitig Hilfestellung, Rückmeldung, Anregung und Bestätigung zu geben.
Im Gegensatz zur Einzeltherapie betreut der Therapeut den Patienten nur kurzzeitig und beobachtet ihn punktuell.

Der wesentliche **Vorteil** dieser Therapieform ist, daß die Patienten mehr Handlungs- und Entscheidungsspielraum haben und in höherem Maße eigenverantwortlich und selbständig arbeiten können. Damit in Zusammenhang steht, daß die Therapeutin weniger stark die Führungsposition inne hat, sondern sich in erster Linie als Fachfrau zur Verfügung hält. Selbst diese Position kann aber von einzelnen Patienten übernommen und somit therapeutisch genutzt werden.

Nachteile ergeben sich, wenn die Gruppe zu groß ist und die Therapeutin zu wenig auf individuelle Bedürfnisse einzelner Patienten eingehen und zu wenig zielgerichtet arbeiten kann. Entsprechen darüber hinaus die Rahmenbedingungen nicht den Anforderungen, so muß sich dies in unterschiedlicher Weise negativ auswirken. Depressive Patienten, die noch wenig Antrieb und Eigeninitiative haben, werden leicht übersehen und kommen aus ihrer Isolation nicht heraus.
Für manische Patienten hingegen können die vielen Möglichkeiten und Anregungen zum Problem werden, da sie die Konzentration auf eine Tätigkeit erschweren. Schizophrene erhalten durch das überreiche Angebot zu viele Reize und Informationen. Es fällt ihnen dann besonders schwer, ihre Aufmerksamkeit auf das Wesentliche zu richten. Zusätzliche lange und häufige Wartezeiten bewirken, daß sie sich zurückziehen oder unter Spannung geraten und die Therapie vorzeitig beenden.

Lösungsvorschläge:
– nur wenige Techniken anbieten
– die Zahl der Patienten gering halten (pro Therapeut 3–6 bei akut Kranken, sonst 8–12)
– günstige Rahmenbedingungen schaffen, d. h. auf Übersichtlichkeit achten (angefangene Arbeiten wegschließen, wenig Ziergegenstände u. ä. aufstellen, Wände sparsam schmücken); klare zeitliche Strukturen schaffen, Dauer der Arbeitsphasen und der Pausen absprechen
– Zuständigkeiten (welcher Therapeut für welchen Patienten) deutlich machen
– den Patienten begleiten, d. h. regelmäßig Gespräche über Erfolg – Mißerfolg, Ziele, Schwierigkeiten u. ä. führen
– bei Bedarf Kommunikationsmöglichkeiten unter den Patienten schaffen.

Indikation:
– als Weiterführung der übenden Einzeltherapie
– für Patienten, die schon eine gewisse Selbständigkeit erlangt haben
– für Patienten, für die das gezielte Üben von Fertigkeiten im Vordergrund steht oder
– die verschiedene handwerkliche Techniken kennenlernen möchten
– als Vorbereitung für die Arbeitstherapie.

Die kompetenzzentrierte Methode in der Gruppenarbeit

Wird diese Methode innerhalb der Gruppenarbeit genutzt, so ist für den einzelnen Teilnehmer die Erweiterung und Anwendung seines Funktionswissens in bezug auf handwerkliche und gestalterische Techniken und weitere Ziele, die darüber erreicht werden können, besonders wichtig. Um von Gruppenarbeit sprechen zu können, muß zusätzlich ein gemeinsames Ziel vorhanden sein. Häufig sind diese Therapieeinheiten so aufgebaut, daß zunächst jeder Patient die Möglichkeit hat, sich mit Material und Technik vertraut zu machen. Jeder erstellt ein Einzelteil oder auch mehrere Teile, die dann zu einen Gesamtbild oder Gesamtobjekt zusammengefügt werden. Häufig hat das Gesamtbild eine stärkere Wirkung als das Einzelteil, was manchen eine Identifikation mit diesem eher ermöglicht als mit der eigenen Arbeit. Zu Beginn, wenn die Gruppe eine Entscheidung bezüglich Thema oder Umsetzung der Aufgabe trifft, insbesondere aber, wenn es um die Gestaltung des gemeinsamen Bildes/Objektes geht, wird die interaktionelle Methode genutzt. Diese Form der Gruppenarbeit ermöglicht Patienten, sich allmählich an die Zusammenarbeit mit anderen zu gewöhnen. Sie können sich immer wieder zurückziehen, erfahren klare Grenzen, das eigene Teil bleibt erhalten, auch wenn sie es für das Gemeinsame abgeben. Insgesamt ist viel Struktur vorhanden, die Sicherheit und Orientierung bietet.

Von Nachteil ist, daß die Kommunikation während der Arbeit selbst eher gering ist. Werden zu Beginn nicht wesentliche Kriterien wie Größe, Technik u. ä. geklärt, so kann das Zustandekommen eines gemeinsamen Werkes gefährdet sein. Außerdem haben die Patienten untereinander kaum Kontrolle und Möglichkeiten der Einflußnahme; somit sind außer zu Beginn und eventuell am Ende Auseinandersetzung und Korrektur kaum gegeben.

Aufgabenbeispiele:
- Im ersten Teil der Arbeitsphase hat jeder Teilnehmer die Möglichkeit, die Herstellung von Öltunkpapier kennenzulernen (kompetenzzentrierte M.). Im zweiten Teil sollen von jedem Teilnehmer zwei Papiere für eine gemeinsame Collage (mit oder ohne Thema) Verwendung finden (interaktionelle M.).
- Jeder Teilnehmer gestaltet eine Fliese aus Buntpapier. Verschiedene Techniken (Reiß-, Falt-, Knicktechniken) werden zuvor gezeigt oder erarbeitet (kompetenzzentrierte M.). Die Anordnung der Fliesen zu einem Gesamtbild soll von allen gemeinsam entschieden werden (interaktionelle M.).

Indikation:
- für Patienten, die Kontakt- und Kommunikationsschwierigkeiten haben
- für Patienten, die noch Rückzugsmöglichkeiten brauchen
- für Patienten, die noch nicht in der Lage sind, sich über einen längeren Zeitraum mit anderen auseinanderzusetzen
- für Patienten, die noch viel Struktur brauchen.

Die kompetenzzentrierte Methode in der Projektarbeit

In einer kompetenzzentrierten Projektgruppe arbeiten die Patienten in der Regel über einen längeren Zeitraum an einer gemeinsamen Aufgabe, an einem gemeinsamen Projekt. In den einzelnen Arbeitsphasen kann jeder Teilnehmer einen nach seinen besonderen Bedürfnissen und Anforderungen eingerichteten Platz finden.

D Spezielle Ergotherapie

Der Therapeut trifft die Entscheidung bezüglich Art und Umfang des Projektes, übernimmt Planung, Erprobung und Vorbereitung. Die Arbeitsabläufe werden vorstrukturiert, die Aufgabenverteilung wird mit der Patientengruppe gemeinsam vorgenommen. Das Produkt muß den zuvor festgelegten Kriterien entsprechen; es ist in der Regel für den Verkauf bestimmt.
Je nach Zielsetzung können Planungsaufgaben auch von einzelnen Patienten oder der Gesamtgruppe übernommen werden. Werden Entscheidungen bezüglich Vorgehen oder Problemlösungen von der Gruppe getroffen, so kommt als weitere Methode die interaktionelle hinzu.

Die übende Projektarbeit weist klare, überschaubare Strukturen auf, ist dadurch besonders realitätsnah. Sie bietet den Patienten Orientierungshilfe und meist die Möglichkeit, unterschiedliche Aufgaben, Rollen und Positionen zu übernehmen.

Nicht immer entsprechen die im Projekt enthaltenen Anforderungen den jeweiligen Zielsetzungen der einzelnen Patienten. So kann es sein, daß ein Patient eine Aufgabe beibehalten muß, die für ihn keinen Trainingseffekt mehr hat, weil die Fertigstellung des Produktes dies verlangt. Für den Therapeuten ergibt sich als Nachteil, daß für die Vorbereitung eines Projektes viel Zeit erübrigt werden muß.

Aufgabenbeispiele:
- Gestaltung eines Kalenders in der Technik des Pappdrucks
- Herstellung von Kinderspielzeug
- Erstellung einer Patchworkdecke aus Baumwolle oder selbstgefärbter Seide
- Planung und Durchführung von Freizeitaktivitäten
- Planung und Durchführung von lebenspraktischen Aktivitäten (Kochen, Nutzung von öffentlichen Verkehrsmitteln).

Indikation:
- für Patienten, für die das gezielte Üben von Fertigkeiten wichtig ist
- für Patienten mit unrealistischer Selbsteinschätzung (Gruppe und Produkt dienen als Korrektiv)
- für Patienten, die Schwierigkeiten im Umgang mit Kritik haben, mit Autoritäten, Verantwortung, Kooperation.

Als Vorstufe für die Arbeitstherapie ist diese Form der Projektarbeit besonders geeignet.

27.3.2 Einsatzmöglichkeiten der ausdruckszentrierten Methode

Die ausdruckszentrierte Methode in der Einzeltherapie

Die Rahmenbedingungen, sowie die positiven und negativen Aspekte, entsprechen im wesentlichen denen der kompetenzzentrierten Einzeltherapie.
Die ausdruckszentrierte Einzeltherapie wird, da sie in den wesentlichen Punkten Bestandteil der ausdruckszentrierten Gruppentherapie ist, nur bei besonderer Indikation angeboten.

Die ausdruckszentrierte Methode bei der Einzelarbeit in der Gruppe

Sowohl Material als auch Aufgabenstellung und Thema sind für jeden einzelnen Teilnehmer gleich.
Jeder einzelne kann die Aufgabe gemäß seiner momentanen Stimmung und Ausdrucksfähigkeit gestalten und mit seiner Wahrnehmung und Konzentration bei sich sein.
In der Auswertungsphase kommt es zu einem Austausch, zum gegenseitigen Kennenlernen; die Arbeiten können miteinander betrachtet werden, der eigene Wahrnehmungshorizont wird erweitert. Im Vergleich zur Einzeltherapie kann die Gruppe Schutz und Geborgenheit bieten.
Kann die Auswertungsphase für ein Gespräch nicht genutzt werden, so bestehen kaum Kommunikationsmöglichkeiten.

Aufgabenbeispiele:
- Thema: Mit dem eigenen Namen in Kontakt treten.
  Jeder Teilnehmer hat Gelegenheit, seinen eigenen Namen verschiedentlich auf ein Blatt Papier zu malen, ihn zu gestalten und mit für ihn wichtigen Symbolen zu ergänzen.
- Thema: Selbstbildnis
  Die Aufgabe ist, aus Ton sich selbst figürlich darzustellen.

Indikation:
- für Patienten, die verbal wenig Ausdrucksmöglickeiten haben
- für Patienten, die wenig Zugang zu ihren Gefühlen und Problemen haben
- für Patienten, die ihre eigenen Wünsche und Bedürfnisse kaum kennen und spüren
- für Patienten, die wenig Phantasie und Kreativität besitzen
- für Patienten, die sehr leistungsbezogen sind.

Indikation bezüglich bestimmter Diagnosegruppen:
- neurotische, süchtige und psychosomatisch Kranke
- psychotische Patienten nach der Akutphase als Ergänzung zur kompetenzzentrierten Arbeit. Die ausdruckszentrierte Methode eignet sich auch für junge und alte Menschen mit den beschriebenen Diagnosen.

Die ausdruckszentrierte Methode in der Gruppenarbeit

Ähnlich wie in der Gruppenarbeit mit kompetenzzentriertem Anteil kann jeder Teilnehmer seinen Teil nach eigenen Vorstellungen und Ideen gestalten, sich aber auch Anregungen von den anderen holen. Er kann sich in der Arbeitsphase mit seinem Teil zurückziehen und muß nicht das ganze Thema gestalten, kann sich auf ein Teilstück beschränken. Im Gegensatz zur kompetenzzentrierten Methode ist aber nicht der Erwerb von Fertigkeiten bezüglich der Technik wichtig, sondern das eigene Erleben und der eigene Ausdruck stehen im Mittelpunkt.
Auch bei dieser Therapieform ist die Möglichkeit der Einflußnahme während der Arbeitsphase eher gering.

Aufgabenbeispiele:
- Jeder gestaltet aus Ton eine Landschaft, in der er sich wohl und sicher fühlt (ausdruckszentriert). Zum Schluß werden die einzelnen Teile zu einer großen Landschaft zusammengefügt (interaktionell).

D Spezielle Ergotherapie

- Jeder schneidet aus Illustrierten einen Menschen aus, der eine Emotion zeigt, und schreibt in eine Sprechblase, was er sagen könnte (ausdruckszentriert). Diese emotionalen Menschen kommen nun auf dem Bahnhof (auf einer Party, um ein Problem zu lösen o. ä.) zusammen. Die Gruppe schreibt eine kurze Bildergeschichte, wie sich der einzelne und die Gruppe verhalten würden (interaktionell).

Indikation:
– für Patienten, die Kontakt- und Kommunikationsschwierigkeiten haben
– für Patienten, die verbal wenig Ausdrucksmöglichkeiten haben
– für Patienten, die nicht mehr so viel Struktur brauchen
– für Patienten, als Vorbereitung für die interaktionelle Projektarbeit und die ausdruckszentrierte Einzelarbeit in der Gruppe.

27.3.3 Einsatzmöglichkeiten der interaktionellen Methode

Die interaktionelle Methode kommt in verschiedenen Therapieformen zur Anwendung. Sie ist um so effektiver, je stärker die Gruppenteilnehmer dabei unterstützt werden, Aufgaben und Probleme alleine zu bewältigen.

Die interaktionelle Methode in der Gruppenarbeit

In der Gruppenarbeit kann die interaktionelle Methode im Wechsel mit anderen eingesetzt werden. Häufig ist die Gruppenarbeit so aufgebaut, daß es ein gemeinsames Ziel im Sinne eines gemeinsamen Endproduktes gibt, dieses Gemeinsame sich aber aus Einzelteilen zusammensetzt. Müssen zu Beginn und/oder zum Ende der Arbeitsphase von allen Teilnehmern gemeinsame Entscheidungen getroffen werden, so kommt die interaktionelle Methode zum Tragen. In der eigentlichen Arbeitsphase kann je nach Zielsetzung sowohl die kompetenzzentrierte als auch die ausdruckszentrierte Methode verwendet werden. Ist die Entscheidungsphase sehr kurz oder haben Patienten noch große Schwierigkeiten, Verantwortung zu übernehmen und sich mit anderen auseinanderzusetzen, so werden gruppendynamische Prozesse entsprechend gering wirksam werden.

Aufgabenbeispiele:
- Ihre Aufgabe ist, aus Tonpapier ein Mobile aus Tieren zu erstellen. Zuerst ist es wichtig, daß sie sich gemeinsam auf mind. drei verschiedene Tiere und 2 Farben geeinigt haben (interaktionelle M.).
Danach kann sich jeder ein Tier oder auch mehrere aussuchen und dieses gestalten (kompetenzzentrierte M.).
Am Ende soll in einem gemeinsamen Entscheidungsprozeß aus den einzelnen Teilen das Mobile erstellt werden (interaktionelle M.).
- Im ersten Teil der Aufgabe möchte ich Sie bitten, aus den 3 Themen „Flußlandschaft", „Insel" und „Zoo" eines auszusuchen, das sie gestalten möchten. Danach sollen Sie die vorgegebene Grundplatte so teilen, daß jeder ein Stück bekommt. Jeder Teilnehmer gestaltet nun ein Teil. Zum Schluß sollen die Einzelteile wieder zu einem gemeinsamen Bild zusammengestellt oder -gefügt werden.

Indikation:
- für Patienten, die Kontakt- und Kommunikationsschwierigkeiten haben
- für Patienten, die noch Rückzugsmöglichkeiten brauchen
- für Patienten, die noch nicht in der Lage sind, sich über einen längeren Zeitraum mit anderen auseinanderzusetzen
- für Patienten, die in ihrer Kreativitätsentwicklung Unterstützung brauchen.

Die interaktionelle Methode in der Gemeinschaftsarbeit

Die interaktionelle Gemeinschaftsarbeit ist eine Variante der Gruppenarbeit. Das Besondere hierbei ist, daß eine Aufgabe nach einem selbstgewählten oder gestellten Thema so gelöst werden muß, daß alle Teilnehmer gemeinsam und gleichzeitig daran arbeiten. Dadurch ist während der gesamten Arbeitsphase mehr Kommunikation und Auseinandersetzung notwendig; gegenseitige Anregung, Aktivierung, Motivierung und Unterstützung wird durch das Miteinander möglich. Jeder Teilnehmer kann seinen Beitrag nach seinen Fähigkeiten und Neigungen leisten. Das Gesamtbild steht im Vordergrund, das Einzelteil tritt zurück. Kritikfähigkeit und Durchsetzungsvermögen können geübt werden. Durch die größere Nähe, die zwangsläufig unter den Teilnehmern entsteht, kann das Gruppengefühl verstärkt werden.

Die eigene Leistung tritt in den Hintergrund. Man muß die Nähe zu den anderen aushalten, kann sich nicht so gut zurückziehen, ist von den anderen stärker abhängig. Man muß sich unter- und einordnen, Kritik annehmen oder sich dagegen wehren.

Aufgabenbeispiele:
- Sie haben eine gemeinsame Grundplatte aus Ton. Gestalten Sie darauf gemeinsam und gleichzeitig ein Relief zum Thema „Zirkus".
- Gestalten Sie aus den vorhandenen Bildern und Bildausschnitten eine gemeinsame Collage und geben Sie der fertigen Collage einen Titel.

Indikation:
- Patienten mit Kontakt- und Kommunikationsschwierigkeiten
- Patienten, die Auseinandersetzungen und Konflikte meiden
- Patienten, die wenig Ausdrucksmöglichkeiten haben, wenig kreativ sind, wenig Phantasie haben.

Die interaktionelle Methode in der Projektarbeit

Die Projektarbeit erstreckt sich über mehrere (mind. über 3) Therapieeinheiten. Sie hat ein gemeinsames Ziel, das von den Gruppenteilnehmern erarbeitet wird. Durch die Anforderung, als Gruppe eigenverantwortlich und weitgehend ohne Unterstützung durch den Therapeuten arbeiten zu müssen, werden Verhaltensweisen und Schwierigkeiten besonders deutlich. Das Selbsthilfepotential der Gruppe und einzelner kommt stärker zum Tragen. Wichtig ist, daß die Gruppe geschlossen ist, das heißt, daß die Teilnehmer über die Dauer des Projektes zusammen bleiben. Nur so kann sich der dynamische Prozeß entwickeln und ein Wir-Gefühl entstehen. Die ideale Gruppengröße liegt bei 6–10 Teilnehmern.

Ein Nachteil ist, daß auf die Gruppenzusammensetzung besonders geachtet werden muß (möglichst homogene Gruppen) und daß die Teilnehmer in einem Zeitraum von ca. 6–10 Wochen nicht wechseln sollten.

Aufgabenbeispiele:
- Bauen Sie ein dreidimensionales Objekt aus Maschendraht und verkleiden Sie dieses mit beliebigen Materialien.
- Gestalten Sie ein Tonrelief aus einzelnen Kacheln mit einer Gesamtgröße von 1,20 m x 1,20 m. Auf jeder Kachel muß sich – deutlich erkennbar – ein Würfel befinden.
- Sie haben 6 Therapieeinheiten à 2 Zeitstunden zur Verfügung, um irgend etwas Gemeinsames aus den Materialien der Ergotherapie herzustellen.

Indikation:
Patienten,
- die Schwierigkeiten haben, eigene Wünsche und Stärken zu erkennen, die sich statt dessen lieber nach anderen orientieren
- die wenig konfliktfähig sind, sich bei Enttäuschung sehr rasch zurückziehen
- denen es schwer fällt, mit anderen gemeinsam etwas zu tun und dabei Freude zu erleben.

Auf Diagnosegruppen bezogen:
- Süchtige
- psychosomatisch und
- psychoneurotisch Kranke

Zusammenfassung

Die Ergotherapie nutzt in der Psychiatrie und Psychosomatik die kompetenzzentrierte, die ausdruckszentrierte und die interaktionelle Methode. Dies drei verschiedenen Methoden finden in der Einzeltherapie, der offenen Werkgruppe, der Gruppenarbeit und in der Projektarbeit Verwendung. Diese vielfältigen Einsatzmöglichkeiten sind mit ihren positiven und negativen Aspekten sowie der Indikationsstellung beschrieben. Darüber hinaus sind sie mit vielen Beispielen versehen.

28 Variationsmöglichkeiten in der Ergotherapie

> **Ziel**
>
> Der Leser soll einen Überblick über die Variationsmöglichkeiten erhalten, die sich durch Veränderung der Aufgaben- und Themenstellung, durch die Verwendung verschiedener Materialien und Techniken und durch einen Wechsel der Sozialform ergeben.

28.1 Variationsmöglichkeiten bezüglich Aufgabenstellung und Vorgehensweise

In der Ergotherapie werden Aufgaben in der Regel mündlich gestellt. Soll in Kleingruppen gearbeitet werden und ist die Arbeitsanweisung etwas ausführlicher oder komplexer, so kann es hilfreich sein, diese schriftlich zu geben: Die Patienten können immer wieder nachlesen, ob sie die Aufgabe richtig lösen, können sich daran orientieren.
Die schriftliche Planung einer Aufgabe oder die Erstellung einer Skizze kann für einzelne Patienten auch Teil der Therapie sein – insbesondere dann, wenn kognitive Fähigkeiten (zum Beispiel die Handlungsplanung) geübt werden sollen.

Hinsichtlich der Art der Aufgabe kann zwischen offeneren und geschlosseneren Aufgaben unterschieden werden.

Weitgehend offene Aufgaben geben nur das Ziel an, das erreicht werden soll; die Vorgehensweise und die Zeit für die einzelnen Schritte sind nicht vorgegeben. Geschlossenere Aufgaben nennen auch den Weg: Sie beinhalten Angaben zum Vorgehen und geben auch die Mittel, die verwendet werden dürfen, an.

Beispiel für eine weitgehend **offene Aufgabenstellung**:

„Sie kennen das Angebot an Materialen und handwerklichen Techniken der Ergotherapie. Ihre Aufgabe ist, ein gemeinsames Projekt zu erstellen, für das Sie insgesamt sechs Therapieeinheiten (à 2 Stunden) zur Verfügung haben. Das heißt, Sie entscheiden selbst, was Sie machen und wie Sie Ihr Ziel erreichen wollen. Damit liegen sowohl Planung als auch Durchführung in Ihrer Verantwortung".

Vorteil: Es ist sehr viel Freiraum vorhanden, eigene Ideen können eingebracht und verwirklicht werden. Offenere Aufgaben fördern Kreativität, Aktivität und Produktivität und mehr Personennähe (s. a. Kap. 24).

Nachteil: Die Gruppe kann überfordert sein, weil sie den Freiraum nicht nutzen kann. Sie kommt zu keinem Ergebnis, es kommt zu Frustration und evtl. zu Resignation. Der Gruppenprozeß entwickelt sich möglicherweise destruktiv.

Indikation: Offenere Aufgabenstellungen eignen sich:
– für Patienten, die ein großes Maß an Selbständigkeit und Eigeninitiative mitbringen oder die dies zum Ziel haben
– die lernen sollen, Entscheidungen miteinander zu treffen und auftretende Konflikte auszutragen.

D   Spezielle Ergotherapie

Methode: Interaktionelle Gemeinschafts- und Projektarbeit

Beispiel für geschlossenere Aufgabenstellung:
Das Thema (etwa „Wald") wird vorgegeben, die Aufgabenstellung ausformuliert.
Beispiel: Jeder Teilnehmer gestaltet einen Baum, bestehend aus einem Kreis als Krone und einem Rechteck als Stamm, unter Zuhilfenahme der vorgegebenen Schablonen.

Material: Ton
Technik: Plattentechnik

Vorteil: Die Aufgabe ist überschaubar, die Anforderungen an den einzelnen sind nicht sehr hoch, so daß auch schwächere Patienten zu einem positiven Ergebnis kommen können.
Nachteil: Es ist wenig Freiraum vorhanden, die Gruppe oder einzelne Teilnehmer können unterfordert sein; dadurch können Langeweile und Desinteresse auftreten.

Indikation:
- für Patienten, die noch sehr genaue Vorgaben und deutliche Strukturen brauchen (akut Schizophrene z. B.)
- Menschen, für die ein positives Ergebnis wichtiger als der eigene Freiraum ist.

Methode: Kompetenzzentrierte Gruppen- und Projektarbeit

Die Aufgabenstellung ist häufig eng verbunden mit der Themenstellung (Themenvorgabe).
Themen können helfen, die Aufmerksamkeit der Patienten auf bestimmte Inhalte zu lenken und die Bereitschaft zur intensiveren Auseinandersetzung mit diesen erhöhen.

28.2 Variationsmöglichkeiten bezüglich des Themas

Themen lassen sich nach folgenden Merkmalen unterscheiden:

gefühlsbetont (Wut)   oder weniger gefühlsbetont (Wald)
abstrakt (Harmonie)   oder konkret (Flußlandschaft)
frei (momentane Stimmung)   oder gebunden (Haus)

Themenvorgabe:

- Ein Thema ist nicht vorgegeben
- es stehen einige Themen zur Auswahl
- ein Thema ist vorgegeben.

Themenvorschläge für gruppenzentrierte Aufgabenstellungen:
Wald, Blumenfeld, Zoo, Zirkus, Maskenball, Phantasietier, Lindwurm, Meeresgrund, Stadt, geometrische Figuren, Leben, Familie, Glück, Fortschritt, Ideale, Harmonie, Friede, Konsum, Geben und Nehmen (Bedürfnisklärung), Fluß in der Landschaft, Landschaft, Jahreszeiten, Insel.

Themenvorschläge für teilnehmerzentrierte Aufgabenstellungen:
Maske, Phantasietier, Behausung, Familie, Glück, Ideale, Harmonie, Friede, Nehmen und Geben, ein Berg – wo befinde ich mich?, Einsamkeit, Haus, Brücke;
Reizwörter wie Wut, Aggression, Zuneigung, Geborgenheit.

Themen sind ebenso wie Bilder und plastische Gestaltungen mehrdeutig. Voraussetzung für die Verwendung von Themen (insbesondere wenn sie gefühlsbetont sind) ist, daß die Ergotherapeutin sich mit diesen vertraut macht, damit möglichst alle Aspekte, die darin enthalten sind, in der Therapie zur Verfügung stehen.

Beipiel: Thema „Übermut"

Frage:
Worauf weist der Begriff hin?
Was verbinde ich persönlich mit diesem Begriff?

Einige Gedanken und Assoziationen, die alleine oder im Brainstorming mit anderen gefunden werden können:

Über-Mut, über den eigenen Mut, über die sonst eingehaltenen Grenzen und Normen hinausgehen; spontan, fröhlich, ausgelassen sein, Dinge tun, die man sonst nicht macht, ausbrechen aus vorgegebenen Strukturen.
Aber: Das tolle Gefühl kann plötzlich ins Gegenteil umkippen; Erinnerungen, Mahnungen oder gar Drohungen aus der Kindheit tauchen auf. „Übermut tut selten gut!"
Wer kennt nicht diesen Spruch!

Welche **Bedeutung** hat Übermut für das Kind, welche für die Erwachsenen? Übermut kann aus Freude, aus einem guten, sicheren Gefühl heraus entstehen, oder um Traurigkeit, Unsicherheit zu verdecken, um Bestätigung zu erhalten, um auszuweichen. Zeigt sich hier eine Verbindung zur Manie?
Oder Übermut als Mutprobe? Will ich mir oder anderen etwas beweisen?
Brauche ich besondere Bedingungen, um übermütig sein zu können? Im Freundeskreis geht es leichter – man fühlt sich geborgen, aufgehoben und sicher.

Dieses Thema eignet sich demnach besonders gut, um sich mit den eigenen Grenzen, mit Wachstum und Veränderung, auseinanderzusetzen.

Übermütig sein ist ein kreativer Akt: Man lernt etwas Neues kennen, wird reicher an Erfahrungen, spürt sich selbst intensiver und lebendiger.

Indikation:
– für psychotische Patienten, die aus der akuten Phase schon seit längerer Zeit wieder heraus sind
– für neurotisch und psychosomatisch Kranke.

D   Spezielle Ergotherapie

Voraussetzung für den Einsatz des Themas ist, daß die Therapeutin den Patienten einschätzen kann, daß sie weiß, wo er steht. Befindet sich der Patient zu nahe an seinen Grenzen (in der Manie bzw. in der Depression) oder sind die eigenen Grenzen zu unsicher, zu durchlässig (bei der akuten Schizophrenie) oder zu starr und verfestigt (bei der chronischen Schizophrenie), so ist die Auseinandersetzung mit dem Thema „Übermut" nicht möglich und therapeutisch ungeeignet.

28.3 Variationsmöglichkeiten bezüglich des Materials und der Technik

Es wurde schon in Kap. 26 darauf hingewiesen, daß die Wirkung der Materialien recht unterschiedlich ist. Ein Wechsel von einem Werkstoff auf einen anderen kann das Erreichen bestimmter Ziele erleichtern. Manchmal ist es sinnvoll, Materialien anzubieten, die in ihrer Beschaffenheit ähnlich sind (Knete – Salzteig – Ton), um beispielsweise eine langsame Hinführung zu der Auseinandersetzung mit Ekelgefühlen zu ermöglichen.

Die denkbaren Techniken fordern und fördern unterschiedliche Fähigkeiten und Fertigkeiten und setzen in unterschiedlicher Weise Kenntnisse voraus.
Einige Aspekte sollen am Beispiel der Relieftechnik aufgezeigt werden.

Die Relieftechnik beinhaltet die Möglichkeit, zwei- oder dreidimensional zu arbeiten.

Zweidimensionales Arbeiten (am Beispiel eines Hauses):
1. Die Umrisse des Hauses werden in die Tonplatte gezeichnet bzw. geritzt.
2. Mit Hilfe dünner Tonwülste oder Tonstege werden die Umrisse auf die Grundplatte gesetzt.
3. Das Haus wird aus einer zweiten Platte geschnitten und auf die Grundplatte gelegt. Fenster und Türen können eventuell vorher ausgeschnitten werden.

Positive Aspekte
Die Anforderungen an die eigenen Fähigkeiten wie manuelle Geschicklichkeit, Vorstellungsvermögen und Genauigkeit sind – bis auf die zweite Variante – nicht sehr hoch. Die besonderen Verarbeitungstechniken wie das Tonschlagen oder das Verstreichen der Tonwülste können nach spezieller Zielsetzung mehr oder weniger berücksichtigt werden.

Negative Aspekte
Das Bild wirkt nicht so lebendig. Manche Themen (eine Häuserzeile beispielsweise) müssen so gestaltet werden, daß sie frontal zu betrachten sind. Dies ist bei Gruppenarbeiten zu beachten, da die Teilnehmer eventuell aus Platzgründen nacheinander arbeiten müssen.

Dreidimensionales Arbeiten: Das Haus wird plastisch gestaltet und auf die Grundplatte gestellt.

Positive Aspekte
Das Bild kann lebendiger, ausdrucksvoller und vielfältiger gestaltet werden. Auf relativ kleiner Fläche können viele Einzelteile Platz finden.

Negative Aspekte
Genaueres Arbeiten, größeres räumliches Vorstellungsvermögen und mehr Geschicklichkeit sind nötig. Das Arbeiten „in den Raum" kann sehr unsicheren Patienten (z. B. Schizophrenen) zu wenig Schutz und Sicherheit bieten, schon ein zu großes Wagnis darstellen. Die „Nähe" zum Boden geht verloren bzw. muß aufgegeben werden.

Variationsmöglichkeiten:

– Das Material bleibt das gleiche – die Techniken variieren.

Beispiel:

Thema „Stadt"
Material: Ton

Techniken: Plattentechnik
Relieftechnik
Plastisches Gestalten

– Die Technik bleibt die gleiche – die Materialien variieren.

Beispiel:

Thema „Köpfe"
Technik: Plastisches Gestalten

Materialien: Ton
Pappmaché
Plastilin oder andere Knetmasse
Salzteig
Gipsbinden

– Die Technik variiert – zugleich variiert das Material.

Beispiel:

Thema „Harmonie"
Material: Technik:
Zeitschriften   Collagetechnik
Ton   Relieftechnik
Farben, Papier   Aquarelltechnik

28.4 Variationsmöglichkeiten bezüglich der Sozialform

Mit der Sozialform wird festgelegt, ob jeder für sich alleine tätig ist oder in unterschiedlicher Weise mit anderen zusammenarbeitet.

Folgende Sozialformen stehen zur Verfügung:
- Einzelarbeit
- Partnerarbeit
- Kleingruppenarbeit
- Gesamtgruppenarbeit.

Ein Wechsel der Sozialform ermöglicht effektiveres Arbeiten und kommt dem Bedürfnis des Menschen nach Selbstbezogenheit und Miteinander nach. Bei Partner- und Kleingruppenarbeit muß eine Paar- bzw. Kleingruppenbildung vorgenommen werden.

Generell können Gruppen heterogen oder homogen zusammengesetzt sein. Es hat sich als sinnvoll erwiesen, nicht ganz homogene Gruppen zu bilden, da dann unterschiedliche Aufgaben und Rollen übernommen werden können, mehr Auseinandersetzung stattfindet und die Gruppen insgesamt lebendiger sind.

Differenzierungskriterien:

Alter, Geschlecht, Diagnose, Sympathie, die Aktiven/die Passiven, die Leistungsstarken/die Leistungsschwachen, die Geschickten/die Ungeschickten.

In Kliniken finden folgende Differenzierungskriterien Anwendung:
- Diagnose (Süchtige)
- Geschlecht (sollte heute kein Kriterium mehr sein)
- Alter (Kinder, Jugendliche, alte Menschen)
- Krankheitszustand (akut, chronisch).

Methoden der Differenzierung:

Abzählen, nach der Sitzordnung gehen, Puzzleverfahren, jede Gruppe erhält eine Farbe, usw.
Beispiel: Sollen 3 Kleingruppen zu je 4 Teilnehmern gebildet werden, so werden beim Puzzleverfahren 3 Blätter in je 4 Teile gerissen und untereinander gemischt. Jeder Teilnehmer nimmt sich einen Teil und sucht die entsprechenden anderen Stücke, die dann zusammen wieder ein ganzes Blatt bilden. Der Vorteil bei diesem Verfahren liegt darin, daß die Gruppe sofort aktiv wird; Kontakt muß aufgenommen werden – für viele ist dies über das Papier leichter.

Problematische Konstellationen:

- Ein Teilnehmer ist sehr dominant, der Rest der Gruppe ist sehr homogen.

Lösungen: Der Dominante erhält eine besondere Aufgabe oder Rolle (Anleiter, Beobachter) oder er nimmt im Extremfall an der Gruppe nicht mehr teil, wechselt in eine andere.

- Die Gruppe ist sehr homogen (alles Depressive).

Lösungen: Eine Aufgabe finden, die alle fordert; gezielt auf die spezielle Problematik der Gruppe eingehen – sie zu etwas Besonderem machen.

Zusammenfassung

Die Ergotherapie verfügt über ein breites Spektrum an Möglichkeiten, die verschiedenen Aspekte, die in der Therapie enthalten sind, zu variieren.
Variationsmöglichkeiten bezüglich Aufgabenstellung und Vorgehensweise:
– Aufgaben können offener oder geschlossener sein
– sie können mündlich oder schriftlich gestellt werden.

Variationsmöglichkeiten bezüglich des Themas:
– Themen können mehr oder weniger gefühlsbetont, abstrakt oder konkret sein
– Themen können vorgegeben, nicht vorgegeben sein oder zur Auswahl stehen
– Themen sind entweder besser für gruppenzentrierte oder für teilnehmerzentrierte Aufgabenstellungen geeignet.
Wichtig: Da Themen ebenso wie Bilder und plastische Gestaltungen mehrdeutig sind, muß sich die Therapeutin mit diesen vertraut machen.

Variationsmöglichkeiten bezüglich des Materials und der Technik:
– Das Material bleibt das gleiche – die Techniken variieren
– die Technik bleibt die gleiche – die Materialien variieren
– Die Technik variiert – zugleich variiert das Material.

Variationsmöglichkeit bezüglich der Sozialform:
Da der Mensch das Bedürfnis nach Selbstbezogenheit und Miteinander hat, ist ein Wechsel der Sozialformen (Einzel-, Partner-, Kleingruppe- oder Gesamtgruppe) sinnvoll.
Neben unterschiedlichen Differenzierungskriterien (Alter, Geschlecht, Sympathie, Leistung) gibt es verschiedene Methoden (abzählen, Puzzleverfahren), mit deren Hilfe eine Gruppe unterteilt werden kann.

D Spezielle Ergotherapie

29 Anwendung von Therapiemitteln

> **Ziele**
>
> Dem Leser soll anhand einiger Beispiele aufgezeigt werden, wie – ausgehend von Richtzielen – einzelne Therapiemittel eingesetzt und abgewandelt werden können.

29.1 Einsatzmöglichkeiten des Materials Ton

29.1.1 Richtziel: Förderung der Ausdrucksfähigkeit und der Selbstdarstellung

Grobziele für einzelne:
- Ausdrucksmöglichkeit finden
- Einfühlungsvermögen und Erlebnisfähigkeit erweitern
- Phantasie und Kreativität steigern
- Neugierde wecken und eventuell Eigenanteile bewußtmachen, die in der Gestaltung sichtbar werden.

Grobziele für die Gruppe:
- Wahrnehmen und Kennenlernen der anderen Teilnehmer
- Entwicklung von Vertrauen und Offenheit.

Methode: Ausdruckszentrierte Einzeltherapie oder Einzelarbeit in der Gruppe
Sozialform: Einzelarbeit / Gesamtgruppe in der Auswertungsphase
Zeit: ca. 1 1/2 Stunden, davon 30–40 Minuten für die Arbeitsphase
Material: verschiedene Tonarten
Technik: Plastisches Gestalten
Thema: Phantasietier

Aufgabe/Arbeitsauftrag: „Ich möchte, daß Sie heute versuchen, ein Phantasietier zu formen. Wie schon der Name sagt, braucht Ihr Werk keine naturgetreue Wiedergabe eines bestimmten Tieres zu sein. Alles, was entsteht, ist gut – es gibt kein richtig oder falsch."

Gruppenregel: Während der Arbeitsphase soll nicht gesprochen werden.

Geplanter Verlauf:
1. Die Arbeitsplätze vorbereiten oder von den Teilnehmern vorbereiten lassen
2. Jeder Teilnehmer sucht sich einen Platz, an dem er ungestört arbeiten kann
3. Die Aufgabe, die verfügbare Zeit und die besonderen Gruppenregeln bekanntgeben
4. Nach der Arbeitsphase kommen die Teilnehmer mit ihren Werken in die Gesamtgruppe
5. Jedes Phantasietier wird betrachtet; Assoziationen werden ausgetauscht; Gespräch darüber.

Auswertungsgesichtspunkte:
Wie ist der einzelne mit der Aufgabe oder mit dem Material zurechtgekommen? Konnte er sich von naturgetreuen Vorstellungen lösen?

Beispiele für **Variationen** bezüglich Aufgabe und Vorgehensweise:

1. Papierschnipsel verteilen
Ziele
- Sensibilisierung der Wahrnehmung
- durch Medienwechsel intensivere Auseinandersetzung ermöglichen
- Geben und Entgegennehmen von Kritik.

Nach dem Gestalten der eigenen Tiere gehen die Teilnehmer nacheinander zu den anderen Produkten, betrachten diese, schreiben die spontanen Einfälle auf zuvor verteilte Papierschnipsel und lassen diese verdeckt am Platz zurück. Je nach Gruppengröße (bei mehr als sechs Teilnehmern empfiehlt es sich, die Gruppe zu teilen) haben alle Teilnehmer nach dem Rundgang eine bestimmte Anzahl an Zetteln, die sie sich durchlesen und zu ihren „eigenen" machen können: sie bringen sie in eine bestimmte Reihenfolge, sortieren das aus, was für sie überhaupt nicht passend ist, schreiben eigene Gedanken und Einfälle dazu und kleben alles auf größere Zettel auf.

Auswertungsgesichtspunkte:
Wie war es für die einzelnen Teilnehmer, etwas zu geben und etwas zu bekommen? Waren sie neugierig darauf? Wie konnten die Einfälle der anderen angenommen und verwertet werden? Gab es Befürchtungen, daß die eigenen Bemerkungen abgelehnt würden?

Positive Aspekte
Diese erweiterte Aufgabe bewirkt eine intensivere Auseinandersetzung mit dem Thema. Die einzelnen Teilnehmer arbeiten zuerst für sich alleine, sind mit ihrer Wahrnehmung bei sich und bringen etwas eigenes zum Ausdruck. Beim Papierschnipselverteilen gehen sie mit der Wahrnehmung nach außen und tun etwas für die anderen. Dies wird durch den Medienwechsel erleichtert. Im Anschluß erfolgt der Wechsel wieder hin zu der eigenen Person; alle beschäftigen sich mit dem, was sie von den anderen bekommen haben und machen es zu etwas eigenem. Kommen sie in die Gesamtgruppe, so haben sie etwas zum Herzeigen und zum Vorlesen, dann haben sie etwas eigenes und zugleich etwas von den anderen.

Ein Hinweis für den Gruppenleiter: Ist die Gruppe zu groß, so dauert der gesamte Verlauf sehr lange. Es ist dann ratsam, die Auswertungsphase in die nächste Therapieeinheit zu verlegen.

2. Kettenformen
Ziele
- Entwickeln von Vertrauen und Zuversicht
- Verbesserung der Wahrnehmungsfähigkeit
- Steigerung von Flexibilität und Spontaneität.

Jeder beginnt ein Phantasietier und gibt es auf ein Kommando hin dem rechten Nachbarn weiter. Jedes weitergereichte Tier soll nun fortgeführt, ergänzt, weiter gestaltet werden. Hat jeder Teilnehmer wieder das „eigene" Tier, so hat er die Möglichkeit, daran noch so lange zu arbeiten, bis es für ihn selbst fertig ist.

D Spezielle Ergotherapie

Auswertungsgesichtspunkte:
Wie war es für die Teilnehmer, die eigenen Tiere hergeben zu müssen? Wie vertrauensvoll konnten sie sein? Wie erlebten sie, was mit dem eigenen Teil passierte? Wie konnten sie an den anderen Tieren weiterformen, haben sie das Begonnene eher weitergeführt oder haben sie es verändert?

Positive Aspekte
Flexibilität, Aktivität und Spontaneität werden gefördert. Die einzelnen Teilnehmer haben nicht die ganze Verantwortung für das eigene Werk, sie können immer wieder neu beginnen. Wichtige Themen wie Loslassen und Annehmen sind enthalten, die im Gespräch vertieft werden können.

Beispiele für **Variationen** bezüglich des Themas:

1. „Übermut" (s. a. Kap. 28.2.)
2. Aus einer geometrischen Form (Kugel, Würfel, Pyramide) eine neue Form entwickeln
3. Maske:
   - Maske mit einem selbst gewählten Gesichtsausdruck formen
   - jeder beginnt zu formen, läßt einen Ausdruck entstehen und verstärkt ihn
   - verschiedene Ausdrücke in der Gruppe sammeln lassen (Brainstorming), jeder Teilnehmer wählt einen aus und gestaltet ihn.

29.1.2 Richtziel: Verbesserung der Kontakt- und Kommunikationsfähigkeit (zusätzlich zur Förderung der Ausdrucksfähigkeit)

Grobziele (für einzelne und für die Gruppe):
- Kontaktaufnahme mit anderen Menschen erleichtern
- Auseinandersetzung in der Gruppe ermöglichen, Gruppengefühl fördern
- Sensibilisierung der Wahrnehmung, Verbesserung des Realitätsbezuges
- Selbstsicherheit und Selbstvertrauen gewinnen.

Methode: Ausdruckszentrierte Gruppenarbeit mit interaktionellen Anteilen
Sozialform: Kleingruppen zu 3–5 Teilnehmern
Zeit: ca. 1–1 1/2 Stunden, davon 30–50 Minuten für die Arbeitsphase
Material: verschiedene Tonarten
Technik: Relieftechnik
Thema: Stadt

Aufgabe/Arbeitsauftrag: Eine große Platte aus Ton soll in die Anzahl der Teilnehmer geteilt werden. Jeder Teilnehmer gestaltet ein Teilstück zum vorgegebenen Thema. Zum Schluß sollen die Einzelteile wieder zum Ganzen zusammengestellt oder direkt miteinander verbunden werden.

Gruppenregel: Die Teilnehmer einer Kleingruppe sollen miteinander sprechen, die Kleingruppen untereinander aber nicht.

Geplanter Verlauf:
1. Die Arbeitsplätze vorbereiten oder vorbereiten lassen
2. Kleingruppenbildung vornehmen
3. Hat jede Kleingruppe ihren Platz, die Aufgabe mündlich oder schriftlich bekanntgeben
4. Nach der Arbeitsphase kommen alle Teilnehmer wieder in die Gesamtgruppe
5. Jede Kleingruppe stellt den anderen ihr Werk vor; Gespräch darüber.

Auswertungsgesichtspunkte:
Fragen zur Aufgabe und zum Gruppengeschehen (s. Kap. 25).

Variationen bezüglich **Aufgabe und Vorgehensweise**:
Die hier angeführten Variationen ermöglichen eine schrittweise Steigerung und Erhöhung der Anforderungen bezüglich des Treffens von Entscheidungen und der Auseinandersetzung mit und in der Gruppe.

1. Alle Teilnehmer erhalten vom Gruppenleiter eine Tonkachel, die sie gestalten. Ein möglichst einfaches und konkretes Thema wird vorgegeben. Besondere Absprachen sind nicht erforderlich.
2. Der Gruppenleiter bereitet eine große Tonplatte vor (Patienten haben, durch die Medikamente bedingt, oft wenig Kraft, und die Ergotherapeutin trägt so einen Teil zur Gruppenarbeit bei.).
   Im Beisein aller wird die Platte von der Therapeutin oder von einem Patienten zerteilt und jeder erhält ein Stück (s. Bsp. oben).
   Hier müssen zu Beginn Absprachen bezüglich Größe und eventuell auch der Technik getroffen werden.
3. Einige Themen werden zur Auswahl angeboten, die Gruppe entscheidet sich für eines.
4. Es wird kein Thema vorgegeben, sondern die Gruppe muß alle Entscheidungen selbst treffen.

Hinweise zur Themenwahl:
Themen wie „Stadt" oder „Wald" eignen sich besonders gut für den Beginn (1. u. 2.), da sie sich gut in Einzelteile zerlegen lassen.
Beispiel: Jeder gestaltet ein Haus oder einen Baum.
Weitere Themen sind „Landschaft", „Meeresgrund", „Zoo", „Insel", „Maskenball", „Zirkus", „Wiese" u. ä.

Beispiel für eine Variation bezüglich der Methode:

Interaktionelle Gemeinschaftsarbeit
Arbeitsanweisung: Eine Grundplatte aus Ton soll von allen Teilnehmern gemeinsam und gleichzeitig zum vorgegebenen Thema gestaltet werden.
Positive Aspekte:
Der einzelne wird stärker gefordert, sich mit den anderen auseinanderzusetzen, muß mehr Nähe zu diesen aufnehmen und auftretende Konflikte lösen helfen.

D   Spezielle Ergotherapie

29.2 Einsatzmöglichkeiten von gestalterischen Materialien und Verfahren (Techniken)

29.2.1 Richtziel: Förderung der Ausdrucksfähigkeit und der Selbstdarstellung

Grobziele (für einzelne und für die Gruppe):
- Ausdrucksmöglichkeiten finden für die momentane Situation und Stimmung
- Materialerfahrung
- Sensibilisierung der Wahrnehmung
- Kennenlernen der Teilnehmer untereinander durch das Gespräch über die Bilder
- Förderung von Vertrauen und Offenheit.

Methode: Ausdruckszentrierte Einzel- oder Gruppentherapie
Sozialform: Einzelarbeit
Zeit: 1 – 1 1/2 Stunden, davon 20 – 30 Minuten für die Arbeitsphase (abhängig von der Gruppengröße und den Teilnehmern)
Material: Wachsmalstifte, Tusche, Kreide u. a.
Technik: Malen
Thema: ohne Themenangabe

Aufgabe/Arbeitsanweisung 1: Ich habe hier verschiedene Farben und Papier bereitgelegt. Wählen Sie das Material aus, mit dem Sie jetzt gerne arbeiten möchten und suchen Sie sich einen Platz, an dem Sie möglichst ungestört arbeiten können.

Aufgabe/Arbeitsanweisung 2: Ich stelle Ihnen heute kein Thema, sondern jeder hat die Möglichkeit, das zu malen, was ihm möglich ist. Versuchen Sie weniger, zu überlegen, als etwas entstehen zu lassen. Es kommt nicht darauf an, etwas „Schönes" zu malen.

Gruppenregel: Während der Arbeitsphase soll nicht gesprochen werden.

Geplanter Verlauf:
1. Die Teilnehmer nehmen sich Papier und Farben und suchen sich einen Platz
2. Die Aufgabe (2), die verfügbare Zeit und die Gruppenregel werden bekanntgegeben
3. Nach der Arbeitsphase kommen die Teilnehmer mit ihren Bildern in die Gesamtgruppe
4. Die Bilder werden zuerst gemeinsam betrachtet. Es wird nach Gemeinsamkeiten und Unterschieden gesucht (formale Kriterien)
5. Jeder Teilnehmer beschreibt, wie das eigene Bild entstanden ist und welche Aussage es für ihn hat.

Auswertungsgesichtspunkte:
Wie ist der einzelne mit der Aufgabe zurechtgekommen? Konnte er sich darauf einlassen, zu malen, ohne genau zu wissen, was dabei herauskommt?

Beispiel für Variationen bezüglich des Themas:
Ein Thema wird vorgegeben.
Ziel: Auseinandersetzung mit bestimmten Inhalten (s. a. Kap. 25).

Beispiel für Variationen bezüglich Material und Technik:
Material: Zeitschriften, Illustrierte
Technik: Collagetechnik
Aufgabe: Jeder Teilnehmer soll aus vier zur Verfügung gestellten Blättern eine Collage zu einem selbstgewählten Thema gestalten.

Positive Aspekte
Die Aufgabe beinhaltet – obwohl sie einige Vorgaben enthält – auch Freiraum. Die vorgegebenen Blätter ersparen das oft lange und mühevolle Suchen nach geeigneten Bildern. Die Patienten haben nicht die volle Verantwortung für ihre Arbeiten, da sie nicht selbst wählen konnten. Ist jemand mit einer bestimmten Problematik, mit einem bestimmten Thema beschäftigt, so kommt dieses, wenn der Patient dazu bereit ist, trotzdem zum Ausdruck und kann bearbeitet werden.

29.2.2 Richtziel: Verbesserung der Kontakt- und Kommunikationsfähigkeit (zusätzlich zur Förderung der Ausdrucksfähigkeit)

Grobziele (für einzelne und die Gruppe):
- Auseinandersetzung in der Gruppe ermöglichen
- Gruppengefühl fördern
- Kontaktaufnahme mit anderen Menschen erleichtern
- Sensibilisierung der Wahrnehmung
- Entspannung und Spaß ermöglichen
- Spontaneität und Phantasie fördern.

Methode: Interaktionelle Gemeinschaftsarbeit mit ausdruckszentrierten Anteilen

Sozialform: Gemeinschaftsarbeit
Zeit: 1 Stunde, davon 15–20 Minuten für die Arbeitsphase
Material: Wachsmalstifte, Tusche, evtl. Fingerfarben
Technik: Malen, Zeichnen
Thema: ohne Themenvorgabe

Aufgabe: Kettenmalen
Arbeitsauftrag: Alle Teilnehmer arbeiten auf einem gemeinsamen Bogen Papier. Jeder beginnt an dem eigenen Platz, rückt auf ein Kommando hin zum nächsten und ergänzt oder erweitert das jeweilige Bild.

Auswertungsgesichtspunkte: Wie war es für die einzelnen, ihre Bilder zurücklassen zu müssen? Hegten sie die Hoffnung, daß die anderen verstehen, was sie malen wollten oder hatten sie gar keine bestimmten Vorstellungen?
Wie gingen die einzelnen Teilnehmer mit Enttäuschung um (Rückzug, Aufgeben oder Wut)?
Anmerkung: Die Enttäuschung ist in der Regel um so größer, je wichtiger dem Patienten die Erhaltung des eigenen Bildes war.

Beispiel für Variationen bezüglich Aufgabe und Vorgehensweise:
Jeder Teilnehmer hat ein eigenes Blatt Papier und reicht dieses weiter.
Ziel: Erhaltung der Grenzen (Begrenzung) des eigenen Bildes.

D Spezielle Ergotherapie

Beispiel für **Variationen** bezüglich der Technik:

Collagetechnik

Ziele:
- Kennenlernen der Technik
- Förderung von kognitiven Fähigkeiten (wahrnehmen, auswählen, entscheiden und neu zuordnen)
- Austausch der Gedanken, Einfälle und Ideen mit den anderen ermöglichen
- Auseinandersetzung und Kompromißfindung fördern
- Gemeinschaftsgefühl unterstützen
- Kreativität und evtl. Spaß fördern.

Materialien: Zeitschriften, Illustrierte, farbige Buntpapiere oder andere Materialien und Gegenstände (Folien, Plastik, Metall, Netze, Stoffe, Schnüre, Knöpfe, Pailletten usw.)

Themen: „Harmonie", „Geborgenheit", „Leben", „Freizeit", oder freie Themen
Sozialform: Kleingruppen oder Gesamtgruppe.

Hinweise: Bei der Verwendung von Zeitschriften für Collagen tritt häufig die Schwierigkeit auf, daß Patienten nicht gezielt auswählen, sondern die nächstliegenden Bilder nehmen (möglichst große) oder sehr lange unentschlossen bleiben. Dies tritt insbesondere auch dann auf, wenn zuvor nicht die Möglichkeit bestand, sich intensiv mit dem gestellten Thema auseinanderzusetzen. Deshalb ist es sinnvoll, daß die Gruppen, bevor sie mit der Arbeit beginnen, sich Gedanken zum Thema machen (evtl. Brainstorming) und darüber, wie sie dieses umsetzen wollen.

Drucktechnik

Material: verschiedene Materialien wie Blätter, Federn, Pappe, Holz, Wolle; diverse Druckstöcke
Thema: mit oder ohne Themenvorgabe.

29.3 Einsatzmöglichkeiten von Literatur und Bildmaterial

Richtziel: Verbesserung der Kontakt- und Kommunikationsfähigkeit, Auseinandersetzung mit neuen und alten Inhalten

Grobziele:
- Wahrnehmen und Kennenlernen der anderen Teilnehmer
- Entwicklung von Vertrauen und Offenheit
- Auseinandersetzung mit vergangenen und derzeitigen Einstellungen, Meinungen, Gefühlen, Wünschen und Bedürfnissen
- Austausch darüber mit den anderen, evtl. Neuorientierung.

Einsatz von Kurzgeschichten (und Gedichten)

Patienten können mit Hilfe von Literatur Zugang zu neuen und alten Inhalten bekommen. Durch den Inhalt (Themen, Personen, Ereignisse) werden Assoziationen und Erinnerungen wachgerufen, die in der Gruppe mit den anderen Teilnehmern ausgetauscht und vertieft werden können. So entsteht die Möglichkeit, daß vergangene und derzeitige Einstellungen, Meinungen, Gefühle, Wünsche und Bedürfnisse mit anderen verglichen, gefestigt, aber auch korrigiert werden können.

Hinweise für die Auswahl:
Die Geschichte soll möglichst kurz und gut verständlich, aber nicht zu einfach geschrieben sein. Der Inhalt soll widersprüchlich sein oder Widersprüchlichkeiten aufzeigen, zur eigenen Stellungnahme auffordern. Es sollen unterschiedliche Verhaltensweisen, Konfliktsituationen oder Moralvorstellungen enthalten sein.

Einsatz von Bildern

Über Bilder können gefühlsmäßige Inhalte, Stimmungen gut vermittelt werden. Das gesprochene Wort ist flüchtig, das Bild hingegen ist von Bestand. Dies ermöglicht dem Betrachter, seine Aufmerksamkeit immer wieder auf das Gesamte, aber auch auf Details zu richten. Gerade für Patienten mit größeren Konzentrationsschwierigkeiten ist dies von Vorteil. Außerdem fördert das Betrachten und Beschreiben eines Bildes die Wahrnehmungsfähigkeit.

Hinweise für die Auswahl:
Bilder sollen nicht zu viel darstellen, da dann das Auffinden des Wesentlichen erschwert sein kann.

Einsatz von Bildergeschichten

Ein Teilnehmer nach dem anderen beschreibt ein Bild. Danach wird der Inhalt der Geschichte noch einmal zusammengefaßt.
Bildergeschichten sollen vervielfältigt und an alle Teilnehmer verteilt werden.

Hinweise für die Auswahl:
Bei der Auswahl von Bildergeschichten ist ebenso wie bei einem Bild darauf zu achten, daß die Zeichnungen nicht zu viele Details enthalten und auch nicht zu klein sind, da alte Menschen und Patienten, die Neuroleptika bekommen, häufig in ihrer Sehfähigkeit beeinträchtigt sind.

Einsatz von Tageszeitungen

Einen Schwerpunkt des Einsatzes von Literatur bietet das gemeinsame Lesen von Tageszeitungen. Neben dem Üben von kognitiven Fähigkeiten – das Wesentliche des Textes erfassen und wiedergeben können – spielt die Auseinandersetzung mit der realen Welt draußen eine große Rolle.

Aufgaben der Ergotherapeutin:

Sie wählt die Geschichte nach den Bedürfnissen, Möglichkeiten und Fähigkeiten der Gruppe aus und nimmt die Gruppenleiteraufgaben wahr (s. Kap. 12 u. 13).

Indikation:
In allen psychiatrischen Bereichen einsetzbar, auch in der Gerontopsychiatrie (außer bei verwirrten Patienten und solchen, die sich noch im akuten Stadium ihrer Erkrankung befinden).

D   Spezielle Ergotherapie

Geplanter Verlauf:
1. Die Therapeutin (oder im besonderen Fall ein Patient) bringt eine Geschichte mit.
2. Ein Freiwilliger aus der Gruppe liest die Geschichte vor.
   Bedeutung: Das Selbstdarstellungsbedürfnis wird befriedigt und für manchen Patienten (Depressive z. B.) kann dies sein Beitrag zur Literaturgruppe sein.
3. Nach dem Vorlesen wird die Geschichte von einem oder mehreren Teilnehmern zusammengefaßt, um u. a. sicher gehen zu können, daß alle Teilnehmer den Inhalt erfaßt haben (Konzentrationsschwierigkeiten der Patienten berücksichtigen).
4. Die Therapeutin bringt das Gespräch in Gang, stellt Fragen nach dem Thema der Geschichte, nach speziellen Problemen, nach Meinungen, nach inhaltlichen und gefühlsmäßigen, persönlichen Assoziationen.
5. Austausch ermöglichen in der Gruppe, Diskussion anregen, Übertragung auf die derzeitige Situation einzelner Teilnehmer ermöglichen oder anregen, Lösungsmöglichkeiten suchen.

Einige Literaturhinweise:
1. Bertolt Brecht:
Der Augsburger Kreidekreis, Der hilflose Knabe und andere Kalendergeschichten
2. Max Frisch:
Der andorranische Jude, Die Geschichte von Isidor
3. Heinrich Böll:
Monolog eines Kellners, Großeltern gesucht, Es wird etwas geschehen, Die schwarzen Schafe, Anekdote zur Senkung der Arbeitslosigkeit
4. Wolfgang Borchert:
Nachts schlafen die Ratten doch
5. Ephraim Kishon:
Was schenken wir der Kindergärtnerin?
6. Siegfried Lenz:
Das Wunder von Striegeldorf, Die Kunst einen Hahn zu fangen, Jäger des Spotts
(Ein Haus aus lauter Liebe, Die Nacht im Hotel, Der seelische Ratgeber)
7. Gebrüder Grimm:
Des Kaisers neue Kleider u. a. Märchen
8. Ilse Aichinger:
Der Hauslehrer
9. Fabeln

Bildergeschichten:
Claire Brètecher:
Der Gehemmte aus: Die Frustrierten

29.4 Einsatzmöglichkeiten von Spielen

Nicht nur das Kind, sondern auch im Leben der Erwachsenen gibt es immer wieder spielerische Momente. Wir brauchen das Spielerische als Ausgleich zur Arbeit und zu allem, was mit Pflicht verbunden ist. Spielen enthält die Möglichkeit, mit anderen Menschen in Beziehung zu treten, Freude zu erleben und sich in vielfältiger Weise auszuprobieren. Gerade über das Spiel kann das kreative Potiential des einzelnen entwickelt werden. Dies führt in weiterer Folge zu mehr Flexibilität, Phantasie und Autonomie.

Spiele haben im psychiatrischen Alltag **zweifache Bedeutung**: Zum einen finden sich Patienten in der therapiefreien Zeit zusammen, um miteinander etwas zu spielen. Zum anderen können Spiele gezielt als Therapiemittel eingesetzt werden.

Insbesondere das kreative Spiel bietet nach THIESEN[32] eine Reihe von positiven Aspekten.

Kreatives Spiel
- bereichert das Denken und erhält die geistige Beweglichkeit
- fördert das selbständige, aktive Handeln
- ermöglicht soziales Lernen im Umgang mit Gleich- und Andersaltrigen
- fördert die Fähigkeit zur bewußten und kritischen Auswahl von Freizeitangeboten
- erweitert den Vorstellungs- und Erfahrungshorizont, vergrößert das Reaktionsrepertoire und steigert damit die Wahrscheinlichkeit, sich besser und flexibler in unvorhergesehenen Situationen verhalten zu können
- hilft Fähigkeiten und Fertigkeiten zu entwickeln, die vorher noch nicht da bzw. nur schwach ausgeprägt waren
- ermöglicht es, eine Sache von verschiedenen Seiten aus zu betrachten
- vermittelt Einsichten, die Langzeitwirkung haben können
- ist eine Auseinandersetzung mit der Umwelt, ohne festgelegte Leistungsnorm, jedoch mit Leistung. Diese wird von der Lust der Spieler getragen, den Handlungsablauf voranzutreiben, wobei der Zweck des Handelns im Spiel selbst bestimmt wird.

Psychisch Kranke, ob jung oder alt, sind häufig gerade in diesen Möglichkeiten eingeschränkt. So bietet das Spielen neue Lernerfahrungen für sie. Voraussetzung dafür, daß Patienten Freude entwickeln, sich auf ein Spiel einzulassen, ist, daß die Ergotherapeutin (bzw. der Spielleiter überhaupt), selbst Lust zum Spielen mitbringt. Desweiteren ist grundsätzlich auf folgendes besonders zu achten:

- Ziele und Aufgaben dürfen nicht zu hoch sein, zu hohe Erwartungen und Zeitdruck sind zu vermeiden
- Spiele gut planen, organisatorische und räumliche Mängel umgehen
- das eigene Verhalten (Geltungsbedürfnis z. B.) prüfen, festgefahrene Vorstellungen, Routine vermeiden.

Allgemeine Zielsetzung

Spiele fordern und fördern

im kognitiven Bereich
- Konzentration
- Reaktionsvermögen
- folgerichtiges Denken
- Gedächtnis
- Abstraktionsvermögen
- Kreativität
- Einschätzen eigener Fähigkeiten

im sozioemotionalen Bereich
- Kontaktfähigkeit
- Zusammenarbeit
- Interesse und Anteilnahme
- Rücksichtnahme und Verzicht
- Umgang mit Macht und Konkurrenz

im affektiven Bereich
- Frustrationstoleranz
- Selbstvertrauen
- Freude
- Ausgelassenheit
- Risikobereitschaft

im psychomotorischen Bereich
- Geschicklichkeit
- Reaktionsgeschwindigkeit
- Entspannung
- Spontaneität

Für die Planung und Vorbereitung von Spieleinheiten ist neben den allgemeinen Vorüberlegungen (s. Kap. 25) besonders auf die Motivation, die Erwartungen und die Beziehungsstruktur zu achten. Die Eignung der Spiele für die Gruppe (einschließlich Variationsmöglichkeiten) muß genau geprüft werden.

Spielanalyse und Einsatzmöglichkeiten am Beispiel „Fühlmemory" (in Anlehnung an Lang[33])

Spielmaterial: Das Fühlmemory besteht aus ca. 40 Holzplättchen (10 x 10 cm), die paarweise mit sehr unterschiedlichen Materialien (Kronkorken, Schmirgelpapier, Samt, Bohnen, Fell, Knöpfe usw.) beklebt wurden.

Spielanleitung: Die Memoryteile liegen, mit einem Tuch abgedeckt, auf dem Tisch. Die Mitspieler sollen durch Befühlen der Oberflächenstrukturen Paare einander zuordnen. Wird ein Paar gefunden, darf der Spieler es zu sich nehmen, und der nächste Spieler kommt an die Reihe.

Das Fühlmemory hat einen hohen Aufforderungscharakter und kann mit so gut wie allen Patientengruppen gespielt werden. Wichtig ist, es den jeweiligen Bedürfnissen und Voraussetzungen anzupassen. Wird es in der Gruppe gespielt, und suchen mehrere gleichzeitig nach Paaren, so ist darauf zu achten, daß die Anzahl der Teilnehmer nicht zu hoch ist. Die Nähe unter dem Tuch kann Ängste auslösen.

Ziele:
– Förderung der taktilen Wahrnehmung (Sensibilitätstraining)
– Verbalisieren von Empfindungen
– Verbesserung der Merkfähigkeit, der Konzentration
– Verbesserung der Realitätskontrolle beim Anschauen der Plättchen
– Verbesserung der Kontaktfähigkeit.

Spielmöglichkeiten:
1. Allgemein: Je nach Gruppengröße und -zusammensetzung können die Zahl der Plättchen und die Fühlqualitäten variieren. Therapeutisch von Nutzen ist, wenn die Gruppe das Spiel (nach bestimmten Kriterien?) selbst erstellt.

2. Alle Teile des Fühlmemories befinden sich unter einem Tuch. Ein Teilnehmer sucht ein Teil heraus, die anderen werden aufgefordert, das Gegenstück zu suchen. Bei Fehlgriffen wird das verkehrte Teil wieder zurückgelegt.

    Variationen: – bei Fehlgriff ausscheiden
    – bei richtigem Griff wird ein Punkt vergeben.

3. Hierarchien legen
    Plättchen nach Fühlqualitäten ordnen: weich – hart
    warm – kalt
    glatt – rauh
    angenehm – unangenehm
    Naturmaterialien – künstliche Materialien

4. Paare bilden
Ein TN beschreibt die Erlebnisqualitäten eines selbstgewählten Fühlplättchens, der Partner muß (ohne es gesehen zu haben) das dazugehörige Teil finden.
Variationen: Ein TN beschreibt ein Plättchen, alle anderen versuchen gleichzeitig, das Gegenstück zu finden. Der Finder bekommt einen Punkt.

5. Irritation
Ein Plättchen (oder auch mehrere) ist nur einfach vorhanden und muß herausgefunden werden.
Variation: – Es gibt nur wenige Paare, die man heraussuchen muß.
– Plättchen heraussuchen lassen, die nur halb oder dreieckig beklebt sind.
– Mit dem Handrücken erfühlen lassen.

Indikation:
Das Fühlmemory eignet sich für Patienten mit
– Wahrnehmungsstörungen, auch bei Wahnsymptomatik (Realitätsbezug)
– Sensibilitätsstörungen,
– Schwierigkeiten, Qualitäten zu benennen,
– gestörter Körperwahrnehmung.

Hinweise für den Einsatz des Spieles bei schizophrenen Patienten:
– vor dem Spiel die Fühlplättchen zeigen (Realitätskontrolle),
– die Teilnehmer einzeln tasten lassen, sollte der Kontakt unter dem Tuch zu eng sein,
– offen spielen lassen,
– bei akut Wahnhaften häufige Realitätskontrolle bieten (evtl. Einzeltherapie).

Weiterführende Literatur:
Bücken, Hajo: Das Große Spielbuch. Herder Verlag
Bücken, Hajo: Kimspiele. Homo Ludens Verlag
Riemer, Christoph: Neue Spiele ohne Sieger. Ravensburger Verlag
Stengel Franziska: Heitere Gedächtnisspiele. Spielemappe Spielleiterband. Ernst Klett Verband
Steuer, Helmut: Das neue RoRoRo Spielbuch. Rhowohlt Verlag 1980
Thiesen, Peter: Kreative Spiele. Stam Verlag 1993
Woesler, M. Dietmar: Spiele – Feste. Fischer Verlag 1978

E   Die psychiatrischen Krankheitsbilder

30 Allgemeines

> **Ziele**
>
> Der Leser soll einen Überblick über die psychiatrischen Krankheitsbilder erhalten. Er soll wissen, daß der Unterschied zwischen Psychose und Neurose im wesentlichen darin liegt, daß der Psychotiker die Koordination seiner selbst verloren hat und im Vergleich zum neurotischen Menschen die Realität anders interpretiert.

30.1 Überblick über die psychiatrischen Krankheitsbilder

30.1.1 Psychose

Merkmale
Psychose ist sowohl ein inneres Problem der Person als auch eine bestimmte Art und Weise, auf besondere Umstände zu reagieren.
Der Psychotiker hat im gewissen Maße die Koordination seiner selbst verloren. Seine **zentralen Schwierigkeiten** sind:
- die Gesamtheit der Gedanken und seine Vorstellungen zu kontrollieren und eine Auswahl zu treffen
- die Bedeutung seiner Gefühle zu erkennen
- zu verstehen, wer er selbst als Subjekt, als Person mit einem eigenen Körper und als gesellschaftliches Individuum ist
- seine Angst vor Verlust des Zentrums und der Kontrolle über sich selbst und seine eigene Welt.

Bei vielen Psychotikern ist die Psychose die „Grundstörung". Daneben gibt es neurotische Störungen, die eine Reaktion auf schwierige psychische Situationen, also auch auf psychotische Störungen, darstellen. Wichtig ist, zu verstehen, welcher Art – psychotischer oder neurotischer – bestimmte Mechanismen sind.[1]

Psychotische Erkrankungen können unterteilt werden in:
- Endogene Psychosen (Schizophrenie, depressive Psychose, Zyklothymie)
- Exogene oder organische Psychosen (akute und chronische organische Psychosen).

30.1.2 Neurosen

Merkmale
Neurotisches Handeln ist inadäquates, unfreies, fehlangepaßtes Handeln, einhergehend mit einer Diskrepanz zwischen der gezeigten Leistungsfähigkeit und den eigentlichen Möglichkeiten. Die Ursachen für neurotisches Handeln liegen in frühkindlichen Traumen (s. a. Kap. 15 u. 16).

Tritt eine neurotische Störung auf, so können wir davon ausgehen, daß ein gravierendes **Mißverhältnis** entstanden ist zwischen
1. den Wünschen, Bedürfnissen, Antrieben des Kindes
2. den einschränkenden Bedingungen, die entweder materieller Natur (nicht vorhandene Nahrung z. B.) oder sozialer Natur (die Mutter denkt, es ist gut, nicht so zärtlich zu sein, oder auch: Sie hat keine Zeit für Zärtlichkeiten) waren
3. der Art, wie sie sich beim Menschen festsetzen, daß im Handeln Störungen auftreten[2].

Bei der **Charakterneurose** handelt es sich nicht um akut auftretende Erkrankungen im Rahmen eines nicht bewältigten Konfliktes, sondern um Störungen, die schon sehr lange bestehen und meist bis in die Pubertät zurückverfolgt werden können. Im Vordergrund stehen meist eine Beeinträchtigung der Kontaktfähigkeit oder Selbstunwertgefühle, verbunden mit Leistungsstörungen und Suchttendenzen. Zu den Störungen mit überwiegender Charaktermanifestation zählt man auch sexuelle Abweichungen wie Fetischismus, Pädophilie, Exhibitionismus u. a.

Einteilung
Neurotische Erkrankungen werden – etwas vereinfacht – unterteilt in:
1. Psychoneurosen
2. Charakterneurosen einschließlich sexueller Deviationen und Suchterkrankungen
3. Psychosomatische Störungen.

Da Ergotherapeutinnen in ihrer praktischen Arbeit in erster Linie mit Psychoneurosen, Suchterkrankungen und psychosomatischen Störungen zu tun haben, werden nur diese drei Gruppen näher beschrieben.

30.2 Unterschied zwischen Neurose und Psychose

Der Hauptunterschied zwischen Störungen neurotischer und psychotischer Art besteht in der Art der Beziehung, die der Betroffene mit der Realität unterhält.[3]

Der Neurotiker interpretiert die Realität, d. h. die Welt trotz der Störungen und Behinderungen auf die Weise und nach den Kriterien, die typisch sind für die soziale Umgebung, in der er lebt und erzogen wurde. Beim Psychotiker ist die persönliche Interpretation der Realität für die demselben kulturellen Umfeld angehörenden Personen schwer verständlich.
Hauptgrund dafür ist, daß die Beziehungen zwischen den verschiedenen bedeutsamen Aspekten der Realität vom Psychotiker nicht mehr mit Sicherheit wahrgenommen werden können. Daraus resultiert immer ein gewisses Maß an Verwirrung gegenüber der Realität, die mit ein Grund ist, warum sich der psychotische Mensch rigide, unsicher, einseitig oder widersprüchlich verhält.
Ein weiterer Unterschied liegt darin, daß der Neurotiker sagen kann, daß er durch die Störung behindert ist. Er unterscheidet zwischen zwei Polen: dem Selbst auf der einen Seite und den inneren psychischen Hemmnissen auf der anderen Seite.
Der Psychotiker hat viel größere Schwierigkeiten, eine solche Unterscheidung vorzunehmen, weil der erste Pol, das bewertende Subjekt, selbst gestört ist. In der Psychose hat die Gesamtheit der Emotionen, Wünsche, Gedanken in mehr oder weniger akzentuierter Weise seinen Zusammenhang, seinen Mittelpunkt, seine kohärente Struktur verloren.

E Die psychiatrischen Krankheitsbilder

Zusammenfassung

Zu den psychotischen Störungen zählen Schizophrenie, depressive Psychose, Zyklothymie und akute und chronische organische Psychosen.
Neurotische Erkrankungen können unterteilt werden in Psychoneurosen, Charakterneurosen und psychosomatische Störungen. Der Hauptunterschied zwischen Störungen neurotischer und psychotischer Art besteht darin, daß der Neurotiker die Realität so interpretiert wie seine soziale Umgebung. Der psychotische Mensch hingegen kann die verschiedenen bedeutsamen Aspekte der Realität nicht mehr mit Sicherheit wahrnehmen.

Weiterführende Literatur:
Jervis, G.: Kritisches Handbuch der Psychiatrie. Syndikat Verlag 1978

31 Schizophrene Psychose

> **Ziele**
>
> In diesem Kapitel soll der Leser die wesentlichen Erklärungsversuche und -modelle der Schizophrenie kennenlernen. Er soll erfahren, daß die Entwicklung dieser Erkrankung in drei Phasen – der prämorbiden, der akuten und der chronischen Phase – verlaufen kann. Neben akuten und chronischen Symptomen werden danach die Basisstörungen aufgezeigt und darüber hinaus eine Reihe von Bewältigungsversuchen des schizophrenen Patienten angeführt. Am Ende des Abschnittes soll der Leser über die allgemeinen therapeutischen Grundsätze und über spezielle Therapiemaßnahmen informiert werden.

Nach dem deutschsprachigen „Diagnoseschlüssel und Glossar psychiatrischer Krankheiten" (Hrsg. R. Degkwitz et al., 1980) werden als schizophrene Psychosen beschrieben:

„Eine Gruppe von Psychosen mit einer tiefgehenden Persönlichkeitsstörung, charakteristischen Denkstörungen, oft einem Gefühl, von fremden Kräften kontrolliert zu werden, Wahnideen, die bizarr sein können, mit gestörter Wahrnehmung, abnormem Affekt, der mit der tatsächlichen Situation nicht übereinstimmt, und Autismus."

31.1 Erklärungsversuche und -modelle der Schizophrenie

Die Schizophrenieforschung hat in den letzten Jahren sehr intensiv nach Erklärungen gesucht, die zu einem besseren Verständnis und damit zu einer besseren Therapie des schizophrenen Menschen verhelfen sollen. Es wurde zunehmend deutlich, daß es nicht ausreicht, zu akzeptieren, daß verschiedene Einflüsse und Ursachen zum Auftreten einer akuten Psychose oder deren Chronifizierung beitragen. Vielmehr muß versucht werden, das **Zusammenwirken dieser verschiedenen Faktoren** zu verstehen.

CIOMPI plädiert für Modellvorstellungen, „die sich vor allem auf die Interaktion zwischen biologischen und psychosozialen, intrapsychischen und zwischenmenschlichen, kognitiven und affektiven, produktiven und unproduktiven Aspekten konzentrieren."[4]

Es gibt einige **Denkmodelle,** die verschiedene Aspekte miteinander verbinden und davon ausgehen, „daß genetische und evtl. auch erworbene Schädigungen zu einem vulnerablen prämorbiden ‚Terrain' führen, das in der Folge durch bestimmte Stressoren, insbesondere psychosoziale, abnorm leicht dekompensiert werden kann."[5]

Dies sind:

1. Das Streß-Diathesis-Modell: Schizophrene Störungen entstehen aufgrund einer erblichen Disposition („Diathese") unter Streß.

2. Die Vulnerabilitätshypothese: Die zentrale Störung Schizophrener ist eine teils angeborene, teils erworbene Vulnerabilität (Verletzlichkeit) für Streß; die Schizophrenie ist im wesentlichen eine episodische Störung.

3. Die Informationsverarbeitungshypothese: Schizophrene leiden vor allem an Störungen der Informationsverarbeitung.
4. Das Konzept der sogenannten Basisstörungen: Vor, zwischen und nach akuten Episoden findet man bei vielen Schizophrenen versteckte Symptome wie Störungen des Denkens, Fühlens und der körperlichen Befindlichkeit. Manifest schizophrene Symptome entstehen auf dieser Basis.

In der Sicht dieser Modelle werden schizophrene Symptome übereinstimmend als **Überforderungsreaktionen disponierter Individuen** verstanden. Als auslösende Faktoren werden u.a. psychosoziale Überstimulation, widersprüchliche Kommunikation, ein hohes Maß an gezeigten Emotionen („High expressed emotions") und „negativer Stil" (häufig im Sinne von Kommentieren, Beraten und auch Kritisieren) angenommen. CIOMPI erklärt in seinem **integrativ psycho-biologischen Modell** das Zusammenspiel all der genannten Faktoren und geht von einem systemtheoretischen Modell der Psyche aus (s. a. Kap. 14).

Im Zentrum seines Schizophreniemodells stehen die Vulnerabilitäts- und die Informationshypothese.

31.2 Entstehung und Entwicklung der akuten und chronischen Symptomatik

CIOMPI und auch ARIETI[6] beschreiben die Entstehung und Entwicklung der Schizophrenie in **drei Phasen,** und zwar die prämorbide, die akute und die chronische Phase.

1. Die Prämorbide Phase: Sie reicht von der Geburt bis zum Krankheitsausbruch.

Folgende Faktoren sind für die Entstehung einer schizophrenen Vulnerabilität (Verletzlichkeit) wichtig:

– eine gewisse genetisch-biologische Disposition, sich leichter verunsichern zu lassen (und evtl. auch biologische Schäden)
– schicht-, zeit- oder situationsspezifische soziale und kulturelle Faktoren, von denen nicht nur das Kind, sondern die ganze Familie beeinflußt und abhängig ist.
  Man kann davon ausgehen, daß soziale Faktoren wie Armut, Entbehrungen, Krankheit, Isolation und andere Belastungen die Chancen vermindern, z. B. gute Eltern zu werden oder gute elterliche Fürsorge zu erhalten. Außerdem führt dies auch zur Abnahme der Selbstachtung, Verlust auf Hoffnung, zu größerer Abhängigkeit usw. In Zeiten sozialen Umbruchs mit wachsender Instabilität (Rollen- und Bedürfniswandel der Frau, wachsender Arbeitslosigkeit usw.) kommen Schwierigkeiten infolge gestörter sozialer Feedbackmechanismen hinzu. Es ist unbestritten, daß unser Verhalten durch positives und negatives Feedback aus der Umwelt verstärkt bzw. abgeschwächt wird. Das heißt, es gehen von der Umwelt ständig stabilisierende oder destabilisierende Einflüsse aus.
– prägende frühkindliche Störungen der Mutter-Kind-Beziehung und bestimmte Kommunikationsmuster innerhalb der Familie.

Jeder Säugling braucht in der ersten Lebensphase eine schützende, klare und zuverlässige Umwelt, um später ein möglichst autonomer Mensch werden zu können. Wird das Kind im Laufe der ersten Jahre ständig mit Mehrdeutigkeiten und Widersprüchen konfrontiert, so führen diese Unklarheiten zu intrapsychischen Spannungen und immer wieder und stärker zu Unsicherheit und Verletzlichkeit, darüber hinaus zu Störungen der Wahrnehmung und der Informationsverarbeitung.
Wenn außerdem die Beziehungen innerhalb der Familie angstbesetzt und zu intensiv oder zu lange überbehütet-symbiotisch, unklar oder stark wechselnd sind, dann bleibt das Kind in größerem Maße abhängig. Dies kann zu einer mangelhaften Trennung zwischen dem Kind und den Eltern bzw. der Umwelt führen. Das Kind hat dann Schwierigkeiten, seine **Ich-Grenzen** zu erleben, eindeutig zu erfahren, was zu ihm gehört und was nicht und wird andererseits auch beginnen, unklare und versteckte Botschaften zu senden.*
Es kann in weiterer Folge davon ausgegangen werden, daß das Kind aufgrund der bisherigen Erfahrungen immer mehr unerfreuliche Beziehungen zu anderen erwartet. Es wird distanziert, reserviert, mißtrauisch und nimmt weniger Anteil an anderen Menschen. Es hat gelernt, Angst und Wut zu vermeiden, indem es sich möglichst unauffällig verhält und distanziert bleibt. Das Kind wird still und pessimistisch und vermeidet Kontakt, insbesondere auch Blickkontakt.

In der **Pubertät und im frühen Erwachsenenalter** können sich diese Einstellung bzw. dieses Verhalten noch verstärken. Durch die Anforderungen, sich vom Elternhaus abzulösen, Beziehungen einzugehen, sich für einen Beruf zu entscheiden usw. steigen die Schwierigkeiten. Der schizoide Jugendliche, der sich abgesondert hat, wird linkisch und unbeholfen, kann mit täglichen Ereignissen weniger gut zurechtkommen. Er weiß nicht genau, wer er ist, was er kann, was er will. Es fehlen ihm Selbstvertrauen, Selbstsicherheit – eine eigene Identität. Er wird zum Mitläufer oder isoliert sich. Die Schwierigkeiten nehmen zu, wenn andere (Kameraden, Arbeitskollegen) sie mitbekommen. Die Angst wird größer, alles kann verletzen, eine Krise auslösen. Zwischendurch wirken viele fröhlich, stark, haben große Ideen. Bei manchen steht das Sprunghafte, extrem Gegensätzliche und damit Unberechenbare während der gesamten Entwicklung mehr im Vordergrund. Sie sind extrem fügsam und entgegenkommend oder aber fordernd und aggressiv. Manche nehmen Alkohol oder Drogen zur Erleichterung.

2. Die akute produktiv-psychotische Phase – die schizophrene „Verrückung"

Akute Symptome sind: Angst, Spannung, Erregung, affektiv-kognitive Verwirrung, Derealisations- und Depersonalisationserlebnisse, Wahn, Halluzinationen.

Bei „Verrückten" ist das globale Fühl-, Denk- und Verhaltenssystem „schief"; es ist verschoben und in ein neues, **verdrehtes Gleichgewicht** gerückt.

Psychose, Verrücktheit ist grundsätzlich eine Möglichkeit des menschlichen Geistes. Der Unterschied zwischen der alltäglichen (Jähzorn, Fieber, Verliebtheit, Trauer, Fanatismus u. ä.) und der krankhaften Verrückung ist nur graduell: Beim Kranken ist sie

---

* Damit konnte man sich die häufig beschriebenen „durchlässigen Ichgrenzen" und auch kognitiven Störungen wie z. B. mangelnde Figur-Hintergrundtrennung bei schizophrenen Menschen erklären.

E Die psychiatrischen Krankheitsbilder

ausschließlicher, stabiler, nicht so einfach wieder umkehrbar. Schizophren veränderte Erlebensweisen geschehen in einem ganz anderen kommunikativen Feld, erwecken kein soziales Echo, sind nicht in einen gemeinsamen sozialen Untergrund eingebettet, der sie stützt und trägt.

Kräfte und Mechanismen, die eine Verrückung, ein Überschnappen eines psychischen Gleichgewichtszustandes in einen anderen bewirken, sind:

- krisenhafte Überforderung unter Streß
- heftige Affekte (Wut, Angst, Freude, Zorn)
- fixe, überwertige Ideen, Fanatismen
- Veränderung der Grundstimmung
- chemische Veränderer (körpereigene Stoffe oder körperfremde Halluzinogene wie LSD, Meskalin, Alkohol u. a.).

All diese Kräfte und Mechanismen bewirken unter anderem Veränderungen im Zeit- und Raumerleben. Wir wissen, daß Störungen des Zeiterlebens in der Manie, der Depression und der Schizophrenie als etwas absolut Grundlegendes angesehen werden. Es ist wahrscheinlich, daß eine Umstellung der „inneren Uhr" (z. B. im Sinne einer Verlangsamung, die zu größerer Gelassenheit und Ruhe führt) das gesamte Fühlen, Denken und Wahrnehmen weitgehend umzustimmen vermag.

Die Bedeutung des Feedbacks

Aus Experimenten wissen wir, daß Ausschaltung allen Feedbacks aus der gesamten Umwelt durch radikale Abschirmung sämtlicher sensorischer Reize in wenigen Stunden zu ausgeprägten Derealisations- und Depersonalisationserlebnissen, wahnhaften Phänomenen und Halluzinationen führt. Das wichtigste Feedback ist das von der Umwelt vermittelte Gefühl des Vertrauten, Bekannten, Selbstverständlichen, was in der Psychose verloren geht.
Wir können uns vorstellen, daß erhebliche Energien notwendig sind, um von einem Bezugssystem in ein völlig anderes zu wechseln.

Diese Energie kommt durch **zwei Phänomene** zustande:
- durch das Prinzip des fortgesetzten positiven (= verstärkenden) Feedbacks, auch als „Runaway" bezeichnet. – Ganz bestimmte Reaktionen werden ständig wiederholt und verstärkt bis zu einem Umschlagpunkt.
- durch Fluktuation, d. h. durch einen raschen Wechsel zwischen Stimulation und Frustration bestimmter Bedürfnisse, oder durch einen fortwährenden, sprunghaften Wechsel des Gesprächsthemas.

3. Phase: Die Chronifizierung der „Verrücktheit" (chronisch = unproduktiv oder negativ)

Es gibt viele Anhaltspunkte dafür, daß die Chronifizierung zumindest teilweise als psychologische, soziale und häufig stark milieubedingte Folgeerscheinung der akuten Psychose aufgefaßt werden muß.

Chronische Symptome sind: Affektverflachung, Apathie, Verlangsamung von Denken und Psychomotorik, Einengung der Interessensbreite und soziale Einengung, sprachliche Verarmung, Unfähigkeit, sich nonverbaler Mittel der Kommunikation zu bedienen.

Entgegen noch immer weitverbreiteter Meinung über die **Chronifizierung der Schizophrenie** stellten M. BLEULER, 1972; CIOMPI 1980; HUBER 1980 u. a.7 in Langzeitstudien folgendes fest:

1. Chronizität ist nicht universell, d. h. nicht alle Schizophrenen entwickeln chronische Zustände. Der Krankheitsverlauf geht allgemein mehr in Richtung Remission; vereinzelt gibt es Heilungen auch nach langjährigem chronischen Verlauf. Negative Symptome werden manchmal durch Neuroleptika und andere Therapieformen gebessert.

2. Ein chronischer Verlauf steht in Verbindung mit psychosozialen Faktoren:
   - Wichtige Lebensereignisse können Rückfälle auslösen.
   - Die Diagnosestellung verhindert häufig die Wiedereingliederung, insbesondere in den Arbeitsprozeß. Die Patienten selbst, ihre Familien, aber auch häufig die Fachleute zeigen eine negative Zukunftserwartung, die im Sinne der sich selbst erfüllenden Prophezeiung wirksam ist.
   - Manche Familien tragen zur Verlängerung und zum Wiedereinsetzen schizophrener Episoden bei. Man spricht von homöostatischen Familieneinflüssen, wenn große Abhängigkeit erhalten bleiben muß und der Kranke in dieser Rolle zementiert wird. Dies ist besonders häufig und gravierend zu sehen, wenn Patienten Fortschritte im Rehabilitationsprozeß machen.

Außerdem sind negative Symptome nicht nur bei chronisch Schizophrenen, sondern auch bei Langzeithäftlingen sowie bei vernachlässigten Altenheim- und Pflegeheimbewohner/innen zu finden.

31.3 Die Basisstörungen

Neben den akuten bzw. den chronischen Symptomen beschreiben u. a. HUBER und SULLWOLD[8] bestimmte kognitive, psychomotorische und affektive Beeinträchtigungen als Basisstörungen, da sie grundlegend und länger andauernd sind. Sie werden in der Regel auch von den Patienten subjektiv wahrgenommen.

Zu den Basisstörungen zählen:

- Kognitives Gleiten: Eindringen von Nebenassoziationen, unpassende Einfälle, Gedanken laufen durcheinander.
- Störungen der selektiven Aufmerksamkeit: Nebengeräusche lenken ab, zuviel muß gleichzeitig beachtet werden, der Patient kann sich nicht abschirmen.
- Blockierungen: Besonders bei komplexen Anforderungen (z. B. Gespräch, an dem mehrere Menschen teilnehmen) sind Gedanken und Reaktionen plötzlich (vorübergehend) blockiert.
- Sprachstörungen: Sprachverständnis und die eigenen sprachlichen Ausdrucksmöglichkeiten werden als beeinträchtigt erlebt; der Patient bleibt an einzelnen Wörtern oder Buchstaben hängen.
- Diskriminationsschwäche: Es wird beispielsweise alles als gleichermaßen unangenehm erlebt; der Patient hat Schwierigkeiten, zu unterscheiden, ob er etwas tatsächlich erlebt oder sich nur vorgestellt hat.

E   Die psychiatrischen Krankheitsbilder

- Störungen der Motorik: Bewegungen verlieren ihre Natürlichkeit und erlebte Spontaneität. So muß der Patient z. B. überlegen, wie er beim Gehen einen Fuß vor den anderen setzt.
- Automatismenverlust: Komplexere Alltags-Handlungsabläufe (z. B. Kaffeekochen) verlieren ihre Selbstverständlichkeit und müssen immer wieder überdacht werden.
- Auftreten spezifischer Ängste: „Ich kann nicht mehr denken, ich werde verrückt".
- Hohe Streßanfälligkeit: Patienten können nicht abschalten. Es kommt zu sensorischen Störungen, zu besonderer Geräuschempfindlichkeit, zu Wahrnehmungsstörungen (etwas wird nur bruchstückhaft gesehen).

GROSS[9] beschreibt des weiteren als Basissymptome:

- Direkte Minussymptome oder primäre Störungen:
  Erhöhte körperliche und seelisch-geistige Erschöpfbarkeit, Minderung an Energie, Spannkraft und Ausdauer in Form von allgemeiner Schwäche, Müdigkeit, Kraftlosigkeit, herabgesetzter Leistungsfähigkeit.
- Indirekte Minussymptome: Erregung, Unruhe, Schlafstörung, Unfähigkeit, abzuschalten – meist ausgelöst durch körperliche Aktivitäten, Arbeit im Haus oder Garten, sportliche Aktivitäten oder Tätigkeiten wie Anziehen, Essen o. ä. oder seelisch-geistige Anforderungen wie Besuche, Gespräche, Lesen als Konzentrationsanforderung.
- Kognitive Denkstörungen: Gedankeninterferenz, Störung der Konzentrationsfähigkeit und des Gedächtnisses, Gedankenleere, Gedankenabbrechen.
- Coenästhesien: Körpermißempfindungen, Leibgefühlsstörungen, die häufig ganz plötzlich auftreten und unterschiedlich lange andauern.

31.4 Selbsthilfepotential und Bewältigungsversuche von schizophrenen Patienten

Es ist wohl nur verständlich, daß ein Mensch, der spürt, daß sich etwas verändert, daß ihm Dinge nicht mehr so leicht von der Hand gehen und er sich sehr schnell unsicher und unwohl fühlt, Anstrengungen unternimmt, diese Zustände wieder aufzuheben.

E. BLEULER[10] vertrat bereits 1911 die Ansicht, daß selbst die akuten, produktiven Symptome als „mehr oder weniger mißglückte oder geglückte Anpassungsversuche" oder sogenannte unbewußte „Selbstrettungsversuche erster Ordnung" verstanden werden können.

Als **bewußte Auseinandersetzung** des Kranken mit dem Erlebnis seiner Psychose und Bewältigung einzelner Symptome sind Versuche zur Selbstanalyse, Lesen von Lehrbüchern, Malen und Werken und Zuflucht zu philosophisch-religiösen Systemen bekannt.

Als weitere Bewältigungsmöglichkeiten werden von GROSS[11] beschrieben:

- Vermeidung von Kontakten, insbesondere von Menschenansammlungen, von Themen, die mit der Erkrankung im Zusammenhang stehen, aber auch ganz allgemein von negativen, emotional belastenden, betroffenmachenden Nachrichten und Informationen aus den Medien.
- Kompensationsmechanismen: Das Arbeitstempo wird z. B. herabgesetzt, das Wahrnehmungsfeld eingeengt oder es werden besondere Kontrollmechanismen, meist sehr zwanghaft, eingesetzt.
- Adaption: Im Laufe der Zeit kann erreicht werden, daß bestimmte Defizite nicht mehr als so schwer empfunden werden.
- Es wird ein Ausgleich gefunden durch willensmäßige Anstrengungen und Mühen.

Viele Schizophrene entdecken erst nach mehrmaligem Auftreten der Erkrankung ihre Selbsthilfemöglichkeiten. Sie lernen erst durch das wiederholte Auftreten von Symptomen wie Erregungssteigerung, Schlafstörungen, verzerrte Wahrnehmung u. ä. diese als Signal für einen Rückfall zu deuten.

Für die Patienten ist es enorm wichtig, diese Signale zu erkennen, sie als Auslöser für Störungen zu identifizieren und die unbewußten automatischen Vermeidungsreaktionen in bewußte Selbstschutzmaßnahmen umzuwandeln.

31.5 Therapie von schizophren Kranken

31.5.1 Allgemeine therapeutische Grundsätze

Vereinfachung, Klarheit und Eindeutigkeit

In akuten Zuständen brauchen psychotische Menschen vor allem eine einfache, ruhige, entspannte und unkomplizierte, übersichtliche, kleinräumige, beschützende und dabei möglichst natürliche Atmosphäre, ein **Milieu** mit wenig Trubel, wenig Aufregung, wenigen, aber verläßlichen, gelassenen, verständnisvollen und vor allem gesunden Menschen um sich herum.[12]

Schwierigkeiten ergeben sich in unseren Kliniken u. a. durch die Situation auf unruhigen Aufnahmestationen. Modelleinrichtungen wie das Haus Soteria in Bern zeigen, daß unter **optimalen Bedingungen** schizophrene Patienten innerhalb kurzer Zeit und fast ohne Medikamente ihre psychotischen Symptome verlieren können.[13]

Auch in Gesprächssituationen soll unser Verhalten sich an den oben genannten Gesichtspunkten orientieren. Das heißt, daß Hast und Zeitdruck vermieden werden sollen, daß wir das, was wir sagen möchten, auf das Notwendigste beschränken und ruhig, langsam und deutlich sprechen. Wir stellen Fragen, die die Patienten auch beantworten können, geben ihnen Rückmeldung über ihr Verhalten – teilen ihnen mit, was gut bzw. nicht gut war. Des weiteren ist wichtig, daß wir akzeptieren, daß die Patienten zwischendurch vor sich hinstarren. Wir selbst haben darauf zu achten, möglichst wenig Bewegungen zu machen, damit die Patienten durch diese nicht abgelenkt werden.

Kontinuität und Vereinheitlichung

Eine Schizophreniebehandlung dauert mit Einschluß von Nachbetreuung und Rückfallprophylaxe Jahre.[14]
Gerade deshalb und aufgrund der besonderen Schwierigkeiten ist eine optimale (nicht totale) Kontinuität bezüglich Behandlungsteam und Konzept wichtig. Günstig wäre eine konstante und verläßliche Stütz- und Bezugsperson, die die ganze Behandlung langfristig leitet und koordiniert. Daneben ist eine Vereinheitlichung der Informationen für alle – Patient, Betreuer und Angehörige – über Natur, Behandlung und Prognose der Erkrankung von großer Wichtigkeit.

Optimale Stimulation

Optimale Stimulation bedeutet sowohl Vermeidung von Über- als auch von Unterstimulation.
Gefordert ist eine dosierte, beruhigende Reduktion psychosozialer Anforderungen aller Art (Arbeitsleistung, Umweltkontakte, Aufregung und Wechsel, Informationsmenge) bei akuter Symptomatik und eine dosierte soziale Aktivierung, Anforderungs- und Stimulationsvermehrung bei Vorliegen chronisch-unproduktiver Symptome.

Gemeinsame Zielsetzung

Es müssen nach CIOMPI zwischen den Betreuern, dem Patienten und den Angehörigen „klare, konkrete und erreichbare gemeinsame Behandlungsziele (Rehabilitationsziele) bzw. -teilziele mit eindeutigen Prioritäten in einem therapeutisch wichtigen Prozeß ausgehandelt (nicht autoritär verschrieben) werden".[15]

Diese Ziele betreffen folgende zwei Achsen[16]

Wohnachse	Arbeitsachse
1. Geschlossene Station	1. Keine Arbeit
2. Offene Station	2. Beschäftigungstherapie
3. Tages- oder Nachtklinik	3. Arbeitstherapie
4. Wohn- oder Übergangswohnheim	4. Rehabilitations-, Vorbereitungswerkstätte
5. Geschützte Wohngemeinschaft	5. Rehabilitations-Werkstätte, Geschützte Werkstätte
6. Halbgeschütztes Wohnmilieu (Spezialarrangements in Familien, Pensionen)	6. Halbgeschütztes Arbeitsmilieu (Praktika in Firmen, Selbsthilfefirmen)
7. Normale Wohnsituation	7. Normales Arbeitsmilieu

Auf diesen Achsen lassen sich die jeweiligen Schwerpunkte und Ziele der Behandlung nach den Bedürfnissen und Möglichkeiten des Patienten immer wieder festsetzen. Es ist darauf zu achten, daß möglichst immer nur ein Wechsel vorgenommen wird: entweder Beziehen einer eigenen Wohnung oder Beginn einer Ausbildung.

31.5.2 Der therapeutische Rahmen

In vielen sozialpsychiatrischen Einrichtungen gibt es ein **Wochenprogramm** mit verbal-, handlungs- und körperorientierten Therapieangeboten auf der Basis der therapeutischen Gemeinschaft.

Auch wenn immer wieder einzelne Aspekte im Mittelpunkt stehen wie z. B. das Training von kognitiven oder sensumotorischen Fertigkeiten, so ist es doch grundsätzlich wichtig, nicht diese Störungen einzeln zu beachten und zu behandeln, sondern gemeinsam mit anderen. Das heißt, neben den kognitiven Fertigkeiten werden zugleich die sozialen Kompetenzen verbessert.

Man weiß insbesondere von der Behandlung von chronisch Kranken, daß die Erlangung sozialer Fähigkeiten Voraussetzung für die instrumentellen Fertigkeiten ist.

31.5.3 Medikamentöse Behandlung mit Neuroleptika

Die Neuroleptika-Behandlung ermöglicht die Beruhigung psychotischer Angst und Erregung, unterdrückt Halluzinationen und Wahn und bewirkt eine Abschirmung gegenüber übermäßig starken Reizen. Man nimmt an, daß diese Form der medikamentösen Therapie die Rückfallwahrscheinlichkeit herabsetzt und die Ergebnisse der Soziotherapie verbessert. Zu bedenken sind allerdings Beobachtungen, denen zufolge erregte Schizophrene in übersichtlicher und gelassener Umgebung praktisch ohne Medikamente innerhalb von 2–3 Tagen ruhig werden können.

Neuroleptika sind in erster Linie dann **indiziert,** wenn überfordernde, emotionale Belastungen drohen oder wenn das Milieu durch emotionales Überengagement und Spannung gekennzeichnet ist.[17]

31.5.4 Angehörigengruppen

Viele psychisch Kranke leben in ihrer Ursprungsfamilie und kehren nach dem Klinikaufenthalt wieder dorthin zurück. Diese Angehörigen sind meist über viele Jahre einer Reihe von Belastungen ausgesetzt. Ihr Ausmaß an Leid, Ratlosigkeit, Hilflosigkeit und Schuldgefühlen ist sehr groß und sie brauchen aus mehreren **Gründen** Hilfe:

- Angehörigengruppen geben die Möglichkeit, sich mit Menschen, die in ähnlicher Situation sind, auszutauschen, das eigene Selbsthilfepotential wiederzuentdecken, eigene Bedürfnisse wieder wahrzunehmen, was sich vielfach günstig auf die familiäre Situation auswirkt.

- Es gibt eine Reihe von Faktoren, die teilweise unter der Kontrolle von Angehörigen stehen. So können sie eine akzeptierende, aber nicht verwöhnende Umgebung und ein optimales Ausmaß an sozialer Stimulation schaffen; sie können helfen, die gemeinsam gefundenen Ziele zu erreichen und den Umgang mit fluktuierender Einsicht und Unvorhersehbarkeit lernen.[18]

31.5.5 Nachsorge und Prophylaxe[19]

Von einer Heilung – mit Garantie – auszugehen, ist problematisch. Einige Untersuchungen haben gezeigt, daß plötzlicher Beginn der Erkrankung, gute Anpassung vor der Erkrankung, eher extrovertierte Persönlichkeit, kurze Dauer der akuten Erkrankungsphase und besonders starke affektive Krankheitssymptome (depressive, ängstliche, stark wechselnde Stimmung) **prognostisch günstigere** Faktoren sind.

Hingegen sind langsamer Beginn und lange Dauer der Erkrankung vor dem Eintreten der Notwendigkeit einer stationären Behandlung, apathisches Verhalten oder nivellierter, unangemessener Affekt, besonders ausgeprägte Halluzinationen, introvertierte Persönlichkeit und niederer sozioökonomischer Status **ungünstiger** für den Krankheitsverlauf. Man kann davon ausgehen, daß auch bei günstigem Verlauf eine gewisse Verletzlichkeit (Vulnerabilität) bestehen bleibt.

Drei Faktoren können aber im günstigen Fall das Auftreten oder Wiederauftreten von Episoden verhindern:
1. das soziale Netz
2. die vom Patienten besetzte ökologische Nische (irgendeine Form der Betätigung)
3. persönliche Kompetenz, erlernte Bewältigungsmöglichkeiten und Intelligenz.

Wichtig ist, die frühen Anzeichen (verstärktes Mißtrauen, allgemeine Reizempfindlichkeit, Konzentrationsschwäche u. a.) zu erkennen. Es geht darum, daß der Patient die eigene Kraft auf die effektivsten Maßnahmen konzentriert, so daß Selbststabilisierung, Erhalt von Autonomie und Selbstachtung gelingen.

31.5.6 Ergotherapie bei schizophren Erkrankten

Insbesondere im noch akuten Stadium der Erkrankung fühlen sich schizophrene Patienten leicht verunsichert und überfordert. Sie geben schnell auf, weichen aus oder ziehen sich zurück. Wahnvorstellungen können einfließen, Unruhe und Spannung können auftreten.
Die eigenen Leistungen und Schwierigkeiten werden unkritisch beurteilt; häufig wird keine Entscheidung getroffen, sondern das Nächstliegende gewählt. Manche Patienten machen häufig Pausen und arbeiten langsam, um die Aufgaben überhaupt bewältigen zu können.

Wichtige Prinzipien (Richtlinien) für den Umgang mit schizophrenen Patienten in der akuten Krise sind:

– übersichtlicher Arbeitsplatz,
– klare Informationen und Anweisungen,
– schrittweises Vorgehen,
– einfache Beziehung, Feedback auf Konkretes beziehen, das eigene Verhalten und Vorgehen erklären,
– klare Grenzen und Regeln, Vereinbarungen treffen (Bedürfnisse und Wünsche miteinbeziehen), Nähe-/Distanzbedürfnis beachten,
– eher geschlossen Aufgaben,
– weniger gefühlsbetonte Themen,
– eher „männliche" Materialien und Techniken.

Ziel
Erweiterung der Handlungsfähigkeit

Methoden
Zu Beginn: Kompetenzentrierte Einzeltherapie (Einzelarbeit in der offenen Werkgruppe) und kompetenzzentrierte Gruppenarbeit.

Später: Gruppenarbeit mit ausdruckszentrierten und interaktionellen Anteilen Kompetenzzentrierte Projektarbeit als Vorbereitung für die Arbeitsrehabilitation.

Therapiemittel/Aufgaben/Themen
Als Voraussetzung jeder Therapie Schizophrener muß der Arbeitsplatz klar und überschaubar sein, d. h. es sollen nur die Gegenstände, die benötigt werden, auf dem Tisch bereit liegen. Die Aufgabe und die wesentlichen Informationen müssen kurz und deutlich formuliert werden (nicht zu viele Informationen auf einmal!). Kennt die Ergotherapeutin die Gruppe noch nicht oder nehmen Patienten mit noch akuter Symptomatik daran teil, so ist es sinnvoll, geschlossenere Aufgaben zu wählen, bei denen der einzelne sich während des Arbeitens zurückziehen kann. Themen sollen konkret und gebunden sein, die Therapiemittel eher nüchtern und unpersönlich. Wird Ton eingesetzt, so ist darauf zu achten, daß durch die Art der Aufgabe immer Grenzen gegeben sind (Gefahr des Ausuferns).
Insbesondere wenn das Ziel das Wiedererlangen kognitiver und sozialer Kompetenzen ist, müssen klare Strukturen und Handlungsanweisungen erarbeitet werden, ist kleinschrittiges Vorgehen wichtig. Dies ist insbesondere auch bei der Therapie von chronisch Kranken zu berücksichtigen.

Zusammenfassung

Die Schizophrenie zählt zur Gruppe der Psychosen und weist als wesentliche Merkmale Denkstörungen, Wahnideen, gestörte Wahrnehmung und abnorme Affekte auf.

Es gibt mittlerweile verschiedene Modelle, die die Entstehung und Entwicklung der Schizophrenie erklären. In fast allen werden schizophrene Symptome als Überforderungsreaktionen disponierter Individuen verstanden. Im integrativ psycho-biologischen Modell von CIOMPI, in dessen Zentrum die Vulnerabilitäts- und Informationshypothese steht, wird das Zusammenspiel unterschiedlicher einflußnehmender Faktoren beschrieben.

Entstehung und Entwicklung der Schizophrenie

1. Die prämorbide Phase
Kann das Kind aufgrund bestimmter Faktoren, die in einer Art Wechselwirkung sich verstärken können, nicht ausreichend Ich-Stärke aufbauen und Autonomie erreichen, so wird es im Laufe der weiteren Entwicklung unter anderem unerfreuliche Beziehungen erwarten und Konfliktsituationen vermeiden. Dies kann sich in der Pubertät durch erhöhte Anforderungen verstärken und eine Krise auslösen.

E Die psychiatrischen Krankheitsbilder

2. Die akute Phase

In der akuten Phase mit Angst, Spannung, Verwirrung, Wahn und Halluzinationen als wesentliche Symptome, ist das globale Fühl-, Denk- und Verhaltenssystem verschoben und in ein neues, „verdrehtes" Gleichgewicht gerückt. Kräfte, die diese Verrückung bewirken können, sind Streß, heftige Affekte, fixe Ideen, Veränderung der Grundstimmung und chemische Veränderer. Um von einem Bezugssystem in ein anderes zu wechseln, sind erhebliche Energien notwendig, die durch das Prinzip des fortgesetzten positiven Feedbacks oder durch Fluktuationen zustande kommen.

3. Die chronische Phase

Zu den chronischen Symptomen zählen Affektverflachung, Apathie, Verlangsamung und Einengung. Chronifizierung wird heutzutage zumindest teilweise als Kunstprodukt unserer Gesellschaft angesehen; sie steht in Verbindung mit einer Reihe von psychosozialen Faktoren wie wichtigen Lebensereignissen, negative Zukunftserwartung und bestimmten Familieneinflüssen.

Neben den akuten und chronischen Symptomen werden von den Patienten selbst eine Reihe von kognitiven, psychomotorischen und affektiven Beeinträchtigungen – die sogenannten Basisstörungen – beschrieben. Diese Störungen führen in der Regel schon sehr früh dazu, daß schizophrene Patienten versuchen, sich selbst zu helfen: Sie vermeiden verunsichernde Situationen, entwickeln Kompensationsmechanismen, passen sich an oder probieren durch besondere Anstrengungen, einen Ausgleich zu finden. Für Patienten ist es sehr wichtig, die automatischen Vermeidungsreaktionen in bewußte Selbstschutzmechanismen umzuwandeln.

Als wesentliche therapeutische Grundsätze gelten, daß Patienten in akuten Zuständen Vereinfachung, Klarheit und Eindeutigkeit, Kontinuität und Vereinheitlichung, optimale Stimulation und eine gemeinsame Zielsetzung auf der Wohn- oder Arbeitsachse brauchen.

Die Therapie, deren Basis die therapeutische Gemeinschaft ist, soll verbal-, handlungs- und körperorientierte Gruppenangebote umfassen. Daneben spielt die Behandlung mit Neuroleptika zur Beruhigung und Abschirmung von übermäßig starken Reizen eine Rolle. Das Einbeziehen der Angehörigen in die Therapie ist unter anderem deshalb wichtig, weil viele Patienten in ihren Ursprungsfamilien leben. Die Angehörigen brauchen ebenso wie die Patienten Unterstützung und die Möglichkeit, ihre eigenen Bedürfnisse und Selbsthilfekräfte zu entdecken.

Untersuchungen haben gezeigt, daß plötzlicher Beginn mit starken affektiven Krankheitssymptomen günstiger für den Verlauf der Erkrankung ist als langsamer Beginn und lange Dauer. Prophylaktisch wirksam ist ein günstiges soziales Netz, eine ökologische Nische und ein großes Selbsthilfepotential.

In der Ergotherapie muß den Rahmenbedingungen und dem Milieu besondere Aufmerksamkeit geschenkt werden, müssen auf der Grundlage von Vereinbarungen Ziele immer wieder ausgehandelt werden.

Weiterführende Literatur:
Arieti, S.: Schizophrenie. Piper Verlag 1985
Böker/Brenner (Hrsg.): Bewältigung der Schizophrenie. Huber Verlag 1986
Ciompi, L. (Hrsg.): Sozialpsychiatrische Lernfälle. Psychiatrie Verlag 1985
Huber, G.: Psychiatrie. Schattauer Verlag 1986
Scharfetter, Ch.: Schizophrene Menschen, Psychopathologie, Verlauf, Forschungszugänge, Therapiegrundsätze. Urban & Schwarzenberg Verlag 1983
Süllwold, L.: Schizophrenie. Kohlhammer Verlag 1986

32 Depression und Manie

> **Ziele**
>
> Der Leser soll erfahren, daß Depressionen in Zusammenhang mit Trennungs- und Verlusterleben und einer bestimmten Denkweise stehen. Er soll einen Überblick über die wesentlichen Symptome des depressiven Syndroms erhalten und die psychodynamischen Aspekte der schweren (psychotischen) und milden Depression sowie verschiedene Typen der prädepressiven Persönlichkeit kennenlernen. Des weiteren soll der Leser über Prinzipien, die im Umgang mit Depressiven wichtig sind, und über spezielle Therapiemaßnahmen informiert werden. Abschließend werden in diesem Kapitel die wesentlichen Merkmale, Entstehungszusammenhänge und Behandlungsgrundsätze der manischen Erkrankung dargestellt.

32.1 Depression: Überblick und Vorbemerkungen

Jeder Mensch kann in einen Zustand verfallen, sich selbst zu entfremden und zu verlieren, und so wohnt jedem Menschen auch die Depressionsbereitschaft inne.

„Depression", so Battegay[20], „ist die qualvoll erlittene, von Unlust begleitete ängstigende Befindlichkeit, die zum Empfinden des Stillstandes allen Erlebens und Erkennens und zu einer bedrückt erlebten Behinderung jeglichen Fühlens und Mitfühlens oder aber zu einer quälenden Unruhe und Rastlosigkeit, einer ängstlich erlebten Agitation führt."

Dem Depressiven ist es im Gegensatz zum Trauernden nicht möglich, ein **Trennungs- oder Verlusterleben** zu verarbeiten.
Diese Verluste können wichtige Bezugspersonen sein, aber auch Enttäuschungen über sie; Verlust eines Milieus (Wohnungs- oder Arbeitsplatzwechsel), realer oder vermeintlicher Verlust der Ehre oder einer Ordnung ganz allgemein.
Frühe Kindheitserfahrungen spielen als Ursache eine Rolle, wenn sie gemeinsam mit anderen Faktoren dazu führen, daß eine **Denkweise** ausgebildet wird, die ihrerseits ungünstige Lebensmuster hervorbringt. Diese bestimmte Denkweise bildet nach Arieti[21] den Boden für die Depression. Sie „ist der Grund dafür, daß dem auslösenden Geschehen eine solche Bedeutung beigemessen wird, und sie erklärt, daß und warum der Patient das Geschehen so und nicht anders aufnimmt."[21]
Patienten sind demnach nicht depressiv, weil sie depressive Gedanken haben, sondern weil sie ein kognitives Muster entwickelt haben, das irgendwann weitgehend unbewußt abläuft.

Beck[22] bezeichnet diese Denk- und Sichtweise als **„kognitive Triade"** mit folgenden Komponenten:
1. negative Erwartungen gegenüber der Umwelt
2. eine negative Sicht der eigenen Person
3. negative Zukunftserwartungen.

Diese psychischen Phänomene werden von neurologischen Geschehnissen begleitet.

Depression und Trauer

Depression wird von ARIETI[23] nicht als etwas von Trauer Grundverschiedenes angesehen.

Trauerarbeit heißt Neuordnung. Die alten Verbindungen – z. B. zu einem verstorbenen Menschen – werden gelöst und neu besetzt. Dies geschieht in zwei Phasen. Zu Beginn haben Trauernde die Aufgabe, sich vom Verstorbenen zu entfernen. Paradoxerweise tun sie dies, indem sie sich sehr intensiv mit ihm beschäftigen, also versuchen, ihm ganz nahe zu sein. Nach einer Weile, wenn sie die Sinnlosigkeit ihres Tuns einsehen können, werden sie wieder empfänglicher für realistische Alternativen. Sie können in dieser zweiten Phase wieder andere Möglichkeiten (andere Beziehungen) akzeptieren. Die Trauerarbeit braucht Zeit und ist zum Überleben sehr wichtig.

32.2 Das klinische Bild des depressiven Syndroms[24]

1. Die Stimmung ist depressiv, d. h. leer, tot, ausgebrannt, gleichgültig, hoffnungslos; ein Gefühl des Nichtfühlenkönnens, Angst, Suizidwünsche, Selbstunwert- und Kleinheitsgefühle.

2. Der Antrieb ist gehemmt, d. h. der Patient hat keine Initiative, wirkt gelähmt, gebunden, entscheidungsunfähig; das Denken tritt – als Grübeln – auf der Stelle, ohne Zukunft. Die Gehemmtheit ist aber nie Antriebslosigkeit, sondern Selbstblockierung, die entweder zu quälender innerer Unruhe und Angestrengtheit, zu einem hektischen Hin und Her (agitierte Depression) oder aber zu ausweglosem Jammern (Jammerdepression) führen kann. Die Stimme ist leise, Schriftzüge, Zeichnungen sind klein, der Schreibdruck ist gering.

3. Wahn
   – Schuld- oder Versündigungswahn: meist an frühere, vielleicht verheimlichte, vergessene, wirkliche oder vermeintliche Vergehen (z. B. Unterschlagung, Abtreibung) gebunden. DÖRNER u. a.[25] gehen davon aus, daß die „wirkliche" Angst, ein schlechter Mensch zu sein, dahin verschoben wurde.
   – Hypochondrische Vorstellung: Die Gesundheit oder ein Körperteil gilt als ruiniert (z. B. innerlich verfault, todkrank).
   – Verarmungswahn: Man könne die Familie nicht mehr ernähren, habe nichts mehr anzuziehen, müsse erfrieren.

4. Denken: Gedankenkreisen, Grübeln, Denkunfähigkeit, Denkhemmung, Entscheidungsunfähigkeit, Willensunfähigkeit. Auch das Zeiterleben ist verändert. Entweder vergeht die Zeit sehr langsam, steht still, oder aber sie rast vorbei. Wahrnehmung: Die Umwelt wird grau, fahl, öde, unlebendig (bis zur Derealisation). Auch der Kranke selbst kann sich als unwirklich und unlebendig fühlen (Depersonalisation).

5. Leibliche Symptome
   Diese entsprechen dem vitalen Darniederliegen: Schwunglosigkeit, Müdigkeit, Kraftlosigkeit, Schlaflosigkeit, Appetitmangel, Obstipation, körperlicher Schmerz, Diarrhoe, Druckgefühl, Verlust der erotischen Erlebnisfähigkeit und der Potenz.

32.3 Psychodynamische Aspekte der schweren Depression (Bezeichnung der depressiven Psychose bzw. endogenen Depression von Arieti und Bemporad)[26]

32.3.1 Die Kindheit

In der Regel werden Kinder, die später depressiv werden, in Familien hineingeboren, die das Kind wollen und akzeptieren. Manches Kind zeigt eine besondere Empfänglichkeit für die Bereitschaft der Familie, es zu versorgen. Es akzeptiert alles, was ihm geboten wird, ohne Widerstand. Dadurch werden bestimmte Persönlichkeitszüge gefördert: Das Kind ist extravertiert und zugleich konformistisch, das gerne alles Gebotene annimmt, sich wenig auf die eigenen Mittel und Möglichkeiten verläßt. Im zweiten Lebensjahr kommt es häufig zu einem **drastischen Wechsel**. Die Bezugsperson, die Mutter in der Regel, kümmert sich weniger um das Kind und stellt statt dessen Forderungen. Fürsorge und Zuwendung werden jetzt an bestimmte Erwartungen geknüpft.

Gründe für den Wechsel können zum einen in der Einstellung der Eltern liegen, daß auch das Kind sich verdienen muß, was es haben möchte, und daß es Pflichten und Verantwortung hat. Zum anderen kommt eventuell ein anderes Geschwister, auf das die ganze Fürsorge abrupt übergeht, oder aber ein Wechsel entsteht durch ein anderes, überraschend eingetretenes Ereignis (Krankheit, Auswanderung).

In der Regel kann das Kind den Verlust, das Ereignis kompensieren; was bleibt, ist aber die Bedrohung, mit der es umgehen muß. Es entwickelt einen der im folgenden beschriebenen Bewältigungsmechanismen.

1. Gehorsam und Unterwerfung
   Um Sicherheit zu gewinnen, werden die elterlichen **Erwartungen akzeptiert**. Das Kind geht den Forderungen nicht aus dem Wege, sondern akzeptiert diese ganz bewußt. Die gemäßigte Liebe (im Vergleich zur früheren) muß durch Fügsamkeit, Bemühen usw. bewahrt werden. Das Kind hat das Gefühl, daß es in seiner Macht steht, sich die mütterliche Liebe zu erhalten. Es hat aber nur die Wahl zwischen Unterwerfung und Zurückweisung. Für das Kind ist die Mutter immer gut, auch wenn sie straft. Angst, die elterlichen Erwartungen nicht erfüllen zu können, verwandelt sich in Schuldgefühle, das heißt, es gilt das Motto: „Erhalte ich keine Zuwendung, so bin ich selbst daran schuld."

2. Andere Kinder glauben, Liebe und Zustimmung dadurch zurückgewinnen zu können, daß sie ihre Bemühungen ungeteilt auf ein **einziges Ziel** richten: darauf, später eine berühmte Persönlichkeit oder ein erfolgreicher Sportler zu werden. Die Bezugsperson wird allmählich durch das Ziel ersetzt.

3. Das Kind versucht, mit der plötzlichen Veränderung fertig zu werden, indem es sich wieder wie ein kleines Kind verhält und seine Abhängigkeit deutlich macht. Dadurch ist die Bezugsperson gezwungen, wieder jene Atmosphäre zu schaffen, die das Kind als Säugling hatte. Das Kind ist anspruchsvoll und zugleich extrem abhängig.

32.3.2 Die prädepressive Persönlichkeit

Das bisher entwickelte Lebensmuster kann sich verfestigen und dazu führen, daß die Person starr wird; das vorherrschende Muster kann zum alleinherrschenden Muster werden.

Persönlichkeitstyp 1

Kennzeichen des ersten Persönlichkeitstyps sind Gehorsam im Hinblick auf eine Person oder Institution (Kirche, Militär). Das Kind ist unsicher, gehemmt, freudig pflichtbewußt, ausdauernd und zuverlässig. Ordnung, Regelmäßigkeit und Sauberkeit sind ihm ein Bedürfnis. Der später Depressive stellt **hohe Anforderungen** an sich selbst, die möglichst immer wieder übertroffen werden sollen. Er hat klare Grundsätze und Meinungen. Schwierigkeiten können häufig überwunden, kanalisiert werden. Manche sind sehr schöpferisch, andere werden zu Nachahmern, da die Kräfte für eigenes Kreativsein nicht reichen.

Ein Partner wird gewählt, weil er gebraucht wird. Die Person selbst weiß nicht, was sie will, was ihre Bedürfnisse sind. Sie fühlt sich trotz vieler Arbeit und guter Leistung meist leer und sinnlos und sucht die Schuld dafür bei sich. Es ist ein Teufelskreis, weil sie – ganz gleich, wie sie ihre Probleme zu lösen versucht – immer das Gefühl haben wird, sich falsch entschieden zu haben.

Häufig weiß der Patient, daß er zur **Selbstunterschätzung** neigt. Dies führt aber wieder zur **Selbstbeschuldigung,** weil er es sich nicht gestattet, seine Talente und potentiellen Fähigkeiten zu entfalten. Der Patient wird immer starrer und zwanghafter. Die Abhängigkeit von der Bezugsperson, der er in erster Linie gefällig sein möchte, ist sehr groß, das Gleichgewicht kann aber immer gefährdet werden. Der Patient ist zur autonomen Bedürfnisbefriedigung nicht fähig. Die dominante Bezugsperson ist häufig der Partner, seltener andere Personen oder aber ein dominantes Bezugssystem wie die Firma, die Kirche oder eine politische Partei. Sie stehen für die Mutter, die zuerst die Liebe gegeben, später aber entzogen hat.

Persönlichkeitstyp 2

Dieser Typ zeichnet sich durch die **Verfolgung eines** bestimmten **grandiosen Zieles** aus. Im Laufe der Entwicklung wird er von seinem inzwischen dominant gewordenen Ziel verfolgt. Das Ziel ist überall, bestimmt den größten Teil seiner Handlungen, verwehrt ihm vieles. Die Verfolgung des Zieles ist der Versuch, das zu erreichen, was das grandiose Selbstbild verlangt. Manche Patienten erreichen das Ziel oder kommen ihm sehr nahe. Hinter dem Bemühen um das Ziel steht vielfach die Suche nach Liebe. Der Patient ist der Liebe aber nur dann würdig, wenn er das dominante Ziel tatsächlich erreicht.

Persönlichkeitstyp 3

Bei diesem Typ fällt die Abhängigkeit stärker auf. Er will und fordert immer wieder das Fortbestehen des Zustandes der Glückseligkeit der ersten Lebensjahre, erwartet Befriedigung und ist enttäuscht, wenn er sie nicht bekommt. Er hat selbst Schuldgefühle oder erweckt diese bei anderen, meist beim Partner. Dieser erhält damit die Fähigkeit, den Patienten glücklich oder unglücklich zu machen.

Persönlichkeitstyp 4 – Vorform des Manikers

Menschen dieses Typs sind lebhaft, aktiv, kraftvoll und haben viele Kontakte. Bei näherem Hinsehen erweisen sich diese aber als oberflächlich. Tief drinnen ist der Patient leer, einsam, er flüchtet vor seinem inneren Selbst in die Welt der oberflächlichen Realität und muß all die Dinge verleugnen, die zur Depression führen könnten.

All diese Typen treten nicht in dieser reinen Form in Erscheinung. Nimmt ein Mensch, der einem der ersten drei Typen entspricht, Züge des letztgenannten an, so sprechen wir von einer zyklothymen Persönlichkeit.

32.3.3 Die Vorgeschichte des schweren depressiven Anfalls

Auslösender Faktor für die Depression ist, daß der Patient etwas einbüßen muß, was ihm sehr wertvoll ist. Dies kann sein:
- die Erkenntnis, daß die Beziehung zu der dominanten Bezugsperson gescheitert ist
- der Tod der dominanten Bezugsperson
- die Erkenntnis, daß der Versuch, das dominante Ziel zu erreichen, fehlgeschlagen ist.

Manchmal steht diese Einbuße noch bevor, aber der Patient weiß schon,
- daß das Geschehen Lebensstruktur und Selbstbild in Unordnung bringen wird
- daß er mit Hilfe des vertrauten Lebensmusters nicht mehr mit der Situation fertig wird (damit taucht der alte Schmerz über den Verlust der Mutter wieder auf).
- Und er erkennt, daß alle Maßnahmen, mit denen er versuchte, die Katastrophe abzuwehren, fehlgeschlagen sind.
- Er glaubt, daß die angewandten Maßnahmen die einzigen waren, die zur Verfügung standen, und so fühlt er sich jetzt hilflos.
- Er sieht keine Alternative und kann deshalb keine Trauerarbeit leisten.
- Die Traurigkeit gerät zur ständig intensiver werdenden Depression.

Depression als Folge der Verschlechterung der wichtigsten zwischenmenschlichen Beziehung*

Durch verschiedene Ereignisse (Partner will sich trennen; Rückblick und Erkenntnis, daß die Beziehung, das Leben doch nicht so gut war wie angenommen), wird der **Partner mit anderen Augen gesehen:** Er ist nicht nur der Beschützer, die Quelle der Liebe, Zärtlichkeit, Zustimmung, finanzieller Sicherheit usw., sondern auch derjenige, der seine Lebensregeln – manchmal offen, manchmal subtil – aufzwingt. Das Leben der Patientin stellt sich nun als unecht heraus. Sie hat nicht ihr Leben gelebt, war sich selbst gegenüber unehrlich. Die Patientin erkennt nicht, daß auch sie dazu beigetragen hat, sieht nur die Einseitigkeit. Dieses neue Bild des Partners kann aber nicht akzeptiert werden, da sie sich sonst eingestehen müßte, ihr Leben vergeudet zu haben. Außerdem kann sie ihn nicht gleichzeitig hassen, da sie weiterhin das Lob, die

---

* Da Frauen häufiger als Männer diesem Typ entsprechen, wird an dieser Stelle von der Depressiven gesprochen.

Bestätigung braucht. So verdrängt sie die **negativen Gedanken,** das Gefühl der Traurigkeit bleibt aber. Da sie nichts verändern kann, fühlt sie sich hilflos. Verzweiflung wird zur Niedergeschlagenheit, die Vorstellungen verschwinden ins Unbewußte, das übermächtige Gefühl der Depression bleibt. Eine Verlangsamung der Denkprozesse bewirkt ein Nachlassen der Mobilität; durch bestimmte (meist schon unbewußte) Gedankengänge wird die Depression gefördert, es kann kein Grund mehr angegeben werden. Manchmal bleibt ein Gedanke erhalten, der dann zu Schuldgefühlen führt. Die Patientin fühlt sich schuldig, weil sie den Partner in so schlechtem Licht sieht. Für Schuldgefühle können oft absurde Gründe angegeben werden, wie z. B. die ungerechtfertigte Überzeugung, etwas verbrochen zu haben.

Schuldgefühle bewirken, daß die Überzeugung aus der frühen Kindheit fortbesteht, daß man nie so viel tun kann, um die Situation wirklich zu verbessern: Nie wird es reichen.

Nicht wenige Depressive unternehmen einen Suizidversuch oder töten sich, weil es besser ist, zu sterben als zu leben, und weil der Tod verdient ist – sie sich selbst diese höchste Strafe auferlegen müssen. Manche versuchen sich durch einen Suizidversuch selbst zu retten: „Bestrafe dich selbst und du wirst wieder akzeptiert und geliebt."

Viele Depressive versuchen sich zu töten, wenn sie aus dem Tiefpunkt wieder aufgetaucht sind. Neben der Deutung, daß die Patientin nun die Kraft dazu hat, gibt es die Möglichkeit, dies so zu verstehen, daß die Patientin der Meinung ist, selbst die tiefste und schwerste Depression reiche noch nicht aus, um sie von der Schuld völlig zu befreien. Nur der Tod kann dies. Wollte die Patientin mit dem Suizid das Über-Ich töten (FREUD), so müßte sie, wenn sie überlebt, noch mehr Schuldgefühle haben. Häufig fühlt sie sich aber befreit.

Nach einem akuten depressiven Anfall ist die **Erleichterung** zumeist groß. Die Realität scheint erfreulicher, die Umwelt wird akzeptiert. Erfolgt aber durch die Therapie oder durch ein anderes Ereignis keine Änderung, d. h. findet die Patientin keine Alternative, so kommt es früher oder später zur erneuten Depression. Manche Patientinnen wechseln von der Depression in eine manische oder submanische Phase.

Die Depressive wählt gewisse Gedanken (BECKS Triade), um sich ihre gewohnte Stimmung zu erhalten. Kleine Enttäuschungen oder Einbußen bringen sie zur Selbstanklage. Sie stehen für die frühere, die größere Enttäuschung.

Patientinnen, die ein Muster der Abhängigkeit verfolgen und fordernde Ansprüche stellen, erkennen irgendwann, daß sie sich auf diese zwischenmenschliche Beziehung nicht länger verlassen können, das verlorene Paradies nie erreichen werden. Je stärker die Abhängigkeit, desto schlimmer ist die unerfüllt gebliebene Forderung und Traurigkeit. Die Beziehung wird nun als unsicher, unehrlich erlebt. Die Patientin liebt den Partner nicht mehr, ist aber in jeder Hinsicht abhängig, ist gefangen und gerät immer tiefer in die Depression, denkt an Suizid. Der Suizidversuch hat die Botschaft, sie nicht im Stich zu lassen, sonst muß der Partner sich schuldig fühlen. Sie hat aber keine Hoffnung, daß der Partner sie retten wird. Dominante Bezugspersonen können auch ein Elternteil oder beide Eltern sein.

Depression nach dem Tod, dem Verlust oder dem Weggang der dominanten Bezugsperson

Viele Patienten fühlen sich für den Verlust oder Weggang verantwortlich. Ihr übles Verhalten hat den Partner krank, unglücklich gemacht, ihn „getötet". Schuldgefühle können auch daher kommen, daß ein Wunsch (Tod des anderen) Realität geworden ist.
Die Patientin ist nicht fähig, Alternativen zu sehen, den anderen zu ersetzen. Das darf aber auch gar nicht sein, weil die dominante Bezugsperson nicht ersetzt werden kann und darf. Würde sie dies zulassen, so müßte sie ihr ganzes Leben neu überdenken.

Depression als Folge der Erkenntnis, daß das dominante Ziel nicht erreicht worden ist

Die Erkenntnis, daß das Ziel nicht erreicht werden kann, führt zu einer Schädigung des Selbstbildes und zu innerer Leere. Das Leben hat keinen Sinn. Die Trauer ist zum Teil berechtigt, da die Patientin so viel Energie und Zeit in dieses Ziel gesteckt hat.

Andere Auslöser können Entlassung, finanzielle Schwierigkeiten, Berentung, Menopause bei Frauen, aber auch die Geburt eines eigenen Kindes, Beförderung oder Heirat eines Kindes sein.

Zusammenfassend läßt sich sagen, daß zu einer schweren Depression ein Verlusterlebnis führt, und zwar geht der wertvollste oder bedeutsamste Aspekt des Lebens verloren. Dieser kann unter keinen Umständen wiederbeschafft oder ersetzt werden.

Kennzeichen sind also:
- Abhängigkeit
- Furcht vor autonomer Befriedigung, entstanden aus dem Gefühl, daß das eigene Verhalten ständig beobachtet wird. Jedes Vergnügen wird von den anderen mißbilligt
- Tauschhandel: Depressive versagen sich die autonome Befriedigung und gewinnen dafür die Zuwendung der dominanten Bezugsperson, welche idealisiert und überhöht wird
- Negatives Selbstbild
- Das subjektiv empfundene Unvermögen, die Umgebung zu verändern.

Die Angst vor Vergnügen oder Freude führt dazu, daß viele Aktivitäten und Handlungen vermieden werden müssen; **Hilflosigkeit und Ohnmacht** stehen im Vordergrund. Andererseits wissen Depressive genau, wie sie andere manipulieren können, wenn es darum geht, Liebe oder Anerkennung zu bekommen.
Hilflosigkeit ist der automatisch einsetzende (pathologische) Versuch, andere zu bewegen, ihnen die notwendige Sicherheit und Beruhigung zu geben, ist aber auch das Ergebnis der immer wieder gemachten Erfahrung, das tun zu müssen, was die anderen erwarten.

32.4 Psychodynamische Aspekte der milden Depression

Patienten, die an einer milden Form der Depression leiden, möchten diese abschütteln, kämpfen dagegen an. Sie sind in der Lage, ihre täglichen Aufgaben zu bewältigen, können denken und argumentieren, halten ihre zwischenmenschlichen Beziehungen aufrecht und suchen manchmal Trost und Unterstützung.

Reaktive Depression

Diese entsteht als Folge eines subjektiv schwer empfundenen Traumas. Die dominante Person oder das Ziel werden für die Erfüllung, für den Lebenssinn gebraucht. Im Unterschied zu schwer Depressiven behaupten sie nicht, wirklich „schlecht" zu sein. Mild-Depressive können Alternativen entwickeln, sind nicht so starr.

Charakterbedingte Depression

Es gibt Menschen, bei denen die Depression immer mehr oder weniger stark vorhanden ist. Sie leben ein **chronisch** unbefriedigendes Dasein. Eine Gruppe von ihnen versagt sich lustbringende Aktivitäten aus Furcht, das dominante Ziel oder die Bezugsperson zu verlieren oder weil jede Abweichung das Erreichen des Zieles behindern könnte.
Bei einer anderen Gruppe ist das Gefühl der Nutzlosigkeit und Hoffnungslosigkeit vorherrschend. Die Abhängigkeitsbedürfnisse dürfen nicht erkennbar werden. Die Betroffenen führen ein asketisches, unerfülltes Leben.

Larvierte Depression

Es gibt Patienten, die **hypochondrische Beschwerden** haben, die ihre Aufmerksamkeit ununterbrochen in Anspruch nehmen. Das Gefühl der Depression wird abgewehrt. Sie sind der Überzeugung, daß es ihnen nie wieder gut gehen wird: Sie fürchten sich vor Neuem, behindern sich selbst und manipulieren ihre Mitmenschen dadurch, daß sie sie zwingen, nur über körperliche Symptome mit ihnen zu kommunizieren. Manchmal treten auch Depersonalisationserscheinungen auf.

32.5 Therapie von depressiv Kranken

Grundhaltung:

Depressive erwecken in uns das Bedürfnis, ihnen zu helfen, sie mit unserer Fürsorge zu umgeben und sie zu trösten. Gebe ich diesem Bedürfnis nach, so werde ich bald merken, daß meine Hilfe ihre Hilflosigkeit, meine Fürsorge ihre Sorgen und mein Trost ihre Trostlosigkeit steigern. Und ich werde selbst bald hilflos, enttäuscht und verärgert sein. Das muß so kommen, denn ich habe mich zum Mitspieler, zum Abhängigen machen lassen und mich in einen Machtkampf begeben, den ich verlieren muß. Wichtig im Umgang mit Depressiven ist, sich der eigenen Gefühle immer wieder bewußt zu werden und die eigenen Handlungen zu kontrollieren. Gefühle können in der eigenen Lebensgeschichte begründet sein oder durch den Kommunikationsstil (atmosphärische Ausstrahlung, Art und Weise in Beziehung zu treten, Klagen) ausgelöst werden. Beim Kommunikationspartner können dadurch vorübergehend Zustände der Gefühlsleere (oder auch Ärger, Gereiztheit, unterdrückte Wut), des Selbstunwerts, der Interessenlosigkeit und der Willenthemmung auftreten.

Symptome sind immer sinnvoller Schutz und ein Versuch der Selbsthilfe. Sie sind solange notwendig, bis der Patient bessere Lösungen für sein Leben gefunden hat. Deshalb soll er auf keinen Fall gedrängt werden, seine Symptome aufzugeben. Äußerungen wie „Sie sehen heute aber schon viel fröhlicher aus", sind schädlich, weil der Patient sich ertappt, ironisiert und beschämt fühlen muß. Das bedeutet, daß Besserungssignale von den Patienten selbst kommen müssen.[27]

Für die Begegnung mit Depressiven sind empathische Nähe und heilsame Distanz und Offenheit notwendig. Zu Beginn nimmt der Therapeut eine aktivere Rolle ein, spricht bestimmt, klar und überzeugend. Er stellt nicht zu viele Fragen und läßt nicht zu lange Pausen entstehen. Er zeigt Anteilnahme so, daß keine Bestätigung der Hilflosigkeit daraus abgelesen werden kann.

Therapeutisches Vorgehen und einige Grundprinzipien:[28]

1. Bei schwer depressiven Patienten wird neben medikamentöser Therapie die Erlaubnis, für begrenzte Zeit zu **regredieren,** empfohlen. Dem Patienten wird Bettruhe verordnet; er darf (oder muß) alle Verantwortung abgeben und wird versorgt. Dabei muß er trotzdem als erwachsener, würdiger und verantwortlicher Mensch behandelt werden. Im Vordergrund stehen Beruhigung und Abnahme der Schuldgefühle.

2. So bald als möglich werden dann mit dem Patienten die **Therapieziele und -schritte** vereinbart. Häufig muß der Therapeut Anforderungen herunterschrauben, da Depressive dazu neigen, sich zu überfordern und damit Niederlagen einzubauen. Wichtig ist, die große Differenz zwischen dem Selbst-Ideal und der eigenen Akzeptanz herauszuarbeiten: Der Patient muß lernen, sich selbst anzunehmen.

3. Eine häufig wirksame **Vereinbarung** kann das Gegenteil dessen, was der Patient sonst macht, sein: sich einmal ins Unrecht setzen, statt es anderen immer nur recht zu machen. Um die Selbstwahrnehmung zu unterstützen, ist es hilfreich, Gefühle und Handlungen aus gegenwärtigen Situationen aufzugreifen.

4. Der Patient darf weiterhin depressiv sein, auch wenn er an sich arbeitet und erste Erfolge sichtbar werden.

5. Bewußte Symptomverschreibung (z. B.Schlafentzug)

6. Da das Zeitgefühl verändert ist, muß **Zeit** strukturiert werden. Dies geschieht dadurch, daß Ziele beschränkt und konkretisiert werden und der Weg dahin klar vereinbart wird. Schon im Erstgespräch soll der Patient ein paar eigene Stärken oder Eigenschaften, die er an sich mag, nennen können.

7. Normalerweise werden in der Therapie keine Ratschläge gegeben. Beim Depressiven muß dann eine Ausnahme gemacht werden, wenn er z. B. Entschlüsse mit größeren Konsequenzen fassen will wie Hausverkauf oder Aufgabe des Arbeitsplatzes.

8. Da gerade depressive Patienten **Offenheit und Öffentlichkeit** vermeiden, ist es wichtig, die therapeutische Begegnung offen und öffentlich zu machen. Therapie sollte damit
   - wenn möglich zu Hause oder ambulant durchgeführt werden
   - als Therapie in Gruppen stattfinden oder
   - in Form von Gesprächen beim Spaziergang, Außenaktivitäten
   - die Angehörigen sollte man miteinbeziehen (Angehörigengruppe).

9. Körperorientierte Therapie: Entspannungstherapie, Atemübungen außer bei schwer Depressiven. Bei den letzteren mit Massagen anfangen, die der Entspannung dienen sollen, aber auch der Stimulation und dem Spüren des eigenen Körpers.

Ergotherapie bei Depressiven

Wir haben es mit Depressiven zu tun, die nicht anfangen können, etwas zu tun, da sie keine Verantwortung übernehmen können und sehr stark von der Erwartung ausgehen, daß sie nichts können, die anderen aber alles. Es gibt andere, die sich sehr unter Druck setzen, sich quälen, weil sie nichts leisten können, mit nichts zufrieden sind. Statt selbst zu gestalten, läßt der Depressive sich von den Dingen (Umständen, Plänen, Kontakten) bestimmen und verharrt in Resignation. Er hat Angst vor dem Mißlingen und Angst, noch mehr bringen und machen zu müssen.
Auf der anderen Seite leht er häufig jede Hilfe ab, da er nicht in der Lage ist, irgendetwas zu tun. Der Depressive bringt seinen Kommunikationspartner in eine Doppelbindung und damit in ein unlösbares Dilemma (s. a. Kap. 21). Gerade, wenn die Bezugsperson ihr Handeln auf Rückmeldungen abstimmen möchte und es schwer verträgt, abgelehnt zu werden, gerät sie in einen hilflosen Zustand. Egal was sie macht, es ist nicht das Richtige. Lädt die Ergotherapeutin z. B. die depressive Patientin ein, an einem Gruppenangebot teilzunehmen, so wird sie sich nicht verstanden und ernst genommen fühlen, da sie dazu gar nicht in der Lage ist. Läßt die Ergotherapeutin die Patientin, so fühlt sie sich nicht miteinbezogen, unwert, unnütz und abgeschrieben.

Wichtige Prinzipien (Richtlinien) für den Umgang mit depressiven Patienten sind:

- Patienten nicht unter Zeitdruck setzen
- nicht gleich etwas Kreatives verlangen
- Strukturen geben, klare Anweisungen, nicht zu viele Freiräume
- zu Beginn Anforderungen so niedrig, daß der Patient ohne weiteres zurecht kommt (aber keine anspruchslose Aufgabe)
- von innen nach außen arbeiten lassen
- von zart nach grob
- eher gefühlsbetonte Themen anbieten
- eher „weibliche" Materialien und Techniken.

Ziel
Entwicklung der eigenen Wünsche und Bedürfnisse und darüber größere Unabhängigkeit

Methoden
Zu Beginn: Gruppenarbeit mit ausdruckszentrierten und interaktionellen Anteilen
Später: Kompetenzzentrierte und interaktionelle Projektarbeit

Therapiemittel/Aufgaben/Themen
Der Patient soll zunächst erleben, „dabei zu sein", ohne etwas zu müssen. Von da an kann er schrittweise lernen, etwas entspannt zu machen, mehr Pausen einzulegen.
Zu Beginn zarte Farben (Aquarell, trockene Kreide, Bleistift, Buntstifte), leicht zu knetende, gut bindende Modelliermasse (Ton eventuell erst später) anbieten. Wird ein Thema vorgegeben, so sollen zunächst gefühlsbesetzte Themen wie „Frühling", „Weihnachten", „meine Familie" und erst später Themenbereiche, die mit Leistung und Härte verknüpft sind („Sieger", „Konkurrenz", „Sieger und Besiegter"), eingesetzt werden.
In der Therapie mit Depressiven spielen „Raum und Zeit" eine wichtige Rolle. Es ist von nicht unerheblicher Bedeutung, ob diese geschenkt, bereitgestellt, gewährt werden, oder ob der Patient sie sich selbst verdienen, sie erkämpfen, verteidigen oder abgeben muß.
Depressiven fällt es zunächst schwer, Kontakt zu anderen Mitgliedern aufzunehmen, sich nicht nur mit den anderen zu vergleichen. Sie können aber häufig Lob und Anerkennung von den Teilnehmern für erbrachte Leistungen und Beiträge besser annehmen als von der Ergotherapeutin.

32.6 Das klinische Bild der Manie[29]

1. Die Stimmung ist gehoben, d. h. heiter, witzig, mitreißend oder provozierend, gereizt, angriffslustig, zornig, arrogant. Zwischendurch sind kurze depressive Stimmungsmomente bzw. unterschwellige Traurigkeit spürbar.

2. Der Antrieb ist gesteigert oder beschleunigt, d. h. alle körperlichen, seelischen und sozialen Aktivitäten sind enorm erhöht. Im Extremfall muß auf jeden Umweltreiz sofort und total reagiert werden, was zu einem chaotischen Wirbel von Handlungsfragmenten führt. Im hypomanischen Zustand ist das normale Handeln nur in seiner Produktivität gehoben und in der Regel noch geordnet.

3. Ideenflucht ist statt geordneten Denkens vorhanden, d.h. der Maniker springt von einer Idee zur nächsten, fühlt sich grandios und zu allem fähig (Selbstüberschätzung); alle Geschehnisse und Umstände werden in den Dienst der Selbsterhöhung gestellt (Größenwahn). Mit phantastischen Plänen und Handlungen (Käufe, Firmengründungen, Kontakte) drohen nicht wenige, die eigene soziale Existenz und/oder die anderer Menschen zu ruinieren

4. Vegetative Funktionen und Vitalgefühle sind verändert, d.h. die Körpersignale werden nicht beachtet bzw. wahrgenommen; alles wird exzessiv getan und gelebt (Essen, Nicht-Essen, Sexualität, Nicht-Schlafen).

32.7 Psychodynamische Aspekte der Manie

Die Manie kann als eine Art Flucht verstanden werden – so weit in die Zukunft zu leben, daß der Kontakt zur Gegenwart verloren gegangen ist. Damit verbunden ist die Unfähigkeit, anzuhalten, da sich hinter Erregung und Euphorie quälende Angst, Unsicherheit, Gehemmtheit, Gebundenheit, Ohnmacht und Kränkung – die Depression – verbergen[30]. Eine Manie kann auch als Lösungsversuch für die Angst und den Schmerz verstanden werden. Da dies aber ein gewaltsamer Versuch ist, muß er scheitern.

32.8 Therapie von manisch Kranken

Wir erhalten aus dem, was sich Patienten manisch erlauben, Hinweise auf das, was sie sich in der Lebenswirklichkeit verbieten. So verstanden können Machtgefühle Hinweise auf die Ohnmachtsgefühle geben.

Manche manische Patienten verführen uns durch ihre Schlagfertigkeit und durch ihren Witz dazu, ihr Spiel mitzuspielen. Ebenso wie bei anderen Patienten (Depressiven, Süchtigen) müssen wir beachten, daß dies das Manischsein verlängert. Die Patienten sollen einerseits ihr Freiheitsgefühl ausleben können, andererseits aber auch eindeutige Grenzen aufgezeigt bekommen.

Schwerpunkt der Therapie ist der Prozeß der Selbstwahrnehmung und Selbstfindung, das Erkennen der dahinter liegenden Gefühle und Probleme. Dazu müssen die Angehörigen miteinbezogen werden; in manchen Fällen sind Medikamente (Neuroleptika) notwendig.
Manische Patienten brauchen eine ruhige, gleichförmige Umgebung mit wenigen Reizen und genügend Möglichkeiten, tätig sein zu können.

Es empfiehlt sich, Gespräche in Bewegung (Spaziergang) und nicht im Sitzen durchzuführen[31].

Ergotherapie

Die Ergotherapie kann ebenso wie die Bewegungstherapie dem Bedürfnis des manischen Patienten nach Aktivsein entgegenkommen. Auch hier ist wichtig, daß der Patient lernt, seine Wahrnehmung auf sein Tun zu lenken.

Wichtige Prinzipien (Richtlinien) für den Umgang mit manischen Patienten sind:

- klare Strukturen und Informationen
- einfache, klare Beziehung
- innerhalb von Grenzen Freiraum lassen
- von außen nach innen arbeiten lassen
- von gröber nach feiner
- „männliche" Materialien und Techniken anbieten.

Ziel:
Patienten sollen nach und nach auf Reize antworten und zielgerichtet handeln lernen, ohne überflutet zu werden.

Methoden
Zu Beginn: Kompetenzzentrierte Einzelarbeit in der offenen Werkgruppe und kompetenzzentrierte Gruppenarbeit

Später: Gruppenarbeit mit ausdruckszentrierten und interaktionellen Anteilen Kompetenzzentrierte Projektarbeit

Therapiemittel/Aufgaben/Themen
Auswahl des Materials und der Technik richten sich nach dem Ausmaß der Akutheit der Symptomatik. Grundprinzip ist, daß von außen nach innen gearbeitet wird, daß der Patient Gelegenheit erhält, sich auszuagieren, damit aber auch klare Strukturen verbunden sind. Tätigkeiten müssen einfach und klar sein, kleinschrittiges Vorgehen (ähnlich wie bei schizophrenen Patienten).
Beispiel: Zentrieren von Ton auf der Töpferscheibe, Malen auf einem großen Bogen mit Tusche, wobei der Patient die Aufgabe bekommen kann, kreisförmig von außen nach innen zu gehen.

Zusammenfassung

Depression ist ein Zustand, in den jeder Mensch verfallen kann. Der depressive Mensch ist nicht in der Lage, ein Trennungs- oder Verlusterlebnis zu verarbeiten. Aufgrund von frühen Kindheitserfahrungen hat er zudem eine Denkweise entwickelt, die gekennzeichnet ist durch negative Erwartungen, die Umwelt, die eigene Person und die Zukunft betreffend.
Zu den wesentlichen Symptomen der Depression zählen gedrückte, hoffnungslose Stimmung, Antriebshemmung, Schuld-, Versündigungs- oder Verarmungswahn, Denkhemmung und verschiedene leibliche Beschwerden.

Viele Kinder, die später depressiv werden, erleben nach dem ersten Lebensjahr einen abrupten Wechsel. Erhielten sie zunächst Zuwendung und Fürsorge, ohne selbst etwas dafür tun zu müssen, so müssen sie sich diese nun verdienen. Das Kind versucht, mit der Bedrohung, alles zu verlieren, umzugehen. Es akzeptiert entweder die Forderungen der Eltern und unterwirft sich (Typ 1), beginnt ein grandioses Ziel anzustreben (Typ 2), bleibt extrem abhängig und kleinkindhaft fordernd (Typ 3) oder gibt sich nach außen hin lebhaft und aktiv, ist tief drinnen aber leer und einsam (Typ 4).
Auslösend für die depressive Erkrankung ist, daß der Patient etwas einbüßen muß, was ihm sehr wertvoll ist, was unter keinen Umständen wiederbeschafft oder ersetzt werden kann.

Depression kann auftreten als Folge
– der Verschlechterung der wichtigsten zwischenmenschlichen Beziehung (Partner wird in Frage gestellt, was zu Schuldgefühlen führt)
– des Verlustes (Tod oder Weggang) der dominanten Bezugsperson
– der Erkenntnis, daß das dominante Ziel nicht erreicht worden ist oder
– anderer Ereignisse wie Berentung, Menopause oder Weggang der Kinder.

Kennzeichen der depressiven Persönlichkeit sind Abhängigkeit, Furcht vor autonomer Befriedigung, negatives Selbstbild und ein Gefühl der Hilflosigkeit und Ohnmacht.

Patienten, die an einer milden (reaktiven, charakterbedingten oder larvierten) Depression leiden, können ihre täglichen Aufgaben erfüllen, können sich manchmal auch Unterstützung holen und kämpfen gegen die Gefühle, die sie niederdrücken, an.

Depressive Patienten dürfen nicht gedrängt werden, ihre Symptome aufzugeben. Sie brauchen empathische Nähe und heilsame Distanz und Offenheit. Schwer Depressive dürfen für begrenzte Zeit regredieren, danach werden Therapieschritte und -ziele gemeinsam mit ihnen vereinbart. Der Patient soll schon früh ermutigt werden, eigene Stärken, die er an sich mag, zu nennen.
In der Ergotherapie ist es wichtig, daß der depressive Patient lernt, etwas entspannt zu machen, sich als aktiv Gestaltender anzunehmen.

Symptome der Manie sind gehobene Stimmung, gesteigerter Antrieb, Ideenflucht und veränderte vegetative Funktionen.

Die Manie kann als eine Flucht, ein Lösungsversuch für die Angst und den Schmerz (die Depression) verstanden werden. Wichtig im Umgang mit manischen Patienten ist, daß wir ihr Spiel nicht mitspielen, sondern daß wir ihnen Freiraum – innerhalb festgesetzter Grenzen – gewähren.

Weiterführende Literatur:
Arieti/Bemporad: Depression. Klett-Cotta Verlag 1983
Battegay, R.: Depression. Huber Verlag 1987
Jakobson, E.: Depression. Suhrkamp Verlag 1977
Mitscherlich, A.: Die Unfähigkeit zu trauern. Piper Verlag 1977
Seligman, M.: Erlernte Hilflosigkeit. Urban & Schwarzenberg 1979

33 Borderline-Persönlichkeitsstörungen

> **Ziele**
>
> Der Leser soll die diagnostischen Kriterien der Borderline-Persönlichkeitsstörung sowie wesentliche Erklärungsansätze kennenlernen. Er soll darüber hinaus die Besonderheiten erfahren, die sich im Umgang mit Borderline-Patienten zeigen. Zum Schluß werden die Konsequenzen, die sich daraus für die Therapie ergeben, dargestellt.

33.1 Das klinische Bild der Borderline-Persönlichkeitsstörung

Die wissenschaftlichen Auseinandersetzungen in den letzten 15 Jahren um das bislang sehr heterogene Gebiet der Borderline-Syndrome haben deutliche Veränderungen gebracht; das diffuse Borderline-Spektrum wurde aufgeteilt in:

- die **Borderline-Persönlichkeitsstörung**, die vorwiegend von emotionaler Instabilität gekennzeichnet ist und den affektiven Störungen nahesteht.

- die **Schizotypische Persönlichkeit** mit schizophrenie-nahen Störungen des Denkens, des Verhaltens und der zwischenmenschlichen Beziehungen, die jedoch nicht stark genug ausgeprägt sind, um die Kriterien für eine Schizophrenie zu erfüllen. Hauptmerkmal dieser Störung ist ein in den verschiedensten Situationen auftretendes durchgängiges Muster, das durch Eigentümlichkeiten im Bereich der Vorstellungen, der äußeren Erscheinung, des Verhaltens sowie durch Mängel in den zwischenmenschlichen Beziehungen gekennzeichnet ist. Der Beginn liegt im frühen Erwachsenenalter.

Im folgenden soll nur auf die Borderline-Persönlichkeitsstörung näher eingegangen werden. Sind bei Patienten mit dieser Störung auch die Kriterien für die Schizotypische Persönlichkeitsstörung vorhanden, so wird empfohlen, beide Diagnosen zu stellen.

Eine der wichtigsten Neuerungen bei der Auseinandersetzung mit dieser Krankheitsgruppe war die konsequente Entwicklung klar definierter Ein- und Ausschlußkriterien, die in DSM-III-R (Diagnostisches und Statistisches Manual Psychischer Störungen)[32] wie folgt aufgeführt sind:

Diagnostische Kriterien der Borderline-Persönlichkeitsstörung

Ein durchgängiges Muster von Instabilität im Bereich der Stimmung, der zwischenmenschlichen Beziehungen und des Selbstbildes. Der Beginn liegt im frühen Erwachsenenalter, und die Störung manifestiert sich in den verschiedenen Lebensbereichen. Mindestens **fünf** der folgenden Kriterien müssen erfüllt sein:

1. Ein Muster von instabilen, aber intensiven zwischenmenschlichen Beziehungen, das sich durch einen Wechsel zwischen den beiden Extremen der Überidealisierung und Abwertung auszeichnet;

2. Impulsivität bei mindestens zwei potentiell selbstgeschädigten Aktivitäten, z. B. Geldausgeben, Sexualität, Substanzmißbrauch, Ladendiebstahl, rücksichtsloses Fahren und Freßanfälle (außer Suizid oder Selbstverstümmelung, siehe dazu 5);

3. Instabilität im affektiven Bereich, z. B. ausgeprägte Stimmungsänderungen von der Grundstimmung zu Depression, Reizbarkeit oder Angst, wobei diese Zustände gewöhnlich einige Stunden oder, in seltenen Fällen, länger als einige Tage andauern;

4. Übermäßige, starke Wut oder Unfähigkeit, die Wut zu kontrollieren, z. B. häufige Wutausbrüche, andauernde Wut oder Prügeleien;

5. Wiederholte Suiziddrohungen, -andeutungen oder -versuche oder andere selbstverstümmelnde Verhaltensweisen;

6. Ausgeprägte und andauernde Identitätsstörung, die sich in Form von Unsicherheit in mindestens zwei der folgenden Lebensbereiche manifestiert: dem Selbstbild, der sexuellen Orientierung, den langfristigen Zielen oder Berufswünschen, in der Art der Freunde oder Partner oder in den persönlichen Wertvorstellungen;

7. Chronisches Gefühl der Leere oder Langeweile;

8. Verzweifeltes Bemühen, ein reales oder imaginäres Alleinsein zu verhindern (außer Suizid oder Selbstverstümmelung, siehe dazu 5).

Die Betroffenen haben häufig eine antisoziale und pessimistische Einstellung mit Wechsel zwischen Abhängigkeit und Selbstbehauptung. Unter starker Belastung können vorübergehend psychotische Symptome auftreten, deren geringes Ausmaß oder kurze Dauer jedoch keine zusätzliche Diagnose rechtfertigt.

33.2 Erklärungsversuche der Borderline-Persönlichkeitsstörung

Die Autoren von DSM-III-R halten es bei der Borderline-Persönlichkeitsstörung weiter für umstritten, ob es sich um ein spezielles Persönlichkeitssyndrom, eine subaktive Störung, die Überlappung von affektiver Erkrankung und Persönlichkeitsorganisation oder eine heterogene Sammelbezeichnung handelt.

Aus psychoanalytischer Sicht handelt es sich bei der Borderline-Störung um eine **Ich-Störung** und damit um psychische Störungen, die im Ich des Patienten angesiedelt sind. Es geht bei der Ich-Störung also um ein konflikthaftes intrasystemisches Geschehen, welches sich in einer Beeinträchtigung von Ichfunktionen niederschlägt. (Im Gegensatz dazu ist die neurotische Erkrankung als das Resultat eines Konfliktes zwischen den psychischen Instanzen „Ich", „Es" und „Über-Ich" zu verstehen.) Ob nun das Krankheitsbild phänomenologisch eher an eine Neurose oder aber an die Psychose angrenzt, hängt nach RHODE-DACHSER[33] von der Art und dem Ausmaß der Beeinträchtigung ab.

KERNBERG[34] spricht von einer tiefgreifenden **Identitätsstörung** im Sinne einer Identitätsdiffusion. Diese wird dadurch deutlich, daß der Patient über kein sicheres Identitätsgefühl in Sinne einer integrierten Vorstellung von sich und anderen zeigt. Anzeichen dafür sind die widersprüchlichen, rasch wechselnden Selbstbilder des Patienten und das Gefühl chronischer Leere. Bei Borderline-Patienten sind also die „guten" und „schlechten" Selbst- und Objektbilder nicht zu einem integrierten Selbst und einem integrierten inneren Konzept der anderen verbunden. Der Patient erlebt sich selbst und andere als aufgeteilt in polare Gegensätze und damit als gut oder böse, stark oder schwach, abhängig oder unabhängig. Diese Selbst- und Fremdwahrnehmungen können sehr rasch ins Gegenteil umschlagen. Neben der tiefgreifenden Identitätsstörung stehen hinter den Borderline-Symptomen noch die Verwendung **primitiver Abwehrmechanismen** und eine **Ich-Schwäche**. Als Abwehrmechanismen stehen die Spaltung und die projektive Idealisierung im Vordergrund. Mit Ich-Schwäche ist hier fehlende Angsttoleranz, mangelnde Impulskontrolle, mangelnde Sublimierungsfähigkeit gemeint.

Es gibt immer wieder Hinweise auf **traumatische Erfahrungen** in der frühen Kindheitsentwicklung, zum Beispiel durch Verlassenwerden, grob feindselige oder sexuelle Handlungen eines oder beider Elternteile. Diese Ereignisse passieren in einer Zeit, in der das kindliche Ich noch nicht fähig ist, diese in reifer Weise zu verarbeiten. „Die uns häufig so verzerrt erscheinenden Objektrepräsentanzen sind auf diesem Hintergrund als Erinnerungen an reale traumatische Erfahrungen zu verstehen, die durch ein noch schwaches Ich geprägt wurden. Es handelt sich oft um Phänomene eines somatischen Gedächtnisses."[35]

33.3 Therapie von Borderline-Patienten

33.3.1 Probleme der Beziehungsgestaltung

Die Therapie findet sowohl ambulant als auch bei schweren Störungen stationär statt. Das **Stationsmilieu** sollte nicht zu gewährend sein, da autodestruktives Agieren und die damit verbundene Regression unterstützt wird. Und zwar deshalb, weil die Identifikation mit den projizierten Omnipotenzphantasien forciert wird. LOHMER[36] beschreibt, daß schon die Aufnahmesituation auffällig ist: Es sind viele Personen (Hausärzte, Freunde, Angehörige) beteiligt, die alle besorgt, alarmiert, engagiert und zugleich hilflos sind. Die Aufnahme wird notwendig, weil es zu einer Zuspitzung einer schwierigen Beziehungssituation kam. Befinden sich diese Patienten in stationärer Behandlung, so konstellieren sie bald eine Situation, in der drei Phänomene deutlich hervortreten:

1. Regression
2. Spaltung und projektive Identifizierung
3. Agieren

1. Regression: Borderline-Patienten suchen sich rasch ein Teammitglied, das für sie zur idealen, rettenden, versorgenden Person wird. Sie brauchen viele Gespräche, die sie nur schlecht beenden können. Diese Person soll die Funktion der früheren Mutter übernehmen und Ängste beruhigen, starke Affekte ausgleichen, da sein, wenn sie gebraucht wird, aber weg sein, wenn die Nähe zu viel wird. Erfüllt diese Person die Wünsche und Forderungen nicht, so kann dies heftige **Wutattacken** hervrorrufen. Dem Verlangen des Borderline-Patienten, einen idealen Menschen zu finden, entspricht auf seiten des Teams oft die Bereitschaft idealisierter Mitarbeiter, eine derartige Rolle einzunehmen. In der Weise idealisiert zu werden, beinhaltet eine enorme Aufwertung der eigenen Person als kompetenter Therapeut und guter Mensch. Das Regressionsangebot wird in der Klinik durch die weitgehende Versorgungssituation und durch eine Umgebung, die wenig strukturiert ist, verstärkt.

2. **Spaltung und projektive Identifizierung:** Gibt es „gute" Therapeuten, so gibt es in einem Team bald auch die „bösen", unverständigen, verweigernden, kalten, inkompetenten, die vom Patienten oft wütend angegriffen werden. Mittels der Spaltung soll nach KLEIN[37] „unbewußt das jeweils gute Objekt vor den eigenen aggressiven Affekten geschützt werden". Der Patient ist nicht in der Lage, die guten und bösen Seiten zusammenzubringen. Diese **Aufteilung** in gute und böse Therapeuten führt häufig zur **Spaltung des Teams.** Der eine Teil vertritt und fordert eine verständnisvolle und gewährende Haltung, während die anderen Mitarbeiter sich für eine straffere und einschränkende Haltung einsetzen. Diese Spaltung wird durch die projektive Identifizierung unterstützt: Der Patient versucht das, was er bei sich verleugnet (Gefühle von Enttäuschung, Haß und Entwertung insbesondere) in andere (hier die Mitarbeiter) zu verlegen und dort zu kontrollieren. Bedeutsam ist, daß dies zum Teil gelingt. Der entwertete Therapeut fühlt sich tatsächlich ungeduldig, starr und wütend und der idealisierte Mitarbeiter erlebt sich als kompetent und dem Patienten zugeneigt.

3. **Agieren:** Borderline-Patienten leiden an einer mangelnden Möglichkeit, ihr gesamtes Erleben, das heißt ihre Impulse, Gefühle und Erfahrungen zu symbolisieren. Sie sind somit nicht in der Lage, Erlebtem Bedeutung zuzuschreiben. So wird ein **Versäumnis** von seiten des Therapeuten **als** Akt der **Bestrafung** erlebt, auch wenn ganz andere Gründe dafür vorhanden waren. Aus diesem Grund neigen Borderline-Patienten zum Agieren. Es hilft ihnen, unangenehme Empfindungen rasch durch eine Handlung loszuwerden. Wut, Ärger und Verachtung drücken sich in einem sofortigen Regelverstoß wie z. B. Zuspätkommen, Zerstörung von Gegenständen, Beleidigung von Mitarbeitern aus. Gleichzeitig hat es auch eine lustvolle Komponente durch die Macht und das aktive Handeln können.

Zusammenfassend läßt sich also sagen, daß Borderline-Patienten viel Zeit und Aufmerksamkeit fordern. Trotzdem haben die Teammitglieder das Gefühl, daß sich nichts wesentlich verändert. Das Verhalten dieser Patienten wechselt von anklammern zu wütend-entwertend. Im Team löst das sowohl Besorgnis, Ärger als auch Erschöpfung aus.

33.3.2 Therapeutisches Bündnis

Das therapeutische Bündnis soll empathisches, stützendes Annehmen und Klarheit und Eindeutigkeit im Umgang mit Regeln und Verträgen beinhalten. Interesse, Geduld, Ambivalenz- und Frustrationstoleranz sowie fachliche Autorität sind verlangt. Wichtig sind Teamkohäsion und -kooperation. Wegen der großen Erwartungen, des Mißtrauens, der Ängste vor Zurückweisung und der aggressiven Übertragung ist es zumeist nich einfach, mit dem Patienten ein stabiles, tragfähiges Arbeitsbündnis einzugehen. Es kommt leicht zu **Gegenübertragungsreaktionen** mit unterschwelligen Aggressionen und Wünschen, den Patienten loswerden zu wollen. Dies ist als Schutz zu verstehen gegen die riesigen, illusionären Erwartungen, gegen das Erlebnis der Ich-Entleerung oder gegen die Verwirrung durch das schnelle Wechseln der Übertragung „guter" und „böser" Objektbeziehungskorrelate[38].

Aus der bisher dargestellten Problematik im Umgang mit Borderline-Patienten ergeben sich folgende allgemeine therapeutische **Richtlinien:**

- Klare Grenzen setzen, das heißt z. B., daß der Patient bei Fortführung des selbstdestruktiven Verhaltens die Station verlassen muß. Grundlage für dieses Handeln ist, daß die Therapeuten davon ausgehen, daß der Patient sein Verhalten einstellen kann. Damit bekommt er die Verantwortung für sein Tun.
- Möglichst frühzeitig gemeinsam mit dem Patienten die Therapieziele festlegen, die Behandlungszeit auf wenige Wochen beschränken (Regressionsgefahr).
- Die Probleme im psychosozialen Bereich (Arbeitslosigkeit, Schulden, Isolation) müssen von Beginn an zum Gegenstand der Therapie gemacht werden.
- Die therapeutischen Aufgaben, die Rollenverteilung und die Hausordnung müssen transparent gemacht werden.

33.3.3 Therapeutische Angebote

Neben der Einzeltherapie, die bei Patienten mit leichteren Störungen möglichst ambulant durchgeführt werden soll, hat sich die Gruppentherapie besonders bewährt. Der **Vorteil** von Gruppentherapie für den Borderline-Patienten liegt darin, daß die Gruppe Hoffnung bringt und verläßlicher als der einzelne Therapeut ist. Zudem ist die Abhängigkeit nicht so stark; die Verteilung geht auf mehrere, Nähe und Distanz können besser reguliert werden. Gruppentherapeutische Prozesse bieten die Chance für Konflikte, deren Klärung und damit Wachstum[39].

Richtlinien für die Gruppentherapie

- aggressive Gruppenspannung niedrig halten
- verhinden, daß der Patient in die Omega-Rolle kommt
- klare Strukturen (Umgang mit Wut, Regeln für die Treffen bezüglich Zeit, Räumlichkeiten, Abwesenheit)
- realitätsbezogene sozialkommunikative Ebene (Regeln für Abgrenzung, Einfühlung)
- Konstanz
- dem Patienten Antwort geben, auf die dieser auch wieder antworten kann (selektive, gefühlshafte Authentizität)
- der Therapeut muß sich vom Patienten immer wieder überprüfen lassen (Ist der Therapeut wirklich nicht so böse, unzuverlässig?)
- der Therapeut muß ein reales Objekt zum „Anfassen" sein.

Neben dem gruppentherapeutischen Gespräch hat sich als weitere Methode das Psychodrama als hilfreich herausgestellt. Im Spiel können Loslösungs- und Individuationskonflikte wiederbelebt und überwunden werden und die bislang verweigerte Trauerarbeit wird möglich.

Die medikamentöse Behandlung soll bei Borderline-Patienten nur eine unterstützende Maßnahme darstellen. Bei starken Angst-, Panik- und Unruhezuständen kann eine niederdosierte neuroleptische Behandlung, bei starker depressiver Symptomatik eine antidepressive Therapie hilfreich sein.

33.3.4 Ergotherapie bei Borderline-Patienten

Borderline-Patienten werden in der Ergotherapie mit ihren realen Möglichkeiten und Grenzen konfrontiert. Im konkreten Tun wird sichtbar, was sie wirklich können. Meist sind die Erwartungen sehr groß, dies kann bei Nicht-Erfüllung zu Enttäuschung und Rückzug führen. Wird das Werkstück oder ein Verhalten von der Therapeutin kritisiert, so kann dies schnell bewirken, daß diese auch kritisiert und als „unfähig" abgewertet werden muß. Borderline-Patienten fällt es schwer, sich Hilfe zu holen, weil sie das Bild von sich haben, entweder gar nichts zu können und ganz auf andere angewiesen zu sein, oder sie schaffen alles alleine. Zu Beginn der Therapie ist es wichtig, dem Patienten Gelegenheit zu geben, seine Fähigkeiten zu zeigen, d. h. seine gesunden Anteile zu fördern. Das Werkstück kann beim Borderline-Patienten in besonderer Weise als **Übergangsobjekt** genutzt werden, wie Scheepers[40] dies beschreibt. Der Patient kann sich auf die Beziehung zum Werkstück einlassen und sich mit der Aufgabe auseinandersetzen. Er kann seine Wünsche darauf projizieren, sich mit dem Stück, das er herstellt, identifizieren oder auch sich wieder distanzieren, wenn es für eine gemeinsame Gruppenarbeit gebraucht wird oder verkauft werden soll. „Projektion, Identifikation und Distanzierung sind hier wohl die wesentlichen Merkmale einer **Objektbeziehung,** können hier konkret erfahrbar werden (s. a. Kap. 24). Diese Übergangsobjekte regulieren die Nähe und Distanz zum Therapeuten. Über sie sind positive und negative Kritik erträglicher."

Wichtig ist den Patienten zu unterstützen, daß er auf seine Wünsche und Bedürfnisse im Hier und Jetzt achtet. Aufgrund der **Identitätsunsicherheit** kann es zu sehr angepaßtem Verhalten kommen. Die Ergotherapeutin muß sich genauso wie die anderen Teammitglieder mit dem Beziehungsverhalten des Borderline-Patienten auseinandersetzen. Sie muß impulsiven Handlungen massiv entgegentreten, akzeptieren, daß der Patient affektiv sehr instabil ist, sich ablehnend verhält oder idealisiert.

Prinzipien im Umgang mit Borderline-Patienten

- verständnisvoll, geduldig, eindeutig und konstant sein
- klare Grenzen und Regeln mit dem Patienten gemeinsam aushandeln
- verläßlich sein, Vereinbarungen einhalten
- Struktur geben, innerhalb dieser Entscheidungsspielraum lassen, dem Gespür des Patienten vertrauen
- eher „männliche" Materialien und Techniken (Holz, Metall, Speckstein) anbieten
- im Hier und Jetzt arbeiten (stärkt das Realitätsbewußtsein)
- Probleme klären helfen, Ausweichtendenz reduzieren (Fokusierung), vorsichtige Konfrontation.

Methoden
Zu Beginn: Kompetenzzentrierte Werkgruppe und Gruppenarbeit mit ausdruckszentrierten oder interaktionellen Anteilen

Später: zusätzlich kompetenzzentrierte oder interaktionelle Projektarbeit

Therapiemittel/Aufgaben/Themen
Kommt der Patient erstmals in die Ergotherapie, ist es wichtig, ihn Material und Aufgabe innerhalb eines bestimmten Rahmens selbst wählen zu lassen. Der Patient soll noch die Möglichkeit haben, sich mit seinem Werkstück zurückzuziehen, ohne gleich mit den anderen etwas gemeinsam machen zu müssen. Materialien und Techniken, die eher das „männliche" Prinzip unterstützen sind den eher „weiblichen" vorzuziehen, da sie mehr Struktur und Widerstand bieten und die Selbststeuerungskräfte besonders unterstützen. Je nach Ausprägungsgrad der Störungen ist es wichtig, dem Patienten nach und nach Gelegenheit zu geben, sich mit anderen auseinanderzusetzen, d. h. unter anderem auch Selbst- und Fremdwahrnehmungen zu überprüfen.

Zusammenfassung

Das Borderline-Spektrum läßt sich je nach Symptomatik einteilen in
1. Borderline-Persönlichkeit mit Instabilität im Bereich der Stimmung, der zwischenmenschlichen Beziehungen und des Selbstbildes
2. Schizotypische Persönlichkeitsstörung mit Eigentümlichkeiten im Bereich der Vorstellungen, der äußeren Erscheinung, des Verhaltens sowie durch Mängel in der zwischenmenschlichen Beziehung.

Bei der Borderline-Störung handelt es sich um eine Ich-Störung. Hinter der Symptomatik stehen neben einer tiefgreifenden Identitätsstörung die Verwendung primitiver Abwehrmechanismen (Spaltung und projektive Idealisierung) und eine Ich-Schwäche mit fehlender Angsttoleranz, mangelnde Impulskontrolle und mangelnde Sublimierungsfähigkeit im Vordergrund.

Traumatische Erfahrungen in der frühen Kindheitsentwicklung scheinen ursächlich von Bedeutung zu sein.

In der stationären Behandlung treten drei Phänomene besonders deutlich hervor:
1. Regresssion: Der Patient sucht sich ein Teammitglied, das ihn retten, versorgen, beruhigen soll, wie es die frühere Funktion der Mutter war.
2. Spaltung und projektive Identifikation: Neben dem „guten" Therapeuten gibt es im Team auch die „bösen", unverständigen. Diese Aufteilung führt auch im Team zu einer Spaltung. Zudem projiziert der Patient eigene negative Gefühle auf die „bösen" Therapeuten, um sie da kontrollieren zu können.
3. Agieren: Da Borderline-Patienten Schwierigkeiten haben zu symbolisieren, müssen sie sofort handeln, um mangelnde Empfindungen rasch loswerden zu können.

Borderline-Patienten brauchen Klarheit, Eindeutigkeit, stützende Annahme und Geduld. Therapieziele müssen früh vereinbart und die Aufenthaltsdauer muß begrenzt werden. Neben Einzeltherapie hat sich die Therapie in Gruppen bewährt, da die Abhängigkeit geringer ist und Nähe/Distanz besser reguliert werden können.
Für die Ergotherapie gilt, den Patienten in Entscheidungen miteinzubeziehen, Geduld und Konstanz aufzubringen und im Hier und Jetzt zu arbeiten.

Weiterführende Literatur:
Kernberg, O.: Schwere Persönlichkeitsstörungen. Klett-Kotta Verlag 1988
Lohmer, M.: Stationäre Psychotherapie bei Borderline-Patienten. Springer Verlag 1988
Rohde-Dachser, C.: Das Borderline-Syndrom. Huber Verlag 1986
Scheepers C.: Borderline-Störungen. Beschäftigungstherapie und Rehabilitation. Heft 3+4, Schulz Kirchner Verlag 1989

34 Psychoneurosen

> **Ziel**
>
> Der Leser soll einen Überblick über neurotische Störungen und deren Behandlungsmöglichkeiten erhalten.

34.1 Die verschiedenen Formen neurotischen Handelns

34.1.1 Angstneurotisches Handeln

Das neurotische Leiden ist immer von der Angst beherrscht, um das herum die anderen Symptome strukturiert sind. In vielen Fällen wird die Angst nicht als objektgebundene, sondern als **frei flottierende Angst** erlebt, d h. als sehr angstvoller und scheinbar unbegründeter Spannungszustand, der mit einem diffusen Unsicherheitsgefühl, mit Schlaflosigkeit und Ängstlichkeit verbunden ist. Dieses Phänomen ist oft mit einer depressiven Stimmungslage verbunden.

MENTZOS[41] geht davon aus, daß scheinbar unbegründete Angstzustände in Wahrheit wohlbegründete Reaktionen auf eine konkrete und bestimmte **Gefahr** sind, die aber **unbewußt** bleibt. Das Kind, das noch unreife Ich, kann Gefahren nicht lokalisieren und verbalisieren und gerät deshalb in Angstzustände. Auch beim gesunden Erwachsenen können diese auftreten, wenn Reize zu intensiv sind und dies zu einer Überflutung der Reizschwelle führt wie z. B. bei Naturkatastrophen, Unfällen u.ä. Das Auftreten diffuser, grundloser Angstzustände ist beim Erwachsenen als eine **Regression** von dem höher organisierten Modus der Furcht auf den weniger strukturierten Modus der Angstreaktion anzusehen.

Zur neurotischen diffusen Angst kommt es also durch **Verdrängung** einer konkreten Furcht. Es ist die Furcht vor einem Gefühlszustand wie seelischem Schmerz bei Trennung und Verlust, Selbstverlust, Scham- und Schuldgefühlen.

Da diese diffuse Angst schwer erträglich ist, gelingt dem einigermaßen reifen Ich als **Kompromiß die Phobie:** Es erfolgt also durch Verschiebung eine „Pseudoobjektivierung". Der positive Aspekt der Phobie ist die relative Angstfreiheit bei Vermeidung der Gefahrenquellen (freie Plätze, Fahrstuhl).

34.1.2 Phobische Ängste

Bei phobischen Ängsten kann eine **Angstquelle** angegeben werden, die jedoch häufig anderen Menschen keine Angst oder kein ausgeprägtes Unwohlsein bereitet. Phobische Ängste können auf Situationen, Tiere oder Objekte gerichtet sein.
Häufiger auftretende Phobien sind: Klaustrophobie (Angst vor geschlossenen Räumen), Agoraphobie (Angst vor weiten, freien Plätzen), Spinnenphobie, Brückenphobie, Höhenphobie.

34.1.3 Hysterisches Handeln

Von Hysterie spricht man, wenn jemand sich in seiner Kontaktaufnahme durch **psychogene Körperfunktionsstörungen** wie Lähmungen, Stimmverlust, Atemstörungen, Tics oder Krämpfe behindert. Dabei wird neben dem Krankheitsgewinn die Aufmerksamkeit von möglichen unliebsamen, meist im Zusammenhang mit Sexualität stehenden Gefühlen abgelenkt. Nach DÖRNER/PLOG handelt ein Mensch hysterisch, wenn er „zwischen sich und anderen auf keinen Fall Spannungen zulassen kann, auf jeden Fall sozial erwünscht handeln möchte, so daß auftauchende Spannungen als ‚Symptome' versteckt werden."[42] Hierbei spielen soziale Normen und Werte eine große Rolle.

34.1.4 Hypochondrisches Handeln

Für den hypochondrischen Menschen besteht die einzige Möglichkeit, angstfrei Kontakte aufzunehmen, darin, über mögliche Beschwerden zu sprechen. Hypochondrische Menschen leiden unter der ständigen Besorgnis um die eigene Gesundheit, oft mit unbegründeten Vorstellungen und Befürchtungen, krank zu sein.

34.1.5 Zwanghaftes Handeln

Manche Menschen müssen eine bestimmte Handlung immer wieder ausüben, bestimmte Gedanken immer wieder durchgrübeln. Folge des Unterbrechens von Zwangshandlungen wäre unmittelbare, extreme Angst.
Zwänge konnen sich als harmlose Eigenheiten zeigen – Dinge müssen immer einen ganz bestimmten Platz haben oder es muß wiederholt kontrolliert werden, ob der Herd abgeschaltet ist. Zwänge können aber auch so stark sein, so viel Zeit in Anspruch nehmen, daß sie in erheblichem Maß lebensbeeinträchtigend wirken.
Betrachtet man die soziale Lerngeschichte von Zwangsneurotikern, so zeigt sich, daß viele in einem Elternhaus aufwuchsen, in dem überstrenge, liebesarme, Demut und Unterwerfung fordernde **Erziehungsmethoden** vorherrschten. Das Kind konnte sich nicht entfalten, aktiv kontrollieren und durch Erfahrung lernen. Dies trifft auch den motorischen Bereich. Wenn Proteste nichts nützen und Schuldgefühle zu groß werden, beginnt sich das Kind der elterlichen Ordnung zu unterwerfen.

Als typische Auslösersituationen einer Zwangsneurose werden aggressive und sexuelle Versuchungs- und Versagungssituationen, aber auch andere Situationen, zu deren Bewältigung eine expansive Spontaneität notwendig ist (wie Entscheidungssituationen, Autoritätskonflikte), beschrieben.[43]

34.1.6 Depressives Handeln

Depressives Handeln stellt einen Versuch dar, mit Kränkungen umzugehen. Jede Kränkung führt zu Traurigkeit, zu Gefühlen der Schuldhaftigkeit und der eigenen Unveränderbarkeit (s. a. Kap. 32).

34.2 Therapie von neurotisch Kranken

Grundhaltung:

Es nützt nichts, wenn ich als Therapeut etwas erkenne, wenn ich weiß, daß der andere etwas abwehrt (projiziert, rationalisiert usw.), sondern ich muß so handeln, daß der andere seine Abwehr sich sichtbar und akzeptierbar machen kann.

Es ist wichtig zu wissen, daß die Patienten mit mir in mancher Hinsicht so umgehen werden, wie sie es in früheren Beziehungen getan haben, d. h. daß sie bestimmte emotionale Verhaltensweisen auf mich **übertragen** werden. Für die Vollständigkeit der Wahrnehmung ist von Bedeutung, nicht nur die neurotischen, sondern auch die normalen Anteile zu sehen. Jeder neurotische Problemlösungsversuch beinhaltet sowohl Sinnvolles als auch Pathologisches: Der Wunsch nach Unabhängigkeit und Emanzipation ist einerseits etwas sehr Wichtiges und Gesundes, andererseits kann sich aber auch die Angst vor Bindung dahinter verbergen.

Therapeutische Begegnung
Psychotherapie ist eine mögliche Maßnahme, die mit den Patienten die Frage stellt, wie sie die bisherige Lösungs- und Bindungsunfähigkeit, die Beziehungsprobleme verändern können.
In jeder Begegnung muß deutlich werden, daß ich als Therapeut nicht für die Patienten das Problem lösen kann. Bei vielen wird das zunächst Protest auslösen, da sie doch genau das erwarten.
Die Patienten brauchen die Möglichkeit, alle ihre Gefühle, die im Symptom gebunden sind, entdecken zu können.
Da reicht nur nett sein nicht aus. Nicht selten muß man sich aufdrängen, Bitterkeit hinzufügen, Hilflosigkeit vermehren.[44]

Der therapeutische Rahmen:
Neben niedergelassenen Psychotherapeuten übernehmen immer mehr Beratungsstellen, Ambulanzen und klinische Abteilungen die Versorgung in Einzel- oder Gruppentherapie nach unterschiedlichen Methoden. Trotzdem ist das Versorgungsangebot immer noch ungenügend.

Ergotherapie

Ergotherapie bei überwiegend hysterisch strukturierten Patienten

Besondere **Schwierigkeiten** sind Sprunghaftigkeit, planlose Aktivitäten; das Interesse erlischt sehr schnell, alles wird langweilig, sobald Unbehaglichkeit, Wiederholungen, Verpflichtungen auftauchen. Die anfängliche Begeisterung geht über in Enttäuschung, Ermüdung und bewirkt meist den Absprung, das Beenden der Aktivität oder der Therapie.

Die Patienten suchen bei den Therapeuten meist viel Bestätigung. So wird zu Beginn sehr viel ihnen zuliebe gemacht. Dies erleichtert den Einstieg in die Behandlung. Die Patienten bringen Bereitschaft mit, etwas auszuprobieren und kennenzulernen; schwierig ist das Dabeibleiben. Hysterisch strukturierte Patienten neigen dazu, bei Schwierigkeiten alles auszublenden, zu bagatellisieren, zu überspielen oder ganz aufzugeben.

Für den Therapeuten ist es wichtig, sich nicht von dem Bunten, Schnellen, Vielen täuschen oder verärgern zu lassen.

Methoden
Zu Beginn: Ausdruckszentrierte Einzeltherapie

Später: Ausdruckszentrierte Gruppentherapie und Gruppenarbeit
Interaktionelle Gemeinschafts- und Projektarbeit

Therapiemittel/Aufgaben/Themen
Es ist ratsam, zu Beginn Aufgaben anzubieten, die zum Erfolg führen und nicht zu lange dauern. Die Patienten neigen dazu, wenn sie z. B. etwas malen, das ganze Blatt zu bedecken, oder wenn sie eine Collage machen, das ganze Material aufzubrauchen. Sie abholen heißt, sie „austoben", sie z. B. mit Fingerfarben auf einer großen Fläche malen lassen. Sind die Patienten erschöpft, müssen wir gemeinsam die nächsten Schritte überlegen oder Angebote machen. Die Patienten sind in der Enttäuschungsphase eher bereit, sich einzulassen. Die Behandlung in der Gruppe ist sicher nicht immer einfach, vor allem dann nicht, wenn mehrere Patienten da sind, die zum Agieren neigen.

Ergotherapie bei zwangsneurotisch strukturierten Patienten

Zwangsneurotiker haben die Tendenz, zu rationalisieren, sich vor allem von Gefühlen zu distanzieren und sich zu isolieren. Was Gefühle mobilisiert, wird demnach abgewehrt; meist wird gegrübelt statt gehandelt. Es fällt schwer, zu wählen, und die Möglichkeit, Entscheidungen treffen zu können, wird als bedrohlich erlebt. Der Anspruch an eigene Leistungen und Effektivität ist häufig stark überhöht. Entscheidungen werden aufgeschoben, um sich die Illusion erhalten zu können, daß dann alles toll wird. Gibt der Therapeut dem Patienten vor, was dieser zu tun hat, so wird dies zwar exakt durchgeführt, aber ohne jede emotionale Beteiligung.

Methoden
Zu Beginn: Eventuell kompetenzzentrierte Projektarbeit

Später bzw. parallel dazu:
Ausdruckszentrierte Gruppentherapie und interaktionelle
Gemeinschafts- und Projektarbeit

Therapiemittel/Aufgaben und Themen
Zu Beginn der Therapie wenig gefühls- und impulsmobilisierende Materialien und Themen anbieten, d. h. mit „sauberen" Materialien und konkreten Themen beginnen. Besteht Ekel vor Schmutz, Ton zuerst nur ausrollen und mit Werkzeug arbeiten lassen. Später unter Angabe von sachlichen Gründen vorzeigen, weshalb das Verstreichen mit dem Finger von Vorteil ist. In der Projektarbeit dem Patienten eventuell die Führungsrolle übergeben, den Leistungsaspekt miteinbeziehen. Kleinschrittiges Auflockern der Bedingungen und Regeln. Dabei nicht zu rasch vorgehen, und von der Oberfläche ausgehen. Weniger die individuellen Probleme des Patienten in den Mittelpunkt stellen, als vielmehr das Tagesgeschehen, die aktuelle Situation und Probleme, die die anderen Patienten betreffen.

Ergotherapie bei depressiven Patienten: siehe Kap. 32.

E Die psychiatrischen Krankheitsbilder

Zusammenfassung

Zu den Formen neurotischen Handelns zählen:

1. Angstneurotisches Handeln mit scheinbar unbegründeten, diffusen Angstzuständen, die in Wahrheit wohlbegründete Reaktionen auf eine verdrängte und nun unbewußte Gefahrenquelle sind.

2. Phobische Ängste, bei denen eine Angstquelle (geschlossene Räume, freie Plätze, Spinnen) angegeben werden kann. Durch die Vermeidung der Gefahrenquelle kann relative Angstfreiheit erreicht werden. Die Phobie kann als Kompromiß der diffusen Angst verstanden werden.

3. Hysterisches Handeln: Durch psychogene Körperfunktionsstörungen behindert sich der hysterische Mensch in seiner Kontaktaufnahme und vermeidet darüber hinaus unliebsame Gefühle und Spannungen.

4. Hypochondrisches Handeln: Hier steht die Besorgnis um die eigene Gesundheit ganz im Mittelpunkt.

5. Zwanghaftes Handeln: Eine bestimmte Handlung muß immer wieder ausgeübt, bestimmte Gedanken immer wieder durchgegrübelt werden. Auslöser für eine Zwangsneurose sind aggressive und sexuelle Versuchungs- und Versagungssituationen.

6. Depressives Handeln ist ein Versuch, mit Kränkungen umzugehen, die immer mit Traurigkeit und Schuldhaftigkeit einhergehen.

Vorrangiges Ziel der Therapie ist, daß der Patient seine Abwehr sehen kann, und daß er lernt, diese anzunehmen. Erst dann können günstigere Problemlösungsversuche gesucht werden. Diese Grundhaltung ist auch für die Ergotherapeutin von Bedeutung.

Weiterführende Literatur:
Bräutigam, W.: Reaktionen, Neurosen, Psychopathien. Thieme Verlag 1972
Freud, A.: Das Ich und die Abwehrmechanismen. Kindler Verlag 1956
Mentzos, St.: Neurotische Konfliktverarbeitung. Fischer 1982
Schwidder, W.: Klinik der Neurosen, in Psychiatrie der Gegenwart, Bd. II/I. Springer Verlag 1972

35 Psychosomatische Erkrankungen

> **Ziele**
>
> In diesem Abschnitt soll der Leser darüber informiert werden, daß die Ursachen für die psychosomatische Erkrankung multifaktoriell sind und ihre Entstehung mit Hilfe unterschiedlicher Modelle erklärt werden kann. Er soll außerdem erfahren, daß die therapeutischen Maßnahmen sich nach der Schwere der Erkrankung richten, immer aber von einer mittragenden und empathischen Grundhaltung begleitet sind.

35.1 Überblick und Vorbemerkungen

Definition

Psychosomatische Krankheiten sind somatische Krankheiten, bei denen psychische Faktoren eine mehr oder weniger erhebliche Rolle spielen. Oder es handelt sich um primär psychische Erkrankungen, die sich in somatischen Symptomen äußern.[45]

Die heutige Psychosomatik schließt neben den Krankheitsbildern mit faßbaren organischen oder zumindest funktionellen Veränderungen (Magengeschwüre, Ekzeme der Haut, bestimmte Formen des Bluthochdrucks, Bronchialasthma, rheumatoide Arthritis u. a.) auch körperliche Beschwerdebilder ohne organisches Substrat (Herzjagen, Atemenge, Spannungs- und Schmerzzustände usw.) mit ein. Die letzteren werden als „psychogene", „hysterische", „funktionelle", „hypochondrische" oder „vegetative" Störungen bezeichnet.[46]

35.2 Ursachen, Entstehung und Entwicklung von psychosomatischen Erkrankungen

Man geht heutzutage bei diesen Erkrankungen von einem **multifaktoriellen Ursachenmodell aus:** Körperliches und Seelisches, Anlage- und Umwelteinflüsse, faktorielle Gegebenheiten der äußeren Umwelt wie die subjektive Verarbeitung, physiologische, psychologische und soziale Faktoren treten in eine Art Wechselwirkung, ein Ergänzungsverhältnis.[47]

Diese Wechselwirkung, die im Sinne einer Zirkularität zu verstehen ist (s. Kap. 14), führt dazu, daß frühkindliche, emotionale Defizite und Konflikte bei einem anfälligen Individuum (z. B. mit einer Organdisposition) eher dazu führen, daß unter Streß bestimmte Organsysteme aktiviert werden. Dadurch steht der Organismus einem eventuellen nächsten **Streß** relativ schutzlos gegenüber. Der weitere Verlauf (Symptombildung, Organschädigung) ist von der Persönlichkeit, den ihr eigenen Anpassungs- und Bewältigungsmöglichkeiten und von den momentanen Lebensumständen abhängig.

E Die psychiatrischen Krankheitsbilder

Bei der Entstehung psychosomatischer Beschwerden und Krankheiten handelt es sich nicht um eine einfache Summierung von Belastungen, sondern bei genauerem Hinsehen sehr häufig um **konflikthafte Zusammenhänge**, die zu einer unerträglichen Spannung führen. Diese Konflikte können bewußt sein oder sich vorwiegend unbewußt und somit intrapsychisch abspielen.

Mentzos[48] sieht als Grundkonflikte bei schwer psychosomatisch Erkrankten frühe präödipale Konflikte wie Abhängigkeitsproblematik bzw. orale Abhängigkeit (Ulcus), Nähe-Distanz-Problem (Asthma) und Trennungsproblematik und Autonomie (Colitis) (s. a. Kap. 16).

Was sind nun die Mechanismen und Wege, über die sich psychische Konflikte, unangenehme oder schmerzliche Gefühlszustände, widersprüchliche Impulse und Tendenzen in körperliche Erscheinungen umwandeln?

35.3 Erklärungsmodelle

35.3.1 Das chronische Affektkorrelat

Konflikte sind praktisch immer mit irgendwelchen Emotionen und diese wiederum mit dem Körper verbunden. Das heißt, daß Emotionen unabdingbar mit körperlichen Begleiterscheinungen (Pulsbeschleunigung und Schwitzen bei Angst z. B.) verknüpft sind. Diese physische Seite des Affektes wird als **Korrelat** (etwas Ergänzendes, das mit einem anderen in wechselseitiger Beziehung steht) bezeichnet.
Normalerweise sind diese Funktionsstörungen flüchtig, sie können aber auch zu einer Dauerirritation führen und darüber chronisch werden.
Die systematische Blockierung und Frustrierung bestimmter psychischer Tendenzen und Bedürfnisse führt dazu, „daß diese zwar auf der psychischen Ebene nicht mehr bewußt erlebt werden, dafür aber ihr psychophysisches Korrelat als Dauererregungszustand bestimmter Anteile des vegetativen Systems nachhaltig aufrechterhalten wird."[49]

Alexander[50] geht von **zwei Grundmustern** aus. Das eine Muster entspricht der dauerhaften Kampf- und Fluchtbereitschaft und führt zu einer dauerhaften sympathischen Irritation immer dann, wenn die Ausdrucksmöglichkeiten von Konkurrenz, Aggressions- und Feindseligkeitsverhalten im Willkürverhalten gehemmt sind. Diese Irritation kann sich beispielsweise als Bluthochdruck, Migräne oder Hyperthyreose äußern.
Das andere Muster entspricht der Rückzugseinstellung und führt über die Dauerirritation des Parasympathikus zu psychosomatischen Erkrankungen wie Ulcus, Durchfall oder Asthma. Der Zusammenhang wird hier in starken emotionalen Bedürfnissen nach Geborgenheit und Abhängigkeit, die nicht befriedigt werden, gesehen.

35.3.2 Der Organmodus

Die oben angeführte Ersetzung des Psychischen durch das Körperliche ist kein einfacher mechanischer Vorgang, sondern stellt vielmehr eine **Zurückübersetzung** des Psychischen **in eine Körpersprache** dar, die sehr archaisch und leibnah ist.

Körperliche vegetative Vorgänge sind nicht nur – genetisch festgelegt – an bestimmte Affekte gebunden, sie können nach OVERRBECK (je nach ihrer Umweltbezogenheit) bestimmte psychische Qualitäten erwerben.

„So gewinnen die Funktionen des oberen Magen-Darm-Traktes durch das Gefühl, das mit der Fütterung beim Säugling einhergeht, früh die Bedeutung von Versorgtwerden, Pflege, Zuwendung im sehr weitreichenden Sinn. Das hat zur Folge, daß rückwirkend analoge Gefühle und Wünsche diese Organfunktionen auch in Gang setzen können, bzw. sich über eine Störung dieser Funktion äußern."[51]

Diese Entwicklung der Organmodi läuft nicht nur nach allgemeinen kulturspezifischen, entwicklungspsychologischen Gesetzmäßigkeiten ab, sondern wird wesentlich von der individuellen Biographie mitbestimmt. Die Erfahrung z. B. mit Berührung oder Hautkontakt kann bei damit verbundenen Traumen später zu Unbehagen oder aber – bei Chronifizierung – zu neurodermitischen Ekzemen führen.

Nach neueren Erkenntnissen dient die Organreaktion nicht nur der Abfuhr, sondern ist ebenso wie Konversionshysterie (Beispiel: hysterische Lähmung) und Hypochondrie zugleich Ausdruck von Konflikten.

35.3.3 Das somatopsychisch – psychosomatische Modell

Dieses Modell soll helfen zu verstehen, „warum die vegetative Dauerirritation bei bestimmten Patienten (mit funktionellen psychosomatischen Syndromen) – auch nach Jahren – nicht zu einer Organläsion führt, bei anderen hingegen sehr schnell."[52]
MENTZOS u. a. nehmen an, daß bei den letzteren eine **somatische Disposition** vorliegt, die in der bekannten zirkulären Wechselwirkung mit den anderen Faktoren steht. Beispiel: Vermehrte Magensekretion als genetischer Faktor führt zu vermehrtem Nahrungsverlangen. Ist ein Säugling aufgrund dieser Gegebenheit stets hungrig, so läuft er Gefahr, häufiger frustriert oder überbehütet zu werden.

35.3.4 Krankheit als Selbstheilungsversuch

BECK[53] geht von der Annahme aus, daß körperliche Krankheiten oft einen Versuch darstellen, eine seelische Verletzung auszugleichen, einen inneren Verlust zu reparieren oder einen unbewußten Konflikt zu lösen. So verstanden wird körperliches Leiden zu einem **seelischen Selbstheilungsversuch,** welcher gelingen kann, oft aber mißlingen wird. Körperliche Beschwerden bringen Entlastung, da der Kranke der eigenen Verantwortung für Ängste, Schwierigkeiten, Versagen enthoben wird. Sie können auch Konflikte auf der psychosozialen Ebene (den Partner darum bitten, nicht wegzugehen) sehr gut vermeiden helfen. Regelmäßig sich wiederholende Krankheiten (Erkältung, Kopfschmerzen, Magengeschwüre, die jeweils im Frühjahr und Herbst auftreten) können sehr häufig eine adaptive Schutzfunktion besitzen.
Aus der Psychiatrie ist bekannt, daß z. B. eine Grippe oder Lungenentzündung gelegentlich eine Psychose vorübergehend bessern kann*. Auch viele funktionelle Herzbeschwerden könnten dazu dienen, die Gefahr einer Depression abzuwehren.
Krankheit schafft aber auch Aufschub und Neuorientierung, gibt oft erst den eigentlichen Anstoß zur bewußten Wahrnehmung von Konflikten oder deren Bearbeitung.

---

* Die in der früheren Psychiatrie eingesetzten Therapien wie Schlafkuren, Insulinkuren und Krampfbehandlungen sollten ähnliche Effekte hervorrufen.

35.3.5 Die gelernte psychosomatische Reaktion

Bei der Entstehung psychosomatischer Störungen, insbesondere bei der Chronifizierung, spielen auch Lernvorgänge eine Rolle. Eine bestimmte körperliche Reaktion kann durch Wiederholung in einer bestimmten Situation allmählich zu einem bedingten Reflex werden **(klassisches Konditionieren).**
Sind mit einem Krankheitszustand bestimmte Vorteile verbunden (sekundärer Krankheitsgewinn), so geht man davon aus, daß das sogenannte **operante Lernen** eine wesentliche Rolle spielt:[54]
Für Magenkranke werden nur noch bestimmte Speisen gekocht, die an Kopfschmerzen Leidenden werden mit Rücksicht behandelt und geschont. Für einige psychosomatische Störungen ist von großer Bedeutung, daß die Vorgänge des klassischen und operanten Konditionierens zeitlich zusammenfallen: Wird die Vermeidung aggressiven Verhaltens sozial immer wieder belohnt und ist dies gleichzeitig von Blutdruckerhöhungen begleitet, so können sich durch das häufige Auftreten dieser Vermeidungshaltungen hohe Blutdruckwerte als bedingte Reflexe einstellen und schließlich zu einer labilen Hypertonie führen.

Die Entstehung von psychosomatischen Erkrankungen aber allein auf Lernvorgänge zurückzuführen ist nicht zulässig, da die soziale Umwelt des Menschen durch eine Vielzahl von Reizen gekennzeichnet ist, wodurch immer Möglichkeit und Notwendigkeit der Wahl gegeben sind. Reizkonditionierung oder Reizlöschung werden nicht durch Zufälligkeiten, sondern durch in der jeweiligen Persönlichkeit (Biographie, Konflikte) liegende Faktoren bestimmt.

35.3.6 Die psychosomatische Streßantwort

Erlebter Streß, verstanden als ein körperlicher oder seelischer Zustand der Belastung bzw. Überlastung, führt immer zu **Anpassungsregulationen,** die zunächst nicht schädlich sein müssen, im Verlauf der Zeit aber in krankhafte Störungen umschlagen können. Die Veränderungen kognitiver Funktionen und Verhaltensmuster beziehen sich besonders auf die Aktivität, die Leistungseffektivität, auf Wahrnehmungsgenauigkeit, Urteilsfähigkeit, Problemlösungsverhalten. An affektiven Störungen werden vor allem das Auftreten von Angst, Aggression, Depression und Panik beobachtet, sowie Störungen der Psychomotorik wie Stottern, Tremor und verschiedene Störungen des Ausdrucksverhaltens.

Die physiologischen Reaktionen betreffen:

1. Die vegetativ-nervalen Reaktionen
   Diese entsprechen den sogenannten Notfallfunktionen mit Erhöhung des Aktivitätsniveaus und damit des Blutdrucks, der Puls- und Atemfrequenz, der Schweißabsonderung, der Muskelspannung usw.

2. Die Hormonausschüttung
   Es kommt zu einer gesteigerten Ausschüttung von Nebennierenrindenhormonen in Situationen wie z. B. Krankenhauseinweisung, Examina, Wettkämpfe. Nebennierenrindenhormone spielen bei der Entstehung von Hypertonie, Magengeschwür, Asthma, Herz- und Nierenleiden eine große Rolle. Außerdem kommt es zu einer Ausschüttung von Adrenalin in und für Flucht- und Kampfsituationen und zu einer Noradrenalinausschüttung für Situationen dauerhafter Anspannung.

3. Veränderung der Immunitätslage

Psychosoziale Faktoren beeinflussen das Immunitätssystem in der Weise, daß das Gleichgewicht zwischen Noxen, Giften, Fremdkörpern, Erregern einerseits und körpereigenen Abwehrstoffen andererseits sich zuungunsten der letzteren verschiebt. Es ist bekannt, daß die Widerstandskraft (Resistenz) des Organismus gegen Infektionserreger in persönlichen Krisenzeiten geringer ist.

Zur Zeit wird die Frage diskutiert, ob nicht Veränderungen der Immunitätslage auch bei der Entstehung von Krebs, ähnlich wie bei allergischen Krankheiten (Asthma, Ekzeme) und den sogenannten Autoimmunkrankheiten (z. B. Rheumatismus, Colitis ulcerosa usw.) eine wichtige Rolle spielen[55] (Näheres zu Streß s. a. Kap. 17).

35.4 Die Disposition zur psychosomatischen Erkrankung

Die Frage nach der Disposition ist die Frage, warum ein Individuum bei Belastungen eine psychosomatische Krankheit entwickelt und nicht anders reagiert.[56]

Die Einflußmöglichkeiten des Ichs auf seinen Körper sind von Mensch zu Mensch verschieden. Aus Hypnoseexperimenten und vom Autogenen Training ist bekannt, daß z. B. Hautdurchblutung, Atem- und Herzfrequenz allein durch Vorstellungen massiv verändert werden können. Vegetative Symptome können als **Anpassungsleistung** gezielt verwendet werden, wenn im Körperschema der vegetative Organbereich besonders gut enthalten ist. Viele Patienten erkranken gerade an solchen Organen, die entweder Quelle besonderer Empfindungs- und Genußfähigkeit sind, oder aber durch schmerzhafte Erfahrungen hervortreten.

OVERBECK betont: „Solche Erfahrungen stehen dann gleichermaßen für die Äußerung seelisch-körperlichen Wohlbefindens wie auch für dessen Störungen zur Verfügung."[57]

Erfahrungsgemäß ist die Neigung zur körperlichen Erkrankung besonders groß, wenn sich ein Mensch in einer seelischen Überlastung befindet. Dieses Reagieren auf eine schwierige Situation mit einer körperlichen Krankheit oder Störung kann als **Regression**, als ein Zurückweichen und Zurückgreifen auf entwicklungsgeschichtlich frühere Reaktionsmuster verstanden werden.

SCHUR[58] beschreibt in seinem entwicklungspsychologischen Konzept von De- und Resomatisierung im leiblichen und seelischen Verhalten eine Progression und eine Regression – einen Aufbau und einen Rückschritt.

Aufgrund von Beobachtungen geht man von der Annahme aus, daß sich emotionale Zustände (Stimmungen, Gefühle, Affekte) aus ursprünglich rein körperlichen Befindlichkeiten entwickeln. Erst im Laufe der Zeit differenziert sich Lust in Gefühle wie Zufriedenheit, Freude, Vertrauen, und Unlust in Gefühle wie Angst, Hilflosigkeit, Furcht, Trauer. Diese Differenzierung, die mit einer Enffernung von den Körperempfindungen einhergeht, bezeichnet SCHUR als **„Desomatisierung".** Dies geschieht aber nicht im Leerraum, sondern die Differenzierungen gewinnen „als psychische emotionelle Zustände (besonders auch durch ihren Ausdruck in Mimik und Gestik) eine zentrale Bedeutung für die interpersonelle Interaktion und Homöostase."[59]

Sie signalisieren Zufriedenheit und Unzufriedenheit und teilen Bedürfnisse mit. Normalerweise reichen kleinste Gefühlsquantitäten aus, um frühzeitig Reaktionsmuster zu mobilisieren, über die eine Änderung des unbefriedigenden Zustandes möglich wird.[60]

Tritt nun eine Überforderung dieser Regulation ein, so kann es zur regressiven **Resomatisierung**, zur Rückkehr zur Körpersprache kommen. Eine solche Resomatisierung kann auch bei psychisch „Gesunden" in einer Krise – unter sehr belastenden Umständen – einsetzen. Man spricht dann aber eher von psychosomatischen Reaktionen als von Krankheit. Es sind kurzfristige Krankheiten wie Fieber, Angina oder Durchfälle. Der Vorteil liegt darin, daß der Konflikt, die damit verbundenen unlustvollen emotionalen Zustände auf der psychischen Ebene nicht mehr existieren.

Ich-Merkmale als Disposition

Zwei dauerhafte strukturelle Ich-Merkmale, die eine Tendenz zur Somatisierung begünstigen, sind nach OVERBECK[61]

- bestimmte neurotische Charakterentwicklungen wie die hysterische Charakterneurose mit ihrer Neigung zur Dramatisierung und exzessiven Selbstdarstellung

- Störung des Selbst

Zur Erläuterung: Narzißtische Persönlichkeitsstruktur mit Rückzug von der Umwelt und hohe Besetzung des Selbst können als Folge eine besonders intensive Zuwendung zum Körper haben. „Außenkonflikte werden internalisiert, setzen sich als Konflikt zwischen dem Selbst und den Organen in Form hypochondrischer Beschäftigung und Symptomen fort."[62] MITSCHERLICH[63] hat mit seinem Modell der **zweiphasigen Abwehr** deutlich gemacht, daß in vielen Fällen der später psychosomatisch Erkrankte zunächst versucht, Konflikte und Belastungen mit Hilfe von neurotischen Symptomen zu bewältigen. Erst wenn das nicht gelingt, kommt es in einer zweiten Phase zur Resomatisierung des Affektes.

Das Selbst ist das entscheidende strukturelle System der Identität des Individuums. Es beinhaltet das, was einer von sich persönlich hält, was er von sich weiß usw. Zum Selbstbild gehören auch das Selbstwertgefühl und somit zum einen das Gefühl des Selbstwertes, des Wohlbefindens, der Sicherheit oder aber der Minderwertigkeit, Scham und Unsicherheit usw. Zum anderen ist es ein System von Vorstellungen über sich. Ein ausgeglichenes Selbstwertgefühl wird durch das Ideal-Selbst (die verinnerlichte Gewißheit, daß man – trotz zeitweiser Mängel – so in Ordnung ist) aufrechterhalten. Es wird aber auch versucht, das reale Selbst mit dem Ideal-Ich zur Deckung zu bringen. Gelingt dies nicht, so kann es in unterschiedlichem Ausmaß zu Störungen des Selbstwertgefühls, zu sogenannten **narzißtischen Krisen** kommen.[64]

Der narzißtische Rückzug kann als Schutz- bzw. Abwehrvorgang mit körperlichen Störungen wie hypochondrischen Körpersymptomen dabei helfen, daß z. B. aggressive Auseinandersetzungen vermieden werden können. Er schützt auch vor Angstüberflutung oder stabilisiert durch die Hinwendung zum eigenen Körper Selbstwahrnehmung und Selbstgefühl.
Eine Erschütterung des Selbstwertgefühls bezeichnet man nicht von ungefähr als „Kränkung".

Die familiäre Disposition

Eine bestimmte Familienstruktur und -dynamik kann Boden für eine ungünstige Persönlichkeitsentwicklung sein. Die psychosomatische Krankheit eines Patienten kann aber auch direkt durch aktuelle Konflikte anderer Familienmitglieder verursacht und unterhalten werden. Da diese Konflikte meist nicht bewußt sind, stellt die Krankheit eines Mitgliedes oft eine Konfliktbewältigung für alle, also eine Scheinlösung für die ganze Familie dar.

Konflikte werden nicht nur mit intrapsychischen Mitteln gelöst, sondern zusätzlich mit **interpersonellen** (psychosozialen) **Abwehrmechanismen** (s. a. Kap. 16). Durch Manipulation (ständige Beeinflussung, Prophezeiung, Verführung) wird diese Person schließlich dahin gebracht, daß ihr tatsächliches Verhalten genau der Projektion entspricht. RICHTER[65] hat Familien untersucht, in denen Eltern ihre unbewußten Erwartungen auf ihr Kind übertragen und dieses in bestimmte Rollen und Funktionen hineinmanipulieren.

Gesellschaftliche Zusammenhänge als Disposition

Das Interesse der Gesellschaft, die tatsächlichen Krankheitsursachen zu verschleiern, liegt darin, daß sie die psychischen und sozialen Probleme nicht anzugehen braucht, sondern die Medizin und das Individuum sich damit beschäftigen müssen. Gerade psychosomatische Erkrankungen eignen sich besonders gut zur **Stabilisierung** bestehender familiärer, institutioneller und gesellschaftlicher Systeme. Seelische Beschwerden werden von der Umgebung leicht als Vorwurf, Protest, Verhaltensabweichung wahrgenommen. Dementsprechend ist die Reaktion darauf Unverständnis oder Mitleid mit unbrauchbaren Ratschlägen, Zurückweisung oder Verachtung. MITSCHERLICH[66] hat auf die Überangepaßtheit und psychosoziale Unauffälligkeit bei psychosomatisch Kranken hingewiesen. Unter diesem Druck ist es naheliegend, daß Arzt und Patient sehr stark nach körperlichen Befunden suchen. Der psychosomatisch Kranke braucht nur eine sozial akzeptierte Krankenrolle zu übernehmen, und er hat die größte Aussicht auf sekundären Krankheitsgewinn.

Außerdem fördert die Gesellschaft das **Verstecken von Gefühlen** – vor allem solcher wie Angst, Trauer, Schwäche. Ständige Gesundheit, Tüchtigkeit und Jugendlichkeit sind die Eigenschaften des Persönlichkeits-Ideals, das fast identisch ist mit dem Persönlichkeitsbild von Herzinfarktpatienten.

Man sieht gerade in dieser Erkrankung eine besonders starke unbewußte Anpassungsleistung des Individuums an gesellschaftliche Normen, die vor allem in der Arbeits- und Berufswelt verbindlich sind.

Ein weiterer gesellschaftlicher Faktor ist durch die Schrumpfung der Familie auf die Kernfamilie und die unvollständige Familie entstanden. Emotionale Beziehungen sind darin sehr dicht, die Lösung daraus für den Adoleszenten oft erschwert. Folge kann sein, daß die Eltern seelisch und körperlich dekompensieren, oder daß die Ablösungsversuche des Jugendlichen nicht gelingen (Magersucht).

Andererseits weisen immer mehr Psychoanalytiker und Therapeuten (U. WIRTZ[67] z. B.) darauf hin, daß gerade Eßstörungen sehr häufig im Zusammenhang mit sexuellen Mißbrauchserfahrungen stehen.

Eine andere Gefahr besteht darin, daß durch die Dichte und Abhängigkeit die Selbst-Objektabgrenzung erschwert wird. Dies kann bereits frühe Störungen in der Individuation bewirken. Asthma bronchiale und Colitis ulcerosa treten am häufigsten in Individuationsphasen (2. Lebensjahr, Schuleintritt, Vor-Pubertät) auf. Eine weitere Schwierigkeit, die damit verbunden ist, zeigt sich in der Unfähigkeit zur adäquaten Aggressionsverarbeitung. Individuation schließt die „gesunde" Aggression mit ein (s. a. Kap. 15 u. 16).

35.5. Therapie von psychosomatisch Kranken

35.5.1 Grundhaltung und therapeutisches Vorgehen

Die Grundhaltung vor allem bei chronisch-funktionellen Symptomen sollte eine mittragende, mitgehende und empathische Einstellung sein, die dem Kranken das Gefühl von Sicherheit und Vertrauen gibt.

Psychosomatisch erkrankte Patienten werden je nach Indikation in Einzel- oder Gruppentherapie behandelt. Die psychosomatische Anamnese umfaßt die individuelle lebensgeschichtliche Entwicklung, die Krisen und Zusammenbrüche, Abweichungen und Erfüllungen eines Lebensentwurfes vor dem Hintergrund der familiären und gesellschaftlichen Situation.[68]

In der Therapie geht es dann darum, diese Zusammenhänge zu verstehen und in einem therapeutischen Prozeß neu zu bestimmen.

Soll Krankheit als Selbstheilungsversuch verstanden werden, so ist für die Patienten notwendig, daß sie sich ihr **zuwenden,** sich mit ihr aktiv auseinandersetzen. Für den Arzt hat das zur Folge, daß er dies zuläßt und nicht gleich auf deren rascheste Beseitigung zielt.

Wo Erkrankungen schwerer sind und über einen längeren Zeitraum andauern, ist ärztliche und psychotherapeutische Hilfe wichtig.

Der Kranke muß sich die Frage nach dem Sinn der Krankheit stellen. Krankheitszeichen dürfen nicht abgespalten, entwertet, bagatellisiert oder verdrängt werden, da damit auch ein Teil der eigenen Person abgespalten wird. Der Patient muß in der Verantwortung für sich und die eigene Gesundheit bleiben.

Für eine Heilung sind Gesundheitswille, Behandlungsmotivation und Bereitschaft zur Mitarbeit Voraussetzung.

Auch hier ist wieder wichtig, daß nichts weggenommen wird, bevor nicht auch etwas gegeben werden kann, d. h. neue Möglichkeiten sichtbar sind. Krankheit muß positive Wertschätzung bekommen.[69]

Bei leichteren psychosomatischen Erkrankungen (konversionsneurotische Körperstörungen z. B.) kommen wie bei den psychoneurotischen Störungen die klassischen psychotherapeutischen Verfahren in Frage. Ziele sind: Einsicht in die konflikthaften Zusammenhänge vermitteln, Unbewußtes bewußt machen, inadäquate verzerrte Erlebnisweisen auf ihren infantilen Ursprung hin hinterfragen und krankmachende Abwehrmechanismen abbauen.

Bedeutet die Krankheit vor allem eine vital notwendige Stabilisierung und schützt sie vor chaotischer Affektüberflutung und totaler Desorganisation, so ist die Voraussetzung für eine konfliktbearbeitende Therapie zunächst nicht gegeben. Bei diesen Patienten werden die Krankheitssymptome nicht problematisiert und analysiert. Ziel ist zuerst einmal, dem regressiven Bedürfnis des Patienten entgegenzukommen, ihn zu beruhigen, zu schützen und zu umsorgen.

Die Gesprächstechnik ist non-direktiv.

Erst im Laufe der Zeit werden nach und nach Konflikte in den Mittelpunkt gerückt, wenn das Ich stabiler und stärker ist.

Prinzip der Behandlung bei strukturell **Ich-gestörten psychosomatischen Patienten:**

1. Stufe: Stützende Therapie, Beziehungsaufbau

2. Stufe: mehr aufdeckende, konfliktorientierte Therapie.

Ergänzend zur verbalen Therapie sind körperorientierte Verfahren (Autogenes Training, konzentrative Bewegungstherapie) sowie handlungs- und ausdrucksorientierte Therapien (Ergotherapie, Gestaltungstherapie, Musiktherapie) wichtig.

Neben der individuellen Therapie ist das Einbeziehen der Partner, der Familie und der Umwelt von Bedeutung.

35.5.2 Ergotherapie bei psychosomatisch Kranken

Viele psychosomatisch Kranke sind wenig ausdrucksfähig, rigide. Phantasievolles, autonomes, originelles Fühlen, Denken und Handeln wird als gefährlich erlebt; die Abwehr ist sehr groß. Es fällt ihnen schwer, mit ihren Gefühlen in Verbindung zu treten und offen darüber zu reden. Ängste und Wünsche sind schwer in Worte zu kleiden. In schwierigen Situationen tritt dann anstelle der sprachlichen Äußerung und Bearbeitung eine Handlung. Die Patienten agieren, laufen weg, verweisen auf äußere Umstände, die etwas anderes erfordern.

Wichtige Prinzipien (Richtlinien) für den Umgang mit Patienten mit psychosomatischen Erkrankungen sind:

– Akzeptanz und Geduld entgegenbringen
– Anforderungen stellen, aber nicht zu forsch vorgehen
– strukturierte Techniken anbieten, die ein kreatives Fortführen ermöglichen,
– Gelegenheit geben, Gefühle zu äußern.

Ziel
Entwicklung von Eigenverantwortung und Autonomie

Methode
In der 1. Stufe: Kompetenzzentrierte Werkgruppe und ausdruckszentierte Gruppenarbeit mit interaktionellen Anteilen
In der 2. Stufe: Ausdruckszentrierte Einzelarbeit in der Gruppe und interaktionelle Projektarbeit.

Therapiemittel/Aufgaben/Themen
Zu Beginn, in der 1. Stufe, eignen sich insbesondere die Materialien und Techniken, die sowohl Strukturierung beinhalten als auch ermöglichen, daß die Arbeit in kreativer Weise fortgeführt werden kann. Die Seidenmalerei kann beispielsweise zuerst mit Hilfe der Gutta strukturiert werden, später kann der Patient ermutigt werden, darauf zu verzichten. Weitere Materialien und Techniken sind z. B. Ton, Batik und Holz. Da bestimmte Patientengruppen (solche mit Eßstörungen etwa) in der Regel schnell ein tolles Ergebnis wollen, muß immer wieder deutlich gemacht werden, daß der Prozeß im Mittelpunkt steht und nicht das Ergebnis.[70]

Sind die Patienten schon belastbarer, kann die Auseinandersetzung mit den spezifischen Schwierigkeiten in den Mittelpunkt gerückt werden. Dies kann durch gefühlsmobilisierende Themen und Mittel und durch das Zusammenarbeiten mit anderen gefördert werden. Manche Patienten mit psychosomatischen Störungen nehmen bei anderen (auch beim Therapeuten) viel wahr, weniger bei sich selbst. Sie erfüllen so die Rolle eines „kreativen" Gruppenmitgliedes, wirken vordergründig kompetent, sind aber möglicherweise emotional unbeteiligt. Dies kann als Schutz vor Kränkung, vor Verletzung und Kontrollverlust verstanden werden.

Zusammenfassung

Zu den psychosomatischen Erkrankungen zählen sowohl Krankheitsbilder mit organischen und funktionellen Veränderungen als auch Beschwerdebilder ohne organisches Substrat.

Bei der Entstehung psychosomatischer Beschwerden spielen konflikthafte Zusammenhänge eine Rolle, die zu unerträglichen Spannungen und zu Streßempfindlichkeit führen.

Erklärungsmodelle

– Das chronische Affektkorrelat: Emotionen sind mit körperlichen Begleiterscheinungen verbunden, welche bei Dauerirritation zu chronischen Störungen führen können. Bluthochdruck oder Migräne können Ausdruck einer dauerhaften Kampf- und Fluchtbereitschaft sein, Ulcus, Durchfall oder Asthma können als Folge ständiger Rückzugseinstellung auftreten.

– Der Organmodus: Mit bestimmten Organfunktionen sind bestimmte Gefühle und Wünsche verknüpft, die nicht nur kultur- und entwicklungsspezifisch, sondern im wesentlichen von der individuellen Biographie mitbestimmt sind. Die Organreaktion dient der Abwehr und ist zugleich Ausdruck von Konflikten.

– Das somatopsychisch – psychosomatische Modell: Bei vorhandener somatischer Disposition kann es zu einer Wechselwirkung mit anderen Faktoren und damit zur psychosomatischen Erkrankung kommen.

– Krankheit als Selbstheilungsversuch: Manchmal dienen Krankheiten dazu, seelische Verletzungen auszugleichen oder unbewußte Konflikte zu lösen. Sie schaffen Aufschub und Neuorientierung und können eventuell psychische Erkrankungen (Depression) abwehren.

– Die gelernte psychosomatische Reaktion: Lernvorgänge spielen bei der Entstehung dann eine Rolle, wenn eine körperliche Reaktion durch Wiederholung zu einem bedingten Reflex wird, oder wenn mit einem Krankheitszustand bestimmte Vorteile verbunden sind.

– Die psychosomatische Streßantwort: Erlebter Streß führt immer zu Anpassungsregulationen, die im Verlauf der Zeit zu krankhaften Störungen werden können. Neben kognitiven und affektiven Beeinträchtigungen können vegetativ-nervale und hormonelle Reaktionen, sowie Veränderungen der Immunitätslage auftreten.

Die Einflußmöglichkeiten des Ichs auf seinen Körper sind dann besonders stark, wenn im Körperschema der vegetative Organbereich besonders gut enthalten ist. Viele Menschen reagieren in seelischen Überlastungssituationen mit körperlichen Erkrankungen und greifen damit auf entwicklungsgeschichtlich frühere Reaktionsmuster zurück. Je weiter die Differenzierung von Lust und Unlust vorangeschritten ist, desto größer ist die Entfernung von Körperempfindungen. Bei Überforderung kann es nun zur regressiven Resomatisierung, zur Rückkehr zur Körpersprache kommen.

Overbeck bezeichnet bestimmte neurotische (hysterische) Charakterentwicklungen und Störungen des Selbst (narzißtische Krisen) als zwei dauerhafte strukturelle Ich-Merkmale, die eine Tendenz zur Somatisierung begünstigen.

Daneben können psychosomatische Erkrankungen auch durch aktuelle Konflikte anderer Familienmitglieder ausgelöst und unterhalten werden. Psychosomatische Erkrankungen eignen sich besonders gut zur Stabilisierung bestehender familiärer, institutioneller und gesellschaftlicher Systeme. Sie können z. B. als unbewußte Anpassungsleistungen des Individuums an gesellschaftliche Normen der Arbeits- und Berufswelt gesehen werden. Außerdem kommt hinzu, daß derjenige die größte Aussicht auf sekundären Krankheitsgewinn hat, der seine Krankenrolle besonders gut einnimmt. Seelische Beschwerden werden – im Vergleich zu körperlichen Erkrankungen – nicht so sehr belohnt.

Psychosomatisch Kranke brauchen Sicherheit und Vertrauen und die Möglichkeit, sich ihrer Krankheit aktiv zuzuwenden und ihren Sinn zu verstehen. Die Krankheit muß positive Wertschätzung bekommen. Bei schweren Erkrankungen muß die Therapie zunächst stützend und erst später konfliktorientiert sein. Neben verbalen Einzel- und Gruppentherapien sind körper- und ausdrucksorientierte Verfahren wichtig.

Weiterführende Literatur:
Beck, D.: Krankheit als Selbstheilung. Suhrkamp Verlag 1981
Bräutigam/Christian: Psychosomatische Medizin. Thieme Verlag 1986
Budjuhn, A.: Die Psychosomatischen Verfahren – Konzentrative Bewegungstherapie und Gestaltungstherapie in Theorie und Praxis. Verlag modernes lernen 1992
Groddeck, G.: Das Buch vom Es. Fischer Verlag 1972
Hans-Rauschkolb, B.: Ergotherapie bei Eßstörungen. Beschäftigungs- und Rehabilitation. Heft 5. Schulz Kirchner Verlag 1989
Mitscherlich, A.: Krankheit als Konflikt. Studien zur psychosomatischen Medizin I. Suhrkamp Verlag 1966
Overbeck, G.: Krankheit als Anpassung. Suhrkamp Verlag 1984
Uexküll, Th. von (Hrsg.): Psychosomatische Medizin. Urban & Schwarzenberg 1990

36 Suchterkrankungen

> **Ziele**
>
> Der Leser soll über Suchtmittel, deren psychische und psychosoziale Mechanismen und die Rolle der Gewöhnung informiert werden. Er soll die Ursachen für Alkoholabhängigkeit, den phasischen Verlauf und die Folgen des Alkoholismus erfahren. Außerdem soll der Leser wissen, daß der Patient als Voraussetzung zur Therapie, die in unterschiedlichen Einrichtungen erfolgt, motiviert sein muß. Abhängige zeigen eine Reihe bestimmter Verhaltensweisen und Eigenschaften. Für den Therapeuten ist es wichtig, diese zu kennen, um nicht unfreiwillig ein Spiel mitzuspielen. Am Schluß des Kapitels soll der Leser einige Informationen zur Medikamentensucht erhalten.

36.1. Überblick, Vorbemerkungen, psychische und psychosoziale Mechanismen

Definition

Als Sucht bezeichnet man mit ROSEMANN „die verschiedenen Formen unbezwingbaren Verlangens nach bestimmten stimulierenden oder beruhigenden, schlafbringenden und schmerzstillenden Stoffen."[71]

Bei diesen Stoffen handelt es sich nicht ausschließlich um chemische Substanzen (Alkohol, Drogen, Medikamente): Im Prinzip kann jede Richtung menschlichen Strebens und Handelns (Arbeit, Spiel, Essen, Tagträume u. ä.) süchtig entarten.

„Charakteristisch für die Sucht ist die Unfähigkeit, auf die fortgesetzte Zufuhr des ‚Stoffes' zu verzichten, selbst dann, wenn sich der Betreffende der Schädigung seiner psycho-physischen Gesundheit durch diesen Stoff bewußt ist."[72]

Süchtige merken erst, daß sie süchtig sind, wenn es zu spät ist. Dies hängt wohl damit zusammen, daß alle Personen, die süchtig werden, anfänglich die Illusion haben, sie könnten den Gebrauch des Suchtmittels in jedem Moment unterbrechen. Die Möglichkeit der Abhängigkeit wird heruntergespielt.

Der Übergang vom gelegentlichen zum gewohnheitsmäßigen Gebrauch erfolgt nicht bewußt, unmerklich und stufenweise.

Psychische und psychosoziale Mechanismen

Allen Süchtigen liegt wohl das Bestreben zugrunde, aus der unerträglich erscheinenden Realität in eine erwünschte **Scheinwelt** zu flüchten. FREUD bezeichnet den Rausch ebenso wie Ekstase, Neurose, Psychose und den Humor als Hauptmechanismen zur Bewältigung innerer und äußerer Gefahren und Belastungen.

Nach MENTZOS[73] ermöglichen Sucht und süchtiges Verhalten die Lockerung und Ausweitung der Ich-Grenzen, die Einschränkung der Realitätsprüfung und das Einverleiben einer „Wunderdroge".

- Sucht fördert eine mehr diffuse Erlebnisweise und gipfelt schließlich in einem subjektiven Erleben, das einer Regression in den primären Zustand ähnelt.*
- Die berauschende oder betäubende Wirkung der Drogen, aber auch eines anderen drogenlosen Suchtmittels führt zu einer Einschränkung der Realitätsprüfung. Dies bringt mit sich, daß die Verleugnung der schmerzlichen Realität sowie ihr Überspielen mit Größenphantasien erheblich gefördert wird.
- Im engen Zusammenhang mit diesen Veränderungen steht die Einverleibung (Inkorporation) einer sozusagen idealisierten Wunderdroge. Die Einverleibung führt in symbolischer Weise scheinbar und vorübergehend zur Befriedigung von Selbstbedürfnissen.

Problem – Maskierung

Wir haben verschiedene Signale (Angst, Unruhe, Schlaflosigkeit, Schmerz, Unwohlsein, Schwäche, Lustlosigkeit, Gewichtszu- oder -abnahme), die uns anzeigen, daß etwas mit uns nicht stimmt.
Wenn wir auf diese **Signale** hören, können wir herausfinden, was dies ist. Bekämpfen wir die Signale aber mit z. B. Medikamenten oder Alkohol, so kann die eigentliche Gefahr sich ungehindert ausbreiten. Ihre Botschaft wird unscharf, mehrdeutig, irreführend oder stumm. Solche Maskierung wird – auch ohne jede Form der psychischen Abhängigkeit – zur Gewohnheit und zur Lebenshaltung, führt nach DÖRNER[74] zu sozialer Abhängigkeit.

Die Rolle der Gewöhnung[75]

Gewöhnung bedeutet, daß eine immer höhere Dosis des Suchtmittels benötigt wird, und daß Störungen (Abstinenzerscheinungen) auftreten, sobald die Substanz entzogen wird.
Damit überhaupt eine Substanz (oder ein Verhalten) süchtig macht, muß sie zunächst objektiv für die Erfüllung aller oder einer der drei oben genannten Funktionen geeignet sein.
So fördern Tranquilizer z. B. die „Verschmelzung" und führen zu Pseudoharmonisierung und Pseudozufriedenheit, Alkohol führt stärker zu einer Einschränkung der Realitätsprüfung.
Diese Wirkung und die Gewöhnung reichen aber nicht aus. Es muß bei der betreffenden Person ein Bedürfnis nach ersatzweiser, narzißtischer Zufuhr vorliegen. Das Suchtmittel hat also **Ersatzcharakter** und führt deshalb zu einem unstillbaren „Immer- wieder-und-immer-Mehr".
Nun gibt es neben der Sucht als regressive Ersatzbefriedigung auch süchtiges Verhalten, das durch besondere Aktivität gekennzeichnet ist. Das Suchtmittel kann hier auch eine Droge (z. B. Weckamine) oder eine nicht-drogenbezogene Verhaltensweise wie z. B. Arbeiten oder Spielen sein. Diese „Stoffe" sind wohl im Sinne einer Flucht nach vorne zu verstehen. Da der Ersatz nur Pseudobefriedigung, also keine echte Sättigung und Zufriedenheit verschafft, kommt es auch hier zum ständig sich wiederholenden Teufelskreis von Überaktivität – Erschöpfung und erneutem Aktivwerden.

---

* Im primären Zustand hat die Trennung zwischen Subjekt und Objekt, zwischen innen und außen noch nicht stattgefunden (s. a. Kap. 15).

36.2 Ursachen für Alkoholabhängigkeit

Alkoholabhängige trinken in Spannungs- und Konfliktsituationen und verschaffen sich mit Hilfe des Alkohols kurzfristige Entspannung, Angstminderung, einen Zuwachs an Selbstvertrauen und Kontaktmöglichkeit. Sie versuchen damit, quälenden Problemen, der Unausgefülltheit des Alltags oder beruflichen Sorgen zu entgehen.

Ausgangspunkt für das Gewohnheitstrinken sind neurotische Krisen und Fehlentwicklungen. Trotzdem kann aber nicht von einer einheitlichen Persönlichkeitsstruktur gesprochen werden.
Des weiteren spielen soziale Faktoren bei der Entwicklung einer Abhängigkeit eine Rolle.[76]

Diese können sein:
Legale oder illegale kommerzielle Werbung; gesellschaftliche Widersprüche, die die Suche nach illusorischen subjektiven Fluchtmöglichkeiten fördern; die Meinung der Öffentlichkeit über Menschen, die keinen Alkohol trinken (Schwächling, Spielverderber); Trinkgewohnheiten der Eltern (Modell-Verhalten); Art der Problembewältigung in der Familie und im Umfeld; Rollenwandel der Frau und dadurch entstandene Schwierigkeiten wie Doppelbelastung, soziale Isolierung u. a.; Arbeitslosigkeit.
Bei Jugendlichen spielen Schwierigkeiten mit den Eltern, Jugendarbeitslosigkeit, das Vorbild der Eltern u. a. eine Rolle.

Die Entwicklung einer Abhängigkeit wird von manchen auch als **Lernprozeß** verstanden. Das Kind wird von einem Unbehagen befreit, indem es etwas in den Mund gesteckt bekommt. Viele Eltern geben ihren Kindern etwas zu essen oder zu trinken, wenn sie ihre Ruhe haben wollen oder auch um das Kind zu beruhigen. Stellt sich beim Kind keine Befriedigung ein, so können als Reaktion chronische Enttäuschung und Wut resultieren.

36.3 Verlauf der Abhängigkeit[77]

1. Prae – alkoholische Phase
   Alkohol ist nicht mehr Genußmittel, sondern wird notwendig für die seelische und soziale Anpassung.

2. Prodromalphase (Anfangsphase)
   Alkohol wird zunehmend allein getrunken und versteckt. Dies geschieht aber nicht so gut, so daß der Partner dies noch merken und entdecken kann. Zweck ist, den Partner zum Komplizen zu machen und durch Protest gegen dessen Kontrolle weiteres Trinken zu rechtfertigen. Der Alkohol schmeckt nun nicht mehr. Der Abhängige wird zunehmend mißtrauisch, er verteidigt sich unnötig. Es treten Gedächtnislücken und „Filmriß" auf.

3. Kritische Phase
   In diesem Stadium kommt es schon nach dem ersten Schluck zum Kontrollverlust. Die Selbstverachtung führt zu Depression, Suizidversuch oder zu Großspurigkeit und Gewalttätigkeit. Ständig werden Alibis und Begründungen gesucht.

Es kommt zu psychosozialer Isolierung, zu körperlicher Abhängigkeit mit den Folgeschäden und zur Wesensveränderung (egoistisches Verhalten, Stimmungslabilität u. a.). Der letzte Rest des Selbstwertgefühls wird krampfhaft verteidigt, jede Hilfe von außen abgewehrt.

4. Chronische Phase
Nun wird schon morgens getrunken. Die Alkoholtoleranz ist gesunken, es wird aber versucht, einen möglichst gleichmäßigen Alkoholspiegel aufrechtzuerhalten. Bei kurzer Abstinenz kommt es zu Anfällen, zu Alkoholpsychosen oder Delirien. Wird weitergetrunken, so kommt es in der Regel zum fortschreitenden Abbau.

36.4 Folgen des Alkoholismus[78]

Der Alkoholismus führt zu
a) Schädigung der körperlichen Gesundheit (Leber-, Magen-, Bauchspeicheldrüsen-, Herz- und Hirnschädigungen)
b) Psychische Störungen
   Störung des Gedächtnisses, allgemeine Verlangsamung, Nachlassen der Urteils- und Kritikfähigkeit, Veränderung des Gefühlserlebens mit Enthemmung, Rührseligkeit, zunehmende Gleichgültigkeit. Die Interessen engen sich immer mehr auf den Alkohol ein; Angst, Verstimmung mit Schuldgefühlen und Suizidgedanken treten verstärkt auf. Im Rauschzustand kommt es häufig zu aggressiven Handlungen. Bei manchen treten Halluzinationen, Verwirrtheitszustände, Wahnideen (Verfolgungs-, Eifersuchtswahn) auf (Alkoholpsychose).
   Das Korsakow-Syndrom kann sich bei langjährigem Alkoholabusus und unzureichender Ernährung entwickeln. Es kommt u. a. zum Verlust des Altgedächtnisses und zur Unfähigkeit, sich Neues einzuprägen; zu Konzentrationsstörungen, Schwierigkeiten, Informationen zu erfassen, zur Verminderung von Spontaneität und Initiative. Konfabulationen (Erinnerungslücken werden durch erfundene Erlebnisse und Inhalte gefüllt) treten nur zu Beginn auf.
c) Soziale Schwierigkeiten
   Die sozialen Schwierigkeiten betreffen die Familie, den Beruf und die finanzielle Situation, die sozialen Kontakte, Verkehrstüchtigkeit und Kriminalität.

Familie:
Die Familie ist als erste von den Folgen des Alkoholmißbrauchs betroffen. Trotz Grobheiten, Streit, Geringschätzung usw. wird der Abhängige zunächst nach außen hin verteidigt. Gegenseitige Abhängigkeit der Partner, Schuldgefühle u. ä. spielen dafür sicher eine Rolle. Später zerfallen viele Partnerschaften, es kommt zu Scheidungen, welche dann häufig Ursache für das Fortschreiten des Alkoholismus sind.

Beruf, finanzielle Situation und soziale Isolierung:
Bei länger andauerndem Alkoholkonsum kommt es zu Leistungsabfall, zu häufigen Fehlzeiten, Arbeitsplatzwechsel, Verlust der Kontakte und zu finanziellen Schwierigkeiten. In der Regel ist die Alkoholabhängigkeit mit einem sozialen Abstieg, Verlust der Freunde usw. verbunden.

Verkehrstüchtigkeit und Kriminalität:
Als Unfallursache spielt Alkohol eine erhebliche Rolle. Er beeinträchtigt die Leistungsfähigkeit und führt zu deren Überschätzung.
Kriminalität: 20 % aller strafbaren Handlungen werden unter Alkoholbeeinflussung begangen.

36.5 Voraussetzung für die Therapie

Voraussetzung für die Therapie ist, daß die Patienten den festen Willen haben, aus der Abhängigkeit herauszukommen. Dies ist eine hohe Anforderung. Die Patienten haben Widerstände gegen die Therapie, da es für sie schwer ist, sich die Ohnmacht gegenüber der Droge sowie die eigene Hilfsbedürftigkeit einzugestehen. Dies zu tun, stellt ja eine schwere Kränkung des Selbstwertgefühls dar. So ist die Bereitschaft zur Therapie meist erst dann vorhanden, wenn der Alkoholmißbrauch zu einem gesundheitlichen und sozialen Tiefpunkt geführt hat.

Stufen des Motivationsprozesses sind nach FEUERLEIN:[79]
1. Erste Ahnungen zur Problematik des Trinkverhaltens
2. Problematisierung des Trinkverhaltens
3. Akzeptieren der Abhängigkeit (Krankheitseinsicht)
4. Therapiebereitschaft
5. Bereitschaft zur allgemeinen Verhaltens- und Einstellungsänderung
6. Bereitschaft zur dauerhaften und zufriedenen Abstinenz.

36.6 Einrichtungen für Alkoholabhängige – Ort der Therapie

Für die Behandlung von Abhängigen müssen verschiedene Einrichtungen zur Verfügung stehen.[80]

a) Fachambulanzen (Beratungs- und Behandlungsstellen)
   Aufgaben: Beratung, Motivation zur stationären Therapie, Zwangseinweisung und ambulantes Therapieangebot.

b) Kurz-, mittel- und langfristige stationäre Therapie mit speziellen Konzeptionen.
   In den letzten Jahren geht die Entwicklung der stationären Behandlung von den längerfristigen zu den kürzeren und dafür mehrmaligen Therapien über. Man will damit verhindern, daß Schutz und Geborgenheit der Klinik zu groß werden und den Übergang nach draußen erschweren. Dies kann sicher nicht verallgemeinert gesehen werden, da gemeindenahe Einrichtungen schon früh mit der stufenweisen Re-Integration beginnen.

c) Übergangseinrichtungen
   Übergangs- und Wohnheime, Wohngemeinschaften, geschützte Arbeitsplätze, Tageskliniken u. a. können die stationäre Therapie erheblich verkürzen oder bei manchem Abhängigen auch verhindern.

d) Selbsthilfeeinrichtungen
   Die bekannteste Selbsthilfeeinrichtung für Alkoholkranke ist wohl die Gruppierung der Anonymen Alkoholiker, deren Konzept auch schon von anderen Selbsthilfegruppen übernommen wurde. Weitere Organisationen sind die Guttempler und das Blaue Kreuz.
   Darüber hinaus gibt es auch Selbsthilfegruppen für Angehörige und seit einiger Zeit auch für die Kinder von abhängigen Eltern.

36.7 Verhaltensweisen und Symptome

Auch wenn wir nicht von dem Alkoholiker sprechen können, gibt es doch eine Reihe von Verhaltensweisen und Symptomen, die bei vielen Abhängigen beobachtet werden können.[81]
Diese Störungen zeigen sich in verschiedenen Bereichen.

Emotionaler Bereich
Bei vielen Alkoholkranken bestehen **Ängste** in verschiedenen Äußerungsweisen wie Minderwertigkeitsgefühle, Hemmungen, Versagensängste, Trennungs- und Zukunftsängste, Angst vor Kontrollverlust, Hingabeängste, Angst vor Verantwortung, vor Konsequenzen und Risiken; Ohnmachtsgefühle, Perspektiv- und Hoffnungslosigkeit (teils bewußt, teils unbewußt), zu verstehen als deutlich bemerkbare oder als verdeckte reaktive Depression und Suizidneigung.
Gefühle wie Freude, Lust, Genuß können häufig nur in schwacher Dosierung zugelassen werden. Nicht selten sind Schuldgefühle, oft als unbewußte Lebenshaltung von den Eltern übernommen, vorhanden.
Der Umgang mit Aggressionen ist gestört. Aggressionen werden zurückgehalten oder nur unter Alkoholeinfluß oder im Jähzorn geäußert.

Kognitiver Bereich
Viele Alkoholabhängige haben ein **falsches bzw. überhöhtes Selbstbild**. Männliche Alkoholiker halten sich unter anderem für umgänglich, offen, ausgeglichen, sensibel, stark und belastbar, Frauen für liebenswert, nett, verständnisvoll, intelligent, hilfsbereit, praktisch und aufopfernd.
Dem eigenen „überhöhten" Ideal entspricht auf der sozialen Ebene eine Abwertung von anderen Menschen, insbesondere von den Partnern. Diese werden als unzuverlässig, unsensibel, ungerecht usw. erlebt.
Damit verbunden ist, daß die Selbstkritik stark gemindert, die Fremdkritik hingegen bei gleichzeitig reduziertem Einfühlungsvermögen gut ausgeprägt ist.

Psychosomatischer Bereich
Nicht wenige Patienten leiden an psychogenen Störungen oder psychosomatischen Symptomen wie Kopfschmerzen, Asthma, Magen-Darm- und Herz-Kreislaufbeschwerden.

Kommunikativer Bereich
Alkoholabhängige haben Schwierigkeiten, ihre Gefühle zu verbalisieren, in kritischen Situationen nicht das Thema zu wechseln, eigene Bedürfnisse und Wünsche zu äußern und gegebenenfalls nachhaltig zu vertreten.
Im Gespräch verhalten sie sich häufig nörgelnd, widersprechend, anklagend; die Gesprächspartner werden (nicht unbedingt bewußt) abgewertet. Diese **Widerspruchshaltung** wird fälschlich als Äußerung der eigenen Meinung rationalisiert. Häufig zeigt sich ein Widerspruch zwischen verbalem und averbalem Verhalten.
Abhängige können viel an Kritik und Kränkungen hinnehmen, schlucken mit gekränkter Miene und schwören, daß sie sich nicht betroffen fühlen. In Therapiesitzungen ziehen sich viele Patienten in sich zurück und schweigen; andere reden zwar viel, aber in Form des „Sprücheklopfens" und oberflächlicher Diskussionen.

Interaktionsmuster – Drei-Generationshypothese

Man kann ganz allgemein davon ausgehen, daß Menschen sich in verschiedenen Situationen gleich oder ähnlich verhalten. Das heißt, daß neurotische Mechanismen, die in der Therapie sichtbar werden, **Wiederholungen** aus anderen Beziehungen sind und umgekehrt. Deshalb ist es wichtig, Interaktionsmuster des Abhängigen mit seinen Angehörigen zu untersuchen und in der Therapie zu berücksichtigen.
Da das Muster der Abhängigkeit von Generation zu Generation weitergegeben wird, ist es wichtig, die Entwicklung der Abhängigkeit im Längsschnitt zu betrachten.

Die Herkunftsfamilie
Eltern sind Vorbild und Modell für soziales Lernen. In vielen Familien von späteren Abhängigen bestehen schwere chronische Ehekonflikte, wobei ein Elternteil als stark und böse, der andere als gut und als Opfer beschrieben wird. Die Patienten haben von ihren Eltern nur gelernt, wie man vermeidet, tabuisiert, Ärger, Hilflosigkeit hinunterschluckt, nicht aber, wie Konflikte ausgetragen werden können.

Eigene Partnerschaft
Die eigene Beziehung wird entweder als harmonisch bewertet (gelegentliche Auseinandersetzungen sind dann unwesentlich) oder die Patienten klagen über die Partner, weil diese sich falsch verhalten. Immer sind die Patienten die Opfer.
Wird der Partner als der Böse hingestellt, so sollten die Therapeuten keinesfalls die Aufgabe übernehmen, den Partner zur Ordnung zu rufen. Zum einen würde sich dieser dagegen wehren und der Patient noch mehr kontrollieren, zum anderen entzieht sich der Patient dann der Therapie und kann Opfer bleiben.
Ist hingegen der Partner der Gute, so ist der Patient voll von Schuldgefühlen.
Grundsätzlich kann davon ausgegangen werden, daß die Partnerschaft eines Alkoholikers in wichtigen Bereichen erheblich gestört ist und auslösende und die Sucht unterstützende Mechanismen unterhält. Das heißt, daß der meist gesund erscheinende Partner ebenfalls Störungen und Schwierigkeiten aufweist. So kann das symptomatische Verhalten beispielsweise für den Aufrechterhalt der notwendigen Distanz gebraucht werden.

Die folgenden Forderungen und Rechtfertigungen kennzeichnen **typische Interaktionsmodi zwischen Patient und Therapeut:**

- „Wenn die Therapeuten anders wären (einfühlsamer, verständnisvoller, ein anderes Therapiekonzept hätten), dann könnte ich mich ändern."
- „Ich bin zu schwach, ich kann eben nicht anders; die Therapeuten sollen mir sagen, was ich tun soll."
- Abwertung des Therapeuten: „Du gibst Dir zwar Mühe, aber mir kannst Du nicht helfen; es fehlt Dir das Fachwissen."
- „Ich bin ein hoffnungsloser Fall; es hat keinen Zweck, mich zu ändern – die Gesellschaft muß sich ändern."
- „Außer dem Alkohol habe ich keine Probleme. In der Therapie will man mir welche einreden." (Der Patient definiert sich als gesund, die Therapeuten als kaputt).
- „Angst kenne ich nicht. Höchstens das autoritäre Verhalten der Therapeuten, das kann mir Angst machen."
- „Ich brauche sehr viel Liebe und Verständnis, dann würde es mir besser gehen." (Überhöhte Forderungen werden mit Drohungen verknüpft und sollen therapeutische Bemühungen aktivieren und zugleich einschränken).

36.8 Umgang mit Alkoholabhängigen

Wenn die größte Auffälligkeit des Suchtkranken das Spiel der betonten Unauffälligkeit ist, so müssen wir zunächst verhindern, selbst zu Komplizen der Heimlichkeit zu werden. Dies gelingt uns leichter, wenn wir in der Therapie gleich zu Beginn Öffentlichkeit herstellen, d. h. Gespräche nicht allein, sondern zu dritt führen und im allgemeinen die Therapie in Gruppen statffinden lassen.

DÖRNER[82] beschreibt folgende Punkte als besonders wichtig für die **Zusammenarbeit** zwischen Patienten und Therapeuten.
1. Vereinbarungen, die getroffen werden, dürfen die Patienten und die Therapeuten nicht überfordern, da jede geringe Abweichung davon das Vertrauensverhältnis gefährden kann.
2. Wichtiger als Abstinenz ist die Formulierung von positiven Zielen im Sinne des „Ehrlich-Werdens", des „Sich-Wahr-Machens" usw.
3. Wichtiger als aktive Ziele sind passive wie z. B. Gelassen-Sein, Dinge auf sich zukommen und in sich hineinlassen, Abhängigkeit und Geborgenheit auch genießen können (Nichts-Tun-Können, z. B. gegenüber der Droge kapitulieren können).
4. Wichtiger als die vereinbarte Veränderung ist ein Annehmen der gegebenen persönlichen Eigenart.

36.9 Therapie von Alkoholabhängigen

36.9.1 Therapiekonzepte

In den meisten Einrichtungen werden **kombinierte Verfahren** auf der Basis einer therapeutischen Gemeinschaft eingesetzt: Soweit möglich, stehen die Förderung von Eigenverantwortung, Selbständigkeit und das Miteinander im Vordergrund.
Daneben werden verschiedene psychotherapeutische Verfahren, Ergotherapie, Sport und Entspannung, Musiktherapie u. a. eingesetzt. Bei allen Aktivitäten und Angeboten hat die Gruppentherapie gegenüber der Einzeltherapie den Vorrang.

Begründung für den Einsatz von Gruppentherapie:
Neben der schon erwähnten Herstellung von Öffentlichkeit kann die Gruppentherapie zu mehr **Ich-Stärkung** und **Ich-Entlastung** führen. Sie bietet Spiegelfunktion für den einzelnen, gibt ihm Kenntnis über seine Persönlichkeit und seine Konflikte. Durch die Gruppe kann dem Bedürfnis des Abhängigen nach Gemeinschaft nachgekommen werden, die soziale Verantwortung wird aktiviert. Patienten können lernen, ihre Bedürfnisse wahrzunehmen, sich durchzusetzen, sich einzulassen, aber auch sich abzugrenzen.[83]

Gesprächsstil

Um eine Vertrauensbasis zu schaffen, ist eine annehmende Haltung mit Hilfe der nondirektiven Gesprächsführung wichtig. Gerade bei Abhängigen reicht diese allein aber nicht aus: In bestimmten Therapiesituationen muß sie durch eine stärker konfrontierende Haltung erweitert werden.

Grobziele der Therapie:

1. Behebung oder Kompensation von körperlichen und seelischen Störungen
2. Abbau des Leitbildes vom ständig leistungs- und genußfähigen Menschen
3. Verbesserung der Affekt- und Frustrationstoleranz
4. Entwicklung sozialer Selbständigkeit, beruflicher Integration und personaler Bindungen
5. Gestaltung des eigenen Lebens in freier persönlicher Entscheidung (Autonomie).

Da die Wiederherstellung von Öffentlichkeit schwierig ist, ist ein **schrittweises Vorgehen** und Üben angezeigt (Mitpatienten, Angehörige, Kneipe).
Besonders schwierig ist die Entlassung ins Problemfeld. Deshalb muß parallel zur stationären Behandlung schon Kontakt zu einer ambulanten Betreuungsperson und zu einer Selbsthilfegruppe aufgebaut werden. Die meisten Rückfälle finden innerhalb der ersten 6 Monate statt, weshalb von vornherein die Behandlungsdauer sehr langfristig (2 Jahre) angesetzt werden muß.

36.9.2 Die Langzeitabhängigen

Manche Menschen bleiben Zeit ihres Lebens abhängig, kommen ohne „Ersatz" nicht aus. Hier muß die Frage gestellt werden, wodurch der Alkohol günstigenfalls ersetzt werden kann. Es gibt Langzeiteinrichtungen, Heime, in denen diese Abhängigen in einem geschützten Milieu wohnen und vielfach arbeiten können. Die Institution, die Mitarbeiter und Mitpatienten sind für sie **„Dauer-Ersatzspieler"**. Es ist wichtig, daß sie dies wissen und akzeptieren. Das heißt aber nicht, daß nicht auch noch nach Jahren eine Veränderung möglich wäre. In der Regel ist für Langzeit-Abhängige wichtig, daß sie etwas tun können, daß sie Arbeit haben.[84]

36.9.3 Ergotherapie bei Alkoholabhängigen

Der Patient muß lernen, das riesige Vakuum zu füllen, das sich bei ihm auftut, wenn er auf die Droge verzichtet. In der Ergotherapie geht es darum, ihm Möglichkeiten zu zeigen, dieses Loch durch alternative Aktivitäten zu füllen. Der Patient kann mit unserer Hilfe seine Stärken und Interessen entdecken. Dies braucht oft Zeit, die wir ihm gewähren müssen.

Das Herangehen vieler Patienten an die Arbeit ist **gekennzeichnet** durch

- hohe Leistungsanforderungen an sich selbst
- Neigung zu Perfektionismus
- Abwertung des eigenen Produktes (negative Grundhaltung)
- Neigung, sich mit seinem Arbeitsstück zu isolieren; wenig Kommunikationsbereitschaft
- niedrige Frustrationstoleranz bei Fehlen eines schnellen Erfolgserlebnisses; schnelles Auftreten von Resignation und Desinteresse.

Auffällige Verhaltensweisen bei Gruppenaktivitäten sind:
- Harmonisieren – „Mir ging es gut bei der Arbeit, mit allen anderen Teilnehmern verstehe ich mich blendend."
- Überhöhtes Selbstbild: „Wenn ich nicht in der Gruppe wäre, hätte niemand den Durchblick."
- Im Vordergrund steht die Leistung: „In der Arbeit muß man sich auch anstrengen. Spaß, Zufriedenheit und Kontakt ist Nebensache."
- Ärgergefühle werden hintergeschluckt und bei passender Gelegenheit „heimgezahlt".

Wichtige Prinzipien (Richtlinien) für den Umgang mit abhängigen Patienten sind:

- Therapie in Gruppen
- Probleme mit allen Beteiligten klären
- Vereinbarungen treffen, die von Patient und Therapeut eingehalten werden können
- schrittweises Vorgehen, Überforderung vermeiden
- neben dem Gewohnten etwas Neues anbieten (gleich zu Beginn klären)
- strukturierte Techniken, die ein kreatives Fortführen ermöglichen
- dem Patienten sein Verhalten spiegeln, Widersprüchlichkeiten aufzeigen (Konfrontieren)
- Gelegenheit geben, Gefühle zu äußern.

Ziel
Akzeptanz des Real-Ichs und Entwicklung von Eigenverantwortung und neuen Lebensperspektiven

Methoden
Kompetenzzentrierte Werkgruppe und Projektarbeit
ausdruckszentrierte Einzelarbeit in der Gruppe
interaktionelle Gemeinschafts- und Projektarbeit

Therapiemittel/Aufgaben/Themen
Therapiemittel für die kompetenzzentrierte Methode können verschiedene handwerkliche Techniken und Freizeitaktivitäten sein.
Aufgaben des Therapeuten sind: Den Patienten begleiten und ihn sich selbst überlassen; ihn darauf aufmerksam machen, wie er sich anstrengt oder gleich aufgibt, wie er mit Frustrationen umgeht, wie und ob er sich Hilfe holt, sich von anderen abgrenzt, eigene Wünsche entwickelt und diese einbringt.
Bei der ausdruckszentrierten Gruppentherapie steht die Verwendung von gefühlsmobilisierenden Themen bei offener Aufgabenstellung im Mittelpunkt. Wichtig für Gruppenangebote, bei denen die Auseinandersetzung in und mit der Gruppe angestrebt wird, ist, daß möglichst alle Entscheidungen von der Gruppe getroffen werden können. Die Ergotherapeutin begleitet den Prozeß und gibt in der Auswertungsphase den Teilnehmern detaillierte Rückmeldung.

Viele Abhängige neigen dazu, jegliches Tun unter Leistungsaspekten zu sehen. Das eigene kreative Potential ist wenig entwickelt und wird nicht besonders wertgeschätzt. Hilfreich kann da ein spezielles **Kreativitätsprogramm** sein, wie SCHÄFER[85] eines entwickelt hat. Ziel dieses Trainings ist die Wiederaufnahme und Bewußtmachung der schöpferischen Potentiale und dadurch die Entwicklung von Ich-Stärkung und Selbstvertrauen.

Nach einem Gespräch über die Frage „Was ist Kreativität?" bietet SCHÄFER das Material Ton an. Die Patienten haben zunächst Gelegenheit, dessen Eigenschaften und Eigenheiten zu erforschen. Danach sollen sie sich 30 Minuten lang mit der Formung von Handschmeichlern befassen. Für die meisten Patienten ist dies eine sehr schwierige Aufgabe, für manche aber auch ein sehr ausdrückliches Ergebnis: Sie haben (vielleicht erstmals) ganz bewußt erfahren, was es heißt, sich auf etwas einzulassen. Beim nächsten Schritt geht es um das Herstellen einer Hohlform in Dreiergruppen, und danach kann jeder Patient etwas frei gestalten.

36.10 Medikamentensucht

Bei der Medikamentensucht spielt die Wirkung des Suchtmittels auf die Gesamtverfassung des Organismus eine besondere und zusätzliche Rolle. Das Rausch- oder Betäubungsmittel bewirkt eine **Veränderung der Bewußtseinslage**. Mittel mit euphorisierendem Effekt befreien das Individuum von störenden Mißempfindungen, Stimmungen und Hemmungen und führen zu einer – zumindest subjektiv empfundenen – Steigerung der Leistungs- und Erlebnisfähigkeit.[86]

Da Medikamente vom Arzt verschrieben werden, fällt die Rechtfertigung für deren Genuß noch leichter. Medikamente werden **noch heimlicher** und versteckter als Alkohol genommen. Der Medikamentenabhängige fällt durch Geruch, Aussehen oder Handeln weniger auf. Oft werden Arzt oder Apotheker zum Komplizen. Verlauf und Folgeerscheinungen der Medikamentensucht sind der Abhängigkeit von Alkohol sehr ähnlich.

Verhaltensweisen, die für Medikamentenabhängigkeit sprechen:
Die Patienten sind meist betont genau und ordentlich. Die Wohnung ist penibel sauber, überheizt; die Fenster sind auch im Sommer geschlossen (regressiver Brutkasten). Die Zuwendung zu Mitmenschen ist eigenartig wechselnd: entweder eine Spur zu überschießend freundlich, oder aber abweisend. Die Patienten sind meist betont schlank, gar „klapprig", mit blasser, grauer Gesichtsfarbe, dunkel umrandeten, auch glänzenden Augen. Viele haben durch häufiges Hinfallen oder Anstoßen an Schienbeinen oder Unterarmen blaue Flecke.

Zusammenfassung

Sucht ist das unbezwingbare Verlangen nach bestimmten stimulierenden oder beruhigenden, schlafbringenden und schmerzstillenden Stoffen. Diese „Stoffe" sind nicht nur chemischer Natur; auch Arbeit, Spiel oder Essen können abhängig machen. Als wesentlich wird angesehen, daß der Süchtige mit Hilfe des Mittels versucht, aus der unerträglichen Realität zu flüchten. Bei der Entwicklung einer Abhängigkeit spielt die Gewöhnung eine Rolle, die dazu führt, daß die Dosis immer mehr erhöht werden muß und bei Verzicht auf das Mittel Abstinenzerscheinungen auftreten.

Als Ursache für Alkoholabhängigkeit gelten neben psychischen Faktoren (neurotische Fehlentwicklung) soziale Bedingungen (Trinkverhalten in unserer Gesellschaft, Modell-Verhalten der Eltern in bezug auf Konfliktbewältigung) und bestimmte Lernvorgänge.

Die Entwicklung zur Abhängigkeit verläuft in mehreren Phasen. Nach der prae-alkoholischen und der Prodromalphase kommt als dritte die kritische Phase. Kann die Abhängigkeit hier nicht verändert werden, so kommt es in weiterer Folge zur chronischen Phase.

Alkoholismus führt zu körperlichen und psychischen Störungen und darüber hinaus zu sozialen Schwierigkeiten, die unter anderem die Familie, den Beruf und die sozialen Kontakte betreffen.

Voraussetzung für die Therapie ist die Motivation des Patienten, aus der Abhängigkeit herauszukommen. Für die Behandlung, die in verschiedenen Einrichtungen erfolgen kann, muß eine Dauer von mindestens zwei Jahren angesetzt werden.
Alkoholabhängige weisen eine Reihe von typischen Verhaltensweisen und Symptomen auf. Diese zeigen sich
- im emotionalen Bereich als Ängste, Schuldgefühle und Aggressionsstörungen
- im kognitiven Bereich als falsches Selbst- und Fremdbild und als Kritikunfähigkeit
- in psychogenen Störungen oder psychosomatischen Symptomen
- im kommunikativen Bereich als Schwierigkeit, die eigenen Gefühle und Bedürfnisse zu äußern und angemessen mit Kränkungen umzugehen.

Man kann davon ausgehen, daß neurotische Mechanismen, die in der Therapie sichtbar werden, Wiederholungen aus anderen Beziehungen sind. Aus diesem Grunde ist es wichtig, die Entwicklung der Abhängigkeit im Längsschnitt zu sehen und die Herkunftsfamilie sowie die Partnerschaft des Patienten miteinzubeziehen.

Für den Umgang mit Alkoholabhängigen ist von Bedeutung, daß Öffentlichkeit hergestellt und erreichbare Ziele vereinbart werden. In der Regel findet die Therapie in Gruppen statt, da sie Ich-Stärkung und Ich-Entlastung und das Erreichen der Ziele im sozio-emotionalen Bereich ermöglicht. Neben der nondirektiven Gesprächshaltung muß in bestimmten Situationen eine stärker konfrontierende Haltung eingenommen werden.
Für den Alkoholabhängigen ist die Entlassung ins Problemfeld – die Entlassung nach draußen – besonders schwierig. Deshalb muß ein schrittweises Vorgehen und Üben möglich gemacht werden.
Es gibt Abhängige, die Zeit ihres Lebens abhängig bleiben. Sie brauchen ein geschütztes Milieu und andere Menschen als Dauer-Ersatzspieler.
Schwerpunkt in der Ergotherapie ist zum einen, daß der Abhängige lernt, das entstandene Vakuum zu füllen. Zum anderen ist es wichtig, daß er fähig wird, die eigenen Bedürfnisse und Wünsche zu leben und die Auseinandersetzung mit anderen für sich als wichtig zu empfinden.

Weiterführende Literatur:
Aßfalg/Rothenbacher: Die Diagnose der Suchterkrankung. Neuland Verlag 1987
Bruch, H.: Der goldene Käfig. Das Rätsel der Magersucht. Fischer Verlag 1982
Feuerlein, W.: Alkohol – Mißbrauch und Abhängigkeit. Thieme Verlag 1984
Griffith, E.: Arbeit mit Alkoholkranken. Beltz Verlag 1986
Langsdorff, M.: Die heimliche Sucht, unheimlich zu essen. Fischer Verlag 198

E Die psychiatrischen Krankheitsbilder

37 Der psychisch beeinträchtigte junge Mensch

> **Ziele**
>
> Der Leser soll einen Überblick über die wesentlichen psychischen Störungen, die im Kindes- und Jugendalter auftreten können, erhalten. Er soll außerdem erfahren, daß die Behandlungsmethoden multifaktoriell sind und die Grundhaltung im wesentlichen der der Therapie von Erwachsenen entspricht.

37.1 Vorbemerkungen

Die Zeit der Kindheit ist fundamentale Voraussetzung für die Entwicklung der Gefühle, Vorstellungen und Werte – für die Entwicklung zu Autonomie und Bindungsfähigkeit. Sie beinhaltet eine Reihe von Störungen, Konflikten und Krisen, deren **Bewältigung** von vielen Faktoren abhängt und damit sehr unterschiedlich ausfallen kann. Aus diesem Grunde ist es bei Kindern und Jugendlichen besonders schwer, zwischen normal, krank, erziehungsbedingt auffällig oder verhaltensgestört zu unterscheiden.[87] Die Arbeit in der Kinder- und Jugendpsychiatrie (KJP) erfordert im besonderen Maße Kenntnis der psychischen Entwicklung des Menschen, der Auswirkung der Störung, typischer Konflikte und Krisen (s. Kap. 15 u. 16) und eine gründliche Diagnosestellung.

37.2 Störungen und Symptome[88]

Psychoreaktive Störungen
- Verhaltensauffälligkeiten: Diese können vorübergehende, durch kurzfristige Umweltbelastungen bedingte Fehlreaktionen, oder aber Ausdruck einer tiefergreifenden kindlichen Neurose sein. Dazu zählen: Einnässen (Enuresis), Einkoten (Enkopresis), Jaktationen (rhythmische Bewegungen des Kopfes oder des ganzen Körpers), Schlaf- und Einschlafstörungen, Eßstörungen, aggressive Aktionen und Reaktionen (Autoaggressivität und Fremdaggressivität).
- Neurosen (Angstneurose, Phobien, Zwangsneurose, Depression)
- Psychosen (Schizophrenie, manisch-depressive Erkrankung, frühkindlicher Autismus) Die Diagnosestellung für psychotische Erkrankungen gestaltet sich im Kindesalter äußerst schwierig. Dies hängt zum einen mit der normalen Sprunghaftigkeit und Krisenhaftigkeit der kindlichen Entwicklung zusammen, zum anderen damit, daß sich die Symptome anders zeigen oder ganz fehlen (beispielsweise Halluzinationen).
- Alkohol- und Drogenabhängigkeit

Psychosomatische Störungen
- Psychogene Fettsucht (Adipositas)
Sie ist meist schon als Übergewicht beim Übergang vom Säugling zum Kleinkind bemerkbar. Häufig steckt hinter dem übermäßigen Füttern die Angst der Eltern, Fehler zu machen, oder aber eine verborgene abwehrende und feindselige Haltung, in der jedes Schreien als Hunger verstanden und das Kind „abgefüttert" wird.

- Pubertätsmagersucht (Anorexia nervosa)
  Sie gilt als Ausdruck einer Identitäts- und Reifungskrise (Verweigerung der Übernahme der geschlechtsspezifischen Rolle) und tritt überwiegend bei Mädchen auf.
- Colitis ulcerosa
  Die Colitis ulcerosa tritt besonders häufig zwischen dem 10. und 14. Lebensjahr auf. Meist wird sie erst behandelt, wenn das volle Krankheitsbild mit Appetitlosigkeit, Gewichtsverlust, Fieberschüben und wechselnden abdominellen Beschwerden ausgeprägt ist.
- Asthma bronchiale
  Der Asthma-Anfall geht in der Regel mit einer akuten Symptomatik einher. Viele Kinder haben einmal durch die Krankheit bedingt, zum anderen aber auch durch Überbehütung entstandene Kontaktstörungen.

Sprach- und Sprechstörungen
(Sprachentwicklungsstörungen und Sprechstörungen wie Stottern, Poltern)

Schulschwierigkeiten
Die Ursachen für Schulschwierigkeiten sind vielfältig. Sie können in Unsicherheiten bezüglich sozialer Wertbegriffe und Orientierungspunkte, im Leistungsdruck durch die Erwartungen der Eltern, im Konkurrenzdruck oder im Verlust von zwischenmenschlichen Beziehungen durch anonymes Schulgeschehen in Großschulen liegen.

Sichtbar werden die Schulschwierigkeiten in:
Konzentrationsstörungen, psychomotorischer Unruhe, Schwierigkeiten beim Lesen oder Schreiben, sowie anderen Teilleistungsschwächen, aber auch in Kopfschmerzen, Schlafstörungen, Bettnässen und Ängsten.

37.3 Therapie von psychisch beeinträchtigten Kindern und Jugendlichen

Grundhaltung

Kinder und Jugendliche sollen in gleicher Weise behandelt werden wie Erwachsene: Sie werden ernst genommen und man begegnet ihnen mit Offenheit; ihre Verhaltensstörungen werden als Signalverhalten verstanden und gedeutet.
Die Therapeuten sind stets gefährdet, als verlängerter Arm elterlicher oder gesellschaftlicher Autorität mißbraucht zu werden. Trotzdem dürfen sie nicht einseitig nur für das Kind Partei ergreifen, müssen ebenso für die Erwachsenen (die Eltern) offen bleiben.
Besonders wichtig nach DÖRNER[89] ist:
- das Signal der kindlichen Haltung zu verstehen und herauszufinden, welche subjektive Bedeutung die Eltern und andere (Schule beispielsweise) einer Handlung beimessen
- die Bedürftigkeit und die Wünsche des Kindes zu erkennen
- zu überlegen, welche Verwirklichungsmöglichkeiten der natürlichen Impulse es real gibt.

E   Die psychiatrischen Krankheitsbilder

Therapiemethoden und Therapieformen
Die Behandlung von Kindern und Jugendlichen muß multifaktoriell sein. Die Methoden reichen von Psychotherapie, Familientherapie, Spiel- und Gesprächstherapie bis zu heilpädagogischen Maßnahmen, Bewegungstherapie, Sport und Ergotherapie.

Die Einzeltherapie ist bei autistischen Kindern und solchen, die noch nicht gruppenfähig sind bzw. als Ergänzung zur Gruppentherapie, indiziert. Nicht wenige Kinder sind so schwer gestört, daß sie sehr lange die individuelle Betreuung der Einzeltherapie brauchen.
In der Gruppentherapie kann gemeinschaftliches und soziales Handeln ausprobiert werden. Außerdem ist das Erlebnis der Unabhängigkeit von den Erwachsenen in der Gruppe der Gleichaltrigen größer, unmittelbares Handeln und direkte Gefühlsäußerung (auch Streit) sind eher möglich.

Ergotherapie

Die Ergotherapeutin hat zur Aufgabe, dem Kind (Jugendlichen) bei der Bewältigung seiner Schwierigkeiten und Konflikte zu helfen. Es soll Gelegenheit erhalten, realitätsbezogenes und adäquates Verhalten zu üben und zu lernen. Voraussetzung dafür ist, daß das Kind sich angenommen und verstanden fühlt, daß es durch Erfolgserlebnisse in seinem Selbstvertrauen verstärkt und in seiner Selbständigkeit gefördert wird. Die Probleme von Kindern lassen sich nicht immer eindeutig einem Fachbereich zuordnen (Psychiatrie oder Pädiatrie?). Die Ergotherapeutin, die in der Kinder- und Jugendpsychiatrie arbeitet, muß mit den wesentlichen Behandlungsschwerpunkten der Pädiatrie vertraut sein. Insbesondere der Wahrnehmungsbereich mit den heutigen diagnostischen und therapeutischen Möglichkeiten muß berücksichtigt werden.

Wichtige Beobachtungskriterien bei Kindern und Jugendlichen beziehen sich auf:

1. die Wahrnehmung:
   - visuelle Wahrnehmung (Form-, Größen-, Farbe-, Mengenbegriff, visuomotorische Koordination, Figur-Grund-Wahrnehmung z. B.)
   - Sensumotorik (Körperhaltung, Oberflächen-/Tiefensensibilität, Koordination, Händigkeit, Körperschema z. B.)
   - akustische Wahrnehmung.

2. das Spielverhalten: z. B. Spielfähigkeit (Entwicklungsniveau), Umgang mit Regeln und Grenzen, Auswahl der Spiele, Ausdauer.

3. das Leistungsverhalten: Planung, Selbständigkeit, Belastbarkeit, Frustrationstoleranz, Kreativität, Motivation, Umgang mit Material und Werkzeug, Geschicklichkeit, kognitive Fähigkeiten.

4. den emotionalen Bereich: z. B. Stimmungslage, Ängste, Zwänge, Aggressionen, Steuerungsfähigkeit, vegetative Reaktionen.

5. Sozialverhalten: Kontaktverhalten, Umgang mit Regeln und Anforderungen, mit Kritik, Nähe/Distanz-Bedürfnis und -Regulation u. a.

Methoden
kompetenz- oder ausdruckszentrierte Einzeltherapie
kompetenzzentrierte Gruppenarbeit und Projektarbeit

Therapiemittel/Aufgaben/Themen
Für den Aufbau einer Therapieeinheit kann in der Kinder- und Jugendpsychiatrie wie im Erwachsenenbereich die Struktur mit der Einstiegs-, Arbeits- und Auswertungsphase genutzt werden (s. Kap. 25). Meist wird man den Patienten die Aufgabe selbst wählen lassen, um die Motivation zu erhöhen, mehr Personennähe und damit mehr Identifikationsmöglichkeit zu gewähren.

Die Therapiemittel umfassen sowohl handwerkliche Techniken als auch bildnerische Materialien und Verfahren.

Arbeitet das Kind oder der Jugendliche über einen längeren Zeitraum an einem Werkstück und wird die kompetenzzentrierte Methode genutzt, so ist es hilfreich, sich nach einem groben **Arbeitsplan** zu richten. Dieser Plan wird mit Unterstützung der Ergotherapeutin vom Patienten erstellt und dient der Orientierung, aber auch dem Erfolgserlebnis, da ein erledigter Arbeitsschritt nach dem anderen abgehakt werden kann. Kognitive und psychosomotorische Fähigkeiten können über das strukturierte und planvolle Handeln besonders gefördert werden. Dies vor allem dann, wenn die Lernvorgänge und -erfolge dem Patienten in der Einstiegs- und Auswertungsphase bewußt gemacht werden. Am Anfang der Stunde wird der Patient beispielsweise aufgefordert, die wesentlichen Schritte und Aufgaben der letzten Stunde zu wiederholen, und am Ende reflektiert er, was er gemacht hat und wie er zurecht gekommen ist. Wird die ausdruckszentrierte Methode genutzt, so steht das **Erleben des Patienten im Mittelpunkt**. Wieweit die Ergotherapeutin darüber mit ihm ins Gespräch kommt, hängt zum einen vom Patienten selbst ab, zum anderen aber auch von dem Konzept der Einrichtung und der Verteilung der Aufgaben im Team. Wichtig ist, behutsam vorzugehen und das Geschehen und alle Beobachtungen (Hinweise auf besondere Probleme, wie zum Beispiel sexuelle Mißbrauchserfahrungen, die in Gestaltungen ausgedrückt wurden) ernst zu nehmen und mit den Teammitgliedern das weitere Vorgehen zu besprechen.

Zusammenfassung

Die Kindheit beinhaltet eine Reihe von Konflikten und Krisen, die bewältigt werden müssen. Störungen, die dabei entstehen können, reichen von Verhaltensauffälligkeiten, Neurosen, Psychosen, Sucht bis zu psychosomatischen Störungen, Sprach- und Schulschwierigkeiten. Für die Therapie ist von Bedeutung, daß Kinder und Jugendliche ernst genommen, in ihrer Bedürftigkeit verstanden werden. Die Therapiemethoden müssen vielfältig sein; das Umfeld muß in die Behandlung miteinbezogen werden.

Weiterführende Literatur:
Erikson, H. E.: Identität und Lebenszyklus. Suhrkamp Verlag 1966
Gordon, Th.: Familienkonferenz. Rowohlt Verlag 1974/85
Lempp, R. (Hrsg.): Psychosen im Kindes- und Jugendalter – eine Realitätsbezugsstörung. Huber Verlag 1984
Miller, A.: Am Anfang war Erziehung. Suhrkamp Verlag 1983
Nissen, G.: Psychische Störungen im Kindes- und Jugendalter. Springer Verlag
Richter, H. E.: Eltern, Kind und Neurose. Rowohlt Verlag 1963/86
Weihs, Th. J.: Das entwicklungsgestörte Kind. Fischer Verlag 1983

E Die psychiatrischen Krankheitsbilder

38 Der psychisch beeinträchtigte alte Mensch

> **Ziele**
>
> In diesem Abschnitt soll der Leser auf die Situation des alten Menschen in unserer Gesellschaft aufmerksam werden. Er soll mögliche psychische Reaktionen auf Krankheit und Behinderung und alterstypische Erkrankungen kennenlernen. Abschließend soll er einen Einblick in die therapeutischen Grundprinzipien und Maßnahmen erhalten.

38.1 Vorbemerkungen

Viele Menschen vermeiden die Auseinandersetzung mit dem Altern und damit die Begegnung mit alten Menschen. Dies wird unterstützt und mitbedingt durch unsere Gesellschaft, deren **Altersfeindlichkeit** sich unter anderem in dem unzureichenden Angebot an menschenwürdigen psychischen Behandlungs- und Betreuungsmöglichkeiten widerspiegelt.

Die Arbeit mit alten Menschen beinhaltet Geduld, Anstrengung und Verzicht auf großartige Erfolge. Aber nicht nur. Es können sehr wohl auch Bewunderung und Achtung daraus erwachsen. Altern kann – durch das Ende der Berufstätigkeit und den damit verbundenen Wegfall von Streß und Hin- und Hergerissensein zwischen verschiedenen Rollen – einen Zuwachs an Selbstverwirklichung bedeuten. Manche Menschen sind im Alter milder, nachsichtiger; neurotische Störungen und Charaktereigenschaften werden schwächer.[90]

In der Regel muß der alte Mensch eine Reihe von **Kränkungen** verkraften wie das Gefühl, unerwünscht und unbrauchbar zu sein und die damit verbundenen Folgen von Einsamkeit, Langeweile und Ziellosigkeit. Außerdem werden Krankheiten, Schmerzen und die geringer werdende Leistungsfähigkeit für viele zum Problem und können unterschiedliche Reaktionen hervorrufen.

38.2 Störungen und Erkrankungen

Psychische Reaktionen auf Krankheit und Behinderung sind:
- Festklammern an alte Lebensgewohnheiten (Altersstarrsinn)
- Regression (z. B. Inkontinenz, Abgabe jeglicher Verantwortung und Selbständigkeit)
- Verdrängung, Nicht-wahr-haben-wollen (Symptome werden verharmlost oder negiert)
- egozentrisches Verhalten (alle Aufmerksamkeit ist auf die eigene Person, häufig auf den eigenen Körper gerichtet, Forderungen werden an die anderen gerichtet)
- aggressives Verhalten (Patient ist unzufrieden, nörgelt; nicht selten verbirgt sich dahinter Angst, Hilflosigkeit, Frustration u. ä.)

Psychische Störungen im eigentlichen Sinne[91] können entweder aus der Jugend mitgeführt werden und sind dann nicht altersbedingt, oder sie treten erst im Alter auf. Viele psychische Erkrankungen werden durch Gefäß- und Stoffwechselstörungen begünstigt oder bedingt.

Zu den Störungen zählen:

- Verlust des Gedächtnisses für neue Ereignisse (Merkfähigkeit, Kurzzeitgedächtnis)
- Orientierungs- und Sprachstörungen
- Verwirrtheitszustände
- Niedergeschlagenheit, Verstimmung, Erstarrung, Appetitlosigkeit, Depression, Reizbarkeit, Unruhe, emotionale Labilität, Selbstvorwürfe bis zum Suizid
- Mißtrauen, Wahnideen – häufig durch motorische und sensorische Beeinträchtigungen, insbesondere im Bereich des Sehens und Hörens und durch Isolation hervorgerufen
- Angstzustände, innere Unruhe, Herzklopfen, Angst vor dem Einschlafen
- hypochondrische Syndrome (die eigenen Schwächen und körperlichen Symptome werden verstärkt wahrgenommen).

38.3 Therapie von psychisch beeinträchtigten alten Menschen

Grundhaltung

Es ist wichtig, alten Menschen mit Würde und Höflichkeit zu begegnen, sie nicht zu bemitleiden oder gar mit Herablassung zu behandeln. Statt dessen müssen sie ernstgenommen und beispielsweise auch in ihrer Scham akzeptiert werden.
Die **Angehörigen** müssen miteinbezogen werden. Oft sind diese unsicher, überfordert und haben Schuldgefühle, welche sich nicht selten hinter Feindseligkeit, Widerständen oder überhöhten Erwartungen verbergen. Die Angehörigen sind in die therapeutischen Überlegungen miteinzubeziehen, Ziele sind gemeinsam auszuhandeln (Angehörigengruppe).

Therapeutische Einrichtungen:

- Ambulante Betreuung (Sozialstation, Beratungsstellen)
- Stationäre Betreuung mit anschließender Behandlung in einer Tagesklinik
- Betreutes Wohnen, Wohngruppen.

Ergotherapie

Schwerpunkt der Behandlung und somit auch der Ergotherapie ist die Erhaltung bzw. Verbesserung der sozial-praktischen Kompetenz. Dazu zählen im wesentlichen Haushaltsführung, Körperpflege, Verkehrstüchtigkeit, Regelung des Geschäftsverkehrs und Freizeitbeschäftigung.
Je weniger der Patient aus seinem sozialen Umfeld heraus muß, desto leichter können gerade die Anforderungen des täglichen Lebens wie Einkaufen, Kochen, Putzen, Ordnung halten, Abwicklung von Miet- und Rentenangelegenheiten geübt werden.

E Die psychiatrischen Krankheitsbilder

Ist der Patient in der Klinik, so ist ein schrittweises Vorgehen angezeigt. Handlungspläne müssen entworfen werden: Einzelne problematische Aufgaben oder Situationen werden analysiert und eingeübt. Erfahrungen in der Gruppe bringen in der Regel schneller Sicherheit.

Bei **dementen Patienten** ist Ermutigung und Zuwendung wichtig. Sie brauchen eine anregende Umgebung, in der aber die Anforderungen vereinfacht sind. Wichtig ist, sie in der Gemeinschaft zu lassen und sie zu Aktivitäten anzuregen. Des weiteren sollen alte Gewohnheiten gefestigt und neue ausgebildet werden (das eigene Zimmer finden, zur Toilette gehen).

Für einige Patienten mit Demenz ist ein gezieltes Orientierungs- und Gedächtnistraining angezeigt. Aber nicht ausschließlich: In vielen anderen Situationen können diese Ziele mit integriert und verfolgt werden. Hierfür gibt es mittlerweile eine Fülle von Anregungen (s. u.). Trainingsprogramme sollten nicht ausschließlich genutzt werden.

Methoden
Kompetenzzentrierte Einzeltherapie und Werkgruppe, ausdruckszentrierte Gruppenarbeit.

Therapiemittel/Aufgaben/Themen
Die Auswahl der Therapiemittel richtet sich nach den individuellen Zielen der Patienten. Manche Patienten brauchen in der Ergotherapie Unterstützung durch Vorzeigen, da Neues zuerst verunsichernd ist und deshalb vorschnell abgelehnt wird. Versagensängste, wenig Zutrauen zu den eigenen Fähigkeiten sind häufig zu beobachten. Neben der konkreten Vorbereitung für die Bewältigung des Lebens zu Hause bieten **Kochgruppen** für viele Patienten weitere positive Aspekte, die genutzt werden können. Diese beziehen sich darauf, daß Patienten
– an vertraute Tätigkeiten anknüpfen können (Dies vermittelt das Gefühl, noch etwas zu können, gibt Sicherheit und setzt blockierte Energie frei.)
– ihre Orientierungsfähigkeit verbessern oder stabilisieren
– wieder planvoller vorgehen
– ihr Sozialverhalten (Hilfsbereitschaft, Kontaktaufnahme) verbessern
– und ruhiger und ausgeglichener werden können.

Insbesondere bei desorientierten Patienten ist darauf zu achten, daß die Gebrauchsgegenstände immer am gleichen Ort, übersichtlich in einem offenen Regal, untergebracht sind. Zudem ist bezüglich Zeit, Gruppenzusammensetzung und Ablauf der Stunde auf **Kontinuität** zu achten. Atmosphäre sollte freundlich und einladend sein. Diese sollte besonders beim gemeinsamen Essen zum Tragen kommen. Um Gedächtnisleistungen miteinzubeziehen und zu erweitern, ist es sinnvoll, die Nahrungsmittel benennen zu lassen. Daran schließt die Frage an, wie etwas zubereitet wird, und wer was macht. Gerichte müssen viele kleine Einzelhandlungen beinhalten, damit die Arbeit insgesamt in kleine Schritte aufgeteilt werden kann und jeder Patient mit seinen Fähigkeiten einen Platz findet.
Die Ergotherapeutin hat sich nach den Besonderheiten des alten Menschen und den spezifischen psychischen Erkrankungen zu richten.
Darüber hinaus gelten in der ET mit alten Menschen diejenigen Überlegungen, die auch in der Arbeit mit anderen Patienten getroffen werden.

Zusammenfassung

Altwerden ist in unserer Gesellschaft aus mehreren Gründen nicht einfach, und auch die Arbeit mit alten Menschen ist nicht immer leicht: sie erfordert Geduld und Verzicht auf großartigen Erfolg. Manche alte Menschen reagieren auf Erkrankungen und Behinderungen mit Verhaltensweisen wie Festklammem, Regression oder Egozentrik. Andere leiden unter psychischen Störungen, die entweder aus der Jugend mitgeführt oder, wie die Demenz, altersbedingt sind. Alten Menschen muß mit Würde und Achtung begegnet werden. Unter Einbeziehung der Angehörigen muß versucht werden, die Eigenständigkeit des Patienten so lange wie möglich zu erhalten.

Weiterführende Literatur:
de Beauvoir, S.: Das Alter. Rowohlt Verlag 1972
Bergmoser (Hrsg.): Bausteine Altenarbeit (Feste und Feiern). Höller Verlag, Karl-Friedrich-Str. 76, 52072 Aachen 1993
Böger/Kanowski: Gerontologie und Geriatrie. Thieme Verlag 1980
Bubolz, E.: Methoden kreativer Therapie in einer integrierten Psychotherapie mit alten Menschen. In: Petzold/Bubolz (Hrsg.): Psychotherapie mit alten Menschen. Paderborn 1979 Häfner/Heimann (Hrsg.): Gerontopsychiatrie. Aktuelle Psychiatrie 3. Fischer Verlag 1981
Lauster, P.: Teste Deine Intelligenz. DVA Verlag 1970
Oesterreich, K.: Psychologie des Alterns. UTB Verlag 1975
Raschor, H.: Reise in die Vergangenheit. Vincentz Verlag 1991
Rigling, P.: Hirnleistungstraining. Übungen zur Verbesserung der Konzentrationsfähigkeit. Verlag modernes lernen 1993
Stengel, F.: Heitere Gedächtnisspiele, Gedächtnis spielend trainieren. Klett Verlag

Autorin:
Ingrid Scheiber, geboren 1956 in Klagenfurt/Österreich. 1974–77 Ausbildung zur Beschäftigungs- und Arbeitstherapeutin (Ergotherapeutin) in Wien. Danach von 1977–80 als ET im Psychiatrischen Krankenhaus der Stadt Wien und von 1980–84 in der Medizinischen Hochschule Hannover tätig. 1983 Abschluß einer berufsbegleitenden 2jährigen Sozialpsychiatrischen Zusatzausbildung und 1jährigen Medientherapieausbildung. Seit 1985 als Lehrkraft an der Berufsfachschule für Beschäftigungs- und Arbeitstherapie am Annastift in Hannover für den Fachbereich Psychiatrie zuständig. 1988 Beendigung des 2jährigen Studienlehrganges für pädagogische Qualifikation der Deutschen Zentrale für Volksgesundheitspflege in Frankfurt.

Quellenverzeichnis

Teil A

1. K. Dörner/U. Plog: Irren ist menschlich, Bonn 1986, S. 58
2. H. Rosemann: Arbeitshefte für Psychologie, Band 15: Lern- und Verhaltensstörungen, Berlin 1976, S. 12
3. Vgl. Ch. Scharfetter: Allgemeine Psychopathologie, Stuttgart, 1985, S. 6
4. Ebenda S. 7–10
5. Ebenda S. 10–11
6. Ebenda S. 12–15
7. Goffman, Wing und Brown in: Ch. Scharfetter: a.a.O. S. 15
8. L. Ciompi: Auf dem Weg zu einem kohärenten multidimensionalen Krankheits- und Therapieverständnis der Schizophrenie: Konvergierende neue Konzepte, in: W. Böker u. H. D. Brenner (Hrsg).: Bewältigung der Schizophrenie, Bern 1986, S. 50.
9. Vgl. F. C. Redlich/D.X. Freedman: Theorie und Praxis der Psychiatrie, Band 1, Frankfurt 1976, S. 53 ff.
10. Ch. Rebell: Sozialpsychiatrie in der Industriegesellschaft, Frankfurt/New York 1976, S. 41
11. G. Jervis: Die offene Institution – über Psychiatrie u. Politik, Frankfurt 1979 S. 12–17
12. Vgl. A. Finzen/H. Schädle-Deininger/(K.Dörner): „Unter elenden menschenunwürdigen Umständen", Die Psychiatrie-Enquete, Rehburg-Loccum 1979, S. 77 ff
13. Ch. Rebell: a.a.O. S. 55 ff, Vgl. F. Mann: Psychiatrie ohne Mauern, Frankfurt/New York 1979 S. 36 ff
14. Ch. Rebell: aaO. S. 59 ff
15. Ebenda S. 76 ff
16. Ebenda S. 10
17. Bundesministerium für Gesundheit: Zur Lage der Psychiatrie in der ehemaligen DDR – Bestandsaufnahme und Empfehlungen 1991
18. Deutscher Bundestag, 11. Wahlperiode: Stellungnahme der Bundesregierung zu dem Bericht „Empfehlungen der Expertenkommission der Bundesregierung zur Reform der Versorgung im psychiatrischen und psychotherapeutisch/ psychosomatischen Bereich" – auf der Grundlage des Modellprogramms „Psychiatrie" der Bundesregierung. Drucksache 11/8494. Bonn 1990
19. H. Krüger: Führungsstile und Behandlungskonzepte in der Sozialpsychiatrie in: Niedersächsisches Ärzteblatt 24/1971, S. 811 f
20. Ebenda S. 813
21. K. Dörner/U. Plog: a.a.O. S. 513 ff
22. Ebenda S. 515
23. Brockhaus Enzyklopädie Band 7, Wiesbaden 1969
24. Ebenda Band 20, Wiesbaden 1974
25. Niedersächsisches Gesetz- und Verordnungsblatt, 32. Jg. (Juni 1978) Nr. 32, S. 443 ff
26. Bundesministerium für Justiz (Hrsg.: Das neue Betreuungsrecht. Referat f. Presse- und Öffentlichkeitsarbeit, Bonn 1993)
27. Vgl. V. Walz: Nach dem Suizidversuch, in: Start Dokument 1987 S. 37-41
28. R. Welz: Selbstmord – Die totale psychische und soziale Desintegration, in: Psychologie heute 1. Jg. (1974), Heft 11 S. 41
29. E. Ringel (Hrsg.): Selbstmordverhütung, Frankfurt 1981. S. 52 ff
30. Finzen, A.: Suizidprophylaxe bei psychischen Störungen. Bonn 1989, S. 48 f
31. V. Walz: aa.O. S. 44 ff

Teil B

1. Vgl. W. Schmidbauer: Die hilflosen Helfer. Hamburg 1977, S 12 ff
2. Vgl. W. Schrödter: Die Bedeutung des Helfersyndroms für pflegerische und soziale Berufe, in: Beschäftigungstherapie und Rehabilitation 24. Jg. (1985) Heft 3, S.145–147.
3. Vgl. H. Kayser u. a.: Gruppenarbeit in der Psychiatrie. Stuttgart 1973 S. 46 f
4. K. Dörner/U. Plog: Irren ist menschlich. Bonn 1986, S. 28 f
5. C. Rogers: Die klient-bezogene Gesprächstherapie. München 1973 S. 35 ff
6. Vgl. V. M. Axline: Kinder- und Spieltherapie im nicht-direktiven Verfahren. München 1972, S. 15 ff
7. Ebenda: S. 15
8. G. Rudolf: Die therapeutische Arbeitsbeziehung. Berlin Heidelberg 1991: S. 286 ff
9. G. Coudron in Battegay/Trenkel (Hrsg.): Die therapeutische Beziehung unter dem Aspekt verschiedener psychotherapeutischer Schulen S. 87

10 vgl. H. Nagera (Hrsg.): Psychonalatysche Grundbegriffe. Frankfurt/a. M. 1977/87, S. 484 ff
11 J. Haley: Gemeinsamer Nenner Interaktion. München 1978, S. 95 ff
12 R. Tausch: Gesprächspsychotherapie. Göttingen 1960/73, S. 115 ff
13 W. Weber: Wege zum helfenden Gespräch. München 1986 S. 66
14 R. Tausch: a.a.O. S. 79 ff
15 R. C. Cohn: Von der Psychoanalyse zur Themenzentrierten Interaktion. Stuttgart 1975, S. 115
16 W. Weber: a.a.O. S. 40–42
17 Vgl. S. Weinberger: Klientenzentrierte Gesprächsführung. Weinheim u. Basel 1980, S. 108–124
18 Vgl. L. Schwäbisch/M. Siemens: Anleitung zum sozialen Lernen für Paare, Gruppen und Erzieher. Reinbek bei Hamburg 1974, S. 63 ff
19 Vgl. T. Brocher: Gruppendynamik und Erwachsenenbildung. Braunschweig 1967, S. 128 ff
20 Th. Scharmann: Teamarbeit in der Unternehmung. Bern und Stuttgart 1972, S. 55 ff
21 R. Schindler: Grundprinzipien der Psychodynamik in der Gruppe, in: Psychologie des XX. Jd., II. Zürich 1957/58, S. 308–314
22 Garland, Jones, Kolodny in: L. Lowy/S. Bernstein: Untersuchungen zur sozialen Gruppenarbeit. Freiburg im Breisgau 1978, S. 57 ff
23 R. C. Cohn: a.aO. S. 120 ff
24 Vgl. K. W. Vopel: Handbuch für Gruppenleiter. Hamburg 1978 S. 47–50 u. S. 58–75
25 L. Schwäbisch/M. Siems: a.a.O. S. 134 ff

Teil C

1 L Ciompi: Affektlogik. Stuttgart 1982, S. 15 ff
2 Ebenda: S. 68 f
3 Piaget in L. Ciompi: a.a.O. S. 71–73
4 Ebenda: S. 74
5 Balint in St. Mentzos: Neurotische Konfliktverarbeitung. München 1982 S. 91 f
6 E. H. Erikson: Identität und Lebenszyklus. Frankfurt 1966, S. 62
7 Ebenda: S. 72
8 Vgl. Mentzos: a.a.O. S. 94
9 Mahler in Mentzos: a.a.O. S. 94
10 Winnicott in Mentzos: a.a.O. S. 95
11 Vgl. Mentzos a.a.O. S. 96
12 Ebenda: S. 97 f
13 E. H. Erikson a.a.O. S. 78
14 Vgl. Mentzos a.a.O. S. 99–103
15 Ebenda: S.
16 F. C. Redlich/D.X. Freedman: Theorie und Praxis der Psychiatrie Band 1. Frankfurt 1976, S. 198
17 W. Bräutigam/P. Christian: Psychosomatische Medizin. Stuttgart/New York 1973/86 S. 60
18 Mentzos a.a.O. S. 122 f
19 Ebenda: S. 123 ff
20 Ebenda S. 126 f
21 Ebenda S. 127
22 H. Rosemann: Arbeitshefte für Psychologie. Band 15: Lern- und Verhaltensstörungen. Berlin 1976 S. 45
23 Vgl Mentzos a.a.O. S. 120–137
24 K. Dörner/U. Plog: Irren ist menschlich. Bonn 1986 S. 307 f
25 Selye in Redlich/Freedman: a.a.O. S. 196
26 Finkenstein u. Mitarbeiter in Redlich/Freedmann: a.a.O. S. 197
27 Redlich/Freedman: a.a.O. S. 195
28 Caplan u. a. in P. G. Zimbardo: Psychologie. Berlin/Heidelberg 1974/83. S. 471
29 Meichenbaum in Zimbardo: a.a.O. S. 483
30 Vgl. Krech/R. Crutchfield: Grundlagen der Psychologie, Band 7, Weinheim/Basel 1958/85, S. 63–81
31 Asch in Krech/Crutchfield: a.a.O. S. 76 ff
32 Heider in Krech/Crutchfield: a.a.O. S. 71
33 Jones u. Nisbett in Krech/Crutchfield: a.a.O. S. 81
34 Vgl. Zimbardo: a.a.O. S. 343 ff
35 Vgl. N. L. Gage/D. C. Berliner: Pädagogische Psychologie. Weinheim 1986 S. 442 f
36 Weiner in Krech/Crutchfield: a.a.O. S. 36 f
37 H. Meister: Förderung schulischer Lernmotivation. Düsseldorf 1977, S. 45 ff
38 A. Budjuhn: Rehabilitatives Denken in der Beschäftigungstherapie in: Beschäftigungstherapie und Rehabilitation, 13. Jg. (1974), Nr. 3, S. 8 f

Quellenverzeichnis

39 Vgl. B. Rutishausen: Konstruktive Frustration, in: Die Psychologie des 20. Jd., Band XV. Zürich 1979, S. 774 f
40 N. L. Gage/D. C. Berliner: a.a.O. S. 191
41 P. G. Zimbardo: a.a.O. S. 451
42 Taylor in Matussek: Kreativität, in: Die Psychologie des 20. Jd. Band XV. Zürich 1979, S. 51
43 P. G. Zimbardo: a.a.O. S. 451
44 R. Crutchfield in G. Ulmann: Kreativitätsforschung. Weinheim 1973, S. 155 f
45 Matussek, P.: Konflikt und Kreativität in: Beschäftigungstherapie und Rehabilitation 16. Jg. (1977), Nr. 1, S. 4 ff
46 P. J. Knill: Ausdruckstherapie. Halle/Westf. Lilienthal/Bremen 1979, S.14
47 Navratil: Die Kreativität der Psychose, in: Psychologie des 20. Jd. Band XV. Zürich 1979, S. 1060
48 Ebenda: S. 1060
49 Watzlawick u. a.: Menschliche Kommunikation. Bern 1969, S. 52 ff
50 F. Schulz v. Thun: Miteinander reden: Störungen und Klärungen. Hamburg 1981, S. 13 f
51 Ebenda: S. 211 f
52 R. C. Cohn: a.a.O. S. 125
53 Vgl. V. Satir: Familienbehandlung – Kommunikation und Beziehung in Theorie, Erleben und Therapie. Freiburg in Breisgau 1973, s. 27 ff
54 J. Haley: Gemeinsamer Nenner Interaktion, Strategien der Psychotherapie. München 1978, Reihe Leben lernen 34, S. 17 ff
55 Ebenda: S. 28 ff
56 Ebenda: S. 30
57 Schulz v. Thun: a.a.O. S. 225 f
68 L. Ciompi: a.a.O. S. 213
59 G. Bateson in Bateson, Jackson, Laing, Lidz, Wynne u. a.: Schizophrenie und Familie. Frankfurt 1969, S. 29

Teil D

1 Bähr, Bork et. al.: Mitternacht in Wunstorf in: Psychologie und Gesellschaftskritik. Bremen 1978, Heft 6/7, S. 127–136
2 R. Aßfalg, H. Rothenbacher: Die Diagnose der Suchterkrankung, Hamburg 1987 S. 9
3 K. W. Vopel: Handbuch für Gruppenleiter. Hamburg 1980, S. 105 ff
4 J. Piaget, zit. nach Gardner Howard in: Kindlers „Psychologie des 20. Jhd, Entwicklungspsychologie Bd. 1. Weinheim und Basel 1984, S. 75
5 G. Kielhofner: Conceptual Foundation of Occupational Therapie übersetzt v. B. Dehnhardt in: ERGOTHERAPIE & Rehabilitation. Idstein 1993, Heft 5 S. 425
6 E. Kayser, V. Schanz, A. v. Rotberg: Objektbeziehungen und Ergotherapie. Idstein 1988
7 H. Schüpbach: Handlungspsychologische Konzepte in der Arbeitspsychologie und ihre Übertragbarkeit auf die Arbeitstherapie in: G. M. Borsi (Hrsg.): Arbeitswelt und Arbeitshandeln in der Psychiatrie. Göttingen 1992, S. 69
8 W. Hacker: Arbeitspsychologie. Bern Stuttgart Toronto 1986, S.72 f
9 Vgl. W. Hacker: a.a.O.
10 A. Kossakowski in: Wörterbuch Psychologie. Köln 1985, S. 252 f
11 Vgl. Volpert, W.: Das Modell der hierarchisch-sequentiellen Handlungsorganisation. In: Hacker, Volpert & Cranach: Kognitive und motivationale Aspekte der Handlung. Bern 1982
12 H. Schüpbach: a.a.O. S. 77
13 A. Kossakowski: a.a.O., S. 154
14 J. Rottluff: Selbständiges lernen. Arbeiten mit Leittexten. Weinheim und Basel 1992, S. 10 ff
15 Vgl. E. Kayser, V. Schanz, A. v. Rotberg: a.a.O
16 L. Schuchmann u. a.: Beobachtungen zum Entscheidungsspiel in: Unterlagen des Seminars: Psychologische Aspekte der Personalführung. J. W. Goethe-Universität Frankfurt a. M.
17 E. Kayser, V. Schanz, A. v. Rotberg: a.a.O. S. 47 f
18 P. J. Knill: Ausdruckstherapie. Halle/Westf., Lilienthal/Bremen 1979 S. 103 ff
19 Vgl. E. Franzke: Der Mensch und sein Gestaltungserleben. Bern-Liebefeld 1977, S. 20 f
20 Vgl. Ch. u. B. Hammon: die Be-Deutung des Materials Ton in: Beschäftigungstherapie und Rehabilitation 19. Jg. (1980), Nr. 3, S. 148 ff
21 E. Kayser, V. Schanz, A. v. Rotberg: a.a.O. S. 41 ff
22 Vgl. Ch. U. B. Hammon: Die Deutung von Werkgestaltungen aus dem Unbewußten, 20. Jg. (1981), Nr. 2, S. 67 ff
23 Ebenda: S. 67

24 Read in Ch. u. B. Hammon: a.a.O. S. 75
25–27 Ch. u. B. Hammon: a.a.O. S. 75 ff
28 Ebenda S. 71 –74
29 A. Budjuhn: Psychoanalytisch orientierte Beschäftigungstherapie in: Beschäftigungstherapie Band 2, Stuttgart 1959/79, S. 87
30 H. Frieling: Mensch und Farbe. München 1972, S. 20 ff
31 P. J. Knill: a.a.O. S. 34 ff
32 Thiesen, P.: Kreative Spiele. Köln 1993
33 Lang, A.: Das Spiel mit dem Ziel oder Spielen und Lernen in der Psychiatrie. Unveröffentlichtes Manuskript. Hamburg 1993

Teil E

1 G. Jervis: Kritisches Handbuch der Psychiatrie. Frankfurt 1978, S. 355 f
2 K. Dörner/U. Plog: Irren ist menschlich. Bonn 1986, S. 302 f
3 G. Jervis: a.a.O. S. 355 f
4 L. Ciompi: Auf dem Weg zu einem kohärenten multidimensionalen Krankheits- und Therapieverständnis der Schizophrenie: Konvergierende Konzepte, in: W. Böker u. H. D. Brenner (Hrsg.): Bewältigung der Schizophrenie. Bern 1986, S. 49
5 Ebenda: S. 49 u. S. 49–53
6 L Ciompi: Affektlogik. Stuttgart 1982, s. 259 ff, S. Arieti: Schizophrenie. München 1985, S. 105
7 J. Zubin: Mögliche Implikationen der Vulnerabilitätshypothese für das psychosoziale Management der Schizophrenie, in: Böker/Brenner (Hrsg.): Bewältigung der Schizophrenie. Bern 1986, S. 36 f
8 Vgl. G. Huber: Psychiatrie. Stuttgart/New York 1974/87, S. 312 f
9 G. Gross: Basissymptome und Coping Behavior bei Schizophrenen, in: Böker/Brenner (Hrsg.): a.a.O. S. 135 ff
10 D. Bleuler in: Böker/Brenner (Hrsg.) a.a.O. S. 146
11 G. Gross: a.a.O. S. 133 f
12 L. Ciompi: Affektlogik. Stuttgart 1982, S. 335 ff
13 D. Heß: Soteria Bern: Verständnis zeigen, Geduld üben... n: DGSP Rundbrief Nr. 35 (Dezember 1986)
14 L Ciompi in Böker/Brenner: a.a.O. S. 56 f
15 Ebenda: S. 57
16 L. Ciompi: Wie können wir die Schizophrenen besser behandeln? Nervenarzt 52: S. 506-515 (etwas modifiziert)
17 Ebenda: S. 511
18 Vgl. a. L. Süllwold: Schizophrenie. Stuttgart 1983/86, S. 99 ff
19 H. D. Brenner: Schizophrenie. Schriftenreihe der Bundesarbeitsgemeinschaft – Hilfe für Behinderte. Band 234, Mönchengladbach 1981, S. 27
20 R. Battegay: Depression. Bern 1985/87, S. 10
21 S. Arieti/J. Bemporad: Depression. Stuttgart 1983, S. 21
22 Beck in Arieti/Bemporad: a.a.O. S. 76
23 Arieti/Bemporad: a.a.O. S. 176 ff
24 Dörner/Plog: a.a.O. S. 200
25 Ebenda: S. 200
26 Vgl. Arieti/Bemporad: a.a.O. S. 188 ff
27 Dörner/Plog: a.a.O. S. 225
28 Vgl. Ebenda: S. 217 ff
29 Ebenda: S. 186
30 G. Jervis: a.a.O. S. 313
31 Dörner/Plog: a.a.O. S. 190 ff
32 Diagnostisches und Statistisches Manual Psychischer Störungen (DSM III-R). Weinheim und Basel 1989, S. 418 ff
33 C. Rohde-Dachser: Das Borderline-Syndrom, Bern 1982
34 Kernberg in: M. Lohmer: Diagnostik und Behandlung von Borderline-Störungen in einem stationär-psychiatrischen Rahmen. Psychiatrische Praxis 17, Stuttgart/New York 1990, S. 173 f
35 Heigl-Evers/Henneberg-Mönch: Psychoanalytisch-interaktionelle Psychotherapie bei präödipal gestörten Patienten mit Borderline-Struktur. Psychotherapie und Psychosomatik, Stuttgart/New York 1985, 30 S. 229 f
36 M. Lohmer: Diagnostik und Behandlung von Borderline-Störungen in einem stationär-psychiatrischen Rahmen. Psychiatrische Praxis 17, Stuttgart/New York 1990, S. 172 f
37 Klein in: M. Lohmer a.a.O., S. 175

Quellenverzeichnis

38 St. Loeben-Sprengel: Psychoanalytische Borderline-Behandlung. Praxis der Klinischen Verhaltensmedizin und Rehabilitation. 1989, S. 214
39 C. Rhode-Dachser: Träume in der Behandlung von Patienten mit scheren Ich-Störungen. In Ermann, M. (Hrsg.): Der Traum in Psychoanalyse und analytischer Psychotherapie. Heidelberg 1983, S. 107 ff
40 C. Scheepers: Borderline-Störungen. Beschäftigungstherapie und Rehabilitation. Heft 3+4, Idstein 1989, S. 256 ff
41 St. Mentzos: Neurotische Konfliktverarbeitung. München 1982, S. 30 f
42 Vgl. Dörner/Plog: a.a.O. S. 306
43 H. Höhmann: Neurosen. Schriftenreihe der Bundesarbeitsgemeinschaft Hilfe für Behinderte, Band 236, Mönchengladbach 1987, S. 20 ff
44 Dörner/Plog: a.a.O. S. 317 ff
45 F. C. Redlich/D. X. Freedman: Theorie und Praxis der Psychiatrie. Band 2, Frankfurt 1976, S. 590
46 W. Bräutigam/P. Christian: Psychosomatische Medizin. Stuttgart/New York 1973/86, S. 2 f
47 Ebenda: S. 21
48 Mentzos: a.a.O. S. 248
49 Ebenda: S. 243 f
50 Alexander in Mentzos: a.a.O. S. 243
51 G. Overbeck: Krankheit als Anpassung. Frankfurt 1984, S. 89
52 Engel in G. Overbeck: a.a.O. S. 101
53 D. Beck: Krankheit als Selbstheilung. Frankfurt 1981, S. 11
54 G. Overbeck: a.a.O. S. 92 f
55 Vgl. Ebenda: S. 96 ff
56 Ebenda: S. 106 f
57 Ebenda: S. 110
58 Schur in G. Overbeck: a.a.O. S. 110
59 Mentzos: a.a.O. S. 247
60 Overbeck: a.a.O. S. 111
61 Ebenda: S. 112 f
62 Ebenda: S. 113
63 A .Mitscherlich: Krankheit als Konflikt. Zur psychosomatischen Medizin I., Frankfurt 1966, S. 42 ff
64 Overbeck: a.a.O. S. 117 f
65 Richter in Overbeck: a.a.O. S. 129
66 A. Mitscherlich: a.a.O. S. 138
67 U. Wirtz: Seelenmord, Inzest und Therapie. Zürich 1990
68 Bräutigam/Christian: a.a.O. S. 8
69 Overbeck: a.a.O. S. 163 f
70 Hans-Rauschkolb, B.: Ergotherapie bei Eßstörungen. Beschäftigungs- und Rehabilitation. Heft 5. Idstein 1989, S. 326 ff
71 H. Rosemann: Arbeitshefte für Psychologie, Band 15: Lern- und Verhaltensstörungen, Berlin 1976 S. 344
72 Ebenda: S. 344
73 Mentzos: a.a.O. S. 238
74 Dörner/Plog: a.a.O. S. 257 f
75 Mentzos: a.a.O. S. 240
76 Vgl. W. Feuerlein: Alkoholismus – Mißbrauch und Abhängigkeit. Stuttgart 1975/84, S. 55 ff
77 Jellinek in Feuerlein: a.a.O. S. 157 ff
78 W. Feuerlein/F. Dittmar: Wenn Alkohol zum Problem wird. Stuttgart 1978/82, S. 14 ff
79 W. Feuerlein: a.a.O. S. 171 ff
80 Dörner/Plog: a.a.O. S. 276 f
81 B. Sawitzki: Grundzüge der teilstationären Behandlung alkohol- und medikamentenabhängiger Personen in der Tagesklinik der Nervenklinik Langenhagen (unveröffentlichte Arbeit)
82 Dörner/Plog: a.a.O. S. 280 f
83 Vgl. Feuerlein: a.a.O. S. 192
84 Dörner/Plog: a.a.O. S. 281 f
85 D. Schäfer: Kreativität und Leistung. In: H. Haselbeck u. a. (Hrsg.): Psychiatrie in Hannover. Stuttgart 1987, 215 ff
86 Rosemann: a.a.O. S. 345
87 Dörner/Plog: a.a.O. S. 99
88 Hussen v./Krebs/Schydlo: Psychisch beeinträchtigte Kinder und Jugendliche. Bd. 241 der Schriftenreihe der Bundesarbeitsgemeinschaft Hilfe für Behinderte. Düsseldorf 1984
89 Dörner/Plog: a.a.O. S. 116
90 Ebenda: S. 410 ff
91 Ebenda: S. 418 ff

Sachwortverzeichnis

Abhängigkeit 29, 75, 247
abnorm 11 ff
Abwehrmechanismen 34, 80, 83
Abwehr
– neurotische 45, 240
– psychosoziale 83, 240
– zweiphasige 239
Affektkorrelat 235
Affektlogik 72
– Dynamik der 74, 240
Aggressions
– hemmung 77, 121
– verarbeitung 240
agieren 225
Alkoholabhängigkeit
– Ursachen 247
– Folgen 248
Ambiguitätstoleranz 96
Angehörigengruppe 204
Angst 250
– frei flottierende 229
Angstneurose 82
Anonyme Alkoholiker 249
Anpassungsregulation 237
Antonyme 52
Appell
– selbstzerstörerischer 40
– verdeckter 35, 100 f, 103 f
– Veränderungs- 66
Arbeits
– achse 203
– phase 143, 145
Aspekte, Dimensionen der Objektbeziehung 133 f
Aufgabe, nachbereitende 149
Aufgabenstellung 137, 174 f
Aufmerksamkeitshypothese 89
Ausdruck, bildnerischer 152
Ausdrucks
– fähigkeit 181 f
– verhalten, nonverbales 89, 119
ausdruckszentriert 164 ff
Auswertungs
– gesichtspunkte 144
– phase 144 ff
Auswertungsgestaltung, Beispiele 148
authentisch 64
Authentizität, selektive 51, 100
Automatismenverlust 201
Autonomie 29, 75 ff, 105

Balance, dynamische 63
Basisstörungen 197, 200
Basissuizidalität 34
Befunderhebung, ergotherapeutische 115 ff
Beobachtungskriterien 118, 120, 143

Bereich, lebenspraktischer 122, 262 f
Betreuungsgesetz 32 f
Beurteilungsprozeß 116 f
Bewältigungsmechanismen 84, 201, 210, 235
Bewegungsbild 159
Beziehung
– therapeutische 46 ff
– überbehütet-symbiotische 198
Beziehungs
– aspekt 99 f
– definition 101
– gestaltung 224
Bezugsperson, dominante 211
Bildergeschichten 188
Bildmaterial, Einsatz von 187
Borderline 82
– Persönlichkeitsstörungen 222 ff
Bündnis, therapeutisches 48, 225

Chairman 64
Chronifizierung 199
Coenästhesien 201
Collagetechnik 187

Dauer-Ersatzspieler 253
Denkstörungen 201, 209
depressives Syndrom 209
Depression 81, 92, 208 ff
– charakterbedingte 215
– larvierte 215
– reaktive 215
– schwere (endogene) 210
Desomatisierung 238
Deutung 156, 159
– formale 156
– inhaltliche 158
DGSP 21
Disharmonie 74, 157
Diskriminationsschwäche 200
Disposition 197, 238
– somatische 236
Distanzierung 135 ff
Double-bind-Kommunikation 104 f
Drei-Generationshypothese 251

Eindruck
– erster 89
– persönlicher 118
Einflußnahme, direkte 55
Einrichtungen 22
Einstiegsphase 142
Einwilligungsvorbehalt 32
Einzelarbeit in der Gruppe 167
Einzeltherapie 149, 167 f, 169
Emotionen, Erkennen von 89
Entwicklungsphasen 75 ff, 153 f

Ergotherapie bei
– Alkoholabhängigen 253 ff
– alten Menschen 262 f
– Borderline-Patienten 227 f
– Depressiven 217 f
– Kindern und Jugendlichen 259 f
– manisch Kranken 219 f
– neurotisch Kranken 231 f
– psychosomatisch Kranken 242 f
– Schizophrenen 205
Ergotherapie, Bedingungen für 110
– Einflußfaktoren 136
– Schwerpunkte 128
– Theorie 129 ff
Erklärungsmodelle 13, 196 f, 235 f
Erlebensprozeß 135
Erlebnisebenen 155
Erscheinungsbild, äußeres 118
Euthanasie 18
extramural 20

Faktoren, psychosoziale 200
Familie 197, 248, 251
Familienbindung 240
familiäre Situation 210 ff
Farbe 160
Feedback 79, 197
– Bedeutung von 199
– Regeln für 56
Feedbackmechanismen 73
Festlegung, Grad der 137
Fragen, hilfreiche 66
Freizeitbereich 122
Frustration 76, 83
– konstruktive 93

Gedächtnistraining 263
Gemeinde
– nähe 109
– psychiatrie 21
Gemeinschaft, therapeutische 26
Gemeinschaftsarbeit, interaktionelle 172
Gesetz, Niedersächsisches PsychKG 31
Gesprächs
– form, methodisch-inhaltliche 53
– führung, non-direktive 45
– haltung, non-direktive 50
Gestaltung, plastische 158
Gestaltungs
– therapie 155
– trieb 154
Gesundheitsbegriff 12
Gewalt 28 f
Gewöhnung 246

Sachwortregister

Grundhaltung, gemeinsam 41, 44
Grundsätze, therapeutische 202
Gruppen
- arbeit 168, 170, 171
- arbeit, Bedeutung 68 ff
- bildung 59
- größe 112
- interaktion 65
- klima 66
- kohäsion 65
- leiteraufgaben 65 ff
- phasen 61 f
Merkmale von 59
- prozeß, konstruktiver 62
- regeln 63
Gruppentherapie
- Durchführung 142
- Gründe für 58
- Nachbereitung 149
- Richtlinien für 226
- Vorbereitung der 141

Handlung(s) 127
- theorie 129
- kompetenz 128, 131 f
- orientiert 27
Harmonie 157
Helfer-Syndrom 39
Hilflosigkeit, erlernte 92
Homöostase 73
Hormonausschüttung 237
Hospitalismusschäden 75
Hypochondrie 81
hypochondrische Beschwerden 209, 215, 230
Hysterie 230

Ich
- Grenze 198
- Ideal 40, 250
- Merkmale 239
- Stärkung 252
- Schwäche 224
Identifikation 59, 77
Identifizierung 135 f
- projektive 225
Identitäts
- diffusion 224
- gefühl, Ausbildung 78
- störung 224
Immunitätslage 237
Indikation für ET 166 ff, 188, 192
Individuation 76
Informationshypothese 197
Inhaltsaspekt 99 f
Inkorporation 246
interaktionell 171 f
Interpunktion 100
Interventionen, therapeutische 137 f
Interventionstechniken 111 f
Introjektion 84
Irrenanstalt, frühe 17

Ketten
- formen 182
- malen 186
Kinder- und Jugendpsychiatrie 257
Kleingruppen 143
- bildung 179
Kochgruppe 263
Körper
- bild 156
- Ich 153
- sprache 119, 235
körperorientiert 27, 217
Kommunikations
- fähigkeit, verbessern 183, 186
- störungen 101 ff
- struktur 59
Kompetenzen, soziale 124
Kompetenzunsicherheit 42
kompetenzzentriert 163 ff
komplementär 24, 101
Konflikt
- äußerer 80
- innerpsychischer 14, 235
- interpersonaler 67
- lösung 65, 67, 80
- neurotischer 83
- ödipaler 77, 82
- pathologischer 81
Konfrontation, konfrontieren 55, 67
kongruent 51, 101, 119
Konkretisierungsanforderung 54
Kontext 136
Krankenhaus, Funktionsweise 107 f
Krankenrolle 46
Kreativitätsebenen 95
Kreativitätsprogramm 254
kreative
- Persönlichkeit 95
- Problembewältigung 98
Krisen 34
- entwicklung 40
- intervention 37
Krisen, narzißtische 238

LASO 107
Leittextmethode 132
Lernen, kognitives 66
Lernvorgänge 237
Literatur, Einsatz von 187

Manie, Symptome der 218
Maniker, Vorform 212
Mannheimer Kreis 21
Manöver 102
Maske 183
Material 137, 153 ff
Materialien
- gestalterische 185 ff
- Variationsmöglichkeiten 177
- Wirkungsweise 151

Medikamentensucht 255
Mehrdeutigkeit 158
Methoden
- ergotherapeutische 163 ff
- soziale 22
- spiegelnde 50
Minderwertigkeitsgefühl 78, 82
Minussymptome 201
Modelleinrichtungen 22
Motivationsprozeß 249
Motive 91
- Klassifikation 92
multifaktoriell 234

Nachbesprechung
- Aufbau der 144
- Funktion der 147
Nachbesprechungsmodus 138
Nachsorge 205
- einrichtungen 22
Nähe/Distanz 47, 205, 224 f
normal, Normen 11
Normbegriffe 12
Neuroleptika 204
Neurose 193, 229 ff

Öffentlichkeit 217, 253
Objektbeziehung 227
Objektbeziehungstheorie 133
Organmodus 235

Papierschnipsel 182
Pappmaché 153 f
paradox 104
Partnerschaft, gestörte 212, 251
Patienten
- gruppe 112
- zahl 23
Peddigrohr 154
Persönlichkeitsstörung, schizotypische 222
Personenwahrnehmung 88 ff
Phantasietier 182
Phobie 229
Position, Gruppen- 60
prädepressiv 211
Präferenzstruktur 59
prämorbid 197
Präsenz 47
präsuizidales Syndrom 35
präventiv 31
Prinzip
- „männlich" 154
- „weiblich" 154
Prinzipien im Umgang mit
- Abhängigen 254
- Borderline-Patienten 227
- Depressiven 217
- Manischen 219

- psychomatisch Kranken 242
- Schizophrenen 205
Problem-Maskierung 246
Projektarbeit
- interaktionelle 172 f
- kompetenzzentrierte 168 f
Projektgruppe 60 f
Projektion 84, 135
Prophylaxe 205
Prozeß, dynamischer 135
Psychiatrie, gemeindenahe 21 f
- institutionelle 16
- italienische 20
Psychiatriegesetz
- italienisches 21
- niedersächsisches 31
Psychologie, humanistische 44
Psychoneurose 82, 229
Psychopharmaka 20
Psychose 193 ff
- und Kunst 97
Psychosomatik 234, 257 f
Psychotherapie 231
psychotherapeutische Verfahren 241
Psych-PV 108
Pubertät 78, 198, 258

Rahmenbedingungen 107
Raumbild 159
Raum, personaler 120
Realität, Interpretation der 194
Realitätsprüfung, Einschränkung der 246
Reform
- frühe 17
- jüngste 20
- ziele 20
Regression 84, 216, 224, 238
Regulationsebenen 131
Resomatisierung 239
Rollen
- differenzierung 61
- struktur 59

Schicht
- soziale 45
- zugehörigkeit 23
Schizophrenie 104, 196 ff
Schulschwierigkeiten 258
Schutz
- maßnahmen 31
- mechanismen 84
Sektor 24
Selbst
- bedürfnisse 75
- bild, überhöhtes 250
- darstellung 164, 181
- gefährdung 31
- heilungsversuch 236
- hilfepotential 201
- konzept, ideales 40

Separation 76
Sicherheitsvorschriften 36
Sozialform 97, 179
Sozialisierung, stufenweise 27
Sozialpsychiatrie 22
- Aufgaben 22
Soziotherapie 27
Spannungen, intra-psychische 198
Spiele 189 ff
Sprachstörungen 200, 258
Station, geschlossen, offen 109
Stimulation
- emotionale 64
- optimale 203
Störungen
- psychogene 80, 230, 234
- psychoreaktive 257
- psychosomatische 234, 257
Streß 86 f
- anfälligkeit 201
Streß-Diathesis-Modell 196
Subjekt-Objekt
- Repräsentanzen 76
- Trennung 76, 82
Sucht 245
- mittel 245 f
Suizid, Suizidalität 34 ff
Suizidversuch 213
Symbolik, Symbolisierung 158
Symptome 121 f
Synonyme 52

Tageszeitungen, Einsatz von 188
Team, therapeutisches 41
Themenstellung 137, 175
Themenzentrierte Interaktion 63
Therapeutenrolle 46
Therapie
- Begründung für 141
- einrichtungen 249, 262
- formen, kreative 152
- konzepte 252
- mittel 151 ff
- ort 110
- planung, individuelle 114 ff
- zeit 109 f
Therapieformen der Ergotherapie 163 ff
Ton 154 ff, 181, 254
Trägheitshypothese 89
Trauer 209
Triade, kognitive 208
Triebbedürfnisse 75

Übertragung 231
Übertragung/Gegenübertragung 48, 225
Übergangsobjekt 76, 227
Unterbringung 31 f
Ur-Vertrauen 75

Verarbeitung, intermediale 148
verbalorientiert 27
Verdichtung 158
Verdrängung 84, 229
Vereinbarungen 49
Verluste 34, 208
Verlusterlebnis 214
Verrückung, schizophrene 198
Versorgung
- gemeindenahe 24
- in der ehemaligen DDR 23
- zukünftig 24
Verwaltungshierarchie 107
Vorgehensweise 137, 181
Vorsorgeeinrichtungen 21
Vulnerabilitätshypothese 196

Wahn 198, 209
Werkgruppe, kompetenzzentrierte 167
Wertschätzung 50, 59
Widerspruchshaltung 250
Widersprüche 55, 104 f
„Wir"
- Erlebnis 59
- Gefühl 62
Wirkung, sozialpsychologische 161
Wochenplan 27
Wohnachse 203

Zeit
- einteilung 159
- erleben 199
- strukturierung 216
Ziel, dominantes 210 f
Ziele 117, 123 ff
Zielhierarchie 125
Zirkularität 72, 106, 234
Zusammenarbeit
- interdisziplinäre 41
- multidisziplinäre 22
Zusammenhänge, gesellschaftliche 240
Zustand, primärer 75, 246
Zwangs
- handlung 230
- maßnahmen 28 f
- neurose 81, 230
zyklisch 131
zyklothym 212